울진, 수토와 월송포진성 연구

울진, 수토와 월송포진성 연구

2023년 10월 4일 초판 인쇄
2023년 10월 11일 초판 발행

지 은 이 한국이사부학회 편
발 행 인 한정희
발 행 처 경인문화사
편 집 부 이다빈 김지선 유지혜 한주연 김윤진
마 케 팅 전병관 하재일 유인순
출판번호 406-1973-000003호
주 소 경기도 파주시 회동길 445-1 경인빌딩 B동 4층
전 화 031-955-9300 팩 스 031-955-9310
홈페이지 www.kyunginp.co.kr
이 메 일 kyungin@kyunginp.co.kr

값 26,000원
978-89-499-6748-6 93910

울진, 수토와 월송포진성 연구

한국이사부학회 편

경인문화사

| 발간사 |

현재 한·일 간에는 독도 영유권의 문제를 놓고 첨예하게 대립되고 있다. 양국에서는 정부 직속 국가기관으로 각기, 외교부와 외무성 홈페이지를 통해 독도를 자국의 영토로 표시하고 각종의 근거를 들어 그 주장의 정당성을 홍보하고 있다. 뿐만아니라 국가기관으로 '동북아역사재단'과 '시마네현 다케시마문제연구소'를 설립하여 상시 운영하고 있다.

두 기관의 주장의 핵심은 독도가 역사적으로나 국제법적으로 볼 때, 자국의 고유한 영토라는 논리이다. 이러한 점에서 독도영유권의 핵심은 기본적으로 역사적인 접근방법하지 않으면 안된다. 다시 말해 역사적으로 한국과 일본이 각기 '독도를 언제부터 자국의 영토로 인식하고 영유하고 관리해 왔는 가'가 가장 중요한 문제인 것이다.

이런 점에서 한국에서 개항기 이전, 전근대시기에 독도의 영유권 주장에 가장 중요한 역사적 사실은 '이사부의 우산국 복속'과 '조선시대의 울릉도 수토'이다.

우리가 삼척과 울진에 주목하는 이유가 바로 여기에 있다. 즉 서기 512년 이사부장군이 삼척에서 출항하여 우산국을 복속하여 신라 영토에 편입시켰다는 점, 그리고 삼척과 울진에서는 삼척영장과 월송포만호가 수토관으로 200년간이나 울릉도를 수토하며 영토를 수호하며 관리했다는 사실이다. 특히 울진에는 수토와 관련된 유적인 대풍헌과 월송포진성, 그리고 수토절목과 현판이 유적과 유물로 그대로 남아 있어 수토의 역사를 생생하게 증언하고 있다는 사실이다.

그래서 울진군에서는 「대풍헌」을 2010년에 해체 복원했고, 2020년에는 대풍헌 옆에 「수토문화전시관」을 새로 건립했으며, 「월송포진성」을 2012년부터 5차에 걸쳐 발굴 시굴조사를 거쳐 현재 복원계획을 수립하는 중에 있다. 또한 울진 수토를 기념하여 매년 '울진수토사 뱃길재현'행사를 벌이고 있으며, 올해에는 2017년에 이어 두 번째로 수토관련 학술행사를 개최하였다.

이 책은 두 번째로 열린 학술행사의 결과물을 단행본으로 출간한 것이다. 특히 이번 학술행사에서는 왜 수토를 했으며, 누가 어떻게 수토를 했나?. 그리고 수토가 남긴 유적과 유물에 초점을 맞추어 향후 월송포진성 복원의 요성을 강조했다.

아무쪼록 이책을 통해 울진이 독도수호의 구심점이 되고, 향후 독도 영유권 문제를 바르게 인식하고 해결하는 실마리와 길라잡이가 되기를 기원한다.

2023년 8월 31일

한국 이사부학회 회장 손승철

차 례

기조강연

제1편 왜, 수토를 했나?

제2편　누가, 어떻게 수토했나?

제3편　수토가 남긴 유적과 유물

기조강연

울진, 수토와 독도수호의 길 _ 손승철

울진, 수토와 독도수호의 길

손승철 | 한국이사부학회 회장, 강원대학교 명예교수

Ⅰ. 왜, 울진과 수토인가?

현재 한·일 간에는 독도 영유권의 문제를 놓고 첨예하게 대립되고 있다. 양국에서는 정부 직속 국가기관으로 각기, 외교부와 외무성 홈페이지를 통해 독도를 자국의 영토로 표시하고 각종의 근거를 들어 그 주장의 정당성을 홍보하고 있다. 뿐만아니라 국가기관으로 '동북아역사재단'과 '시마네현 다케시마문제연구소'를 설립하여 상시 운영하고 있다. 그리고 양국 모두 주장의 핵심은 독도가 역사적으로나 국제법적으로 볼 때, 자국의 고유한 영토라는 논리이다.

한국의 경우는, 「독도는 역사적·지리적·국제법적으로 대한민국의 고유 영토입니다. 그럼에도 불구하고 일본은 부당하게 독도 영유권을 주장하고 있습니다. 독도에 대한 대한민국의 주권을 공고히 하고, 일본의 잘못된 주장을 바로잡기 위한 연구와 홍보 활동을 수행합니다.」라고 동북아역사재단의 설립목적을 제시하고 있다.[1]

또한 일본의 경우는, 「다케시마는, 역사적 사실에 비춰서도, 국제법상도 분명히 우리나라의 영토입니다. 시마네현 오키노시마초에 소속하고 있습니다. 시마네현으로서는, 다케시마문제는, 뛰어나게 외교상의 문제인 것부터,

1 동북아역사재단 홈피.

나라에 대하여, 모든 기회를 붙잡아서 영토권의 확립을 요청하고 있습니다. 또, 다케시마의 영토권 조기 확립을 목표로 한 운동을 추진하고, 다케시마문제에 관한 국민여론의 계발을 실시하고 있습니다.」라고 독도에 대한 인식과 기본적인 생각을 공언하고 있다.[2]

이러한 점에서 독도영유권의 핵심은 기본적으로 역사적인 접근방법하지 않으면 안된다. 다시 말해 역사적으로 한국과 일본이 각기 '독도를 언제부터 自國의 영토로 認識하고 領有했으며, 管理해 왔는 가'가 가장 중요한 문제인 것이다.

독도 영유권 주장에 가장 중요한 역사적 사실은 '이사부의 우산국 服屬'과 '조선시대의 울릉도 搜討'이다. 즉 서기 512년 이사부장군이 삼척에서 출항하여 우산국을 복속하여 신라 영토에 편입시켰다는 점, 그리고 조선전기에는 울릉도의 왜인 침입에 대비하여 무릉등처안무사, 무릉도순심경차관 등을 파견했고, 조선후기에는 삼척영장과 울진 월송포만호가 수토관으로 200년간이나 울릉도를 수토했다는 역사적 사실이다.

현재 동해안의 강릉, 삼척, 울진 세 지역에서는 각기 독도 수호에 대한 여러 가지 행사(시민운동) 및 사업을 진행하고 있다. 강릉에서는 이사부장군이 '하슬라주군주'였을 때 우산국을 복속했다는 근거로 여전히 '강릉출항설'을 주장하고 있고, 삼척에서는 '삼척출항설'에 근거하여 매년 '이사부역사문화축전'을 개최하고 있으며, 삼척 정라항에 '이사부독도기념관'을 세워 내년 봄에 개관할 예정이다.

울진에서는 월송포 만호가 삼척영장과 교대로 울릉도를 수토했다는 사실에 근거하여, 수토 일행이 출발했던, 「대풍헌」을 2010년에 해체 복원했고, 2020년에는 대풍헌옆에 「수토문화전시관」을 새로 건립했으며, 「월송포진

2 다케시마연구소 홈피.

성」을 2012년부터 5차(2017년~2021년)에 걸쳐 발굴 및 시굴조사를 거쳐 현재 복원계획을 수립하고 있다. 그리고 울진 수토를 기념하여 매년 '울진 수토사 뱃길재현' 행사와 학술대회를 개최하는 등, 동해안 세 지역중에서 가장 활발하게 독도수호활동을 전개하고 있다.

우리가 독도 수호와 관련하여 울진에 주목하는 이유가 여기에 있다.

이번 학술대회에서는 이제까지의 수토에 대한 연구사를 총점검하면서, 다음 세가지 점에 특히 주목하고자 한다. 첫째, 왜, 수토를 했나를 통해 조선왕조의 수토정책, 둘째, 누가 어떻게 수토를 했나를 통해 월송포만호의 역할과 기능, 셋째, 어떻게 수토를 했나를 재조명하면서 수토가 남긴 유물과 유적 중 특히 유일하게 현존하고 있는 월송포진성에 대한 고고학적 검토를 통해 월송포진성의 복원문제를 심도있게 다루어보고자 한다.

Ⅱ. 수토의 인원구성과 주민의 역할

1. 수토의 시작

조선에서는 건국이후에도 왜구의 한반도 약탈이 자행이 되고, 동해안에 대한 침탈이 계속되자, 울릉도가 동해안 약탈을 위한 중간 거점지역이 되는 것을 염려하고, 1403년 8월, 경상감사의 계청에 따라 울릉도 주민을 육지로 나오도록 했다. 이후 울릉도는 480년간 무인도가 되었으나, 조선에서는 무인도가 된 울릉도에 조선 사람이 몰래 숨어 들어가 살거나, 왜인들이 불법 침입하는 것을 경계하기 위해, 1416년 9월, 김인우 武陵等處按撫使를 파견했고, 1437년에는 남회와 조민을 茂陵島巡審敬差官으로 파견하는 등 지속적으로 울릉도를 관리했다. 조선후기에는 1693년 안용복의 1차 피랍사건 이후,

1694년 8월에 군관 최세철을 울릉도에 파견해 예비조사를 했고, 1694년 9월에는 수토관 장한상을 파견해 본격적인 수토가 시작되어 1894년 종료될 때까지 수토제도로 정착되어 200년간 지속되었다.

수토관으로는 삼척영장과 월송만호가 번갈아 가면서 윤회수토를 실시했는데, 그 주기성에 관해서는 연구자에 따라 1년, 2년, 3년, 5년 등 매우 혼란스럽다. 현재까지의 연구에 의하면 2022년 10월, 삼척에서 열린 「수토사와 독도수호의길」에서 백인기는 총 87회로 비정했고, 2023년 2월, 신태훈은 박사학위논문 「조선시대 울릉도 수토연구」에서 61회로 비정했다. 현시점에서 수토제의 주기성을 하나의 이론을 가지고 체계화할 수는 없지만, 이번 학술대회에서 진일보한 연구결과가 제시될 것을 기대한다.[3]

이렇게 시작된 수토는 처음에는 삼척포 진영과 울진 구산진에서 번갈아 출발하다가 1768년 이후로는 구산진에서 일률적으로 출항했다. 그것은 동해의 해류의 흐름 때문에 구산진항로가 제일 안정적이었기 때문이다. 그러나 울릉도 항해는 배를 타고 먼바다를 가야하기 때문에 해류와 함께 바람이 결정적인 영향을 미쳤고, 순풍을 기다려 좋은 날을 택해야 했다. 이러한 과정에서 좋은 바람을 기다리는 待風軒이 필요했고, 배와 사람, 인원과 식량 등 필연적으로 많은 비용이 발생할 수밖에 없었다.

2. 인원 구성

1694년 장한상에 의해 수토를 처음 시행할 때는 선박 6척에 150명 선이었으나, 1786년 이후는 4척에 70~80명, 1887년에는 40명 정도로 편성했다.

---

3 백인기, 「조선 후기 울릉도 수토제의 변천」 2022.10. 『삼척, 수토사와 독소수호의길』 자료집; 신태훈, 「조선시대 울릉도 수토연구」, 강원대학교 박사학위논문, 2023.2.

일행의 직책과 하는 일은 표와 같다.

〈표 1〉 수토일행의 직책과 하는 일

호칭	직책	하는 일
수토관	三陟營將, 越松萬戶	수토관으로서 울릉도에 가서 왜인탐색, 지세파악, 토산물채취를 하고 감영에 보고를 올린다.
	倭學	일본인을 만날 것을 대비에 통역관 임무를 수행
	軍官	지방의 진에 배치된 직업군인
	鎭吏	진의 하급관리
	軍牢	죄인을 다스리는 일
	都沙工	조운선이나 군함선에 소속된 뱃사공의 우두머리
	通引	수령의 신변에서 呼召·使喚에 응하던 이속
	營吏	감영이나 수영 등의 본영에 딸린 이속
	軍色	군의 제반 사무를 맡아 봄
	中房	수령을 따라 다니며 시중을 드는 사람
	及唱	군아에서 부리던 사내종
	差備待令畵員	도화서에서 임시로 차출되는 화원
	吹手	나팔수
	刀尺	지방 관아에서 음식을 조리하던 사람
	伴從	호위병
	使令	관청에서 심부름을 하거나 군관 밑에 있으면서 죄인에게 곤장을 치는 일 등을 함
	庫直	창고 관리

수토관의 경우에는 삼척영장과 월송만호가 교대로 하였다. 수토관은 수토임무를 담당하는 총책임자로 삼척영장은 정3품이고, 월송만호는 종4품 무관직이다. 그리고 왜인을 만나는 경우를 대비하여 倭學을 동행하는 것이 원칙이었다. 왜학은 주로 동래부 소속의 역관을 데리고 갔으나, 왜학 중에 마땅한 사람이 없을 때에는 일반 백성 가운데서 일본어에 능통한 사람을 뽑기

도 했다.[4]

원역으로 구성된 군관은 장수 휘하에서 여러 군사적 직임을 수행하던 장교급의 무관으로 各道에 배치했는데, 평안도와 함경도에는 10인을 배치하고 나머지 도에는 5인을 배치했다. 수토에 동원된 군관은 2명에서 5명까지 동원되었다. 鎭吏는 진의 下吏를 뜻한다. 軍牢는 군영과 관아에 소속되어 죄인을 다스리는 일을 맡았던 군졸이다. 군뢰를 대동한 것은 울릉도에 몰래 잠입한 사람들을 잡아오기 위함이다. 이로 볼 때, 수토의 역할은 왜인이나 몰래 들어간 사람을 수색하여 잡아오는 것이 주 목적으로 볼 수 있다.

수토 인원 구성 중 가장 많은 인원은 格軍이다. 전체 인원 80명 중의 약 60명은 격군이다. 이들은 노를 젓는 임무를 담당했고, 정규 수군과 토병, 포작, 노비 등으로 구성되었다.[5] 또한 보조직책 중 '通引'이 있는데, 통인은 경기도와 영동지역에서 불리던 칭호로 영동지역에서 인원을 차출하였음을 알 수 있다.

원역의 구성에 대해서는 1807년(순조 7) 월송만호 이태근의 수토기록을 보자.

> 越松萬戶 李泰根의 첩정에 '지난 3월 26일에 왜학 李馥祥, 원역(員役), 사격(沙格)까지 모두 72명이 4척의 배에 나누어 타고 출발하여 4월 7일에 본도(本島)에 이르렀습니다. … (중략) … 제가 데리고 간 동래(東萊)의 왜학 이복상, 울진(蔚珍)의 사격 이기축(李己丑), 흥해(興海)의 사격 김윤석(金允石) 등이 잠선의 선주와 서로 호응하여 보호하려는 의도가 분명할 뿐만이 아니었습니다.[6]

---

4 신태훈, 「조선시대 島嶼地域 搜討에 관한 硏究」, 강원대학교 석사학위논문, 2017.

5 제장명, 「임진왜란 시기 전라좌수군의 전투수행구성원과 전투 수행」, 『이순신연구논총』 21호, 순천향대학교 이순신연구소, 2014, 26쪽.

6 『일성록』 182책, 순조 7년 5월 12이 계축.

이 사료에는 월송만호 이태근이 데리고 간 사격[7]의 출신지가 나오는데 울진과 흥해였다. 당시 울진은 강원도에 속해 있었고, 흥해는 경상도에 속해 있었다. 울릉도 수토는 강원도에서 맡아서 진행하였는데 경상도 소속인 흥해 지역의 사격이 들어간 이유는 울릉도 수토비용에 대해서 강원도와 경상도가 서로 나눠 부담했기 때문이다. 이러한 사실은 1790년 이세삼의 상언에 나와 있다.

울릉도를 수토하는 일은 격년으로 하고 三陟營將 및 월송만호가 돌아가며 거행하는데, 해당 연한 때마다 왕래하는 배 4척과 格軍 60명은 전례대로 본도 및 경상도 沿海邑이 반반씩 分定해 달라고 비국에 論報하면 비국에서 嶺營에 行會하고 본영에서도 차례가 된 鎭浦에 관문을 보내어 거행하게 하는 것이 수토를 시작한 이래로 應行하는 규례입니다.[8]

울진이 강원도에서 수토를 담당하는 지역이었다면 경상도에서는 영덕군인 寧海府에서 담당했는데, 영해부에서는 수토 물자를 취합했음을 알 수 있다.

"울릉도를 수토할 때에 필요한 선박과 격군은 경상도 남쪽 연해안에 위치한 각 고을에 지정하고 이를 모두 회합하는 것은 영해부에서 전부 관장하여 거행합니다. 이에 완전하고 견고한 선박과 물에 익숙한 격군을 며칠 안에 준비해 보내라는 뜻으로 영해부로 관문을 보내 신칙하여 나라의 役事를 수행할 수 있도록 하였습니다."[9]

---

7 사격은 사공과 격군으로 사공은 선장에 해당하고 격군을 노를 젓는 사람을 뜻하는데 해당 사료에서 사격은 선장에 해당하는 인물로 보인다.

8 『일성록』 354책, 정조 14년 10월 10일 정사.

9 『각사등록』 강원도·관초. 고종 30년 3월 10일.

즉 영해부에서는 배정된 물자와 인원을 구성한 뒤 수토날짜에 맞춰서 구산진에 도착해서 강원도에 배정된 물자와 인원과 합한 뒤 수토를 거행하였다.

한편 1795년, 1797년에 파견된 수토는 울릉도에서 인삼의 채취를 위한 임무도 수행했다. 그 이유는 국내의 蔘의 생산량이 매우 적어져 삼의 가격이 치솟자 관동지방의 蔘契의 貢人들이 울릉도가 일찍이 삼이 생산되는 지역이고, 오대산 삼과 품질에 차이가 없다고 하니 수토의 시기를 삼이 나는 시기로 옮겨서 실행했다.[10] 당시 채삼군의 규모는 30명으로 강릉 5명, 양양 8명, 삼척 10명, 평해 4명, 울진 3명으로 나누어 배정하였으며 자격요건은 반드시 산골에서 생장하여 삼과 황기를 익숙히 아는 자였다.[11]

하지만 채삼군으로 지정된 이들이 풍랑에 익숙하지 않다는 핑계를 대며 피하기 때문에 이를 뽑는 任掌들이 뇌물을 요구하기도 한다고 하였다. 더구나 채삼꾼의 경비가 1인당 2~5냥까지 드는데 채취한 삼은 1795년에는 2냥 8돈, 1797년에는 5냥 6돈이었다. 그리고 울릉도 삼의 품질이 그리 좋지 않기 때문에 울릉도 삼을 채취하여 얻는 경제적 이익보다 채취하기 위해서 소요되는 경비가 더 많았다. 더구나 채취량도 채삼군의 역량에 따라 달라 채삼군을 보내는 것이 연안 주민들의 부담만 가중시키는 일이 되었다. 결국 채삼군은 1795년과 97년 두 번에 그쳤다.

3. 주민의 역할

울릉도 수토를 실시하는 데는 막대한 비용이 소요되었다. 처음 수토사로 간 장한상의 경우 150명이 동원되었고, 수토 양미는 200석에 달했다. 장한

---

10 『일성록』 499책, 정조 19년 6월 4일.

11 『일성록』 629책, 정조 23년 3월 18일 병자.

상을 기준으로 하면 1인당 약 1.3석이 소요된 셈인데, 이를 80명에 적용하면 약 112석이 필요하다. 더구나 울릉도 수토 때에 순풍이 불지 않으면 바람을 기다려야 하므로 수토 비용이 계속해서 증가할 수밖에 없다. 이러한 이유로 수토 초기에는 삼척포 및 장오항과 월송포 구산진에서 번갈아 가면서 출항했다. 그러나 18세기 이후에는 수토 출항지가 월송포로 일원화되면서 월송포 9개 마을[12]에서 수토에 필요한 모든 비용을 충당하게 되었다.[13]

월송포 9개 동에서 부담해 온 수토 비용은 19세기 들어오면서 구산동에서만 부담하게 되어 洞民의 부담이 가중되었다. 이러한 사실은 대풍헌 완문에서 확인할 수 있다.

> 방금 구산동민들이 올린 訴狀의 내용을 보니, "울릉도를 搜討할 때 진영 사또[14]와 월송만호의 행차에 드는 잡비와 수토를 奉行하는 절차 등을 전에는 沿海의 9洞에서 힘을 합쳐 그때그때 지켜왔는데, 지금은 저희 동에서만 유독 이 일을 전담하여 편중된 피해와 심한 고통을 일일이 나열할 수 없을 지경입니다.[15]

이렇게 부담이 가중되자 구산동의 주민들은 소장을 내서 9개 동에서 각각 돈을 모아 총 120냥을 마련하여 이 돈을 각 동에 나눠 원금은 보존하고 이자만 매년 2월에 推捧하게 할 것을 요청하였다. 이에 월송만호는 이러한 제안을 받아들여 향청과 작청에서 각 동에 120냥을 나눠주고 매 냥[兩] 3푼

---

12 표산동, 봉수동, 어현동, 직고동, 구암동, 거일동, 포흠동, 야음동, 구산동.

13 심현용, 「조선시대 울릉도, 독도 수토관련 '울진 대풍헌' 소장자료 고찰」, 『강원문화사연구』 13, 2008.

14 삼척영장을 말함.

15 이원택·정명수, 「울진 대풍헌 영세불망지판류(永世不忘之板類) 자료의 해제 및 번역」, 『영토해양연구』 18호, 동북아역사재단, 2019, 138쪽.

(分) 정도를 매년 2월에 추봉하여 수토 비용에 보태도록 했다. 이때 각 동에 분배된 돈의 액수는 아래의 표와 같다.

〈표 2〉 9개 동 동별 출연금

연번	동이름	액수(냥)
1	표산동	15
2	봉수동	8
3	어현동	7
4	직고동	20
5	구암동	5
6	거일동	20
7	표흠동	10
8	야음동	5
9	구산동	30
합계		120

9개 동의 동민들은 자신들이 부담해야 하는 수토 비용을 마련하기 위한 대책도 논의했고, 그 내용이 대풍헌 소장문서인 『搜討節目』에 상세하다. 수토절목에는 대책을 마련한 이유는 아래의 내용과 같다.

월송진은 본진(구산진)에서 서로 거리가 매우 가까워 그 들어가는 비용이 아주 많지 않지만 삼척진에서 행차할 때 다 본진에서 유숙하였습니다. 유숙하는 기간이 길고 짧은 것은 바람의 형세가 좋고 나쁨에 달려 있으니, 그러한즉 8, 9일이나 십 수 일이 되기에 십상입니다. 비록 유숙하는 날이 길지 않더라도 하루 이틀 안에 각 항목의 비용 액수가 참으로 적지 않습니다. 이 적지 않은 비용을 저희 9동에 담당시키는 것이 곧 저희 9동의 큰 폐해라 하겠습니다. 매번 돈을 걷을 때마다 원망과 증오가 더해져 모두 '버티기 어렵다.'라고 얘기합니다.

위 내용은 삼척영장이나 월송만호가 수토를 거행할 때 모두 구산진에서 바람을 기다리며 머문 사실을 알 수 있다. 월송진의 경우는 거리가 가까워 그 비용이 많이 들지 않지만 삼척진의 경우에는 거리가 멀고, 순풍이 불지 않을 땐 8일 이상에서 십수 일까지 소요되기 때문에 이 비용을 부담하는 것이 9개 동의 동민들의 원망과 증오가 더해진다고 했다.

이에 9개 동민은 구산진에 상선이 어염과 미역을 막론하고 정박해서 나루터에 내릴 때 貰를 받고자 했고, 이에 대한 이자를 취하여 마땅히 써야 할 비용에 보충해서 쓰는 것이 각 동을 영구히 보전할 대책이라고 보았다. 그리고 세를 받는 것에 대한 규칙을 『절목』으로 작성해 달라고 요청하였다.

이러한 동민들의 요구에 구산진에선 상선에게 세를 받는 것은 다른 각 道의 해안가 고을에서도 통용되는 관례이므로 이들의 요구를 수용하여 『절목』을 4건을 만들어 하나는 作廳[16]에 비치하고, 하나는 揮羅浦[17]에 하나는 직고동에 하나는 구산동에 준다고 하였다.

9개 동의 요청에 따라 세금을 걷는 기준과 거두어들이는 과정에 대해서 11개 조목으로 작성하여 4곳(작청, 휘라포, 직고동, 구산동)에 배포하였다. 먼저 상선에 부과하는 세금에는 소금과 명태에 관해서만 나온 것으로 보아 울진 구산진에서는 소금과 명태의 거래가 주로 이뤄지고 있었음을 알 수 있다. 또한 제2항에서 소금, 미역 채취선, 작은 고기잡이배의 선주에게도 세를 부과하였는데 소금 선주의 한해서는 이미 1항에서 세를 부과하였기에 이 부분에 대해서는 폐지한다고 제8항에 기재하였다. 이를 통해 드나드는 상선의 주거래 물품 및 채집상품은 소금, 명태, 미역, 기타 작은 물고기 등임을 알 수 있다.

16 서리들의 집무청을 말함.

17 지금의 후리포.

「搜討節目」에서는 세를 거둬들이는 과정도 세세하게 적시하였다. 특히 세를 거둬들이는 과정에서 서로 속이는 것을 막기 위해 감독관 1인을 두었는데 구산동 출신 중 성실하고 능력 있는 자를 차출하였다. 세를 거두는 과정은 먼저 선박이 정박하면 해당 동임과 선주는 함께 사유를 관가에 가서 보고를 한다. 보고가 들어오면 관에서는 데김하고 감독관을 보내는데 이때에도 역시 해당 동임과 선주는 동행하였다. 감독관은 동임과 선주와 동행하여 해당 진의 세를 걷고 이를 구산동에 내게 하였다.

이렇게 거둔 비용은 수토를 거행하는 데에만 사용되었다. 비용 지출에 관해선 제6항과 8항에 기재하였는데 구산동은 거둔 세를 통해 해마다 이자를 취하고 그 이자를 수토 거행 시 순풍을 기다릴 때 사용하기로 하였다. 한편 제8항에는 삼척영장의 식비 지출과 그 부하의 식비에 대한 부분도 규정지었는데 삼척영장의 경우 관에서 이미 제공한 것이 있으면 거론할 필요 없다고 되어 있는데, 관에서 제공한 것이 없는 구산동에서 이 또한 지출한 것으로 보인다. 그 부하와 말의 음식비는 관청에서 차출된 색리 1명과 구산동임이 함께 거행하여 비용을 지출하고 이를 기록해놓았다. 이때의 지출항목은 「신미절목」에 따라 지출한다고 되어 있는데 신미절목은 현존하지 않아 그 기준에 대해서는 자세히 알 수 없다.

해당 관청에서는 주민들에 노고에 대해 혜택을 주어 불만을 잠재우고자 하였다. 혜택의 첫째는 부역의 면제였다. 부역 면제에 관해서는 『수토절목』의 10조항에 나타나 있는데 그 내용은 아래와 같다.

> 9개 洞의 큰 폐해는 모두 구산동에 떠맡겨져 있기에 그들을 위해 바로잡게 한 것이니, 돈은 비록 세를 받을 곳이 있다 하더라도 또한 그들의 노고에 보답하는 恩典이 없어서는 안 되기에 자질구레한 민가의 부역은 除減해 준다.

위와 같이 비록 구산동에서 선박과 선주에게 세를 받기로 했으나 이들의 노고에 보답하는 恩典이 없어서는 안 된다는 것을 관청에서 인정하여 자질구레한 민간의 부역에 대해서는 제감한다고 한 것이다.

부역의 면제 이외에도 면세의 혜택이 있었는데 수토선을 관리하는 선주에게 해당하는 것이었다.

4. 관에서의 비용마련

수토 비용을 마련하기 위한 9개 동민의 자구책도 있긴 하지만 수토에는 많은 물력이 소모되었기에 수토를 담당하는 삼척포와 월송포가 속해있는 강원도에서도 비용을 일부 충당하였다. 또한 해당 지역의 관리인 월송만호, 平海郡守, 銓任 등이 수토 비용을 출연하여 바람을 기다리는 동안 늘어나는 수토 비용을 충당하기도 하였다. 이러한 기록은 구산동 대풍헌에 영세불망지판의 이름으로 걸려있어 확인할 수 있다.

1) 강원도에서의 수토비용 마련

구산동 주민들과 월송만호 및 평해군수의 출연금을 통해서 수토비용을 충당을 하였지만 수토 진행을 맡은 강원도에서도 수토에 대한 비용을 충당하였다.

1882년에 작성된 「江原道各邑還上中秋各穀應下區別成冊」이다. 이 사료에 따르면 울릉도 검찰사가 특별히 수토하는 명목으로 환곡미 188석을 배정한다고 했고, 계미년(1883) 울릉도 수토에는 전례대로 98석을 배정한다고 했다.[18] 이러한 사실을 통해 구산동에서 모든 것을 부담한 것이 아니라 강원

18 『江原道還穀成冊』 001면; 各穀一百八十八石 鬱陵島檢察使別搜討下, 各穀九十八石 來

도에서도 일정부분은 수토비용을 부담하였음을 알 수 있다.

2) 평해군수 심능무·이윤흡

심능무는 1866년(고종 3)에 평해 군수로 부임되고, 이윤흡은 1868년(고종 5)에 부임되었다. 심능무는 자신이 당년[19] 수토할 때 70금을 내어 비용의 충당하여 동민의 어려움을 해소하고자 했고 이윤흡은 權卜[20] 15결을 본동에 떼어 주고 동민들로 하여금 柴草를 판매하여 수토하는 해에 쓰이는 자잘한 비용을 보충하도록 하였고, 수토가 없을 때에는 판매한 시초로 이자를 취하여 후의 수토에 보태게 하였다.

권복은 煙司의 시초 가운데 結役[21]에 따라 관아 창고에 넣어두고 쓰는 것인데, 권복이라는 명목을 붙이고, 차역에게 방매하면 15결의 1년 판매 가격은 30금이 된다고 하였다.[22] 이렇게 쓰이는 돈을 구산동에 맡겨 이자를 부리게 하였는데 권복은 돈과 현저하게 달라 이를 손을 댈 수 있는 사람이 없어 구산동에 돌아가는 권복은 수토 비용을 마련하는 데에 큰 도움이 된 것으로 보인다.

심능무와 이윤흡 이 두 사람이 출연한 기금은 총합이 100금이다. 특히 이

癸未鬱陵島限年搜討例下次.

19 당년의 수토는 현판의 기록대로 1866년에 심능무가 부임했다면 1866년은 수토가 없는 해이므로 당년은 1867년으로 보인다. 하지만 1867년에 2월 심능무가 부친상을 당하여 수토를 갈 수 없게 되자 장원익이 대신 수토를 거행하였다.; 이원택·정명수, 「울진 대풍헌 영세불망지판류(永世不忘之板類) 자료의 해제 및 번역」, 『영토해양연구』 18호, 동북아역사재단, 2019, 140쪽.

20 권복: 부족한 경비를 충당하기 위해 民結에 田稅를 임시로 정하여 부과하는 것을 말한다.

21 결역: 조선 후기 토지에 부과되었던 역, 부과세의 일종으로 정식 세금인 전세, 대동미, 삼수미 결전 이외에 지방의 여러 비용을 마련하기 위해 징수하던 세금이다.

22 이원택·정명수, 「울진 대풍헌 영세불망지판류(永世不忘之板類) 자료의 해제 및 번역」, 『영토해양연구』 18호, 동북아역사재단, 2019, 141쪽.

윤흡은 권복을 출연하여 구산동이 이자를 취할 수 있게 했으므로 그 기금의 양은 더 늘어날 것으로 보인다. 이는 앞서 수토관들이 이틀 동안 대풍헌에 유숙하면서 지출되는 비용이기도 하다.

3) 월송만호 장원익

월송만호 장원익은 원주 사람으로 1866년(고종 3)에 월송만호로 부임하게 되면서 수토의 임무를 맡게 되었다. 장원인은 부임 이듬해인 1867년(고종 4)에 구산동에 행차하여 구산동 동민이 부담하는 수토 비용을 주제로 대화를 하며 동민의 고충을 듣게 되는데 그 내용은 아래와 같다.

> 장원익이 洞民에게 묻기를 "역관을 머물게 하고 沙格을 대접하는 데, 너희 동에서 비용을 대는가?" 하였다. 동민이 대답하기를, "邱山津에서 待風所를 운용한 것이 어느 옛날인들 없었겠습니까마는 式年에 부뚜막을 늘려 밥을 지어야 하니, 戶口를 배로 불려 돈을 거두느라 고아에게 고통을 분담시키고 아녀자에게 세금을 내게 합니다. 백성들이 겪는 고충이 대략 이와 같습니다." 하였다.

위 내용은 동민이 수토 비용에 대해서 어떠한 생각을 하고 있는지에 대해서 잘 보여주는 사례라고 볼 수 있다. 특히 동민들의 대답에서 알 수 있듯이 수토 비용을 조달하기 위해서 호구수를 늘렸던 사실을 알 수 있다. 호구수는 정해져 있기에 이를 늘리는 위해 관청에서는 고아와 아녀자에게까지 세금을 부담시켜 수토에 쓰이는 비용을 충당했다.

이러한 사실을 접하게 된 장원익은 1868년 20금을 구산동에 보태면서 미약하지만 구산동 동민에게 도움이 되길 바란다고 하였다. 구산동 동민은 이 돈을 바로 쓰지 않고 2년 동안 이자를 부려서 20금이었던 돈은 수십 금이 되었다. 사람들은 이 돈을 '捜討補用錢'이라 명명하고 장원익의 덕행을 칭송하는 현판을 대풍헌에 걸었다.

4) 평해군수 이용익

1868년(고종 5)에 평해군수로 부임한 이용익은 구산진이 수토를 할 때마다 비용이 너무 많음을 크게 근심하여 100금을 均役所[23]에 주어 원금은 보존하고 이자를 취하게 하였다. 균역소에서는 이자를 2푼 5리 정도로 정해서 매년 봄·가을로 나누어 구산진에게 주었고, 구산진에서는 이 돈을 수토 비용에 보태는 자산으로 사용했다.

이용익은 수토 비용에 대해서 출연한 것 외에 동민들을 위해 출연을 하였는데 관청의 무너진 곳을 일일이 수리하고 지붕을 이었으며, 기민을 구제하고 나룻터의 폐단을 바로잡았다고 하였다는데 이는 모두 녹봉을 출연하였고, 이를 통해 경내가 안정되었다고 소개하였다.

5) 영찰 황지해

영찰 황지해의 공을 기리는 「월송영장황공영세불망지판」에는 수토 비용에 대한 언급이 나오는데 구산동이 격년으로 수토할 때마다 100금이 소비된다고 했다. 이에 황지해는 1869년(고종 6)에 30금을 구산동에 주었고, 그 돈이 1~2년이 지나 이자가 늘어나서 구산동 동민에게 큰 도움이 되었다.

6) 銓任 손주형·손종간·손수백

손주형은 1824년(순조 24)에 전임을 맡고 있었는데 이때 경내의 소금 상인들에게 거두는 석두세[24]를 모두 구산동에 주어 용도에 보태게 하였다. 손

23 均役所: 아전들이 근무하는 作廳 또는 지방 사족들의 鄕廳을 일컫는 듯함.

24 석두세에 대한 기준으로 전라남도각군균역해세조사정총성책(全羅南道各郡均役海稅調査正摠成册)에 "염석두세는 매 석(石)에 大는 3전, 中은 2전, 小는 1전 5푼[分]을 받

종간은 손주형의 族姪로 1849년(헌종 15)에 전임으로 있으면서 銓所에 으레 공납하던 소금 1섬을 영원히 견감시켜 주었고, 1878년(고종 15)에 손종간의 손자 손수백이 그 뜻을 계승했다고 한다.

5. 수토선의 건조 및 운영

수토를 할 때 인원도 중요하지만 제일 중요한 것을 울릉도까지 가는 운송수단인 선박의 확보였다. 하지만 수토를 담당하는 당시 강원도에서는 먼 바다를 나갈 수 있는 적합한 선박이 없어, 영남지역에서 배를 빌렸다. 그런데 영남지역에서는 온전한 배를 빌려주지 않아 이를 수리하는데 비용을 쓰게 되어, 강릉과 삼척에 배를 1척씩 건조하게 하여 평상시에는 장사하는데 사용하다가 수토할 때는 수토선으로 이용하고자 했다.

윤시동의 건의에 의해 배를 만들 때 소요되는 목재는 근처의 私養山(사유지의 산)에서 벌목을 하였고, 배의 규모가 영남의 배보다 약간 크게 했다. 또한 그 배를 운용하는 것은 해당 읍의 해부에서 부유한 자를 골랐고, 선주는 해당 배에 수선을 담당하였다. 정부에서는 선주에게 그 배의 운용권을 맡겼으며, 공세를 징수하지 않는 면세의 혜택을 주었다. 수선에 대해서는 선주가 부담을 하지만 개삭과 개조에 들어가는 비용은 지원을 해주는 형태로 정하였다. 배를 만드는 것은 국가에서 담당하여 만들지만 그 운용에 대해서는 민간차원에서 했다. 특히 선주를 해당 읍의 해부 중 부유한 자를 골랐다는 것은 배를 수선하는데 많은 물력이 들어가기에 이를 반영했다.

현재 울릉도 수토선에 관한 선박모형이 2군데(울릉군 서면 태하2길, 「수

았는데 이후로는 크게에 상관없이 1전 1푼씩 받는다는 수취의 기준"이라는 말이 나온다.; 위의 논문 148쪽.

토역사전시관」, 구산항「수토문화전시관」)에 야외전시 되어 있으나, 서로 다른 형태의 선박이다. 수토선박에 대한 심도 있는 연구가 필요하다.[25]

Ⅲ. 수토행렬 재현 및 월송포진성 복원문제

1. 수토 재현행사에 대하여

1) 전국 규모의 행사로 확대

울진군에서는 매년 단오를 전후해 울진-울릉 독도 수토 뱃길 재현행사를 개최하고 있다. 울진 수토를 기념하고, 재현행사를 통해 수토의 역사를 재조명하며, 독도 수호의 의지를 다진다는 면에서는 매우 의미있는 행사임에 틀림없다. 그러나 시행한지 10년이 지났음에도 불구하고, 그다지 행사규모나 반향의 측면에서 크게 변화가 없어보인다.

따라서 행사를 키우고 정기적으로 할 경우, 우선 군에서, '울진 수토의 날'을 제정하여 조례에 넣고, 행사를 경북도 단위나 전국행사로 승격시켜 규모와 참가범위를 늘렸으면 좋겠다. 따라서 울진군에서 경북도의 독도재단이나 동북아역사재단과 MOU를 체결하고, 나아가 구산동 지역에 한정된 행사에서 탈피하여, 경상북도 및 경북지역 언론이 공동으로 개최하는 전국규모의 행사로 키울 것을 제안한다.

예를 들면 삼척의 경우, 조례를 제정하여 강원도민일보와 한국이사부학회가 주축이 되어 매년 4~5억 정도의 예산으로「이사부역사문화축전」을 개

---

25 이상균, 안동립,「안용복의 도일선박 복원에 관한 비판적 고찰」,『독도연구』32호, 2022.6.

최하여, 학술행사 및 문화축전을 다양한 프로그램을 가지고 지역 전체의 문화행사로 발전시켜 나가고 있다. 그결과 삼척시민의 독도수호 의지를 모아 2023년 하반기 개관을 목표로 국비 200억 규모의 예산으로 「이사부독도기념관」 건립사업을 추진하고 있다.

2) 청소년 참여 및 언론의 적극적 홍보

수토재현 행사의 일시 및 장소가 제한적이어서 지역민의 참여가 매우 저조하다. 따라서 축제프로그램을 다양화하고, 기간도 주말을 포함하는 휴일에 개최하여 지역 주민은 물론 청소년이 참여할 수 있게 했으면 좋겠다.

예를 들면 삼척시에서는 「이사부사자공원」 또는 「이사부광장」 등을 지정하여 삼척시민 전체가 참여하는 행사를 통상 3박 4일에 걸쳐서 진행한다. 따라서 울진에서는 대풍헌이나 월송포진성 등 현존하는 수토유적을 보유하고 있는 장점을 살려서 '울진수토공원'이나 '울진수토광장'을 만들고, 다양한 프로그램을 개발하여 전국규모의 축제로 확대시키고, 지역주민 및 청소년 등을 대거 참여할 수 있도록 확대 발전시켰으면 좋겠다. 또한 수토에 관여한 삼척이나 울릉도와도 연대하여 거국적인 독도수호운동으로 발전시켜 나가기를 기대한다.

또한 지역언론이나 경상북도 신문이나 방송을 적극 활용하여 대국민 홍보에 노력을 경주하여 대국민 참여를 유도해야 할 것이다.

3) 고유제 진행 방식 개선

수토관들은 출항 때부터 귀항 때까지 각종 제사를 지냈다. 山祭와 海祭, 船祭 등을 지냈고 또 항해 중에 악풍이 불거나 고래와 악어를 만나면 龍食을 바다에 흩뿌리며 기도하였다. 이러한 각종 제사에는 많은 곡물이 들어갔다. 아마 안전한 항해와 원활한 임무 수행을 바라는 간절한 마음에서 여러 제사를 지냈을 것이다. 실제로 수토관들이 지낸 제사의 예를 보면 1786년 월송만호 김창윤은 울릉도에 도착한 다음 날 섬을 看審하기에 앞서 저전동에서 산제를 지냈고, 울릉도를 떠나기 바로 전에는 海神에게 제사를 지냈다. 또 1794년의 월송만호 한창국은 항해 중에 갑자기 북풍이 불고 안개가 사방에 자욱한 가운데 소나기가 내리며 천둥 번개가 쳐 네 척의 배가 뿔뿔이 흩어져 어디로 갔는지 알 수 없는 상황에 처하게 되었다. 그러자 그는 군복을 차려입고 바다에 기도를 올리고는 해신을 위해 많은 식량을 바다에 뿌렸다. 또 그는 울릉도에 도착한 후 나흘째 되는 날에도 산과 바다에 기도를 올리고 제사를 지냈다.

따라서 울진지역의 어촌제, 각종 산제와 해제, 선제 등의 제례행위를 지역주민의 민속, 신앙, 종교행사와 연관지어 확대할 필요가 있다. 또한 제례의 진행과 제문 등은 모두 한글로 풀어서 하는 것이 좋겠고, 제관도 군수나 도지사를 비롯한 지역 유지가 직접 참여하는 것이 좋겠다.

2. 월송포진성 복원문제

울릉도 수토는 삼척영장과 월송만호가 윤회 수토했는데, 각기 삼척포진성과 월송포진성을 기지로 했다.

鎭은 신라 말부터 조선시대까지 있었던 군사적 지방행정구역 또는 단위부대부대 군사기지이다. 특히 조선시대에 와서 鎭管體制가 완성되면서 鎭은 主鎭, 巨鎭, 諸鎭으로 분류되어 主鎭은 절도사가, 巨鎭은 절제사나 첨절제사가, 諸鎭은 동첨절제사나 만호 등이 관장했다. 이 가운데 수군이 주둔하는 곳은 흔히 浦의 명칭이 붙었고, 이러한 곳을 중심으로 하는 수군의 진을 '~浦鎭'이라고 했다. 월송포진성은 월송포에 쌓은 성곽을 말한다. 조선시대 지방군은 진관체제였는데, 삼척포는 삼척포첨사(첨절제사)가 관장하고, 『경국

대전』에 의하면, 삼척포에는 병선수 4척, 수군 245명, 월송포에는 병선 1척, 수군 70명이 주둔했다.

따라서 삼척포진성과 월송포진성은 동해안 수군체제의 유지와 관리에서 매우 중시되었고, 나아가 울릉도수토라는 중요임무가 부여됐음을 알 수 있다. 더구나 1768년부터는 월송포진성에서 수토를 주관했다. 울진군에서는 「월송포진성」을 2012년부터 5차(2017년~2021년)에 걸처 발굴 및 시굴조사를 거쳐 복원계획을 수립하는 중에 있다.

울진의 대풍헌, 완문과 수토절목, 18개 현판, 그리고 월송포진성은 독도 수호의 살아있는 증거물이다. '역사는 유적과 유물, 기록을 남기고, 유적과 유물 기록은 역사를 증언한다'. 이러한 의미에서 울진에 남아있는 유적과 유물, 기록은 독도 수호의 유일한 증거이다. 울진이 대한민국에서 유일한 독수 수호의 메카이며, 구심점이 되어야 하는 이유이기도 하다.

이러한 이유에서 하루 속히 월송포진성을 복원하여 전국민을 상대로 대풍헌, 월송포진성을 '독도수호의 역사벨트'로 조성하여 '독도 수호의 홍보, 교육의 場'으로 만들어 갈 것을 제안한다. 결론적으로 이를 위한 종합적인 마스터플랜이 만들어져야 할 것이다.

제1편

왜, 수토를 했나?

조선후기 도서정책과 울릉도·독도

신명호 | 부경대학교 사학과 교수

Ⅰ. 머리말

조선후기에는 해금(海禁)에 관련된 다양한 처벌조항이 있었다.[1] 조선후기의 해금은 어선이나 상선 또는 병선이 특정한 해양 경계를 넘어가는 행위를 불법으로 규정하고 엄하게 처벌했다. 이 같은 조선후기의 해금은 청나라 봉금(封禁)에 맞추어 강화되었다.

봉금은 청나라 발상지 만주를 보호하기 위해 사람들이 만주로 들어가는 것을 금지하는 조치였다.[2] 조선은 봉금을 준수하기 위해 압록강과 두만강의 관문을 통과하지 못하게 하는 관금(關禁)을 강화했다.[3] 관금은 병자호란을 거치면서 더욱 강화되었다.

조선후기 관금의 강화는 다시 해금의 강화를 가져왔다. 특히 1680년(숙

---

1 조선시대 해금에 관련된 기왕의 연구로는 임영정, 「조선전기 해금정책 시행의 배경」, 『동국사학』 31, 1997; 강봉룡, 「한국의 해양영웅 장보고와 이순신의 비교연구」, 『지방사와 지방문화』 5권 1호, 2002; 강봉룡, 「한국 해양사의 전환 : 해양의 시대에서 해금의 시대로」, 『도서문화』 20, 2002; 김원모, 「19세기 한영 항해문화교류와 조선의 해금정책」, 『문화사학』 21, 2002; 이문기 외, 『한중일의 해양인식과 해금』, 동북아역사재단 2007 등 참조.

2 손춘일, 「清初 柳條邊墻의 건축과 그 역할」, 『백산학보』 92, 2021.

3 조선시대 함경도의 국방 및 후기 內池鎮堡의 변화에 대하여는 차용걸, 「양강지대 관방체제 연구시론」, 『군사』 창간호, 1980; 강석화, 「조선후기 함경도 육진지역의 방어체계」, 『한국문화』 36, 2005; 고승희, 「조선후기 함경도 內地鎮堡의 변화」, 『한국문화』 36, 2005.

종 6)을 전후로 청나라의 해금 정책이 이완되면서 황해 연안에서 청나라 어민들의 불법 어로가 폭증하였고, 이에 대응한 조선의 해금이 강화되었다.[4] 청나라 어민들이 조선의 특정 해양 경계를 불법으로 넘어와 어로활동을 벌이는 것이 불법 어로였다. 이 경우 조선은 수군을 동원해 청나라의 어선을 축출하거나 나포하였다. 또한 18세기 이후 빈번하게 조선해안에 등장하던 이양선이 특정 해양경계를 넘어올 때에도 조선은 수군을 동원하여 축출하거나 나포하고자 하였다. 이 같은 조선 수군의 해양활동은 봉수대의 해양 감시 기능과 직결되어 있었다.

이 같은 상황에서 조선은 강화도조약을 계기로 세계체제에 편입하게 되었다. 세계체제로의 편입은 개해금(開海禁)을 의미했다. 개해금에 따라 조선은 기왕의 해금과 관금에 입각했던 도서정책, 국방정책 등을 새로운 상황에 맞게 재정비해야 했다. 새로운 도서정책은 고종과 개화파가 주도했다. 그들이 강화도 조약을 주도했기 때문이었다.

이 글은 조선후기 관금과 해금이라는 상황에서 강화도조약을 계기로 개해금을 맞이한 조선이 추진했던 도서정책을 주로 울릉도 검찰사와 동남제도 개척사 중심으로 검토하였다. 이미 울릉도 검찰사와 동남제도 개척사 그리고 서북 경략사에 대한 전문연구가 적지 않다.[5] 그러나 울릉도 검찰사와 동남제도 개척사를 조선후기 도서정책과의 맥락 속에서 검토하거나 서북 경략

---

4 김문기, 2008, 「19세기 조선과 청의 어업분쟁」, 『19세기 동북아 4개국의 도서분쟁과 해양경계』, 동북아역사재단, 92-94쪽.

5 이형석, 「국토문제해결사 어윤중」, 『백산학보』 50, 1998; 김호동, 「이규원의 울릉도 검찰 활동의 허와 실」, 『대구사학』 71, 2003; 이혜은. 『만은(晩隱) 이규원의 울릉도검찰일기(鬱陵島檢察日記)』, 한국해양수산개발원, 2006; 박은숙, 「동남제도개척사 김옥균의 활동과 영토·영해 인식」, 『동북아역사논총』 36, 2021; 김영수, 「1882년 울릉도검찰사 전후 이규원의 활동과 조선정부의 울릉도 이주정책」, 『조선시대 울릉도 수토연구』, 경인문화사, 2022.

사와의 비교를 통해 검토한 측면은 부족한 측면이 없지 않다.

이에 본 글에서는 울릉도 검찰사와 동남제도 개척사를 조선후기의 관금, 해금과의 맥락 속에서 검토하고, 나아가 서북 경략사와의 비교를 통해 검토함으로써 19세기 울릉도, 독도를 대상으로 고종과 개화파가 추진한 도서정책의 역사적 맥락과 역사적 의미를 파악하고자 하였다.

Ⅱ. 조선후기 관금(關禁)과 해금(海禁)

조선 초기 세종대에 4군6진이 개척되면서 압록강과 두만강이 북방 국경선으로 자리 잡기 시작했지만, 당시 실재 내지의 국방상 진보(鎭堡)는 회령 이남의 함경산맥과 혜산진(惠山鎭) 이남의 마천령 산맥을 따라 배치되었다. 그 너머로는 여진족들이 많이 거주했으므로 조선에서는 이들을 번호(蕃胡)로 삼아 통제하였다. 이후 조선 후기 들어 여진족이 청나라를 건국하고 중원으로 이주하자 조선은 압록강과 두만강 가까이로 내지진보(內地鎭堡)를 전진 배치하였다.

그런데 청나라는 압록강과 두만강 너머를 자신들의 발상지라 하여 이른바 봉금(封禁) 지대로 설정하고 사람들의 출입을 금지하였다. 이에 따라 조선 사람들이 압록강과 두만강을 넘어가는 월강(越江)도 엄격하게 통제되었다. 조선후기의 월강은 '범월(犯越)'이라는 중범죄로 다루어졌으며, 범월을 방지하는 것이 압록강과 두만강 변에 위치한 지방관의 주요 임무였다. 범월과 관련된 법 규정들은 병자호란 이후 나타나기 시작하여 시일이 지나면서 점차 강화되었다.

조선전기 개인이 무단으로 국경을 통과할 경우에는 『대명률직해(大明律直解)』의 '사월모도관진(私越冒度關津)' 조항에 따라 처벌되었다. '사월모도

관진'은 '변경의 방호소를 넘어가면 곤장 100대에 강제노동 3년에 처한다. 변경을 넘어 타국의 경계 안으로 넘어가면 목을 매달아 죽인다. 지키는 사람이 실정을 알고도 보냈다면 범인과 같은 죄로 벌한다. 몰랐다면 각각 3등을 감한다."[6]고 규정하였다. 이는 개인이 사사로이 국경을 넘어 다른 나라로 넘어가면 사형시킨다는 의미였다.

그런데 조선의 현실에서 위 조항에 나오는 '관(關)' 이나 '진(津)'은 압록강과 두만강 등 중국과의 국경선에 있던 관이나 진이었다. 따라서 이 조항에 의한다면 압록강이나 두만강을 건너 중국으로 들어갈 경우 사형시킨다는 의미라고 할 수 있고, 그런 면에서 관금(關禁)이라 할 수 있다. 조선에서 범월 즉 관금과 관련된 법 조항들은 병자호란 이후 나타나기 시작하여 시일이 지나면서 점점 강화되었다.

법제상으로 최초의 관금 규정이 등장한 때는 1648년(인조 26)으로 병자호란이 발발한 1636년(인조 14)부터 12년이 지난 후였다. 이때의 관금 규정은 "범월의 경우, 수인(首人)은 경상(境上)에서 효시하고, 그 다음은 본도(本道)로 하여금 정배(定配)하도록 하고, 그 다음은 경중을 나누어 곤장을 친 후 석방하고, 인솔하고 간 사람은 형추정배(刑推定配)한다."[7]고 하여 수범(首犯)만 사형시키도록 하였다.

그런데 이 규정은 1670년(현종 11)에 "금법을 범하고 강을 건너 삼(蔘)을 채취하는 자는 수종(首從)을 논하지 않고 재범자는 효시한다."[8]고 하여, 수범이 아니더라도 재범자는 사형시킨다고 바뀌었다가, 1686년(숙종 12)에

---

6 "邊境防護所 過越爲在乙良 杖一百 徒三年遣 因此彼境出去爲在乙良 絞死齊" (『大明律直解』 兵律條, 私越冒度關津條).

7 "犯越 爲首人 境上梟示之 次令本道定配 又其次分輕重決放 領去人 刑推定配-順治戊子承傳-"(『新補受敎輯錄』刑典, 犯越).

8 "犯禁越採之人 勿論首從 再犯者 梟示-康熙庚戌承傳-"(『受敎輯錄』刑典, 禁制).

"서북연변(西北沿邊)에서 저쪽으로 범월한 자는 채삼(採蔘), 전렵(佃獵), 타사(他事)를 논하지 않고 또 수범인지 종범인지 논하지 않고 모두 경상에서 효시한다."[9]고 하여 관금하면 무조건 사형시키는 것으로 강화되었다. 이 규정이 1746년(영조 22)에 편찬된 『속대전』에서는 "서북연변에서 범월하여 삼을 채취하고 전렵하는 자는 수종 모두 경상에서 참수한다."[10]고 바뀌었을 뿐만 아니라 "범월을 수창한 자는 가산을 적몰한다."[11]고 하여 수범에 대한 처벌의 강도가 더욱 높아졌다.

한편 조선후기 관금이 강화되는 과정에서 1677년(숙종 3)에 "전선(戰船)과 병선(兵船)을 외양(外洋)으로 출송하는 경우 처벌할 수 있는 해당 형률이 없으니, 군인을 100리 밖으로 보내 군역(軍役)을 빠지게 한 지휘관은 곤장 100대를 때리고 충군(充軍)한다는 형률에 의거하여 정배(定配)한다."[12]는 수교(受敎)가 발표되었다. 이는 내양과 외양에 관련된 조선후기의 법 규정 중에서 최초의 사례였다. 이 수교에 의하여 조선 수군의 활동영역은 내양[13]에 한정되었다.

이 수교는 1677년(숙종 3)에 승전(承傳)하였는데,[14] 당시에 숙종이 이런 수교를 명령한 직접적인 배경은 청나라의 봉금이었다. 조선 사람들이 만주의 봉금 지역으로 넘어가는 통로에는 압록강 또는 두만강 같은 강뿐만 아니

9 "西北沿邊犯越彼邊者 勿論採蔘佃獵與他事 首倡與隨從 生事於彼中與否 一併梟示境上-康熙丙寅禁蔘事目-"(『受敎輯錄』刑典, 禁制).

10 "西北沿邊 犯越採蔘佃獵者 首從 皆境上斬"(『續大典』刑典, 禁制).

11 "犯越首倡者 籍沒家産"(『續大典』刑典, 禁制).

12 "戰兵船 出送外洋 未有當律 以縱放軍人 出百里外 空歇軍役 杖一百充軍之役定配"(『受敎輯錄』兵典, 兵船).

13 조선후기 내양은 해안선으로부터 10리 이내의 바다를 의미했고, 외양은 10리부터 수종(水宗)까지였는데, 봉수군이 파악하는 수종은 대략 100여리 즉 50km 내외였다. (신명호, 『조선시대 해양정책과 부산의 해양문화』, 한국학술정보, 2018, 76-82쪽).

14 康熙丁巳(숙종 3, 1677-필자 주) 承傳"(『受敎輯錄』兵典, 兵船).

라 황해의 바다 길도 포함되었기 때문이다.

이 수교가 1746년(영조 22)에 편찬된 『속대전』에서는 "전선과 병선은 외양으로 출송하지 못한다. 범하는 자는 군인을 100리 밖으로 보내 군역을 빠지게 하는 경우의 처벌규정에 의거하여 곤장 100대를 때리고 충군한다."[15]라고 바뀌었을 뿐만 아니라 "몰래 전선을 보냈다가 표실(漂失)한 자는 일률(一律)로 논한다."[16]고 하여 처벌이 더욱 강화되었다. 조선시대에 정배라고 하는 형벌은 대체로 양반관료들에게 시행되는 유배형이었지만 곤장을 치고 충군하는 것은 대체로 양민들에게 시행되는 육체형(肉體刑)이었기 때문이었다.

전선과 병선을 외양으로 출송하지 못하게 한 1677년(숙종 3)의 수교 및 1746년(영조 22)의 『속대전』 규정은 반대로 생각하면 내양에서의 전선과 병선의 활동은 합법적이었음을 함축하고 있다. 이런 측면에서 본다면 전선과 병선을 외양으로 출송하는 것은 곧 범월로 간주되었고 그런 면에서 외양은 조선의 영역 밖으로 인식되었다고 하겠다. 반면 내양은 조선의 영역으로 인식되었다고 하겠다. 이에 따라 전선과 병선을 외양으로 출송하는 것에 대한 처벌규정이 강화되는 것에 반비례하여 청나라의 어선 또는 선박이 내양으로 들어오는 것에 대한 방어규정 역시 강화되어 갔다. 이런 추세는 1680년(숙종 6)을 전후로 청나라의 해금 정책이 이완되면서 청나라의 어선이 대거 조선의 내양으로 들어옴에 따라 더욱 격화되었다.

17세기 중엽 청나라는 정성공 세력을 고립시키기 위하여 1656년(효종 7) 해금령(海禁令)을 내려, 중국의 산동에서 광동에 이르는 연해 지역에 사람의 발자취가 바닷가에 미치지 못하게 하고, 나무판대기 하나도 바다에 떠다니지 못하게 엄금했다. 이에 더하여 5년 뒤인 1661년(효종 12)에는 더욱

---

15 "戰兵船 毋得出送外洋 〈犯者 依縱放軍人 出百里外 空歇軍役律 杖一百充軍" (『續大典』兵典, 兵船).

16 "潛放戰船漂失者 以一律論"(『續大典』兵典, 兵船).

강력한 천계령(遷界令)을 내려 도서뿐만 아니라 연해 지역에 있는 주민마저 내지로 강제 이주시켜 해양을 완전히 격리시켰다. 이 과정에서 조선과 인접한 산동 및 요동지역의 도서민들도 내지로 강제 이주 당했다. 이런 상태에서 조선의 연해에서 청나라 어민의 불법 어업은 거의 불가능했다.

하지만 1681년(숙종 7) 삼번(三藩)의 난이 평정되고, 1683년(숙종 9)에 대만 정벌이 성공을 거두자, 이듬해인 1684년(숙종 10) 강희제는 연해와 도서에 시행되었던 해금령을 해제하였다. 이후 강희, 옹정, 건륭 시기에 산동 도서 지역으로의 이주가 급격히 증가했다. 18세기 말에는 산동성의 도서민만도 2만여 명에 달했다. 산동에서 도서 지역으로의 급격한 인구이동이 바로 조선 내양에서의 청나라 어선의 불법어업이 증가하는 중요한 배경이었다.[17]

조선은 내양으로 들어오는 청나라의 어선 또는 선박을 막기 위하여 외교적, 군사적 대응책을 동원하였다. 즉 청나라에 자문(咨文)을 보내 청나라 자체에서 어민들을 단속해 줄 것을 요청하는 한편 조선 요해처에 진(鎭)을 설치하여 청나라의 불법어선들을 군사적으로 단속하고자 했던 것이다.[18] 그러나 청나라는 조선의 요청에 미온적으로 대응하였다. 이에 따라 조선은 점차 군사적 단속을 강화하였고 이에 대응하는 청나라 어선의 저항 역시 대형화, 폭력화 되어 갔다.

이런 상황에서 안용복 사건으로 울릉도, 독도가 쟁점화 되자 숙종은 "울릉도에 백성을 들어가 살게 할 수 없으니, 1~2년 간격으로 수토(搜討)하는 것이 마땅합니다."라는 영의정 남구만의 건의를 받아들였다. 그때가 1694년

---

17 김문기(2008) 「19세기 조선과 청의 어업분쟁」, 『19세기 동북아 4개국의 도서분쟁과 해양경계』, 동북아역사재단, 92-94쪽.

18 김문기(2008) 「19세기 조선과 청의 어업분쟁」, 『19세기 동북아 4개국의 도서분쟁과 해양경계』, 동북아역사재단, 94-102쪽.

(숙종 24) 8월 13일이었다.[19] 그 시점부터 울릉도에는 정기적으로 수토관이 파견되었다.

아울러 1701년(숙종 27)에는 "수토선(搜討船)이 처음에 출양(出洋) 하지도 않은 채 사격(沙格) 등에게 뇌물을 받고 머물러 있거나, 또 엄사(渰死)한 듯이 거짓으로 관가에 고한 자는 수창(首倡)은 효시하고 수종(隨從)은 차율(次律)로 논단한다."[20]는 수교가 결정되었고, 1731년(영조 7)에는 "당선(唐船)의 추포는 온전히 폐지할 수 없다. 당선이 정박하는 곳에 군사를 정해 방수함으로써 땔감과 물을 공급하는 길을 단절하게 하고, 해당 수령과 변장(邊將)은 논책(論責)하라."[21]는 수교가 결정되었다. 1694년(숙종 24)의 왕명 그리고 1701년(숙종 27)의 수교와 1731년(영조 7)의 수교는 격증하는 일본 불법어선과 청나라 불법어선들을 단속하기 위한 군사적 조치였던 것이다.

그런데 조선후기의 해금에는 『대명률』의 '위금하해(違禁下海)'에 입각한 해금 이외에 또 바다 국경선을 넘어가는 것을 금지하는 해금이 있었다. 즉 '위금하해'는 국내 바다에서의 해양활동에 대한 국가통제였고 바다 국경선을 넘어가는 것을 금지하는 해금은 사적 출국에 대한 국가 통제였다. 바다 국경선을 넘어가는 것을 금지하는 해금은 "폐방(弊邦)은 해금이 지엄하여 해민들을 단속해 외양(外洋)으로 나가지 못하게 합니다."는 『만기요람』[22] 내용에 잘 나타나 있다. 이 내용은 이른바 안용복 사건과 관련해 등장한다. 안용복을 송환한 대마도의 도주(島主)에게 보낸 답서에 위의 내용이 등장하였

---

19 "九萬入奏曰 不可使民入居 間一二年 搜討爲宜 上 從之" (『숙종실록』 권27, 20년(1694) 8월 13일).

20 "搜討船 初不出洋 沙格等處 受賂留行 又以渰死樣 瞞告官家者 首倡梟示 隨從以次律論斷"(『新補受教輯錄』刑典, 推斷).

21 "唐船追捕 不可全廢 船泊處 定軍防守 俾絶樵汲之路 而當該守令邊將論責-雍正辛亥承傳-"(『新補受教輯錄』刑典, 推斷).

22 "'弊邦海禁至嚴 制東海民 使不得出於外洋" (『만기요람』軍政篇 4, 東海.)

던 것이다.

조선후기에 어민들을 외양으로 가지 못하게 하는 법 규정은 점점 강화되어 1727년(영조 3)에는 "연해와 포구의 어민으로서 어채(漁採)하는 자들을 대양(大洋)으로 나가지 못하게 하였는데도, 간민(奸民)이 국법을 두려워하지 않고 일본에 표입(漂入)해 가면 사공은 원지(遠地)에 형추정배(刑推定配)하고, 격군(格軍)은 엄형삼차(嚴刑三次)한다."[23]는 수교가 결정되었고, 1734년(영조 10)에는 "연해와 포구의 어민으로서 왜경(倭境)에 표박(漂泊)한 자는 사공인지 격군인지 논하지 않고 모두 엄형하고 원지에 정배한다."[24]는 수교가 결정되었다.

한편 어선뿐만 아니라 상선 역시 외양에 나가는 것이 법으로 금지되었음은 마찬가지였다. 예컨대 1757년(영조 33) 9월 18일자의 『전객사일기(典客司日記)』에는 "어선이나 상선은 외양(外洋)으로 나가지 못하는 것이 예로부터의 영갑(令甲)이다."[25]는 기록이 실려 있다.

이런 자료들을 통해 조선후기에 외양(外洋)에서의 어업활동, 수군활동, 상업 활동 등은 법으로 금지되었지만 내양(內洋)에서의 어업활동, 수군활동, 상업 활동 등은 금지되지 않았음을 알 수 있다. 반면 내양은 외국의 어선이나 선박이 함부로 들어오지 못하는 배타적 영토 즉 영해(領海)로 간주되었음도 알 수 있다.

한편 조선후기 해금(海禁)은 내양의 바깥 즉 외양을 경계선으로 했는데, 외

---

23 "沿海浦民之漁採者 使不得遠出大洋 而奸民不畏國法 漂入日本者 沙工段刑推定配遠地 格軍段 嚴刑三次-雍正丁未承傳-(『新補受教輯錄』刑典, 推斷).

24 "沿海浦民之漂泊倭境者 勿論沙工格軍 一併嚴刑 遠地定配-雍正甲寅承傳"(『新補受教輯錄』刑典, 推斷).

25 "漁商船勿出外洋 自是令"(『典客司日記』英祖 33년(1757) 9월 18일).

양은 내양 바깥으로부터 봉수군의 시야에 들어오는 수종(水宗)까지였다[26]. 조선후기 해금이 내양 바깥의 외양을 대상으로 시행되고 또한 수종이 봉수군의 시야에 들어오는 수평선을 경계선으로 했던 이유는 근본적으로 고려말·조선초의 왜구를 격퇴하는 과정에서 해금이 시행되었기 때문이었다. 한일간의 해양교류라는 면에서만 생각해보면, 가장 활발하게 해양교류가 있었던 시점은 역설적이게도 고려말 왜구가 횡행하던 시기였다. 그 당시 해양방어는 무력화되었고 자연히 해금도 무력화되었다. 그런 상황에서 왜구는 아무런 제한 없이 고려의 해안과 육지를 횡행하며 약탈할 수 있었다.

3포제도가 정착되기 전의 조선 초에도 왜인들은 조선의 해안과 육지를 대상으로 자유롭게 무역활동을 벌였다. 이런 상황은 조선의 해양방어력이 강화되면서 크게 바뀌었다. 조선과 일본 사이의 무역은 3포로 제한되었고, 해양을 통한 사적 교류는 금지되어 한일 간의 해양교류는 국가에 의해 독점되었던 것이다. 여기에 더해 청의 봉금은 한중 간의 사적 해양교류를 금지하였다. 조선후기에 병선, 어선, 상선 등이 수종을 넘어 외양에 왕래하는 것을 금하는 해금이 시행된 이유는 바로 여기에 있었다.

Ⅲ. 강화도조약·조중수륙무역장정과 개해금

조선후기의 해금은 19세기 증기선이 출현하면서 유명무실화되었다. 조선후기의 해금 및 해양방어는 목선을 상정하고 운영되었는데, 증기선이 출현하자 해금을 시행할 수도 없었고 해양방어를 실천할 수도 없었다. 해안가

26 신명호·한임선, 「조선후기 해양경계와 해금(海禁)」, 『동북아문화연구』 21, 동북아시아문화학회, 2009.

의 봉수, 주요 포구의 수군을 중심으로 형성된 조선의 해양방어체계는 빠르게 오고가는 증기선을 제지할 수 없었던 것이다.

이런 상황에서 일본은 1875년(고종 12) 운양호 사건을 핑계로 군함을 동원해 개항을 요구했다. 일본의 개항 요구는 사실상 해금 정책의 폐지나 같았다. 따라서 1876년(고종 13) 조선과 일본 사이의 강화도조약은 해금이 공식적으로 해제되었음을 의미했다. 일본에 뒤이어 미국과 유럽 각국과도 통상조약을 맺었고, 청나라와는 조중수륙무역장정을 맺었다. 이 조약들은 모두 자유통상을 규정함으로써 해금 폐지 즉 개해금(開海禁)은 결정적 사건이 되었다. 특히 개해금을 결정적 사건으로 만든 것은 강화도조약과 조중수륙무역장정이었기에 이 두 조약이 어떻게 해금을 폐지시켰는지 검토할 필요가 있다.

1876년(고종 13) 2월 조선과 일본 사이에 체결된 강화도 조약은 총 12개 조항으로 구성되었다. 그 중 조선의 도서정책과 직접적으로 관련된 조항은 제4조, 조5조, 제6조, 제7조 등 4개 조항이었다.

먼저 제4조[27]와 제5조[28]는 부산을 포함한 3곳에 개항장을 개설한다는 내용이었다. 당시 조선정부는 이 조항을 전통적인 입장에 입각해, 기왕의 부산 왜관을 위시하여 다른 두 곳에 왜관을 더 설치하는 것으로 해석했다.

기왕의 부산 왜관에는 세관도 없었고 관세도 없었다. 이 같은 사실에 입각해서 조선은 3곳의 개항장에도 세관을 설치하지 않았고, 그 결과 일본 상

---

27 "제4관. 조선국 부산 초량항에는 오래 전에 일본 공관이 세워져 있어 두 나라 백성의 통상 지구가 되었다. 지금은 종전의 관례와 세견선 등의 일은 혁파하여 없애고 새로 세운 조관에 준하여 무역 사무를 처리한다. 또 조선국 정부는 제5관에 실린 두 곳의 항구를 별도로 개항하여 일본국 인민이 오가면서 통상하도록 허가하며, 해당 지역에서 임차한 터에 가옥을 짓거나 혹은 임시로 거주하는 사람들의 집은 각각 그 편의에 따르게 한다." (『고종실록』 13년(1876) 2월 3일).

28 "제5관. 경기, 충청, 전라, 경상, 함경 5도 가운데 연해의 통상하기 편리한 항구 두 곳을 골라 지명을 지정한다. 개항 시기는 일본력 메이지 9년(1876) 2월, 조선력 병자년(1876) 2월부터 계산하여 모두 20개월로 한다." (『고종실록』 13년(1876) 2월 3일).

품은 무관세였다.

당시 일본은 3곳의 개항장이 무역, 통상 등에서 자율권을 갖는 자유무역항이라는 입장이었다. 따라서 3곳의 개항장에는 세관이 있어야 했고, 일본 상품이 이곳으로 들어가기 위해서는 당연히 관세도 지불해야 했다. 하지만 일본은 조선의 전통적인 입장을 악용해 관세 문제 자체를 거론하지 않았다.

한편 제6조는 해난구조와 관련된 조항으로서[29], 근본취지는 아름답다고 평가할 수 있었다. 예컨대 "이후 일본국 배가 조선국 연해에서 큰 바람을 만나거나 땔나무와 식량이 떨어져 지정된 항구까지 갈 수 없을 때에는 즉시 곳에 따라 연안의 지항(支港)에 들어가 위험을 피하고 모자라는 것을 보충하며, 선구(船具)를 수리하고 땔나무와 숯을 사는 일 등은 그 지방에서 공급하고 비용은 반드시 선주가 배상해야 한다."는 규정은 해난을 당한 일본선원들을 구조한다는 내용이다. 하지만 이 조항에 따라 일본 선박은 해난구조를 핑계로 지정된 항구 이외의 어떤 항구에도 들어갈 수 있었다.

이외에 "조선국 연해의 도서와 암초는 종전에 자세히 조사한 것이 없어 극히 위험하므로 일본국 항해자들이 수시로 해안을 측량하여 위치와 깊이를 재고 도지(圖志)를 제작하여 양국의 배와 사람들이 위험한 곳을 피하고 안전한 데로 다닐 수 있도록 한다."[30]는 7제조의 규정을 근거로 일본은 조선 영

---

29 "이후 일본국 배가 조선국 연해에서 큰 바람을 만나거나 땔나무와 식량이 떨어져 지정된 항구까지 갈 수 없을 때에는 즉시 곳에 따라 연안의 지항(支港)에 들어가 위험을 피하고 모자라는 것을 보충하며, 선구(船具)를 수리하고 땔나무와 숯을 사는 일 등은 그 지방에서 공급하고 비용은 반드시 선주가 배상해야 한다. 이러한 일들에 대해서 지방의 관리와 백성은 특별히 신경을 써서 가련히 여기고 구원하여 보충해 주지 않음이 없어야 할 것이며 감히 아끼고 인색해서는 안 된다. 혹시 양국의 배가 큰 바다에서 파괴되어 배에 탄 사람들이 표류하여 이르면 곳에 따라 지방 사람들이 즉시 구휼하여 생명을 보전해주고 지방관에게 보고하며 해당 관청에서는 본국으로 호송하거나 가까이에 주재하는 본국 관원에게 교부한다." (『고종실록』 13년(1876) 2월 3일).

30 『고종실록』 13년(1876) 2월 3일.

해인 내양을 마음대로 드나들 수 있었다. 결국 제6조와 제7조는 조선의 영해를 일본 선박에 무방비로 개방하는 결과를 가져오게 되었다.

한편 강화도조약의 제5조 즉 "경기, 충청, 경상, 함경 5도 가운데 연해의 통상하기 편리한 항구 두 곳을 골라 지명을 지정한다. 개항 시기는 일본력 메이지 9년(1876) 2월, 조선력 병자년(1876) 3월부터 계산하여 모두 20개월로 한다."는 규정에 의해 조선은 1879년(고종 16) 7월 13일, 일본과 합의하여 1880년(고종 17) 3월부터 원산항을 개항하기로 하였다.[31]

원산항이 개항되면서 일본 본토에서 대마도와 독도, 울릉도를 거쳐 원산항으로 들어오는 일본 선박이 늘어났다. 이와 동반해 수많은 일본인들이 불법적으로 울릉도에 들어갔다. 이런 사실을 예상한 고종은 강원도 관찰사에게 울릉도 방비를 당부하였다.[32]

그런데 강화도조약의 개해금(開海禁) 효과는 뒤이은 조약들로 더욱 강화되었다. 예컨대 1883년(고종 20) 6월 22일 체결된 '조일통상장정(朝日通商章程)'에서는 일본 어민들이 전라도, 경상도, 강원도, 함경도 4도의 해빈(海濱)에서 합법적으로 어업 할 수 있게 하였다. 당시 조선 측은 일본 어민들이 어업 할 수 있는 해빈(海濱)은 내양 밖이라고 인식했지만, 일본은 내양을 포함한다고 주장했다.

한편 1882년(고종 19) 10월 17일 체결된 '조중상민수륙무역장정(朝中商民水陸貿易章程)'[33]으로 조선의 해금은 물론 관금도 공식적으로 사라지게 되었다. '조중상민수륙무역장정' 체결의 원인은 1876년(고종 13)의 강화도조약 그리고 1882년(고종 19)의 조미수호조약 그리고 임오군란이었다.

---

31 『고종실록』 권16, 16년(1879) 7월 13일.

32 박은숙, 「동남제도개척사 김옥균의 활동과 영토·영해 인식」, 『동북아역사논총』 36, 2021, 98-100쪽.

33 『고종실록』 권19, 고종 19년(1882) 10월 17일.

강화도조약의 제1조에서 '조선은 자주독립국이다.'라고 공언함으로써, 조선은 대외적으로 청나라의 속국이 아니라 자주독립국임을 선포했고, 뒤이어 조미수호조약에서도 같은 내용을 명기함으로써 조선이 자주독립국임을 선포했다. 이에 청나라는 기왕의 종주권을 지킬 방도를 모색했는데, 그런 와중 1882년(고종 19) 6월 임오군란이 발발했다.

일본의 정치지도자들은 임오군란을 이용해 일본 국익을 극대화하고자 했고, 그 결과 1882년(고종 19) 음력 7월 17일 하나부사, 이유원, 김홍집 사이에 7개 조항의 '조일강화조약'과 2개 조항의 '수교조규속약(修交條規屬約)'이 체결되었다. 이 조약은 제물포에서 체결되었으므로 일명 '제물포조약'이라고도 했다. 이 조약으로 조선정부는 재정적으로 큰 곤란에 빠졌다. 뿐만 아니라 공사관 호위라는 명분으로 일본군이 한양에 주둔하게 됨으로써 조선정부는 경제적인 측면에서뿐만 아니라 군사적인 측면에서도 일본정부에 종속될 수밖에 없었다.

당시 조선에 파견되어 임오군란을 진압한 마건충은 이 같은 상황을 지켜보면서 청나라도 제물포조약에 상응하는 조치를 취해야 한다고 판단했다. 이홍장의 심복인 마건충은 조선과 청나라 사이의 무역장청 초안을 작성했는데, 이홍장의 뜻을 잘 아는 그는 청나라의 종주권을 무역장정에 명문화 하고자 했다. 그 결과 마건충이 초안을 잡은 8개 조항의 '조중상민수륙무역장정'은 청나라 종주권을 중심으로 규정되었다.

1882년(고종 19) 8월 22일에 이 초안을 받아본 문의관(問議官) 어윤중은 혹시라도 서구열강이나 일본이 이 무역장정을 명분으로 동일한 요구를 하면 어떻게 하느냐고 불만을 표시했다. 하지만 마건충은 '귀국은 은근히 중국과 대등한 체제를 원하면서, 단지 일본이 두려운 것은 알면서 중국이 두려운 것은 알지 못하는가?'라고 협박하였다. 그 결과 8월 23일에 조청수륙무역장정은 거의 수정 없이 초안 내용 그대로 결정되었다.

이렇게 결정된 무역장정의 첫머리에는 '현재 각국이 수로(水路)를 통하여 통상하고 있어 해금(海禁)을 속히 개방-(開海禁)-하여, 양국 상인이 일체 상호 무역하여 함께 이익을 보게 해야 한다. 변계(邊界)의 호시(互市) 규례 또한 시의 적절하게 변통해야 한다.'[34]고 규정함으로써 조선후기 내내 지속되었던 해금과 관금을 공식적으로 해제하였다.

한편 '이번에 체결한 수륙장정은 청나라가 속국을 우대하는 것이다.'[35]고 규정함으로써 청나라의 종주권을 명시하였다. 뒤이어 무역장정의 제1조에는 '북양대신의 신임장을 가지고 파견된 상무위원(常務委員)은 조선의 개항 항구에 주재하면서 중국 상인들을 돌본다.'[36]는 내용과 '조선 국왕도 고위 관리를 파견하여 천진에 주재시키는 동시에 다른 관리들은 이미 개항한 중국의 항구에 따로 파견하여 상무위원으로 삼는다.'[37]는 내용이 들어감으로써 조선과 청나라의 자유무역은 조공책봉체제를 훼손하지 않는 형식을 취하였다.

또한 장정의 제4조에는 "조선의 평안도, 황해도와 중국의 산동, 봉천 등 성(省)의 연해지방에서는 양국의 어선들이 내왕함으로써 고기를 잡을 수 있고, 아울러 해안에 올라가 음식물과 식수를 살 수 있으나, 사적으로 화물을 무역할 수 없다."고 규정함으로써, 황해도에서 양국 간 어업을 자유롭게 할 수 있게 하였다.

이 장정은 9월 12일에 서태후의 결재를 받음으로써 확정되었다. 이에 따

---

34 "惟現在各國 旣由水路通商 自宜亟開海禁 令兩國商民 一體互相貿易 共霑利益 其邊界互市之例 亦因時量爲變通" (『고종실록』 권19, 고종 19년(1882) 10월 17일).

35 "惟此次所訂水陸貿易章程, 係中國優待屬邦之意" (『고종실록』 권19, 고종 19년(1882) 10월 17일).

36 "由北洋大臣札派商務委員 前往駐紮朝鮮已開口岸 專爲照料本國商民" (『고종실록』 권19, 고종 19년(1882) 10월 17일).

37 "朝鮮國王 亦遣派大員 駐紮天津 並分派他員 至中國已開口岸" (『고종실록』 권19, 고종 19년(1882) 10월 17일).

라 이홍장은 진수당을 상무위원으로 임명하여 한양에 파견하였다. 고종은 남정철을 주진대원(駐津大員)으로 임명하여 천진에 파견했다. 한양에 상주하는 진수당과 천진에 상주하는 남정철은 사실상 상주 외교관이었다. 그럼에도 형식적으로는 상주 외교관이 아니라 단순히 통상업무를 관장하는 관리에 지나지 않았다. 결과적으로 청나라와 조선은 형식적인 조공책봉체제와 실제적인 근대조약관계가 결합된 이중관계를 맺게 되었다.

한편 '조중수륙무역장정'으로 조선과 청나라 사이의 관금과 해금이 폐지된 후, 고종은 필요한 후속조치를 청나라와 논의하기 위해 1882년(고종 19) 10월 12일에 서북 경략사 어윤중을 임명했다.[38] 서북 경략사 어윤중은 '조중수륙무역장정'의 후속조치를 다양한 측면에서 처리하였다. 예컨대 조선과 청나라 만주 지역과의 통상문제와 관련해서는 1883년(고종 20) 12월 3일 '봉천여조선변민교역장정(奉天與朝鮮邊民交易章程)'[39]을 체결했고, 1884년(고종 21) 5월 28일 '길림조선상민수시무역장정(吉林朝鮮商民隨時貿易章程)'을 체결했다.

1883년(고종 20) 12월 3일 체결된 '봉천여조선변민교역장정'의 경우, 제1조에서 '변경의 육로 무역은 원래 중국이 속국을 우대하고 오로지 백성의 편의를 위하여 개설한 것으로서, 각 항구에서 통상하는 것과는 사정이 다르다. 그러므로 수시로 왕래할 수 있게 한 것은 봉천성과 조선 변경의 상인(商人)들에게만 해당하는 것이고, 기타 각국은 이 규정에 해당하지 않는다.'[40]고 하여 이 장정은 '조중수륙무역장정' 후속조치임을 분명히 하였다. 또한 제15

---

38 『고종실록』 권19, 고종 19년(1882) 10월 12일.

39 『고종실록』 권20, 고종 20년(1883) 12월 3일.

40 "第一條 邊界陸路交易 原係天朝優待屬國 專爲便民而設 與各海口岸通商情事不同 所准隨時往來僅指奉省之與朝鮮邊界商民而言 其他各國 不在此例" (『고종실록』 권20, 고종 20년(1883) 12월 3일).

조에서 '항구의 화물은 바다를 이용하여 운반해야 한다.'[41]고 규정함으로써, 이 장정은 '조중수륙무역장정'의 개관금(開關禁)은 물론 개해금(開海禁)을 적용한다는 것을 분명히 하였다.

이것은 1884년(고종 21) 5월 28일 체결된 '길림조선상민수시무역장정' 역시 마찬가지였다. '길림조선상민수시무역장정'은 '변계(邊界)의 호시(互市) 규례 또한 시의 적절하게 변통해야 한다.'는 '조중상민수륙무역장정'의 규정에 따라 체결되었기 때문이다.

총 16조로 된 '길림조선상민수시무역장정'의 첫머리에 '조선은 오랫동안 번국으로 있으면서 힘써 조공을 바쳐왔다. 이제 두 나라의 변경에서 진행하던 무역의 옛 규례를 수시로 진행하는 무역으로 고친다. 이는 중국이 속국을 우대하는 의미와 관련된다.'[42]고 함으로써, 이 장정은 '조중상민수륙무역장정' 규정을 길림과 두만강 대안 조선 지역의 상민무역에 적용하기 위한 것임을 밝혔다.

또한 제1조에서는 '양국의 변지는 토문강을 경계로 한다.'[43]고 규정함으로써 조선과 청나라 사이의 국경을 확정했다.

이처럼 서북경략사 어윤중은 1년 반 정도에 걸쳐 '조중상민수륙무역장정'에 따르는 다양한 후속조치들 즉 국경문제, 통상문제, 세금문제 등은 물론 기왕 6진을 중심으로 구성되었던 국내의 국방체계를 새로운 상황에 맞게 재정비하는 다양한 활동을 하고 1884년(고종 21) 5월 9일 서북 경략사에서 물러났다.[44]

---

41 "第十五條 海口貨物 准由海道販運"(『고종실록』 권20, 고종 20년(1883) 12월 3일).

42 "朝鮮久列藩封 勤修職貢 今於兩國邊界 改互市舊例 爲隨時交易 係中國優待屬邦之意擬立"(『고종실록』 권21, 고종 21년(1884) 5월 26일).

43 "第一條 兩國邊地 以土門江爲界"(『고종실록』 권21, 고종 21년(1884) 5월 26일).

44 『고종실록』 권21, 고종 21년(1884) 5월 9일.

Ⅳ. 울릉도 검찰사·동남제도 개척사와 울릉도 설읍(設邑)

위에서 살펴본 것처럼 1882년(고종 19) 체결된 '조중상민수륙무역장정'은 기왕의 조선과 청나라 사이에 형성된 관금과 해금을 폐지함으로써 다양한 후속조치를 필요로 하였다. 그 같은 후속조치를 처리하기 위해 고종은 서북 경략사라는 직함을 활용하였다. 서북 경략사 어윤중이 1882년(고종 19) 10월부터 1884년(고종 21) 5월까지 약 1년 반 동안 처리했던 다양한 후속조치들이 바로 그것이었다.

1876년(고종 13년) 조선과 일본 사이에 체결된 강화도조약 역시 해금을 폐지하였기에 다양한 후속조치가 필요하였다. 예컨대 제5조에 따른 개항장 규정에 따라, 1879년(고종 16년) 7월 13일 확정된 원산항 개항 등이 그것이었다. 원산항이 개항되자 일본 본토는 물론 대마도에서 원산항으로 들어오는 일본선박이 늘어났고, 그 과정에서 수많은 일본인들이 무단으로 울릉도를 침입하였다. 이에 따라 조선 정부에서는 울릉도 방어에 촉각을 곤두세우게 되었다.[45]

기왕의 연구에 의하면, 일본인들의 울릉도와 독도 무단 침입은 에노모토 다케아키(夏本武揚)에 의해 추진되었다고 한다.[46] 1876년(고종 13) 강화도 조약 이후인 1878년(고종 15)부터, 에노모토 다케아키를 위시하여 그의 처남과 평민 치카마쓰 마쓰시로(近松松二郎) 등이 울릉도 침입을 준비하였고, 다음해인 1879년(고종 16)에 일본인들을 울릉도로 보내 불법어업, 도벌(盜伐) 등을 자행하였다.

이런 사실은 1881년(고종 18) 시행된 삼척영장 남준희의 수토에 의해 밝

---

45 박은숙, 「동남제도개척사 김옥균의 활동과 영토·영해 인식」, 『동북아역사논총』 36, 2021.

46 백인기, 「조선후기 울릉도 수토」, 『조선시대 울릉도 수토연구』, 경인문화사, 2022, 163쪽.

허졌다. 삼척영장 남준희의 수토 결과는 다음 기록을 통해 확인할 수 있다.

통리기무아문(統理機務衙門)에서 아뢰기를, "방금 강원감사(江原監司) 임한수(林翰洙)의 장계를 보니, 울릉도 수토관(討官)의 보고를 하나하나 들면서 아뢰기를, '간심(看審)할 때에 어떤 사람이 나무를 찍어 해안에 쌓고 있었는데, 머리를 깎고 검은 옷을 입은 사람 7명이 그 곁에 앉아 있기에 글을 써서 물어보니, 대답하기를, [일본 사람인데 나무를 찍어 원산과 부산으로 보내려고 한다.] 하였습니다.'

일본 선박의 왕래가 근래에 빈번하여 이 섬에 눈독을 들이고 있으니 폐단이 없을 수 없습니다. 청컨대 통리기무아문으로 하여금 품처(稟處)하게 하소서." 라고 하였습니다.

봉산(封山)은 원래 중요한 곳이니 수토(搜討)하는 것도 정식(定式)이 있습니다. 그런데 저 사람들이 암암리에 나무를 찍어서 남몰래 실어가는 것은 변금(邊禁)에 관계되므로 엄격하게 막지 않지 않으면 안 됩니다. 이 사실을 가지고 서계(書契)로 작성하여 동래부(東萊府) 왜관(倭館)에 내려 보내어 일본 외무성에 전달하게 해야 합니다.

그러나 생각건대 이 섬은 망망한 바다 가운데 있으니 그대로 텅 비워두는 것은 대단히 허술한 일입니다. 그 형세가 요해지(要害地)로서 어떠한지 방수(防守)를 빈틈없이 하는 것은 어떠한지 종합적으로 두루 살펴서 처리해야 할 것입니다. 부호군(副護軍) 이규원(李奎遠)을 울릉도 검찰사(檢察使)로 차하(差下)하여 그로 하여금 가까운 시일에 빨리 가서 철저히 헤아려보고 의견을 갖추어 수계(修啓)하여 아뢰고 복계(覆啓)하도록 하는 것이 어떻겠습니까?" 하였다.[47]

---

47 "統理機務衙門啓 卽見江原監司林翰洙狀啓 則枚擧鬱陵島搜討官所報 以爲 看審之際 有何伐木 積置海岸 剪頭着黑衣者七名 坐其傍 故以書問之 則答以日本人 而伐木 將送于元山釜山 爲言 彼船去來 挽近無常 指點此島 不無其弊 請令統理機務衙門稟處矣 封山自是重地 搜討亦有定式 而彼人之潛斫暗輸 邊禁攸關 不容不嚴防乃已 將此事實 撰出書契 下送萊館 轉致于日本外務省 而第伏念是島處在淼茫之中 任他空曠 甚屬疎虞 其形止要害之何如 防守緊密之何如 合有周審而裁處 副護軍李奎遠 鬱陵島檢察使差下 使之從近馳往 到底商度 具意見修啓 以爲稟覆何如" (『고종실록』 권18, 고종 18년(1881) 5월 22일).

위에 의하면 1881년(고종 18)의 울릉도 수토관 남준희는 일본인 7명이 울릉도에서 나무를 도벌(盜伐)한 것을 적발했다. 일본인 7명은 바로 에노모토 다케아키를 위시하여 그의 처남과 평민 치카마쓰 마쓰시로(近松松二郎) 등이 보낸 사람들이었을 것이다. 이런 보고를 받은 강원도 관찰사 임한수는 고종에게 통리기무아문으로 하여금 품처(稟處) 하게 하자고 건의했다. 일본인 7명이 울릉도에서 나무를 도벌(盜伐)한 것은 심각한 사건이고, 이를 묵과하면 더 많은 일본인들이 울릉도를 침입할 것이 명약관화하기에, 중앙정부 차원에서 대책을 세우라는 의미였다.

이에 따라 고종은 강원도 관찰사의 보고서를 통리기무아문에 내렸고, 통리기무아문에서 1881년(고종 18) 5월 22일 품처하였는데, 그 품처에서 두 가지 대책을 제안했다.

첫째는 일본인 7명의 도벌 사실을 동래부 왜관에 알려 일본 외무성에 항의하라는 대책이었다. 이 문제는 일본과의 외교적 사안이니 일본에 외교적으로 항의하라는 의미였다.

셋째는 부호군 이규원을 울릉도 검찰사로 임명하라는 대책이었다. 검찰사를 울릉도에 파견해 현장을 조사하고 대책을 세우게 하자는 의미였다.

『조선왕조실록』을 검색해보면, 검찰사는 세조 때부터 등장하는데, 세조 때 처음 등장하는 검찰사의 임무는 봄철 군사훈련에서 보리밭과 밀밭에 주둔한 군사들을 검찰하는 것이었다. 보리싹과 밀싹이 나오는 봄철임에도 불구하고 보리밭과 밀밭에 군사들을 주둔시켜 보리농사와 밀농사를 망친 상황과 책임자를 적발, 조치하기 위해서였다. 이후의 검찰사 역시 특정 사안이 발생했을 때 그 사안을 적발, 조치하기 위해 임명되었다. 따라서 1881년(고종 18) 5월에 통리기문아문에서 울릉도 검찰사를 차출하자는 건의는, 울등도에 침입한 일본인 문제를 적발, 조치하기 위한 대책이었다.

고종은 통리기무아문의 건의를 수용하였다. 그 결과 부호군 이규원이 울릉도 검찰사로 임명되었다. 울릉도 검찰사 이규원은 1882년(고종 19) 4월 고종에게 하직인사를 올리고 울릉도로 향하였다. 당시 고종은 울릉도 검찰사 이규원에게 다음과 같은 당부를 하였다.

검찰사 이규원을 소견(召見)하였다. 사폐(辭陛) 하였기 때문이다. 하교하기를, "울릉도에는 근래에 다른 나라 사람들이 아무 때나 왕래하면서 제멋대로 편리를 도모하는 폐단이 있다고 한다. 그리고 송죽도(松竹島)와 우산도(芋山島)는 울릉도의 곁에 있는데 서로 떨어져 있는 거리가 얼마나 되는지 또 무슨 물건이 나는지 자세히 알 수 없다. 이번에 그대가 가게 된 것은 특별히 가려 차임(差任)한 것이니 각별히 검찰하라. 그리고 앞으로 읍(邑)을 세울 생각(將設邑爲計)이니, 반드시 지도와 함께 별단(別單)에 자세히 적어 보고하라." 하였다.

이규원이 아뢰기를, "우산도는 바로 울릉도이며 우산(芋山)이란 바로 옛날의 우산국의 국도(國都) 이름입니다. 송죽도는 하나의 작은 섬인데 울릉도와 떨어진 거리는 30리(里)쯤 됩니다. 여기서 나는 물건은 단향(檀香)과 간죽(簡竹)이라고 합니다." 하였다.

하교하기를, "우산도라고도 하고 송죽도라고도 하는데 다 『동국여지승람』에 실려 있다. 그리고 또 혹은 송도·죽도라고도 하는데 우산도와 함께 이 세 섬을 통칭 울릉도라고 하였다. 그 형세에 대하여 함께 알아보라. 울릉도는 본래 삼척 영장(三陟營將)과 월송 만호(越松萬戶)가 돌려가면서 수검(搜檢)하던 곳인데 거의 다 소홀히 함을 면하지 못하였다. 그저 외부만 살펴보고 돌아왔기 때문에 이런 폐단이 있었다. 그대는 반드시 상세히 살펴보라"" 하였다.

이규원이 아뢰기를, "삼가 깊이 들어가서 검찰 하겠습니다. 어떤 사람들은 송도와 죽도는 울릉도의 동쪽에 있다고 하지만 이것은 송죽도 밖에 따로 송도와 죽도가 있는 것은 아닙니다." 하였다.

하교하기를, "혹시 그전에 가서 수검한 사람의 말을 들은 것이 있는가?" 하였다.

이규원이 아뢰기를, "그전에 가서 수검한 사람은 만나지 못하였으나 대체적인 내용을 전해 들었습니다." 하였다.[48]

위에 의하면 고종은 울릉도 검찰사 이규원에게 특별히 '지도와 별단(別單)'을 작성해 오라고 당부했다. 그 이유는 '앞으로 읍(邑)을 세울 생각 '즉' 설읍(設邑)할 생각' 때문이었다.

울릉도는 1417년(태종 17)에 주민들을 출륙(出陸)하고 거주를 금지한 이후 1882년(고종 19)까지 466년 동안 거주가 금지되었다. 그런데 고종은 1882년(고종 19) 4월 즈음 울릉도에 설읍할 생각을 하고 있었다. 이유는 원산항 개항 이후 울릉도에 침입하는 일본인들이 폭증하기 때문이었다.

그런데 설읍은 이런저런 사정으로 주민들을 출륙했던 섬들을 대상으로 조선초기부터 시행해 오던 조치였다. 주민들을 출륙했던 섬들을 대상으로 설읍이 시행되는 것은, 그 섬과 관련된 국방상, 외교상 측면이 안정되었을 경우 또는 위험을 무릅쓰고라도 그 섬을 영토화 시켜야 하는 경우에 시행되었다.

고종은 당시 울릉도와 관련해 국방상, 외교상 측면이 안정되었다고 판단해서 설읍을 결심했다 라기 보다는 위험을 무릅쓰고라도 울릉도를 영토와

---

48 "召見檢察使李奎遠 辭陛也 敎曰 鬱陵島 近有他國人物之無常往來 任自占便之弊云矣 且松竹島芋山島 在於鬱陵島之傍 而其相距遠近何如 亦有何物與否 未能詳知 今番爾行 特爲擇差者 各別檢察 且將設邑爲計 必以圖形與別單 詳細錄達也 奎遠曰 芋山島卽鬱陵島 而芋山古之國都名也 松竹島卽一小島 而與鬱陵島 相距爲三數十里 其所産卽檀香與簡竹云矣 敎曰 或稱芋山島 或稱松竹島 皆輿地勝覽所載也 而又稱松島竹島 與芋山島爲三島 統稱鬱陵島矣 其形便一體檢察 鬱陵島本以三陟營將越松萬戶 輪回搜檢者 而擧皆未免疎忽 只以外面探來 故致有此弊 爾則必詳細察得也 奎遠曰 謹當深入檢察矣 或稱松島竹島 在於鬱陵島之東 而此非松竹島以外 別有松島竹島也 敎曰 或有所得聞於曾往搜檢人之說耶 奎遠曰 曾往搜檢之人 未得逢著 而轉聞其梗槪矣" (『고종실록』 권 19, 고종 19년(1882) 4월 7일).

시켜야 한다는 판단에서 설읍을 결심했다고 이해된다. 그것은 1879년(고종 16) 10월, 강원도 관찰사 임한수를 접견한 자리에서 "근래에 또 저들에게 북관(北關-원산항)을 개항하였으므로 소중함이 특별하니 관방의 방책을 반드시 잘 도모하라"고 한 당부에서 확인할 수 있다. '관방의 방책을 반드시 잘 도모하라.'는 당부는 울릉도 수호의지를 분명히 한 것이었다.[49] 그 같은 의지는 울릉도 검찰사 이규원이 복명했을 때, 고종이 "한 조각의 땅이라 해도 포기할 수 없다."[50]고 한 언급에서도 확인된다.

울릉도와 독도는 한반도 전체로 보았을 때, 작다면 작다고 할 수 있는 한 조각 땅이라 할 수도 있었다. 하지만 그 울릉도와 독도는 삼국시대부터 한민족의 땅이었다. 그 땅을 일본인들에게 절대 빼앗기지 않겠다는 의지에서 고종은 울릉도에 설읍할 계획이었던 것이다. 즉 설읍은 울릉도와 독도를 일본으로부터 지켜내기 위한 고종의 대책이었다.

조선시대 설읍은 일단 주민들을 입주시키는 것부터 시작하여 주민의 수가 일정 정도에 이르면 설읍 하고 이에 수반하여 설관(設官), 설진(設鎭)등 다양한 조치들이 수반되었다. 울릉도의 설읍 과정 역시 유사하였다.

울릉도 검찰사 이규원은 1882년(고종 19) 6월 5일 복명(復命) 하였다. 그때 고종은 "개척하는 일도 또한 속히 해야 한다."[51]고 하였는데, 이때 개척은 설읍 또는 설진을 의미했다. 따라서 고종이 "개척하는 일도 또한 속히 해야 한다."고 언급한 것은 속히 설읍하고 설진하자는 의미였다. 이에 대하여 이규원은 "개척에 있어서는 서두르면 안 됩니다. 먼저 백성들이 들어가 거주하

49 박은숙, 「동남제도개척사 김옥균의 활동과 영토·영해 인식」, 『동북아역사논총』 36, 2021, 98쪽.

50 "雖片土 不可棄也" (『고종실록』 권19, 고종 19년(1882) 6월 5일).

51 開拓事 亦速爲之 可也" (『고종실록』 권19, 고종 19년(1882) 6월 5일).

는 것을 허락하고, 성취하는 것을 본 연후에 조처할 수 있습니다."[52]고 하여, 우선 주민 이주부터 시행하자고 제안하였다. 이 제안에 대하여 고종은 별다른 뜻을 밝히지 않았다.

아마도 당시 고종은 이규원의 제안, 즉 우선 주민 이주부터 시행하고, 상황을 보아 설읍 또는 설진 하자는 제안이 별로 마음에 들지 않았던 듯하다. 고종은 즉각적인 설읍 또는 설진을 원했기 때문이다. 따라서 이규원의 복명에서는 울릉도에 당장 설읍과 설진을 할지 아니면 우선 주민 이주부터 시행하고 상황을 보아 설읍과 설진을 할지가 명확하게 결정되지 않았다.

이 문제는 1882년(고종 19) 8월 20일의 차대(次對)에서 해결되었다. 차대에서 영의정 홍순목은 울릉도 개척을 위해, 우선 이주할 백성을 모아 기간(起墾)하게 하고 5년간 면세하며, 경상도와 전라도의 조운선을 울릉도에 들어와 만들게 하자고 건의하였다.[53] 또한 울릉도에 주민 이주가 실시되면 관령(管領)이 있어야 하니 관령으로서 도장(島長)을 파견하고, 그 도장으로 하여금 설진 등 제반 문제를 미리 강구하도록 하자고 건의하였다.[54] 이 건의들을 고종이 수락함으로써, 우선 울릉도로 이주할 백성들을 모집하고, 경상도와 전라도의 조운선을 울릉도에 들어와 만들며, 울릉도 이주민들을 통솔할 도장을 파견하는 조치가 진행되었다.

기왕의 연구에 의하면[55], 울릉도 도장에는 1882년(고종 19) 9월 6일 전석

---

52 "奎遠曰 至於開拓 欲速則不可 第先許民入居 觀其成聚然後 可以措處矣" (『고종실록』 권19, 고종 19년(1882) 6월 5일).

53 "次對 領議政洪淳穆曰 (중략) 淳穆曰 向來檢察使復命時 鬱陵島地圖與書契 伏想已經乙覽 而此島僻在海中 天荒一區 聞是沃腴之地 爲先募民起墾 五年後定稅 則自至漸成聚落 且兩南漕船 許令來此 取材而造之 人叢亦當繁集 此爲及今可圖者也 (중략) 允之" (『고종실록』 권19, 고종 19년(1882) 6월 5일).

54 "若管領無人 雜弊難防 其勤實幹事者 問議於檢察使 姑以島長差送 創立制置規模 豫講他日設鎭之意 分付道臣何如" (『고종실록』 권19, 고종 19년(1882) 6월 5일).

55 김영수, 「19세기 후반 수토사와 울릉도 개척」, 『조선시대 울릉도 수토연구』, 경인문화

규(全錫圭)가 임명되었다. 도장 전석규는 울릉도 이주에 필요한 물자들을 준비한 후 1883년(고종 20) 5월 9일 평해군에서 울릉도로 출발했다. 도장 전석규가 출발하기 이전에 울릉도에는 30여 명의 주민이 이주해 있었고, 뒤이어 20여 명이 이주했다.[56] 그 결과 1883년(고종 20) 7월에 울릉도 이주민은 대황토포(大黃土浦) 4호, 곡포(谷浦) 5호, 추봉(錐峯) 2호, 현포동(玄浦洞) 5호 합 16호 54명이었다.

이 54명의 울릉도 이주민은 1417년(태종 17) 울릉도 주민들을 출륙시킨 이후 장장 466년만의 합법적 이주민이었다. 이는 1876년(고종 13)의 강화도조약으로 촉발된 개해금(開海禁)과 뒤이은 부산항 개항 그리고 1880년(고종 17) 3월의 원산항 개항으로 인한 일본인들의 울릉도 침입 격증을 막고, 울릉도와 독도를 확실하게 조선영토로 삼으려는 고종과 개화파들의 노력 결과였다.

고종은 울릉도에 설진을 위한 예비단계로 1884년(고종 21) 3월 15일 삼척영장으로 하여금 울릉도첨사를 겸임하게 하였다.[57] 울릉도에 전임 첨사를 설치하지는 못했지만, 일단 삼척영장을 겸임첨사로 함으로써 장차 전임 첨사를 설치하려 했던 것이다. 이렇게 울릉도에 주민들이 이주하고, 예비적설진까지 이루어진 후, 1894년(고종31) 12월 27일 울릉도 수토제는 폐지되었다.[58] 그리고 1900년(고종 37) 10월 15일에는 울릉도가 울릉군으로 격상됨으로써 설읍이 완성되었다.[59]

사, 2022.

56 박은숙, 「동남제도 개척사 김옥균의 활동과 영토 영해 인식」, 『동북아역사논총』 36, 2021, 103쪽.

57 『고종실록』 권21, 21년(1884) 3월 15일.

58 『고종실록』 권32, 31년(1894) 12월 27일.

59 『고종실록』 권40, 37년(1900) 10월 25일.

V. 맺음말

조선후기 외교정책과 통상정책은 물론 국방정책, 도서정책은 청나라 만주 봉금과 직결된 관금, 해금에 입각해 정비되었다. 하지만 강화도조약과 조중수륙무역장정으로 개해금이 되면서 기왕의 관금과 해금은 무력화 되었다. 기왕의 외교통상정책은 물론 국방정책, 도서정책은 변화된 상황에 맞게 재정비되어야 했다.

그런데 강화도조약과 조중수륙무역장정을 주도한 세력은 고종과 개화파였다. 따라서 고종과 개화파는 개해금이라는 상황에 맞는 외교통상정책은 물론 국방정책, 도서정책을 재정비해야 했다. 그것을 위해 고종과 개화파는 서북 경략사, 울릉도 검찰사, 동남제도 개척사 등을 임명했다.

1882년(고종 19) 10월 12일 서북 경략사에 임명된 어윤중은 서북지역을 경략하기 위해 국경문제, 통상문제, 세금문제 등은 물론 기왕 6진을 중심으로 구성되었던 국내의 국방체계를 새로운 상황에 맞게 재정비하는 다양한 활동을 벌였다.

또한 1881년(고종 18) 5월 22일 울릉도 검찰사에 임명된 이규원과 1883년(고종 20) 3월 16일 동남제도 개척사에 임명된 김옥균 역시 울릉도와 동남제도를 개척하기 위해 다양한 활동을 벌였다. 울릉도에 주민 이주를 시작하고 설읍과 설진을 추진한 것이 그것이었다.

서북 경략사는 1882년(고종 19) 체결된 조중수륙무역장정에 수반되는 후속조치들을 처리하기 위해 임명되었다. 그 임무는 서북 경략사라는 단어 자체에 함축되어 있다. '서북지역을 경략하는 사신'이라는 의미의 서북 경략사는 조중수륙무역장정으로 개해금된 서북지역을 경략하는 것이 그 임무였던 것이다. '경략(經略)'이란 경영하고, 책략한다는 의미로서, 기왕의 관금과 해금이 해제된 서북지역을 새로운 상황에 맞게 경영하고 책략하는 것이 경략사였다.

반면 울릉도 검찰사와 동남제도 개척사는 1876년(고종 13) 체결된 강화도조약과 1879년(고종 16) 7월 13일, 일본과 합의하여 1880년(고종 17) 3월부터 원산항을 개항하기로 한 결정에 수반되는 후속조치들을 처리하기 위해 임명되었다.

울릉도 검찰사의 임무는 '검찰사'라는 단어 자체에 함축되어 있었다. '검찰'이란 문제시된 특정 사안을 조사해 대책을 세운다는 의미이고, '개척'은 빈 땅을 개간, 개척하거나 지하자원 또는 상공업을 개척한다는 등의 의미이다. 따라서 울릉도 검찰사와 동남제도 개척사는 그동안 무인도로 있던 울릉도를 침입하는 일본인들을 조사해 그들을 막아내고 나아가 울릉도를 비롯한 동남제도를 수호하기 위해 개척하는 것이 임무였다.

서북 경략사, 울릉도 검찰사, 동남제도 개척사는 공히 고종과 개화파가 주도한 정책이었다. 이 정책의 특징은 고토수호로 특징될 수 있다. 특히 울릉도 검찰사와 동남제도 개척사는 검찰과 개척이라는 단어가 의미하듯 공세적 도서정책이었다. 이는 기왕의 울릉도 수토와는 반대되는 도서정책이었다. 고종과 개화파가 울릉도를 대상으로 검찰과 개척이라는 공세적 도서정책을 편 것은, 강화도조약과 원산항 개항 등으로 폭증하는 일본의 위협에 적극적으로 대응해 고토를 개척함으로써 고토를 수호하기 위한 정책이었다고 평가할 수 있다.

그러나 고종과 개화파의 공세적 도서정책은 갑신정변으로 개화파가 몰락하면서 후퇴했다. 그것은 러일 전쟁 중인 1904년(고종 41) 6월 4일 체결된 '한일양국인민어채조례(韓日兩國人民漁採條例)'에서 충청도, 황해도, 평안도 바다에서의 일본인 어업을 합법화 한 것으로 나타났다. 이 조례로써 기왕의 1883년(고종 20) 6월 22일 체결된 '조일통상장정'에서 일본 어민들이 전라도, 경상도, 강원도, 함경도 4도의 해빈(海濱)에서 합법적으로 어업 할 수 있게 된 것에 더하여 충청도, 황해도, 평안도 바다에서도 합법적으로 어업할 수 있게 되었다. 이로써 조선 8도의 모든 바다가 일본 어민에게 개방, 장악되었다. 뒤이은 을사조약으로 국권 자체가 탈취된 상황이 되면서 전 국토는 식민지로 전락될 위기에 빠져들었다.

참고문헌

『肅宗實錄』『高宗實錄』『萬機要覽』『典客司日記』『續大典』『新補受教輯錄』『受教輯錄』

강봉룡, 「한국의 해양영웅 장보고와 이순신의 비교연구」, 『지방사와 지방문화』 5권 1호, 2002.
강봉룡, 「한국 해양사의 전환:해양의 시대에서 해금의 시대로」, 『도서문화』 20, 2002.
강석화, 「조선후기 함경도 육진지역의 방어체계」, 『한국문화』 36, 2005.
고승희, 「조선후기 함경도 內地鎭堡의 변화」, 『한국문화』 36, 2005.
김문기, 「19세기 조선과 청의 어업분쟁」, 『19세기 동북아 4개국의 도서분쟁과 해양경계』, 동북아역사재단, 2008.
김영수, 「1882년 울릉도검찰사 전후 이규원의 활동과 조선정부의 울릉도 이주정책」, 『조선시대 울릉도 수토연구』, 경인문화사, 2022.
김용욱, 「조선조 후기의 봉수제도」, 『법학연구』 52, 부산대학교, 2003.
김원모, 「19세기 한영 항해문화교류와 조선의 해금정책」, 『문화사학』 21, 2002.
김주홍, 이수창, 김성준, 「경상지역의 봉수 2」, 『실학사상연구』 23, 2002.
김주홍, 「한국 연변봉수의 형식분류고 1」, 『역사실학연구』 27, 2004.
김호동, 「이규원의 울릉도 검찰 활동의 허와 실」, 『대구사학』 71, 2003.
노영구, 「조선초기 수군과 海令職의 변화」, 『한국사론』 33, 1995.
박은숙, 「동남제도개척사 김옥균의 활동과 영토·영해 인식」, 『동북아역사논총』 36, 2021.
백인기, 「조선후기 울릉도 수토」, 『조선시대 울릉도 수토연구』, 경인문화사, 2022.

손춘일, 「淸初 柳條邊墻의 건축과 그 역할」, 『백산학보』 92, 2021.

신명호·한임선, 「조선후기 해양경계와 해금(海禁), 『동북아문화연구』 21, 동북아시아문화학회, 2009.

우인수, 「조선후기 해금정책의 내용과 성격」, 『한중일의 해양인식과 해금』, 동북아역사재단, 2007.

이형석, 「국토문제해결사 어윤중」, 『백산학보』 50, 1998.

임영정, 「조선전기 해금정책 시행의 배경」, 『동국사학』 31, 1997.

임용한, 「고려후기 수군 개혁과 전술변화」, 『군사』 54, 2005.

하우봉, 「일본과의 관계」, 『한국사』 22, 국사편찬위원회, 1995.

차용걸, 「양강지대 관방체제 연구시론」, 『군사』 창간호, 1980.

신명호, 『조선시대 해양정책과 부산의 해양문화』, 한국학술정보, 2018.

이문기 외, 『한중일의 해양인식과 해금』, 동북아역사재단, 2007.

이혜은, 『만은(晩隱) 이규원의 울릉도검찰일기(鬱陵島檢察日記)』, 한국해양수산개발원, 2006.

조선후기 울릉도 수토의 주기성에 대한 종합적 검토

송휘영 | 영남대학교 독도연구소 연구교수

Ⅰ. 머리말

이 글의 목적은 조선후기 울릉도 수토의 주기성에 대해 기존의 연구 성과를 파악하여 정리하는 것이다. 조선시대 강원도 (삼척도호부) 울진현의 부속섬이던 울릉도·독도에는 고려후기부터 조선전기까지는 우산무릉등처 경차관, 무릉등처 안무사 등을 파견하여 순심, 쇄출, 쇄환 정책을 펼쳐왔다. 그러던 것이 1693년 안용복·박어둔의 피랍사건(울릉도쟁계)을 계기로 조선조정에서는 장한상을 삼척첨사로 임명하여 울릉도를 조사하게 한다. 장한상의 행적은 『울릉도사적(鬱陵島事蹟)』에 자세히 기록되어 있다.[1] 아무튼 울릉도쟁계(=죽도일건)를 기화로 조선 조정의 울릉도 관리정책이 크게 전환되는데, 그 이전을 '쇄환정책(刷還政策)', 그 이후를 '수토정책(搜討政策)'으로 구분하는 것이 학계에서 이미 일반화되고 있다. 수토정책은 장한상의 울릉도 순검을 시작점으로 1694년 9월부터 그것이 폐지되는 1894년 12월까지 201년간 실시되어온 군사적 울릉도 관리정책이다.[2]

---

1 장한상의 울릉도 수토 및 행적에 관해서는 유미림(2009), 「장한상의 울릉도 수토와 수토제의 추이에 관한 고찰」, 『한국정치외교사논총』 31-1, 한국정치외교사학회, 147-175쪽 및 의성문화원(2018), 『우리 땅 독도지킴이 장한상』이 자세함.

2 심현용(2013), 「조선시대 울릉도 수토정책에 대한 고고학적 시·공간」, 『영토해양연구』 6, 동북아역사재단, 162쪽.

수토(搜討)란 '범죄인을 찾아내어 토벌한다'는 뜻도 있으며 '섬이나 변경 지역의 외적이나 도망한 백성을 토벌한다'는 뜻도 있다. 즉 '섬으로 도망간 우리 백성을 수색하고, 혹시 잠입해 있을 왜구를 토벌한다'는 국방적·군사적 의미를 내포하고 있다고 할 수 있다.

이 글에서는 조선후기 수토사 파견의 주기성 확립과 변화의 패턴을 수토 관련 사료 및 선행연구에 근거하여 검토하고, 그 정식(定式) 변화의 과정을 살펴보고자 한다. 아울러 수토정책의 추이와 양상을 종합적으로 파악할 것이다. 여기서는 우선 수토의 주기성의 성립과 변화의 원인을 살펴보고, 울릉도 수토의 출항지의 변화 및 요인을 검토할 것이다. 지금까지 알려진 울릉도 수토 관련 사료는 다음과 같은 것들이 있다.

『조선왕조실록』, 『승정원일기』, 『비변사등록』, 『각사등록』, 『일성록』

「각석문」, 「울진 대풍헌 관련 사료」, 『항길고택일기』[3]

『울릉도사적』(장한상), 『울릉도수토기』(조한기), 『울릉도검찰일기』(이규원)

최근 「완문」, 「수토절목」 등 〈울진 대풍헌 관련사료〉와 『항길고택일기』, 『각사등록』 등의 사료가 발굴되면서 수토제도와 '수토사'[4]에 관한 연구가 괄목할 만한 진전이 있었다. 현 시점에서 울릉도 수토사 활동의 주기성을 평가하고 수토사 연구의 향후과제를 생각해보고자 한다.

---

3 「항길고택일기」는 배재홍(2011)에 의해 처음 발굴되어 「한길댁생활일기」라는 이름으로 불려왔다. 이후 이원택(2019), 백인기(2022) 등 '한길댁'보다 '항길댁(恒吉宅)'이 타당하다는 지적에 따라 '항길고택일기'라는 이름으로 사용한다.

4 정확히는 '수토관(搜討官)'이라고 이름 하여야 하나, 이글에서는 '수토관 일행'이라는 의미에서 '수토사(搜討使)'를 사용하기로 한다.

Ⅱ. 울릉도 수토의 주기성 관련 연구의 성과

수토정책은 1694년 9월 장한상의 울릉도 수토 이후 1894년 12월 수토제의 폐지까지 201년간 존속되어 왔다. 수토제도의 시작과 확립은 1693년 안용복 납치 사건(울릉도쟁계 발발)이 계기가 되었다.[5] 그로 인하여 삼척첨사 장한상의 울릉도 수토(1694.9)가 실시되었으며, 울릉도쟁계의 결착(1697.3)에 의한 「죽도도해금지령」의 전달 이후 수토의 제도화가 이루어졌다고 볼 수 있다. 당시 조정에서는 울릉도 수토를 間一二年 入送 혹은 間二年 入送 등으로 논의되다가, 三年一次 定送으로 수렴되었다.[6]

조선 정부에 의한 수토관 파견의 목적 및 역할을 보면, ①倭人探索, ②地勢把握, ③土産物進上, ④人蔘採取 등을 꼽을 수 있을 것이다. 수토의 주기성 관련 선행연구로는 다음과 같은 것들이 있다.

① 송병기(1998), 「조선후기의 울릉도 경영-수토제도의 확립-」, 『震檀學報』 86, 진단학회, pp.147-175.

② 김호동(2007), 『독도·울릉도의 역사』, 경인문화사

③ 유미림(2009), 「장한상의 울릉도 수토와 수토제의 추이에 관한 고찰」, 『한국정치외교사논총』 31-1, 한국정치외교사학회, pp.147-175.

---

5 이 과정은 유미림(2009)이 상세하다. 유미림(2009), 「장한상의 울릉도 수토와 수토제의 추이에 관한 고찰」, 『한국정치외교사논총』 31-1, 한국정치외교사학회, 147-175쪽 참조.

6 숙종 20년(1694) 8월 남구만의 수토제 실시 주청에 의해 울릉도 수토가 '間一二年入送'으로 논의되다가, 1697년 4월 영의정 유상운의 건의에 따라 '間二年入送' 혹은, '三年一次定送'의 정식(定式)으로 정해진다. 즉 3년에 1번씩 2년의 간격으로 변장(邊將)을 보내는 것으로 수렴되었다. 백인기(2013), 160-162쪽, '『승정원일기』 371책, 숙종 23년 4월 13일 임술.

④ 배재홍(2011),「조선후기 울릉도 수토제 운용의 실상」,『대구사학』 103, pp.113-148.

⑤ 손승철(2015),「조선후기 수토기록의 문헌사적 연구」,『韓日關係史硏究』, 51, pp.95-136.

⑥ 심현용(2013),「조선시대 울릉도 수토정책에 대한 고고학적 시·공간 검토」,『영토해양연구』 6, pp.162-207.

⑦ 심현용(2018),「조선시대 울릉도·독도 수토정책에 대한 時·空間 검토」,『우리 땅 독도지킴이 장한상』, 의성문화원, pp.111-173.

⑧ 백인기(2013),「조선후기 울릉도 수토제도의 주기성과 그 의의 I -숙종부터 영조까지를 중심으로-」,『이사부와 동해』 6, pp.149-188.

⑨ 백인기(2022),「조선 후기 울릉도 수토」,『이사부와 동해』 18·19합본, pp.78-207.

⑩ 이원택(2014.),「조선후기 강원감영 울릉도 수토사료 해제 및 번역」,『영토해양연구』 6, pp.184-203.

⑪ 이원택(2017),「19세기 울릉도 수토 연도에 관한 연구」,『獨島硏究』 23, pp.149-188.

⑫ 이원택(2019),「조선의 해금(海禁)과 수토(搜討) 정책」,『독도 관련 연구·정책의 최근 연구 동향과 학제적 분석』 독도학회자료집, pp.261-290.

⑬ 신태훈(2023),「朝鮮時代 鬱陵島 搜討硏究」, 강원대학교대학원 박사학위논문.

수토제도에 관한 논의는 송병기(1998)[7]에 의한 선구적 연구에 의해 촉발되었으며, 이후 김호동(2007)[8], 유미림(2009)[9], 배재홍(2011)[10], 심현용(2013,

---

7 송병기(1998),「조선후기의 울릉도 경영-수토제도의 확립-」,『震檀學報』 86, 진단학회, 147-175쪽.

8 김호동(2007),「조선후기 수토정책 하의 독도·울릉도」,『독도·울릉도의 역사』, 경인문화사, 102-121쪽.

9 유미림(2009),「장한상의 울릉도 수토와 수토제의 추이에 관한 고찰」,『한국정치외교사논총』 31-1, 한국정치외교사학회, 147-175쪽.

10 배재홍(2011),「조선후기 울릉도 수토제 운용의 실상」,『대구사학』 103, 113-148쪽.

2018)[11], 손승철(2015)[12], 백인기(2013, 2022)[13], 이원택(2014, 2017, 2018, 2019)[14]에 의한 연구가 있다.

특히 배재홍(2011)은 『항길고택일기』를 발굴하여 수토관 파견의 사실이 37차에 이른다는 것을 밝힘으로써 수토 연구의 지평을 넓혔다.[15] 심현용(2013)은 기존의 관찬사료 등 문헌사료에 고고학적 자료인 유적과 석비, 각석문, 현판, 산수화 등을 보태어 문헌사료와 고고사료를 비교 검토하여 수토 정책의 실시 사실을 확장하고 있다.[16] 또 백인기(2022)는 『실록』이나 『비변사등록』, 『승정원일기』 등 관찬사료에 나타나지 않는 수토의 사실들을 관련 사료를 심층적으로 찾아내어 수토 실시의 정식을 구체적으로 제시하였고, 이 정식에 근거하여 보다 많은 횟수의 수토가 이루어졌음을 추정해내고 있다.[17] 이러한 연구와 더불어 이원택(2017)[18]은 강원감영의 자료인 『각사등록』과 『항길고택일기』를 추가적으로 발굴해냄으로써 수토 연구는 괄목할 정

11 심현용(2013), 「조선시대 울릉도 수토정책에 대한 고고학적 시·공간 검토」, 『영토해양연구』 6, 162-207쪽, 심현용(2018), 「조선시대 울릉도·독도 수토정책에 대한 時·空間 검토」, 『우리 땅 독도지킴이 장한상』, 의성문화원, 111-173쪽.

12 손승철(2015), 「조선후기 수토기록의 문헌사적 연구」, 『韓日關係史硏究』, 51, 95-136쪽.

13 백인기(2013), 「조선후기 울릉도 수토제도의 주기성과 그 의의 I -숙종부터 영조까지를 중심으로-」, 『이사부와 동해』 6, 149-188쪽, 백인기(2022), 「조선 후기 울릉도 수토」, 『이사부와 동해』 18·19합본, 78-207쪽.

14 이원택(2014), 「조선후기 강원감영 울릉도 수토사료 해제 및 번역」, 『영토해양연구』 8, 동북아역사재단 독도연구소, 84-203쪽, 이원택(2017), 「19세기 울릉도 수토 연도에 관한 연구」, 『獨島硏究』 23, 149-188쪽, 이원택(2018), 「19세기 울릉도 수토제 운영 실태에 관한 연구」, 『이사부와동해』 14, 154-191쪽, 이원택(2019), 「조선의 해금(海禁)과 수토(搜討) 정책」, 『독도 관련 연구·정책의 최근 동향과 학제적 분석』, 2019년도 독도 학술대토론회 자료집, 261-290쪽을 참조.

15 앞의 배재홍(2011)을 참조.

16 앞의 심현용(2013), 심현용(2018)을 참조.

17 앞의 백인기(2013) 및 백인기(2022)를 참조.

18 앞의 이원택(2017), 및 이원택(2018)을 참조.

도의 성과를 올리게 되었다고 하겠다. 최근 신태훈(2023)[19]에 의한 연구에서는 기존의 선행연구를 정리하여 일목요연하게 제시하고 있다는 점에서 의의가 있다 할 것이다. 울릉도 수토정책의 전반적인 부분을 잘 정리하고 있는데, 특히 수토관 일행의 인원 및 선박 구성(규모)과 수토관의 임무(목적), 수토기 등에 나타난 수토 절차와 수토 경로의 파악, 수토관 일행에 소요되는 경비의 부담 문제, 울릉도 개척과 수토제의 폐지 과정 등을 종합적으로 정리하고 있다.[20] 다만 쇄환정책과 수토정책의 구분, 검찰과 수토의 구분 등은 명확히 하고 있지 못한 아쉬움이 남는다.

Ⅲ. 17~18세기 울릉도 수토의 주기성

17세기 후반 및 18세기 울릉도 수토의 주기성에 관해서는 백인기(2013)의 연구가 치밀하다. 그의 연구에서는 1694년부터 1776년까지의 기간 동안 추정을 포함하여 총 28차의 수토를 보고하고 있다. 17~18세기 울릉도 수토연도 일람표를 보면 다음과 같다. 여기서 수토연도 일람표를 1800년 정조 제위기까지로 구분하여 수토정책의 전반기와 후반기로 나누어 살펴보고자 한다.[21]

---

19 신태훈(2023),「朝鮮時代 鬱陵島 搜討硏究」, 강원대학교대학원 박사학위논문.

20 특히 신태훈(2023), 60-136쪽.

21 시기 구분은 임의적으로 하였으며, 선행연구에서 영조·정조대까지와 그 이후로 구분한 것에 따라 정리하는 것의 편의성에 의한 것이다. 백인기(2013)는 주로 전반기, 이원택(2013, 2017)은 주로 후반기를 분석하고 있다. 백인기(2013) 및 이원택(2013), 이원택(2017)을 참조할 것.

〈표1〉 17세기말~18세기 울릉도 수토 일람표(1694~1800: 107년)

번호	김호동 2007	유미림 2009/13	배재홍 2011	손승철 2011/15	심현용 2013/18	백인기 2013	수토관	
1	1694	1694	1694	1694	1694	1694	삼척영장	장한상
2	1699	1699	1699	1699	1699	1699	월송만호	전회일
3	1702	1702	1702	1702	1702	1702	삼척영장	이준명
4		1705	1705	1705	1705	1705	월송만호	(익사자)
5	1711	1711	1711	1711	1711	1711	삼척영장	박석창
6						1714	월송만호	남중하
7					1719	1719	삼척영장	홍처무
8						1724		
9					1727	1727	삼척영장	이만협
10						1731		
11	1735	1735	1735	1735	1735	1735	삼척영장	구억
12						1737(?)		
13						1741(?)		
14			1745	1746	1745	1745	월송만호	박후기
15						1747		
16						1749		
17			1751		1751	1751	삼척영장	심의희
18						1753		
19						1755(?)		
20						1757(?)		
21					1760	1760	삼척영장	이유천 (수토회피)
22						1762		
23			1765	1765	1765	1765	삼척영장	조한기
24						1767		
25	1769		1770	1769	1770	1770	삼척영장	김숙
26			1772	1772	1772	1772	월송만호	배찬봉
27						1774		
28			1776		1776	1776	월송만호	안재수
29			1779				삼척영장	남이오

번호	김호동 2007	유미림 2009/13	배재홍 2011	손승철 2011/15	심현용 2013/18	백인기 2013	수토관	
30			1783		1783		삼척영장	홍지호
31		1786	1786	1786	1786		월송만호	김창윤
32			1787		1787		-	-
33	1794	1794	1794	1794	1794		월송만호	한창국
34			1795		1795		삼척영장	이동헌
35			1797		1797		삼척영장	이홍덕
36		1799	1799	1799	1799		월송만호	노인소
이후	+4차	+17차	+17차	+6차	+24차			
합계	11차	26차	37차	19차	46차	28차		

1) (?) 표시는 원저자가 표시한 것이거나, 원저자가 추정으로 제시한 것
2) 수토제도 전반기 수토횟수를 개략적으로 보면 약 2.97년에 1회(107÷36=2.97)가 됨

여기서 보면, 김호동(2007)은 11차, 유미림(2009)은 26차, 배재홍(2011)은 37차, 손승철(2015)은 19차, 심현용(2013, 2018)은 46차, 백인기(2013)는 28차의 수토가 시행된 것으로 보고 있다. 여기에서 1694년 수토제도 실시 이후 107년간의 주기성(〈표 1〉을 참조)을 보면, 1745년 이전까지는 대략 간이년윤회수토(間二年輪回搜討)의 정식이 이루어지고 있다고 할 것이다. 그 이후 간년윤회수토(間年輪回搜討)가 실시되고 있음을 확인할 수 있다.[22]

Ⅳ. 19세기 울릉도 수토의 주기성 및 출항지의 변화

다음으로 19세기 이후 울릉도 수토의 주기성을 살펴보기로 하자. 송병

22 백인기(2013)는 늦어도 1747년부터는 3년1차의 수토에서 2년1차의 수토로 변경되었다고 추정하고 있으며, 심현용(2018)은 이 전환이 더욱이 1719년(숙종45)까지 올라갈 수 있음을 지적하고 있다. 심현용(2018), 143쪽을 참조.

기(1998), 김호동(2007), 유미림(2009, 2013), 배재홍(2011), 손승철(2011, 2015), 심현용(2013, 2018), 이원택(2014, 2017)의 연구 결과는 다음과 같다.

〈표2〉 19세기 울릉도 수토 일람표(1801~1894: 94년간)

번호	송병기 1998	김호동 2007	유미림 2009/13	배재홍 2011	손승철 2011/15	심현용 2013/18	이원택 2014/17	수토관		비고*
1		1801	1801	1801	1801	1801	1801	삼척영장	김최환	
2			1803	1803	1803	1803	1803	월송만호	박수빈	
3		1804(?)	1804(?)		1804					오류
4		1805(?)	1805(?)	1805		1805	1805	삼척영장	이보국	
5			1807	1807		1807		월송만호	이태근	
6			1809	1809		1809		삼척영장	이재홍	
7			1811	1811		1811		월송만호	김원중	
8			1813	1813		1813		삼척영장	한대호	
9			1819	1819		1819	1819	삼척영장	오재신	
10			1823	1823		1823		삼척영장	남회	
11						1827		삼척영장	하시명	
12			1829	1829		1829	1829	월송만호	김성열	
13			1830							오류
14				1831		1831	1831	삼척영장	이경정	
15			1841	1841	1841	1841	1841	월송만호	오인현	
16			1843	1843		1843		삼척영장	박종무	
17			1845	1845		1845		월송만호	오신범	
18		1846(?)	1846(?)							오류
19		1847(?)	1847(?)	1847		1847	1847	삼척영장	정재천	
20							1849	월송만호	이규상	○
21							1853	월송만호	석충선	○
22							1855	삼척영장	이원명	○
23				-		-	1857	월송만호	지희상	
24				1859		1859	1859	삼척영장	강재의	
25				-		1866				오류
26				-		1867	1867	월송만호	장원익	

번호	송병기 1998	김호동 2007	유미림 2009/13	배재홍 2011	손승철 2011/15	심현용 2013/18	이원택 2014/17	수토관		비고*
27				-		1873	1873	월송만호	한두석	○
28				-		1879	1879	월송만호	박삼수	○
29	1881			1881		1881		삼척영장	남준희	
30					1882					오류
31						1883	1883	월송만호	안영식	○
32					1884					오류
33						1887		평해군수겸 울릉도장	박태원	
34	1888						1888	월송만호겸 울릉도장	서경수	오류 (?)
35	1889					1889	1889	월송만호겸 울릉도장	서경수	
36	1890						1890	월송만호겸 울릉도장	이종인	오류 (?)
37	1891					1891	1891	월송만호겸 울릉도장	이종인	
38	1892					1892	1892	월송만호겸 울릉도장	박지영	
39	1893					1893	1893	평해군수	조종성	
40	1894(?)					1894	1894	평해군수	조종성	
합계	8차	5차	17차	17차	6차	24차	24차			

1) (?) 표시는 원저자가 표시한 것이거나, 원저자가 추정으로 제시한 것, *는 이원택(2017)의 검증결과에 의함. ○은 이원택에 의해 새로 추가된 수토 목록.
2) 수토제도 후반기 수토횟수를 개략적으로 보면, 약 2.76년에 1회(94÷34=2.76) 혹은 2.35년에 1회(94÷40=2.35)가 됨

여기서 보면, 송병기는(1998)는 8차, 김호동(2007)은 5차, 유미림(2009, 2013)은 17차, 배재홍(2011)은 17차, 손승철(2011, 2015)은 6차, 심현용(2013, 2018)은 24차, 이원택(2014, 2017)은 24차의 수토 사실을 확인하고 있다. 이를 종합하면 수토제도가 실시된 하반기 94년 동안 모두 40차의 수토

가 행해진 것으로 된다. 여기서 이원택(2017)[23]이 확실한 오류로 확인한 6건의 수토를 제외하면 34차 혹은 32차 수토가 실시된 것으로 파악할 수 있다. 한 가지 주의해야 할 것은 1882년 부호군 이규원을 검찰사로 파견한 것은 수토와는 구별되는 울릉도 관리활동으로 봐야 한다는 것이다.

이 시기는 1745년 이후 간년윤회수토(間年輪回搜討)의 정식이 그대로 지켜지다가 「울릉도개척령」(1882)[24]으로 인해 울릉도 이주민[25]이 생겨나고 1983년 일본으로 철수했던 일본인들이 다시 울릉도로 잠입하는 1888년 무렵부터 매년수토(每年搜討)로 변화한다. 즉 1년 주기의 수토로 평해 구산진(대풍헌)에서 출항하는 것으로 일원화하게 된다. 그 이유로 다음과 같은 요인들을 찾을 수 있을 것이다. 첫째, 우선 1745년경부터 간년수토(間年搜討, 2년 1회의 수토)가 시행되고 1888년 무렵부터 매년수토(每年搜討)로 바뀐 것은 영조·정조 시기 경제의 발전으로 항행기술이 많이 개선되어 비교적 안전하게 울릉도 수토가 가능해졌기 때문이다. 둘째, 인삼, 대죽, 목재 등 울릉도 물산(物產)의 풍부함이라는 정보가 연안의 연해민들에게 전달되어 울릉도로 잠입하는 잠선(潛船)[26] 등의 활동이 늘어났다는 시대적 상황을 반영하는

23 이원택(2017), 465-467쪽.

24 1881년 5월 수토관 삼척영장 남준희에 의해 울릉도에 무단으로 침입한 일본인들이 적발되었다. 이 사실은 바로 강원도 관찰사 임한수가 통리기무아문으로 보고하였고, 조선조정에서는 동래왜관을 통해 예조판서 심순택이 서계를 보내어 일본 외무성에 무단 침입한 일본인의 철수를 요청하였다. 한편 그 정황을 자세히 파악하기 위해 부호군 이규원을 검찰사로 파견하여 울릉도의 정황을 살피게 하였고, 그로 인해 조정에서는 「울릉도개척령」(1882)을 결정하게 된다. 자세한 것은 송휘영(2015), 「개항기 일본인의 울릉도 침입과 「울릉도도항금지령」」, 『독도연구』 19, 영남대학교 독도연구소, 81-107쪽을 참조할 것.

25 당초 1883년 강원도와 경상도 지역을 중심으로 모민(募民)한 16호 54명의 이주민(강원도 7호, 경상도 6호, 충청도 2호, 경기도 1호)이 울릉도로 입식한다. 김호동(2007), 『독도·울릉도의 역사』, 경인문화사, 142-144쪽 참조.

26 실제 1800년대 이후 울릉도에 경제적 목적으로 잠입하는 사례가 늘어났고, 심지어 수

것이다. 셋째, 울릉도 수토의 목적이 왜인색출이라는 당초의 주된 목적에서 조정에 바치는 진상품(進上品)의 가치로 이동한 영향을 들 수 있다.[27]

〈표 3〉 조선후기 울릉도 수토 일람표(1694.9~1894.12): 종합

번호	배재홍 2011	백인기* 2013/22	이원택 14/17/19	신태훈 2023	송휘영 2023	근거 사료	비고
1	1694	1694	1694	1694	1694	『숙종실록』, 숙종 20년 8월 기유	
2	1699	1699	1699	1699	1699	『숙종실록』, 숙종 25년 7월 임오	
3	1702	1702	1702	1702	1702	『숙종실록』, 숙종 28년 5월 기유	
4	1705	1705	1705	1705	1705	『숙종실록』, 숙종 31년 6월 을사	
5	1711	1711	1711	1711	1711	울릉도 수토관 비문	
6	-	1714	1714	1714	1714	『숙종실록보궐정오』, 숙종 40년 7월 22일	
7	-	1719	1719	1719	1719	『승정원일기』, 숙종 45년 5월 26일	
8	-	1724					추정
9	-	1727	1727	1727	1727	(삼척영장 이만협의 수토, 황상기)	
10	-	1731					추정

토관(삼척영장, 월송만호)과 결탁한 잠선(潛船)의 사례도 많이 드러남. 신태훈(2023), 82-84쪽 참조.

27 「겐로쿠죽도도해금지령(元祿竹島渡海禁止令)」(1696.1) 이후 일본 산음지방에서 울릉도·독도에 대한 정보는 멀어졌고, 「덴포죽도도해금지령(元祿竹島渡海禁止令)」(1837.2) 이후 1881년 수토관 삼척영장 남준희(南俊熙)에 의해 벌목을 위해 침입한 일본인이 발각되기까지 울릉도로 잠입하는 일본인은 거의 없었다. 안용복 사건(1693)과 울릉도개척령(1882) 사이에 1834~1836년 이마즈야 하치에몽(今津屋八右衛門)이 밀무역으로 울릉도에 도해하는 정도였다. 하치에몽 처형 이후 당분간 일본인의 울릉도 도해는 거의 근절되었다고 볼 수 있다.

번호	배재홍 2011	백인기* 2013/22	이원택 14/17/19	신태훈 2023	송휘영 2023	근거 사료	비고
11	1735	1735	1735	1735	1735	『영조실록』, 영조 11년 1월 갑신	
12	-	1737					추정
13		1739					추정
14	-	1741					추정
15		1743					추정
16	1745	1745	1745	1745	1745	『승정원일기』, 영조 22년 4월 24일	
17	-	1747			1747	『승정원일기』, 영조 24년 1월 10일	
18	-	1749					추정
19	1751	1751	1751	1751	1751	『승정원일기』, 영조 45년 10월 15일	
20	-	1753					추정
21	-	1755					추정
22	-	1757					추정
23	-	1760			1760	『승정원일기』, 영조 36년 4월 4일	
24	-	1762					추정
25	1765	1765	1765	1765	1765	『승정원일기』, 영조 41년 2월 18일	
26	-	1767					추정
27			1769		1769	『승정원일기』, 영조 45년 12월 10일	
28	1770	1770	1770	1770	1770	『승정원일기』, 영조 46년 윤5월 5일	
29	1772	1772	1772	1772	1772	『승정원일기』, 영조 48년 5월 6일	
30	-	1774					추정
31	1776	1776	1776	1776	1776	『승정원일기』, 정조 1년 5월 22일	
32	1779	1779	1779	1779	1779	『승정원일기』, 정조 2년 12월 20일	

번호	배재홍 2011	백인기* 2013/22	이원택 14/17/19	신태훈 2023	송휘영 2023	근거 사료	비고
33		1781					추정
34	1783	1783	1783	1783	1783	『승정원일기』, 정조 9년 1월 10일	
35	1786	1786	1786	1786	1786	『일성록』, 정조 10년 6월 4일	
36	1787	1787	1787	1787	1787	『항길고택일기』, 정조 11년 8월 12일	특별수토
37		1788					추정
38		1790	1790	1790	1790	『일성록』, 정조 14년 10월 10일	
39		1792					추정
40	1794	1794	1794	1794	1794	『정조실록』, 정조 18년 6월 무오	
41	1795	1795	1795	1795	1795	『승정원일기』, 정조 23년 3월 18일	
42	1797	1797	1797	1797	1797	『승정원일기』, 정조 23년 3월 18일/ 정조 20년 6월 24일	
43	1799	1799	1799	1799	1799	『승정원일기』, 정조 23년 10월 2일	
44	1801	1801	1801	1801	1801	『항길고택일기』, 순조 1년 3월 30일/ 울릉도 태하리 각석문	
45	1803	1803	1803	1803	1803	『비변사등록』, 순조 3년 5월 22일	
46	1805	1805	1805	1805	1805	울릉도 태하리 각석문	
47	1807	1807	1807	1807	1807	『항길고택일기』, 순조 7년 2월 7일	
48	1809	1809	1809	1809	1809	『항길고택일기』, 순조 9년 3월 1일	
49	1811	1811	1811	1811	1811	『항길고택일기』, 순조 11년 3월 1일	
50	1813	1813	1813	1813	1813	『항길고택일기』, 순조 13년 2월 21일	

번호	배재홍 2011	백인기* 2013/22	이원택 14/17/19	신태훈 2023	송휘영 2023	근거 사료	비고
51		1817	1817	1817	1817	『승정원일기』, 순조 17년 2월 19일	
52	1819	1819	1819	1819	1819	『항길고택일기』, 순조 19년 윤4월 9일	
53		1821	1821				추정
54	1823	1823	1823	1823	1823	『항길고택일기』, 순조 23년 3월 1일	
55		1825	1825	1825	1825	『항길고택일기』, 순조 25년 9월	
56		1827	1827	1827	1827	『일성록』, 순조 27년 5월 19일	
57	1829	1829	1829	1829	1829	『항길고택일기』, 순조 29년 4월 3일	
58	1831	1831	1831	1831	1831	울릉도 태하리 각석문	
59		1833	1833				추정
60		1835	1835				추정
61		1837	1837				추정
62		1839	1839				추정
63	1841	1841	1841	1841	1841	『비변사등록』, 헌종 7년 6월 10일	
64	1843	1843	1843	1843	1843	『항길고택일기』, 헌종 9년 4월 3일	
65	1845	1845	1845	1845	1845	『항길고택일기』, 헌종 11년 3월 17일	
66	1847	1847	1847	1847	1847	울릉도 태하리 각석문	
67	-	1849	1849	1849	1849	『각사등록』 11(1849.8.9)	
68		1851	1851				추정
69		1853	1853	1853	1853	『각사등록』 27 (1857.윤5.5)	
70		1855	1855	1855	1855	『각사등록』 27 (1857.윤5.5)	
71	-	1857	1857	1857	1857	『각사등록』 27 (1857.윤5.5)	

번호	배재홍 2011	백인기* 2013/22	이원택 14/17/19	신태훈 2023	송휘영 2023	근거 사료	비고
72	1859	1859	1859	1859	1859	『항길고택일기』, 철종 10년 4월 9일	
73		1861	1861				추정
74			1863				추정
75		1865	1865				추정
76	-	1867	1867	1867	1867	월송만호 장원익 영세불망지판/『각사등록』 11(1867.4.20)	
77		1869	1871				추정
78		1871	1871				추정
79	-	1873	1873	1873	1873	『각사등록』 27(1872.11.5)	
80		1875	1875				추정
81		1877	1877				추정
82	-	1879	1879	1879	1879	『각사등록』 27(1878.11.13)/ 『승정원일기』, 고종 16년 2월 28일	
83	1881	1881	1881	1881	1881	『승정원일기』, 고종 18년 5월 22일	
(84)				1882		『고종실록』, 고종 19년 6월 5일	검찰
85		1883	1883	1883	1883	『승정원일기』, 고종 20년 12월 3일	
86		1885	1885	1885	1885	『일성록』, 고종 22년 3월 26일	
87		1887	1887	1887	1887	『각사등록』 27(1889.7.17)	
(88)			1888	1888		『구한국외교문서』 1, 『일안(日案)』 1, 문서번호 1229	임시수토 (검찰)
89		1889	1889		1889	『각사등록』 27(1889.7.15)	

번호	배재홍 2011	백인기* 2013/22	이원택 14/17/19	신태훈 2023	송휘영 2023	근거 사료	비고
90				1890	1890	『각사등록』 27(1890.7.18)	
91		1891	1891	1891	1891	『각사등록』 27(1891.8.16)	
92			1892	1892	1892	『각사등록』 27(1892.7.14)	
93		1893	1893	1893	1893	『각사등록』 27(1893.9.20)	
94			1894		1894	『각사등록』 27(1893.11.8)	추정
차수	37차	87차	73차	61차	62차		
합계	총 92차 (추정 29차, 특별수토 1차 포함, 검찰 2차 제외)						

※ 백인기(2022)의 연구결과를 수토차수에서 포함한 것임.

조선후기 울릉도 수토를 종합하여 보면, 배재홍(2011)이 37차, 백인기(2013, 2022)가 87차, 이원택(2014, 2017, 2019)이 73차, 신태훈(2023)이 61차의 수토시행 사실을 확인하고 있다. 단 신태훈의 연구에서는 검찰 2회의 기록을 포함하고 있으므로, 2회의 검찰기록[28]을 제외하고 3차의 수토기록을 보태면 합계 62차의 수토가 이루어지고 있음을 확인할 수 있을 것이다. 다시 말해, 사료로 확인할 수 있는 것은 62차의 수토 사실이다. 추정 29차 및 특별수토 1차를 포함하고 2차의 검찰기록을 제외한다면 지금까지의 선행연구에서 총 92차의 수토실시를 확인 또는 추정하고 있다고 할 것이다.

다음으로 울릉도 수토관 출항지의 변화 및 비용부담을 보면 다음과 같다. 조선 후기 수토정책의 기간 동안 월송만호의 경우 일관되게 평해 구산포

28 이원택(2018)은 진상품(進上品)의 여부로 수토를 구분하고 있다. 앞의 논문, 169-171쪽 참조.

출항이 확인된다. 삼척영장의 경우를 보면, 수토초기에는 삼척의 정라항과 장오리진에서 출항하였고, 비용부담은 삼척을 포함하여 5개의 고을(부·군·현)에서 하고 있다. 삼척영장의 출항지는 초기에는 삼척(정라항, 장오리진)이었으나 18세기 중반이 되면, 죽변진, 울진포 등 울진현으로 변화하였다가[29] 18세기말이 되면 평해 구산포 출항으로 일원화됨을 확인할 수 있다. 이들 요인을 보면 심현용(2018)[30]이 지적하는 최적거리를 고려한 출항지의 변화라기보다는 구산포 주변의 평해지역은 평야지대로 쌀농사가 성행하고 있었으며 이에 의한 비용부담의 경제적 요인에 의해 출항지가 변화한 것으로 파악할 수 있다.

〈표 4〉 울릉도 수토관 출항지의 변화 및 비용부담

구분	시기	출항지	비용부담	비고
삼척영장	수토초기	삼척 출항 (장오리진, 정라항)	삼척 포함 5개 고을	
	18세기	울진 출항 (죽변진, 울진포)	상동	
	18세기말	평해 출항(구산포)	구산리 인근 9개 마을	19세기 이후 구산리 부담
월송만호	1694~1894	평해 구산포 출항	구산리 인근 9개 마을	19세기 이후 구산리 부담

※ 손승철(2015)을 바탕으로 작성.

이상 수토제도의 주기성과 윤회수토의 정식 변화를 종합하면 다음과 같이 설명할 수 있을 것이다. 우선 수토활동의 주기성에 관한 것이다. 백인기

29 삼척영장이 울진포에서 출항한 것은 1765년 조한기의 경우에 보이고, 1859년 삼척영장 강재의도 평해 구미진(구산포)에서 출항한다.

30 심현용(2018), 152-154쪽 참조.

(2013)[31]의 연구에 의하면 간2년(間二年) 혹은 3년1회의 수토는 1694~1744년까지임을 확인할 수 있다.[32]

간년수토(間年搜討, 2년1회)로 변화하는 것은 1745년부터이며,[33] 이것은 1887년까지 이어진다. 이후 매년 수토(매년 1회)로 변화하는 것은 1888년부터이고 이는 1894년 12월 수토제도가 폐지되기까지 이어진다. 이와 같은 윤회수토(輪回搜討)의 정식(定式)을 보면 다음과 같다. 우선 삼척영장과 월송만호의 윤회수토는 1694~1881년까지 지속되었다. 그 이후는 월송만호(겸울릉도장, 평해군수)의 단독수토가 실시되었으며, 그 기간은 1882~1894년이라 할 것이다. 윤회수토에서 단독수토로 바뀐 배경으로는 월송만호 및 평해군수의 울릉첨사(도장) 겸직의 이유와 행정 처리의 편의성에 의한 것으로 판단된다고 할 것이다. 또한 구산진(구산포)의 대풍헌(대풍소)에서 순풍을 기다렸다가 출항하는 패턴이 이미 제도적으로 자리 잡고 있기 때문일 것이다.

그리고 조선후기 수토정책은 간년수토와 윤회수토의 정식이 지켜지면서 실시되었는데, 수토정지의 사례가 11차례나 엿보인다.[34] 그런데 수토에 소요되는 비용과 수토관 일행이 대풍소 등 출항지에서 수일간이나 순풍을 기다리는데 소요되는 경비 등은 삼척 인근의 5고을과 평해 구산진 주변의 주민들이 부담하였다. 강원도 영동지방에 흉년이 들면 수토비용의 부담에 민심이 좋지 않아 강원감사가 수토정지를 주청하는 경우가 많았다.

여기서 보면 대부분(8/11)이 강원도 영동지방의 흉년으로 인하여 수토

---

31 앞의 논문 백인기(2013) 및 백인기(2022)를 참조.

32 이에 대해 배재홍(2011)은 間一年 수토로의 전환을 정조 말인 1799년경으로 보고 있으며, 신태훈(2023)은 1770년으로 보고 있음. 배재홍(2011) 및 신태훈(2023)을 참조.

33 백인기(2013)는 간년윤회수토를 1887년까지로 보고 있다. 백인기(2013)를 참조.

34 백인기(2013)는 숙종대부터 영조대까지(1694~1776) 울릉도 수토제도의 주기성을 검토하면서 숙종대에 7회의 수토정지, 영조대에 8회의 수토정지가 있었을 것으로 추정(이 시기만의 합계는 15회)하고 있다. 백인기(2013), 160-174쪽을 참조.

를 정지하는 경우이다. 특히 18세기말 출항지가 평해 대풍소로 일원화되면서 월송포 9개 마을에서 수토에 필요한 일부 비용을 충당하였고, 19세기로 들어오면서 구산동에서만 이를 부담하게 되어 지역 주민의 부담은 가중되었다.[35] 1709년 수토정지의 경우는 양전(量田)사업이 실시되고 있었으므로 수토가 정지되었다. 영조·정조대가 되면, 울릉도산 인삼의 가치가 항간에 알려져 인삼 등을 캐러 몰래 잠입했다가 적발되는 사례가 늘어났다.[36]

〈표 5〉 수토정책에서 수토정지의 원인과 후속조치

번호	연도	수토관(예정)	원인 및 후속조치	근거 사료
1	1698 (숙종24)	월송만호	울릉도쟁계, 間二年入送 논의, 1698 강원도 영동의 흉년으로 수토 연기/ 월송 전회일 1699년 수토	『승정원일기』 숙23. 4. 13. 『승정원일기』 숙24. 3. 20.
2	1709 (숙종35)	삼척영장	양전사업 진행 중이므로 정지/ 1711 삼척 전회일 수토	『승정원일기』 숙35. 3. 9.
3	1717 (숙종43)	삼척영장	영동지방의 흉년으로 정지/ 이듬해도 정지	『승정원일기』 숙43. 3. 17.
4	1718 (숙종44)	삼척영장	흉년의 규휼사업 진행으로 정지/ 1719 수토	『승정원일기』 숙44. 2. 20.
5	1734 (영조10)	삼척영장	흉년으로 수토 정지/ 1735 삼척 구억 수토	『승정원일기』 영10. 1. 14.
6	1764 (영조40)	삼척영장	영동의 흉년으로 정지/ 1765 삼척 조한기 수토	『승정원일기』 영40. 1. 16.
7	1769 (영조45)	삼척영장	수토를 다음해로 연기, 영장 홍우보가 강원감사 홍명한과 모의 채삼 적발/ 1770 삼척 김숙 수토	『승정원일기』 영45. 1. 4.

---

35 신태훈(2023), 127쪽.

36 18세기말 이후 동남해 연안민 등과 관과 결탁한 잠선(潛船)의 출현사례가 늘어난다. 예를 들어, 백인기(2013), 174쪽. 배재홍(2011), 122-125쪽. 신태훈(2023), 105~106쪽을 참조.

번호	연도	수토관(예정)	원인 및 후속조치	근거 사료
8	1778 (정조2)	삼척영장	흉년으로 정지/ 1779년 수토	『승정원일기』 정2.1.10.
9	1785 (정조9)	월송만호	흉년으로 정지/ 1786 월송 김창윤 수토	『승정원일기』 정9.1.10.
10	1796 (정조20)	삼척영장	수토 정지/ 채삼을 위해 앞당겨 1795 삼척 이동헌 수토	『승정원일기』 정19.6.4.
11	1815 (순조15)	월송만호	흉년으로 수토 정지/ 1817 월송만호 수토	『승정원일기』 순15.1.13.

※ 배재홍(2011), 백인기(2013), 백인기(2022)를 바탕으로 작성.

1769년의 수토는 정지하고 다음해로 연기하기로 결정하였다.[37] 그런데 당시 삼척영장 홍우보가 인척인 강원감사 홍명한과 모의하여 수토정지의 틈을 타 몰래 울릉도에 들어가 삼을 캐 와서 적발이 되기도 했다.[38] 1796년의 수토정지는 인삼채취를 위해 삼척영장 이동헌이 1795년에 1년 앞당겨서 수토를 실시한 것이다. 당시 인삼의 산출이 줄어들면서 인삼가격이 급등하자 울릉도 인삼에 주목하였고 인삼의 채취시기인 6~7월에 채삼군(採蔘軍)과 함께 수토하도록 한 것이다.[39] 이러한 수토정지가 있는 경우에도 대개 윤회수토의 정식은 지켜지고 있었다. 특징적인 것들을 지적하면 다음과 같다.

첫째, 간이년수토(間二年搜討, 3년에 1회 수토)와 간년수토(間年搜討, 2년에 1회 수토)가 실시되는 기간(1694~1745)에는 대개 그 이듬해에 당초 예정되었던 수토관에 의해 수토가 실시되고있다. 둘째, 간년수토가 일반화되는 19세기에는 2년 후 간년수토를 지켜서 예정된 수토관에 의해 수토를

37 이유는 적혀있지 않으나 흉년으로 정지한 것 같다. 『승정원일기』 1288책, 영조 45년 1월 4일 무자.

38 앞의 백인기(2013), 174쪽.

39 백인기(2013), 131쪽, 『승정원일기』 1745책. 정조 19년 6월 4일 계미.

실시하게 된다. 셋째, 수토정지가 결정되는 경우는 주로 영동지방의 흉년을 배경으로 민폐의 발생을 고려한 강원감사의 요청이 받아들여진 결과가 대부분이다.[40] 넷째, 수토정지는 수토정책 전반기(17세기말~18세기말)에 많이 나타나는데 이는 당시 항해술의 미비 등으로 수토활동의 위험을 회피하고자 하는 해당 수토관의 수토기피 의향이 반영된 것으로 볼 수도 있다.

V. 맺음말

이 글의 목적은 조선후기 울릉도 수토의 주기성에 대해 기존의 연구 성과를 파악하여 정리하는 것이다. 조선시대 강원도 삼척도호부 울진현의 부속이던 울릉도·독도는 고려후기부터 조선전기까지는 우산무릉등처 경차관, 무릉등처 안무사 등을 파견하여 순심(巡尋), 쇄출(刷出), 쇄환(刷還) 정책을 펼쳐왔었다. 그러던 것이 1693년 안용복·박어둔의 피랍사건(울릉도쟁계)을 계기로 수토정책으로 변화한다. 조선 조정의 울릉도 관리정책에 대해 그 이전을 '쇄환정책', 그 이후를 '수토정책'으로 구분하는 것이 학계에서 일반화되어 있다. 본고에서는 조선후기 수토사 파견의 주기성 확립과 변화의 패턴을 수토관련 사료 및 선행연구에 근거하여 검토하고, 그 정식(定式)의 배경을 살펴보고자 하였다. 아울러 수토정책의 추이와 양상을 종합적으로 파악

---

40 강원감사의 수토정지 요청이 모두 받아들여지는 것은 아니었다. 영조 11년(1735)과 정조 3년(1779) 수토의 경우 강원감사가 흉년을 이유로 요청하였지만 받아들여지지 않았다. 영조 11년(1735)에 강원감사가 흉년으로 인한 민폐 발생을 이유로 수토정지를 요청하였을 때 영조는 민폐 발생은 인정하면서도 "정지를 요청하는 것은 수토관들이 바다를 건너는 것을 싫어하여 가지 않으려 하기 때문"이라 하여 수토기피를 간파하여 수토를 실시하도록 하였다. 배재홍(2011), 201쪽, 『승정원일기』 793책, 영조 11년 1월 17일 을묘.

하였다. 최근 「완문」, 「수토절목」 등 〈울진 대풍헌 관련 사료〉와 〈항길댁 생활일기〉, 『각사등록』 등의 사료가 발굴되면서 수토제도와 수토사에 관한 연구가 괄목할 만한 진전이 있었다. 본 연구에서 밝혀진 것을 정리하는 것으로 이 글에 갈음하고자 한다.

첫째, 수토정책이 시작되는 초기 1694~1744년까지는 3년 1회 수토, 1745~1887년에는 2년 1회 수토, 1888~1894년에는 매년 수토가 이루어졌다. 3년 1회 수토에서 점차로 1년 1회 수토로 변화한 것도 울릉도산물의 가치가 크게 인식되었다는 것과, 해운기술의 발전 등 경제적 요인에 의한 영향으로 보인다.

둘째, 삼척영장과 월송만호의 윤회수토는 1694~1881년까지 실시되었으나 그 이후에는 월송만호 혹은 평해군수 겸 울릉첨사(도장)에 의한 단일 수토로 변화하였다.

셋째, 삼척영장의 울릉도 수토 출항지로 삼척 정라항과 장오리진에서 죽변진, 울진포로 변화하여 18세기말이 되면 월송만호의 출항지인 평해 구산포로 일원화 된다. 이것은 당시 주변 주민들에게 수토비용을 부담하기에 상대적으로 용이했던 경제적 요인에 기인하는 것으로 보인다. 또한 월송만호 혹은 평해군수의 울릉도 첨사(도장) 겸직도 당시 평해지역의 곡창지대를 배경으로 한 경제적 요인으로 생각할 수 있다.

현시점에서 수토사 연구는 지금까지 발굴된 사료에 의해 많은 것들이 밝혀졌다. 이를 바탕으로 수토사 연구에서 보다 엄밀하게 검토해야 할 과제를 보면, ①수토제도 실행 차수(횟수)의 확인 문제, ②수토의 주기성은 있는 것인가? 있다면 그 원인은 왜인가? 하는 문제, ③수토의 목적과 범위에 관한 부분, ④수토단의 규모와 경비 부담(지역주민의 역할), ⑤수토일정(기간)과 경로의 고증 문제, ⑥윤회수토의 이유 및 출항지와 귀항지, ⑦수토제도에서의 독도의 취급(혹은 독도와의 연관성) 등을 들 수 있다. ①~④에 관해서는 어느 정도 정리가 되어있다고 할 수 있으나, 향후 ⑤~⑦에 관해서는 추가적 문헌 발굴과 고증을 바탕으로 보다 치밀하게 검토되어야 할 필요가 있다.

참고문헌

1. 사료

『조선왕조실록』, 『비변사등록』, 『승정원일기』, 『각사등록』, 『일성록』, 「울릉도 사적」(장한상), 「울릉도검찰일기」(이규원), 「울릉도수토기」(조한기), 〈각석문〉, 〈울진 대풍헌 관련 사료〉, 『항길고택일기』

2. 논문

배재홍, 「조선후기 울릉도 수토제 운용의 실상」, 『대구사학』 제103집, 대구사학회, 2011, pp.113-148.

백인기, 「조선후기 울릉도 수토제도의 주기성과 그 의의 1」, 『이사부와 동해』 5, 2013, pp.149-188.

백인기, 「조선 후기 울릉도 수토」, 『이사부와 동해』 18·19합본, 2022, pp.78-207.

손승철, 「울릉도 수토제」, 한국해양수산개발원 편, 『독도사전』, 한국해양수산개발원, 2011.

손승철, 「조선후기 수토기록의 문헌사적 연구 -울릉도 수토 연구의 회고와 전망」, 『한일관계사연구』 51집, 한일관계사학회, 2015, pp.95-136.

손승철, 「조선후기 수토기록의 문헌사적 연구」, 영남대학교 독도연구소 편, 『울진대풍헌과 조선시대 울릉도·독도의 수토사』(독도연구총서 14), 선인, 2015.

송병기, 「조선후기 울릉도 경영-수토제도의 확립-」, 『眞檀學報』 86, 1998, pp.157-174.

심현용, 「조선시대 울릉도 수토정책에 대한 고고학적 시·공간」, 『영토해양연구』 6, 동북아역사재단 독도연구소, 2013, pp.162-207.

심현용, 「울진 대풍헌의 울릉도·독도 수토 자료와 그 역사적 의미 -조선시대 울릉도·독도 수토정책과 관련하여」, 영남대학교 독도연구소 편, 『울진대풍헌과 조선시대 울릉도·독도의 수토사』(독도연구총서 14), 선인, 2015.

심현용, 「조선시대 울릉도·독도 수토정책에 대한 時·空間 검토」, 『우리 땅 독도지킴이 장한상』, 의성문화원, 2018, 111-173쪽.

신태훈, 「朝鮮時代 鬱陵島 搜討硏究」, 강원대학교대학원 박사학위논문, 2023

유미림, 「장한상의 울릉도 수토와 수토제의 추이에 관한 고찰」, 『한국정치외교사논총』 31-1, 한국정치외교사학회, 2009, pp.147-175.

이원택, 「조선후기 강원감영 울릉도 수토사료 해제 및 번역」, 『영토해양연구』 8, 동북아역사재단 독도연구소, 2014, pp.184-203.

이원택, 「19세기 울릉도 수토 연도에 관한 연구」, 『獨島硏究』 23, 2017, pp.149-188.

이원택, 「19세기 울릉도 수토제 운영 실태에 관한 연구」, 『이사부와동해』 14, 2018, pp.154-191.

이원택, 「조선의 해금(海禁)과 수토(搜討) 정책」, 『독도 관련 연구·정책의 최근 동향과 학제적 분석』, 2019년도 독도 학술대토론회 자료집, 2019, pp.261-290.

3. 단행본

김호동, 『독도·울릉도의 역사』, 경인문화사, 2007.

송병기, 『울릉도와 독도』(개정판), 단국대학교 출판부, 2007.

영남대 독도연구소 편, 『울진 대풍헌과 조선시대 울릉도·독도의 수토사』(독도연구총서 14), 선인, 2015.
유미림, 『우리 사료 속의 독도와 울릉도』, 지식산업사, 2013.
한국해양수산개발원 편, 『독도사전』, 한국해양수산개발원, 2011.

항길고택문고의 울릉도 수토 관련 자료 소개

이원택 | 동북아역사재단 연구위원

Ⅰ. 머리말

이 글은 '항길고택문고(恒吉古宅文庫)'의 울릉도 수토(搜討) 관련 자료를 소개하는 것이다. 이를 위하여 '항길고택'과 '항길고택문고'를 먼저 소개하고, 이어서 울릉도 수토 관련 기사를 『척주선생안』과 『항길고택일기』에서 뽑아내 한문 원문과 역주를 하여 연구와 토론의 자료로 제시하고자 한다.

'항길고택'은 강릉김씨 감찰공파 파조(派祖) 김자현(金子鉉)의 후손들이 대를 이어 세거해왔던 유서 깊은 고택이다. 조선시대에는 강원도 삼척부에 속하였으나, 근대 이후 잦은 행정 구역 변경으로 현재는 강원도 동해시에 속하여 있다. 오랜 세월 전해오던 고택의 건물은 일제 강점기에 공장 건설로 철거되어 지금은 그 모습을 사진 속에서만 볼 수 있다. 후손들이 현재 동해시 송정동에 거주하고 있다.

'항길고택문고'는 강릉김씨 감찰공파 항길고택에서 대대로 보존해 온 서적과 문서들을 총칭하는 말이다. 1961년으로 추정되는 신축년(辛丑年)에 만들어진 『도서목록(圖書目錄)』이라는 책자에 '항길문고(恒吉文庫)'라는 명칭을 사용하고 있다. 이 글에서는 그것을 근거로 '항길고택문고'라는 용어를 만들어 사용하겠다.

항길고택문고는 유구한 세월 동안 온갖 역경을 이겨내고 보존되어온 가문의 귀중한 유산이다. 항길고택 14대 종손으로 성균관 부관장을 역임한 고(故) 김남용(金南容) 선생은 한길고택의 고문서가 해설과 함께 영인되어 영인본으로 발간되었을 때, 그 책의 인사말에 다음과 같이 서술하였다.

이 고문서는 500여년간 수난을 겪으면서도 지켜온 것입니다. 여기에 수록된 고문서들은 임진왜란(1592년), 병자호란(1639년)과 같은 국난을 겪어왔을 뿐만 아니라, 근세에 와서는 한일합방(1910년)에 이어 1937년 삼척개발공사(三陟開發公社)로 누대에 걸쳐 내려오던 세거지(현 동부메탈 위치)를 강제로 철거당해 용정해변으로 집단 이주하기도 하였습니다. 더욱이 동족상잔인 6·25 사변 피난길에는 고문서들을 항아리에 담아 땅에 깊이 묻어두어 무사히 보존하고, 각종 재난과 변화불측한 시대의 변천에도 훼손되지 않고 온전하게 보존하여온 조상님의 정성과 슬기를 되새겨 봅니다.[1]

항길고택은 이처럼 오랜 세월 지켜온 소중한 문화 유산 항길고택문고를 2018년 11월 동북아역사재단에 기증하였다. 기증 당시 언론 보도에서 볼 수 있듯이, 관찬 사료에서 현재까지 찾지 못한 울릉도 수토 관련 기록들이 『항길고택일기』에 수록되어 있던 사실이 주목받았다. 항길고택에서도 동북아역사재단에게 독도 수호를 위해 울릉도·독도를 열심히 연구해 달라고 하면서, 항길고택일기를 쓴 선조들의 문집, 족보들을 비롯한 고서적과 호구단자 등 고문서 일체를 연구 자료로 기증한다고 하였다. 동북아역사재단도 항길고택문고를 기증받으면서, 독도 체험관을 박물관으로 등록을 하고, 또 기증받은 귀중 자료는 문화재로 등록하여 영구히 보존하면서, 울릉도·독도 연구 및 홍보에 활용할 수 있도록 하겠다고 하였다. 다행히 최근에 독도체험관이 전문 박물관으로 등록되어 본격적으로 항길고택문고를 연구, 교육, 전시 및 홍보 등에 활용할 수 있는 터전이 마련되었다.

---

1 배재홍, 『동해시 고문서』 2(동해문화원, 2008.) 7쪽의 고문서 소장자의 인사말 중에서 인용하였다.

그리하여 이 글에서는 먼저 항길고택과 항길고택문고에 대한 지금까지의 관련 자료 조사 및 연구 업적을 소개하겠다. 이어서 울릉도 수토 관련 기사가 실린 『척주선생안』과 『항길고택일기』에 대하여 소개하고, 울릉도 수토 관련 기사의 한문 원문과 한글 번역문을 제시하여, 울릉도·독도 연구와 토론에 미력이나마 도움이 되고자 한다.

Ⅱ. 항길고택과 항길고택문고

1. 항길고택

'항길고택(恒吉古宅)'은 강릉김씨 감찰공파 운곡(雲谷) 김자현(金子鉉, 1404~1501)의 후손들이 강원도 삼척(현재 동해시)에서 세거해왔던 고택을 가리킨다. 김자현은 현감 정(玎)의 아들로, 1426년(세종 8) 생원에 급제하여 음관(蔭官)으로 이천교도(伊川教導)를 지내다가 1447년(세종 29) 문과에 급제하여 성균관 전적(典籍), 병조정랑(兵曹正郎), 사헌부 감찰(監察) 등을 역임하였다. 지방관으로 청양(青陽), 청하(青河) 등의 현을 다스렸고, 만년에 고향인 강릉부 교수(教授)를 지내면서 교육에 힘쓰다가 삼척 무릉계곡의 산수 경관이 좋아 취병산 아래에 터를 잡고 정착한 입향조이다.[2]

그의 후손들이 계속해서 삼척에서 세거해왔는데, 중앙 관직으로 진출하지 못하자 향청, 향교, 서원 등에서 재지사족으로서 확고한 기반을 구축하고 향론을 주도하였다. 아래 〈표 1〉은 강릉김씨 21세 감찰공파 파조 김자현으

2 배재홍, 『동해시 고문서』 2(동해문화원, 2008.) 19쪽.

로부터 39세 김남용까지 이어지는 가계도(家系圖)이다.[3] 25세 김인지(金仁祉) 이후 장손으로 줄곧 이어지는 것을 볼 수 있다. 이 글의 머리말에서 언급한 김남용은 김태진의 손자로서 족보상 39세가 되는데, 자신을 항길고택의 "14대 종손"이라고 한 것을 보면, 아마도 김인지(金仁祉)로부터 14대 장손이 된다는 의미로 보인다.

이 가계도에서 눈에 띄는 것은 33세 김시학(金時鶴, 1779~1830)에서 34세 김구혁(金九爀, 1798~1874)을 후사(後嗣)로 세운[立後] 점이다. 김구혁은 김시학의 후사로 들어와서 항길고택의 대를 이어갔는데, 여러 가지 의미에서 매우 중요한 인물로 생각된다. 그는 중앙 관직으로 진출하지 못하고, 삼척 지방에서 순조, 헌종, 철종대에 향청 별감, 향교 도유사, 용산서원 도유사, 경행사 별유사 등을 역임하였다. 김구혁은 애헌(艾軒) 최종원(崔鍾遠) 문하에서 수학하고, 『성학요설(聖學要說)』, 『척주절의록(陟州節義錄)』 등을 저술하고 『척주선생안(陟州先生案)』을 찬술하였다. 항길고택문고의 『도서목록』에도 그의 저술이 상당수 실려 있다. 또 그는 선대가 남긴 문적들을 정리하여 유사(遺事) 형태로 편집하였다.

---

3 이 가계도는 『동해시 고문서』 2(동해문화원, 2008.)의 20쪽에 실려 있는 가계도를 약간 수정하여 만들었다. 38세 헌기(櫶起)와 39세 남용(南容)을 추가하였다. 또 고 김남용 선생이 자신이 항길고택 14대 종손이라고 한 것을 근거로 추론하면, 25세 인지(仁祉)의 14대 종손이었을 것으로 추정되어, 25세에 인수(仁壽), 인복(仁福), 인록(仁祿)을 추가로 기입하였다.

〈표 1〉 항길고택의 가계도

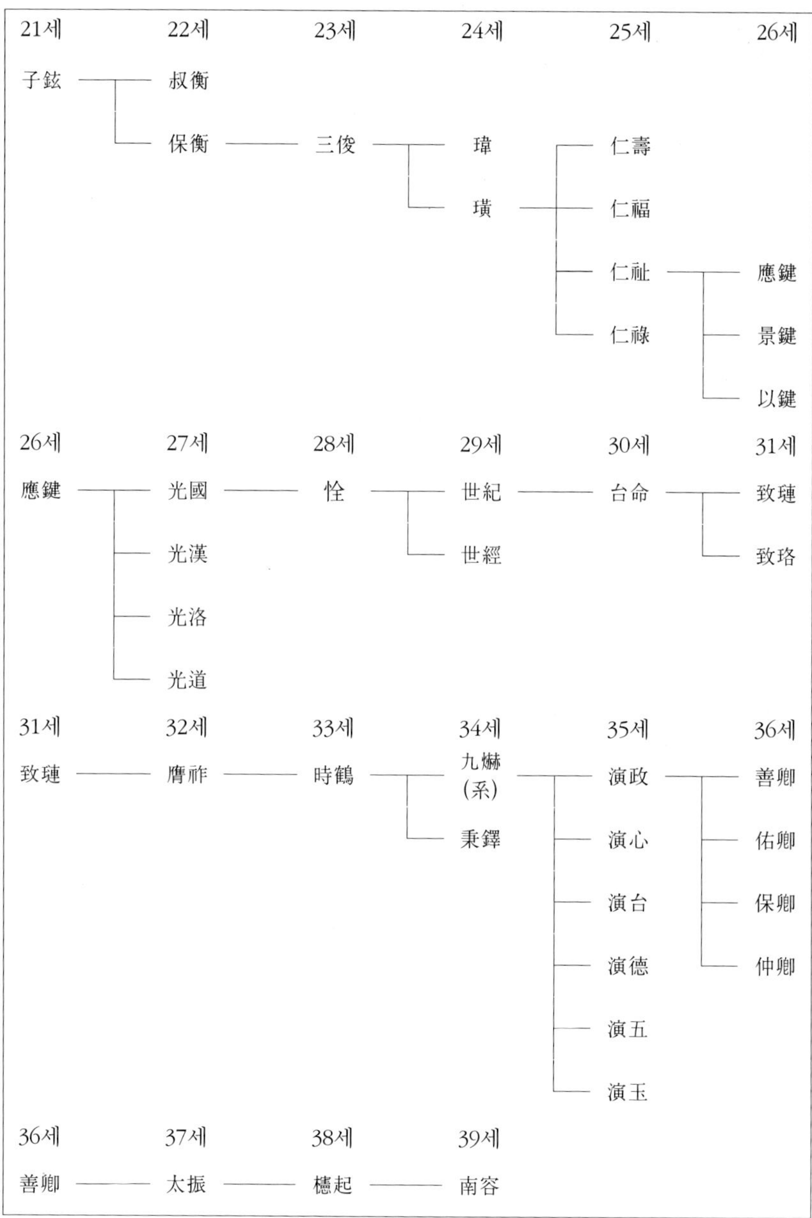
21세
22세
23세
24세
25세
26세
子鉉
叔衡
保衡
三俊
瑋
璜
仁壽
仁福
仁祉
仁祿
應鍵
景鍵
以鍵
26세
27세
28세
29세
30세
31세
應鍵
光國
光漢
光洛
光道
恮
世紀
世經
台命
致璉
致珞
31세
32세
33세
34세
35세
36세
致璉
膺祚
時鶴
九爀
(系)
秉鐸
演政
演心
演台
演德
演五
演玉
善卿
佑卿
保卿
仲卿
36세
37세
38세
39세
善卿
太振
櫶起
南容

김구혁은 강릉김씨 봉정파(鳳亭派) 김종집(金宗鏶)의 셋째 아들로 조부는 김광필(金光弼), 증조부는 김효지(金孝之), 고조부는 김수한(金壽漢)이다. 그는 "19세 되던 순조16년(1816)에 부친의 명으로 한길댁 김시학의 양자로 들어갔으며, 애헌(艾軒) 최종원(崔鍾遠) 문하에서 수학하였으며, 효행과 덕행으로 당시 지역사회에 명망이 있었다."고 한다.[4]

김구혁(1798~1874)의 양부는 속재(俗齋) 김시학(金時鶴, 1779~1830)이고, 조부는 죽헌(竹軒) 김응조(金膺祚, 1755~1817), 증조부는 매암(梅菴) 김치련(金致璉, 1720~1794), 고조부는 용장(龍庄) 김태명(金台命)이다. 그리고 김구혁의 가계는 아들 김연정(金演政, 1820~1898), 손자 김선경(金善卿, 1843~1885), 증손자 김태진(金泰振, 1875~1929)으로 이어진다.

김시학은 순조와 헌종대에 향청의 별감과 좌수, 향교의 장의와 도유사, 용산서원 도유사, 경행사 장의 등을 역임하였으며, 그에 관한 사적으로 김구혁이 편집한 『속재유사(俗齋遺事)』가 있다. 증조부 김치련(金致璉)도 『매암유고(梅菴遺稿)』를 남겼다.

김구혁의 아들 김연정은 철종, 고종대에 향교 장의, 용산서원 장의와 도유사 등을 역임하였다. 현재 동해시 송정동의 항길고택에는 '속재(俗齋)', '죽헌(竹軒)'이라는 현판과 함께 현대에 만든 것으로 생각되는 '항길(恒吉)'이라는 현판이 나란히 걸려 있다.[5] '죽헌'과 '속재'의 현판은 전통방식으로 만들어졌으며, '항길'의 현판은 현대 방식으로 만들어졌다.

---

4 배재홍, 『국역 척주선생안』(삼척문화원, 2003) 13쪽.

5 이 사진은 모두 2018년 필자가 핸드폰으로 직접 촬영한 것이다.

속재(俗齋)

죽헌(竹軒)

항길(恒吉)

'항길'이라는 현판을 거론한 김에, 여기서 항길고택과 관련된 몇 가지 명칭을 살펴보자. 먼저 김자현이 강릉에서 삼척으로 이주했던 곳에 대해 무릉계곡의 쇄운리(灑雲里) 취병산 아래라고 하는 곳도 있고, 용정리(龍井里) 취병산 아래라고 하는 곳도 있는 것 같다. 현재 쇄운동과 용정동이 나뉘어 있는 것으로 보아 서로 다른 곳인 것 같은데, 그렇다면 처음에 쇄운리에 정착했다가 후세에 용정리로 이주했을 가능성이 높은 것 같다. 용정리에서는 1930년대까지 거주했던 것으로 보인다. 항길고택의 고(故) 김남용(金南容) 선생께서 작성한 원고 『항길댁통사(기1)초(恒吉宅通史(其一)抄)』의 「항길장(恒吉庄)」이란 글을 보면 "용정리에 있다. 누워있는 용이 구슬을 희롱하는 형국인데, 정축년에 허물고 북삼화학공장이 되었다. 중종 임오년 가정 원년 십일월 십팔일 장녀에게 준다.(在龍井里, 臥龍弄珠形, 丁丑廢爲北三化學工場. 中宗壬午 嘉靖元年十一月十八日許與長女.)"라고 기록되어 있다. 아마도 처음에 쇄운리에 거처했다가, 후에 용정리로 이주하였는데, 정축년(1937) 북삼화학공장[6]이 들어서면서 고택이 헐리고, 용정 해변으로 강제 이주를 한

6 [한국학중앙연구원디지털삼척문화대전-근대산업의발상지,삼척중공업지대(http://www.grandculture.net/samcheok/toc/GC06700018)]에는 "북삼화학공사(北三化學公社)는 당시 삼척군 북평읍 송정리[현 동해시 송정동]에 있었으며 석회질소 비료공장으로 1937년 4월 1일에 기공하고 1939년 3월 31일에 준공되어 삼척개발주식회사 북삼화학공업소로 조업을 개시하였다."고 하고, 또 "백연화학공업주식회사 삼척공장은 당시 삼척군 북평읍 쇄운리[현 동해시 북삼동]에 있었"고, "삼화제철공장은 무릉계곡 부근인 삼화와 양양에서 생산되는 철광석을 제철하기 위한 공장으로, 현재의 동해시 북삼

것으로 보인다.

그런데 항길고택은 학자에 따라 여러 가지 이름으로 호칭되고 있는 것 같다. 일찍이 배재홍은 '환길댁(桓吉宅)'이라고도 하고, '한길댁'이라고도 하였다. 그리고 항길고택 소장 일기(日記)들에 대해서도 일괄하여 『한길댁생활일기』라는 이름을 사용하였다. 2018년 봄 무렵 필자가 배재홍 교수께 그 연유를 물어보았더니, '그 댁이 큰 길가에 있어서 그 동네 사람들이 한길댁이라고 칭하고 있다'는 취지로 답해 주셨다.

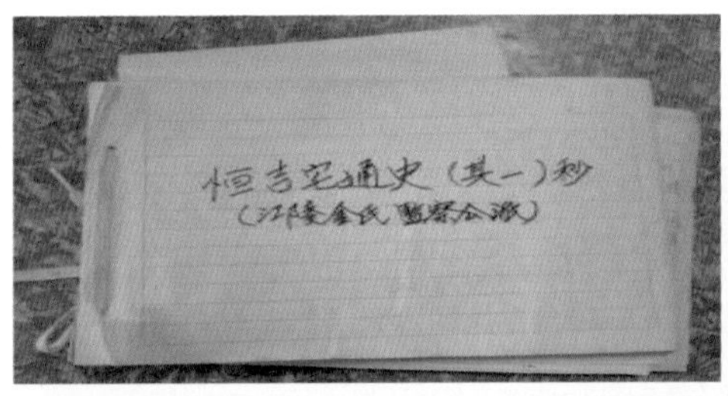

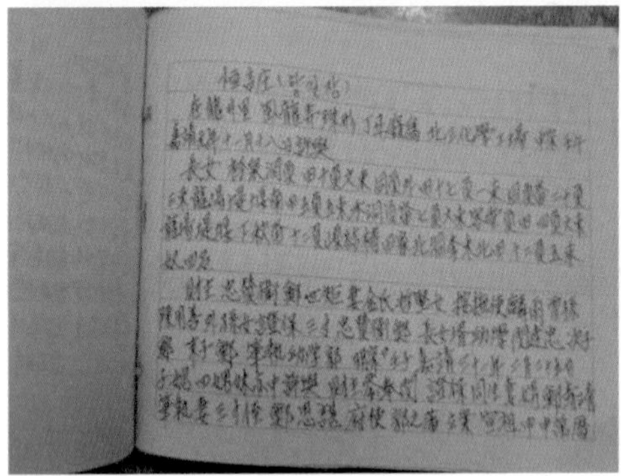

『恒吉宅通史(其一)抄』 표지(상), 「항길장(恒吉庄)」 내용(하)

고택 소장 병풍 : 恒吉古宅 世傳忠孝

동에 1943년 4월 25일에 건립되었다."고 한다. 북삼화학공장이 용정리가 아니라 송정리에 있다고 한 바, 추가 조사가 필요해 보인다.

2018년 여름 필자는 『한길댁생활일기』를 조사하기 위하여 항길고택을 처음으로 방문하였다. 당시 '항길(恒吉)'이라는 현판이 걸려 있는 것을 보고, 그 동네 사람들이 '항길댁'의 발음을 편한대로 취하여 '한길댁'으로 부르지 않았나 추정하였다. 항길(恒吉)은 『주역』의 항괘(恒卦)에서 따온 것으로 집안에 항상 길(吉)한 일이 있기를 바라는 뜻을 취한 것이다. 위의 사진에서 볼 수 있는 것처럼 '항길'이라는 현판이 지금도 붙어 있고, 14대 종손 김남용 선생도 그가 직접 쓴 앞의 원고에 '항길댁'이라고 하였기 때문에 '항길'로 칭하는 것이 옳다고 생각한다. 다음 절에 제시한 『도서목록』의 사진에서 볼 수 있는 것처럼 '항길문고'라는 용어도 가문에서 이미 사용하고 있었다.

그리하여, 지금은 비록 사진[7]에서나 볼 수 있는 고풍스러운 한옥의 고택은 철거되고 없으나, 자연재해와 전쟁 그리고 개발에 따른 잦은 이주 등 온갖 어려움 속에서 '항길문고' 등 오랜 역사적 유물과 유산을 지켜낸 노고를 치하하고 존중하는 의미에서, 후례(厚禮)의 뉘앙스가 들어간 용어 '항길고택'을 사용할 것을 제안한다. 그래서 '항길댁'은 '항길고택'으로, '항길문고'는 '항길고택문고'로, '한길댁생활일기'는 '항길고택일기'로 칭할 것을 제안한다. '항길고택'이라는 용어는 앞의 병풍 사진에서처럼 지난 세기부터 이미 사용되고 있었다.

2. 항길고택문고

다음으로 '항길고택문고'에 대해 알아보자. 항길고택에서는 이미 자체적으로 만든 『도서목록』을 소장하고 있었다. 이 목록은 표지 사진[(辛丑十二月

---

7 배재홍, 『동해시 고문서』 2(동해문화원, 2008.)의 앞부분 화보란에 1937년 항길고택이 철거되기 전의 옛 모습을 촬영한 사진 2장이 실려 있는데, 당시의 모습을 참고할 수 있다.

二十一日)圖書目錄(恒吉文庫)]에서 볼 수 있듯이 신축년 즉 1961년에 만든 것으로 추정된다. 필자가 2018년 이 목록의 사진을 찍었기 때문에 신축년은 2021년은 될 수 없고, 1961년쯤으로 추정된다. 그리고 항길고택문고의 다수 서적에 '김남용인'(金南容印)이라는 장서인이 찍혀 있는데, 아마도 이 『도서목록』을 만들 때 장서인을 찍었지 않았을까 추정할 수 있을 뿐이다. 목록의 작성자 혹은 필사자인 듯 여겨지는 뒤표지에 쓰인 '오봉(梧峯)'이 누구의 호(號)인지 잘 모르겠다. 김남용 선생을 비롯한 그의 가까운 선대 중에 '오봉'이라는 호를 족보에서 찾지 못하였다.

이 『도서목록』에는 총 201점의 도서 및 기물(器物)의 제목이 실려 있는데, 책뿐만 아니라 글씨와 그림, 그리고 여러 예식에 사용된 다양한 기물들도 수록되어 있다. 그러나 가문에서 소장하고 있던 많은 고문서들은 『도서목록』에 실리지 않았다. 다소 길지만 항길고택문고의 『도서목록』을 알기 쉽게 컴퓨터에 입력한 현대식 표를 만들어 이 글의 부록으로 제시하니, 연구에 참고가 되기를 바란다.

항길고택문고에 대한 사료 조사는 국사편찬위원회 주관으로 두 차례 행하여졌다. 국사편찬위원회의 홈페이지에서 전자사료관(The Archives of Korean History)으로 들어가면, 「강원도 동해시 강릉김씨 소장 자료(사료군

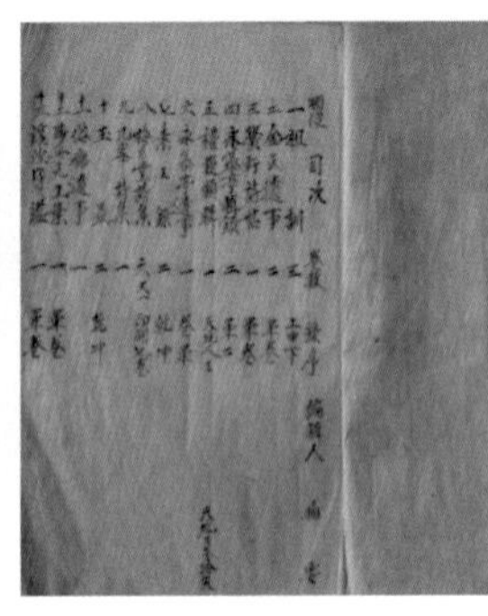

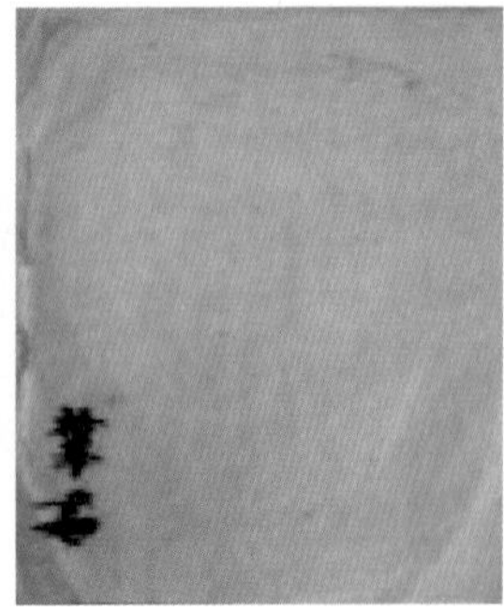

『도서목록』의 표지(앞)

본문

표지(뒤)

DGW014)」를 열람할 수 있다. 그 아래 하위 사료 계열을 2건, 즉 「강원도 동해시 강릉김씨 소장 족보(DGW014_01)」와 「강원도 동해시 강릉김씨 소장 고서 고문서(DGW014_02)」로 분류하였는데, 그 기준은 사료 이력에 "족보는 국사편찬위원회 1997년 사료 수집 지원 사업으로 간접 수집하였고, 고서·고문서는 1999년에 직접 수집하였다."고 한 것에서 짐작할 수 있다. 소장처는 "강원 동해 강릉김씨"로, 소장자는 "김남용"으로 표기되어 있다. 모두 공개 자료로 프린터로 출력이 가능하며, PDF 파일을 컴퓨터에 다운받아 저장할 수도 있다.

항길고택문고 소장 자료 중 가장 큰 주목을 받은 것은 시계열적으로 잘 보존된 족보였다. 「강원도 동해시 강릉김씨 소장 족보(DGW014_01」는 다시 11건으로 나누어 파일을 만들었는데, 표로 정리하면 다음과 같다.

〈표 2〉「강원도 동해시 강릉김씨 소장 족보(DGW014_01」 목록

번호	자료명	연도	생산자	비고
1	江陵金氏族譜	明宗20年(1565)	江陵 金氏	영인본
2	江陵金氏世譜-1714年	肅宗40年(1714)	江陵 金氏	-
3	江陵金氏世譜-1743年	英祖19年(1743)	江陵 金氏	-
4	江陵金氏世乘	正祖21年(1797)	江陵 金氏	-
5	江陵金氏派譜	憲宗12年(1846)	江陵 金氏	-
6	江陵金氏三陟派世乘	哲宗2年(1851)	江陵 金氏	-
7	江陵金氏世譜-監察公派	哲宗2年(1851)	江陵 金氏	-
8	江陵金氏世譜-1873年	高宗10年(1873)	江陵 金氏	-
9	江陵金氏(辛丑)世譜	1901	江陵 金氏	-
10	江陵金氏世譜-評議公派	純宗3年(1908)	江陵 金氏	-
11	江陵金氏世譜-1920年	1920	江陵 金氏	-

이 중에서 '강릉김씨 을축보'(乙丑譜, 1565)로 널리 알려진 『강릉김씨족보(江陵金氏族譜, 1565)』는 현존하는 문화유씨족보, 안동권씨족보에 이어

임진왜란 이전에 간행된 것으로 널리 알려져 있다. 항길고택문고의 목록에 을축보가 실려 있으나, 을축보의 원본은 항길고택에 소장되어 있지 않고, 다른 곳에 소장되어 있다고 한다. 위의 표에 나온 을축보는 영인본을 DB화 한 것이다.

포털사이트 네이버에서 '강릉김씨 을축보'를 검색해 보면, 한국학중앙연구원의 『민족문화대백과사전』의 기사로 연결되는데, 이 기사에는 강릉김씨 을축보가 "강원도 동해시 송정동의 강릉김씨 후손가에 소장되어 있다"고 서술되어 있다.[8] 그런데 이 기사의 참고문헌에 차장섭의 논문[9]이 수록되어 있는데, 그 논문의 각주 7)에는 "강릉김씨 을축보는 원래 동해시 송정동에 소장되어 왔던 것으로 20여년전에 작성된 이 소장목록에서 확인할 수 있다. 그러나 현재는 같은 집안 친족인 울산에 있는 김기환(金起渙)씨가 소장하고 있으며, 1994년 강릉김씨 재경화수회(在京花樹會)에 의해 영인되었다."라고 서술되어 있다. 아마도 백과사전 집필자가 이 논문의 각주를 읽지 못하여, 잘못 서술한 듯싶다.

「강원도 동해시 강릉김씨 소장 고서 고문서(DGW014_02)」는 다시 357건으로 나누어지는데, 고문서가 353건이고, 고서가 4건이다.

항길고택의 고문서는 호적표(戶籍表), 준호구(準戶口), 호구단자(戶口單子) 등 호구문서와 다양한 내용의 소지(所志), 향청이나 여러 행사의 임무에 차정하는 임명장으로 쓰인 첩(帖), 그리고 추증(追贈)이나 수직(壽職)으로 받은 교지(敎旨)가 다수 남아 있다. 항길고택의 고문서 353건의 목록은 이 글의 본문에 싣기에는 분량이 너무 많아 이 글의 부록에 싣는다. 그런데 항길고택의 고문서 353건의 목록에 입향조 김자현의 문과 급제 홍패(紅牌)는

---

8 https://encykorea.aks.ac.kr/Article/E0001079

9 차장섭, 「조선시대 족보의 편찬과 의의」(『조선시대사학보』 2, 1997), 41쪽.

누락되었다. 이 문서는 15세기의 문서로 항길고택 고문서 중 가장 이른 시기의 문서이다.[10]

끝으로 고서 4건은 『속재유사(俗齋遺事)』, 『구봉유집(九峰遺集)』, 『구봉집(九峰集)』, 『구봉잡록(九峰雜錄)』이다. 그런데 『구봉집』과 『구봉잡록』의 생산자를 김시학(金時鶴)으로 표기하여 놓았는데, 이는 오류로 보인다. 속재(俗齋)는 김시학의 호(號)며, 구봉(九峰)은 김시학의 양아들 김구혁(金九爀)의 호다. 『구봉집』과 『구봉잡록』의 생산자는 김구혁이다. 『속재유사』도 양부 김시학이 남긴 시, 제문, 서간 등과 양부에 대한 제문과 행장 등을 모아 김구혁이 편찬한 책이다. 표로 제시하면 다음과 같다.

〈표 3〉「강원도 동해시 강릉김씨 소장 고서 고문서(DGW014_02)」중 문집 목록

번호	자료명	연도	저자	비고
1	俗齋遺事	-	金時鶴	金九爀 편
2	九峰遺集	-	金九爀	-
3	九峰集	1875	金九爀	-
4	九峰雜錄	-	金九爀	-

다음으로 항길고택문고의 영인, 번역 및 연구 현황을 간략히 살펴보면 다음과 같다.

1991년 한길고택문고에 들어 있는 『척주지(陟州誌)』와 『척주선생안(陟州先生案)』을 삼척문화원에서 영인본으로 발간하였다. 1997년에는 강원대

10 이 홍패는 강릉김씨 감찰공파의 파조 김자현의 문과급제 증서로서 감찰공파를 대표하는 상징적인 고문서라고 할 수 있다. 항길고택에서는 이 문서까지 동북역사재단에 일괄 기증하려고 하였으나, 동북아역사재단은 이 문서가 가문을 상징하는 기념물이기 때문에 가문에서 보물로 보관하기를 권했다. 그래서 이 홍패는 여전히 항길고택에서 소장하고 있다.

학교 강원문화연구소 번역으로 『완역 척주집』을 삼척시에서 간행하였다. 2001년에는 배재홍의 번역으로 『국역 척주지』를 삼척시립박물관에서 간행하였다. 2003년에는 역시 배재홍에 의해 영인 번역되어 『국역 척주선생안』이 삼척문화원에서 간행되었다.

또 항길고택의 고문서는 배재홍에 의하여 『동해시 고문서』2(동해문화원, 2008)로 발간되었다. 여기에는 총 371건의 고문서를 수록하였다.

그동안 항길고택문고 자료를 활용하여 여러 분야에서 논문과 저작이 산출되었다.

첫째, 조선후기부터 일제시대까지 잘 간직된 항길고택의 호구자료를 활용하여 정경숙에 의하여 2개의 논문이 나왔다. "강릉김씨 호구단자 분석연구-18세기 호구단자를 중심으로-"(『인문학보』 제16집, 강릉대 인문과학연구소, 1993)와 "강릉김씨 호구단자 분석연구(2)-19세기 호구단자를 중심으로-"(『인문학보』 제17집, 강릉대 인문과학연구소, 1994)가 그것이다.

둘째, 항길고택문고 자료 중 가장 큰 주목을 받은 것은 시계열적으로 빠짐없이 보존된 족보였다. 차장섭의 「조선시대 족보의 편찬과 의의-강릉김씨 족보를 중심으로-」(『조선시대사학보』 2집, 1997)가 선구적인 연구이다.

끝으로 배재홍은 항길고택문고 중 『항길고택일기』를 주요 자료로 삼아 「18세기 말 정조연간 강원도 삼척지방 이상기후와 농업」(2004)과 「강릉김씨 환길댁 부조기를 통해 본 조선후기 삼척지방의 결혼식 부조문화」(이상 2007에 간행된 『조선시대 삼척지방사 연구』에 수록됨) 등의 연구 결과를 발표하였다. 아울러 배재홍은 「조선후기 울릉도 수토제 운용의 실상」(2011)을 발표하였는데, 이 논문에서도 『항길고택일기』가 주요 자료로 활용되었다.

Ⅲ. 울릉도 수토관련 기사의 원문 및 역주

1.『척주선생안』의 울릉도 수토 관련 기사

1)『척주선생안』

『척주선생안』은 김구혁이 향길고택에 후사로 들어오면서, 그의 생가 선대들에 의해 작성되어 오던 것을 생가 증조부에게서 받아 가지고 양가로 와서 계속 이어 찬술한 것이다. 전수받은 책자가 낡아 책을 개수(改修)하면서 지은 서문[「선생안개서서(先生案改書序)」]에 그 경위가 잘 서술되어 있다.

> 아! 오래 전에 나의 생가 증조부께서 이 책을 물려받아 쓰셨는데, 정확히 어느 해인지는 알 수 없다. 지난 병자년(1816, 순조16) 9월에 부친의 명령을 받아 양자로 나가[出系], 다음 해인 정축년(1817)에 내가 또 이어서 물려받아 썼으니, 이미 40년이 되었다. 종이가 오래되어 글자가 흐릿해지고, 기록된 내용[記績]과 연호(年號)·묘호(墓號)도 모두 상세하지 않을 뿐만 아니라, 잘못된 문장과 빠진 글자도 또한 매우 많아 부끄럽기 그지없어 사람들에게 보여 줄 수가 없었다. 그래서 새 종이에 우물 정(井)자와 같은 선을 그어 책자를 만들고, 현 임금(철종) 6년 을묘년(1855) 5월 20일에 다시 썼으니, 홀연히 생가 증조부의 손때가 한층 새로워, 이에 더욱 느낀 바가 있었다.(噫! 昔我生曾王考傳書是冊, 的未知何年矣, 而向於丙子九月, 親命出系, 越明年丁丑, 余亦繼而傳書, 已爲四十年矣. 不啻舊紙之模糊, 記績及年號·墓號, 俱未能詳, 誤書落字, 亦爲頗多, 慚愧莫甚, 不可使人登覽. 故玆庸新紙, 印出井間, 更書于當宁六年乙卯五月念日, 怳然若生曾王考手澤復新矣. 於玆尤有所寓感焉.)[11]

---

11 배재홍,『국역 척주선생안』(삼척문화원, 2003) 54쪽. 배재홍 교수의 번역문을 필자가 미세하게 윤문하였다. 아래 수토 관련 기사 번역에서도 약간씩 윤문하였다.

선생안(先生案)은 전임 관원의 성명, 직위, 생년월일, 본적, 재임기간 등을 기록해 놓은 책을 말하는데, 이 『척주선생안』은 삼척의 수령을 거쳐 간 관리들의 명단이다. 대개 관청에서 작성하는데, 이 『척주선생안』은 재지사족 가문의 사찬(私撰)이라는 점이 특징적이며, 또 간략한 명단에 그치지 않고, 후대로 갈수록 수령의 치적 뿐 아니라 지방의 여러 가지 사건들까지 기록해 놓은 점이 특징이라고 하겠다.[12]

이 글에서는 『척주선생안』의 내용 중 울릉도 수토와 관련이 있는 기사들을 뽑아 수토 연구의 기초 자료로 제공하고자 한다.

2) 울릉도 수토 관련 기사 원문 및 번역

(1) 부사 박상형(朴相馨)

府使 朴相馨(嘉善)

壬申二月來. 甲戌, 設行鬱陵島營將, 張漢相[13]往來.

부사 박상형(朴相馨) 가선대부

임신년(1692, 숙종18) 2월에 부임하였다. 갑술년(1694, 숙종20)에 울릉도 영장(營將) 제도를 설행(設行)하였는데,[14] 장한상(張漢相)이 갔다 왔다.[15]

(2) 부사 서로수(徐魯修)

府使 徐魯修(通訓)

---

12 배재홍, 앞의책, 10-11쪽.

13 相: 원문에는 祥으로 되어 있으나 相으로 바로잡았다.

14 엄밀히 말하면, 삼척영장 제도를 만들어 삼척첨사 장한상으로 하여금 삼척영장을 겸임케 하여 울릉도를 수토한 것인데, 이 사실을 '울릉도 영장(營將) 제도를 설행(設行)하였다'고 한 것이다. 이하 삼척영장 관련 내용이나 삼척진영 관련 진료(鎭料)나 진미(鎭米)도 수토와 관련이 있는 것으로 보아 해당 기사를 뽑았다.

15 배재홍, 앞의책, 106쪽.

同年, 營將搜討當次, 而以灾年命寢. 時營將洪禹普也, 遣採蔘, 事覺罷竄. 時監司洪名漢也, 亦被論罷, 本邑亦大不幸.

부사 서로수(徐魯修) 통훈대부

이 해(己丑年, 1769, 영조 45)는 영장(營將)이 울릉도를 수토해야 할 차례이지만, 흉년이 들었기 때문에 임금이 그만두도록 하였다. 당시 영장은 홍우보(洪禹普)였다. 몰래 울릉도에 사람을 보내 인삼을 캤는데, 일이 발각되어 파직 당하여 귀양을 갔다. 당시 감사(監司)는 홍명한(洪名漢)이었는데, 역시 논핵(論劾)을 당하여 파직되었으니, 본 읍으로도 또한 큰 불행이었다.[16]

(3) 부사 이민보(李敏輔)

府使 李敏輔(通訓)

六月, 營將金璹以鬱陵採蔘事拿去.

부사 이민보(李敏輔) 통훈대부

6월(경인년, 1770, 영조 46)에 영장(營將) 김숙(金璹)이 울릉도에서 인삼을 캔 일 때문에 붙잡혀 갔다.[17]

(4) 부사 서각수(徐覺修)

府使 徐覺修(通訓)

營將張志濟以六月貶下去, 至灑雲前, 醉倒道傍少蹟, 達夜輪轉, 呼天只之聲, 聞於路人.

부사 서각수(徐覺修) 통훈대부

영장(營將) 장지제(張志濟)가 6월(계사년, 1773, 영조49)에 폄하(貶下)를 당하여 떠났다. 쇄운(灑雲) 앞에 이르러 술에 취하여 길가에 쓰러져 움직이지 않다가 밤새도

16 배재홍, 앞의책, 120쪽.

17 배재홍, 앞의책, 121쪽.

록 뒹굴며 하늘에 울부짖는 소리가 길가는 사람에게까지 들렸다.[18]

(5) 부사 윤숙(尹璛)

府使 尹璛(通訓)

丙辰七月, 上京辭職, 上屢降促歸之教, 固辭, 忤旨罷職. 就吏以羽陵八倫兒事, 就吏上原情言, '羽淸島在茫茫洋海中, 其屬於三陟地方, 曾所未聞知云.'

부사 윤숙(尹璛) 통훈대부

병진년(1796, 정조 20) 7월, 서울로 올라가 사직하였는데, 임금이 누차 돌아갈 것을 재촉하는 교지를 내렸으나, 고사하여 임금의 뜻을 거슬렀다하여 파직되었다. 우릉(羽陵) 팔륜아(八倫兒) 사건으로 형리(刑吏)에게 나아갔다. 형리에게 나아가 올린 원정(原情: 사실을 진술한 글)에서 말하기를 '우청도(羽淸島)는 망망한 바다 가운데 있는데, 그 섬이 삼척 지방에 속한다는 것은 일찍이 몰랐던 일이다'라고 하였다.[19]

⑥ 부사 민사관(閔師寬)

府使 閔師寬(通訓)

甲申正月來. … 鎭米移蔚·平兩邑, 是故立石頌之.

부사 민사관(閔師寬) 통훈대부

갑신년(1824, 순조24) 정월에 부임하였다. … 진미(鎭米)를 울진과 평해로 이전하였다. 이 때문에 불망비(不忘碑)를 세워 그를 칭송하였다.[20]

18 배재홍, 앞의책, 123쪽.
19 배재홍, 앞의책, 123쪽.
20 배재홍, 앞의책, 134쪽.

(7) 부사 이규헌(李圭憲)

府使 李圭憲(通訓)

乙未七月自珍山來. … 劃錢付于雇馬廳, 折利八十兩, 以蠲結納鎭米十石, 又劃百兩, 又付雇馬[21]廳, 折利防納鎭椇三百介.

부사 이규헌(李圭憲) 통훈대부

을미년(1835, 헌종 원년) 7월에 진산에서 왔다. … 또 얼마의 돈을 떼어 내 고마청(雇馬廳)에 주어 그 이자 80냥으로 토지면적에 따라 납부하던 진미(鎭米) 10석을 면제하였다. 또 100냥을 떼어내 다시 고마청에 주어 그 이자로서 진곤(鎭椇) 300개를 방납(防納)하였다.[22]

2. 『항길고택일기』의 수토관련 기사

1) 『항길고택일기』

『항길고택일기』는 국사편찬위원회의 두 차례에 걸친 사료조사에서 누락되었다. 아마도 다음 사진에서 볼 수 있는 것처럼 매우 오래되어 보존 상태가 좋지 않았고, 무엇보다도 책자를 별도로 만들어 체계적으로 기록한 일반적인 일기와 달리, 책력(冊曆)을 그대로 사용하여 상단 여백 및 해당 날짜에 여러 가지 사항들을 단편적으로 간략하게 기록해 놓아, 아마도 사료적 가치가 그다지 높지 않다고 생각한 듯하다. 게다가 『항길고택일기』는 균일하게 묶여있지도 않고, 표지가 없는 것도 있다. 한길고택문고의 『도서목록』(1961)에는 일기의 이름이 3개가 실려 있다.

---

21 원문에는 馬 자가 없으나, 보충하였다.

22 배재홍, 앞의 책, 135쪽.

〈표 4〉『도서목록』 속의 일기 제목들

차례	서명	권수
67	동우광음(東愚光陰)	2
68	구봉광음(九峯光陰)	2
86	속재거저(俗齋居諸)	1

동우광음(東愚光陰)

정중심반(靜中心伴)

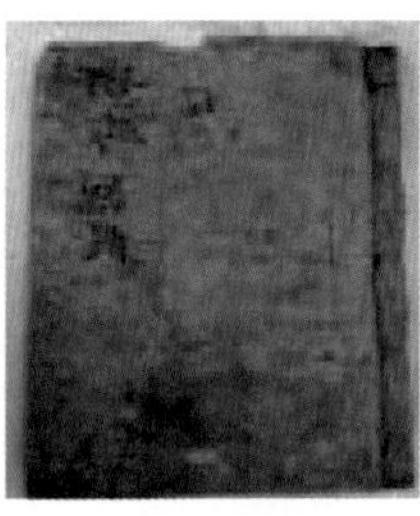
속재거저(俗齋居諸)

면속재광음(免俗齋光陰)

그런데 이 『도서목록』에 등재된 『동우광음(東愚光陰)』, 『구봉광음(九峯光陰)』, 『속재거저(俗齋居諸[23])』 등과 함께, 『항길고택일기』에는 이 『도서목록』에 등재되지 않은 『면속재광음(免俗齋光陰)』과 『정중심반(靜中心伴)』 도 있고, 또 제목이 없이 묶여 있는 것도 있다. 그리고 같은 책에 묶인 책력이 순서대로 묶여있지 않는 것도 있고, 시대가 동떨어진 책력이 서로 뒤섞인 책자도 있다. 다음은 현재 묶여 있는 상태를 표로 나타낸 것이다.

23 '거저(居諸)'는 『시경』에 나오는 용어인데, 광음(光陰)과 같이 일기라는 뜻으로 쓰인다.

〈표 5〉 항길고택일기 제본 상태 일람표(보정면수[24] 포함)

연번	제목	부제	첫째 간지	상세 목차	면수(보정)
1	東愚光陰	自乙未至丁酉	–	辛酉年(1801, 순조1)	226
				丁酉年(1897, 광무1)	
				丙申年(1896, 건양1)	
				甲辰年(1904, 광무8)	
				己亥年(1799, 정조3)	
				壬寅年(1902, 광무6)	
				癸卯年(1903, 광무7)	
				壬戌年(1802, 순조2)	
2	–	自甲子至癸酉	–	癸酉年(1873, 고종10)	364
				壬申年(1872, 고종9)	
				辛未年(1871, 고종8)	
				庚午年(1870, 고종7)	
				己巳年(1869, 고종6)	
				戊辰年(1868, 고종5)	
				丁卯年(1867, 고종4)	
				丙寅年(1866, 고종3)	
				乙丑年(1865, 고종2)	
				甲子年(1864, 고종1)	
3	東愚光陰	自甲戌 至庚辰(甲申)	–	甲申年(1884, 고종21)	228
				癸未年(1883, 고종20)	
				壬午年(1882, 고종19)	
				辛巳年(1881, 고종18)	
				庚辰年(1880, 고종17)	
				己卯年(1879, 고종16)	

24 '보정면수'는 사진을 촬영하여 이미지 파일로 만드는 과정에서 늘어난 면수를 말한다. 각 연도별로 구분을 위해 채력의 앞표지와 뒤표지를 이미지로 만들어 보정하고, 또 책력의 뒷면에 기록이 있을 경우 이것을 촬영하여 이미지로 만들어 이어 붙인 것도 보정면수에 포함되었다.

연번	제목	부제	첫째 간지	상세 목차	면수 (보정)
				戊寅年(1878, 고종15)	
				丁丑年(1877, 고종14)	
				丙子年(1876, 고종13)	
4	大清光緒十四年時憲書	自乙酉至甲午	–	甲午年(1894, 고종31)	344
				癸巳年(1893, 고종30)	
				壬辰年(1892, 고종29)	
				辛卯年(1891, 고종28)	
				庚寅年(1890, 고종27)	
				己丑年(1889, 고종26)	
				戊子年(1888, 고종25)	
				丁亥年(1887, 고종24)	
				丙戌年(1886, 고종23)	
				乙酉年(1885, 고종22)	
5	–	–	癸酉年 (1753, 영조29)	癸酉年(1753, 영조29)	244
				丁卯年(1747, 영조23)	
				戊辰年(1748, 영조24)	
				乙亥年(1755, 영조31)	
				丁丑年(1757, 영조33)	
				戊寅年(1758, 영조34)	
6	–	–	癸巳年 (1773, 영조49)	癸巳年(1773, 영조49)	94
7	靜中心伴	–	–	庚子年(1780, 정조4)	454
				辛丑年(1781, 정조5)	
				壬寅年(1782, 정조6)	
				癸卯年(1783, 정조7)	
				甲辰年(1784, 정조8)	
				乙巳年(1785, 정조9)	
				丙午年(1786, 정조10)	
				丁未年(1787, 정조11)	

연번	제목	부제	첫째 간지	상세 목차	면수(보정)
				戊申年(1788,정조12)	
				己酉年(1789,정조13)	
				庚戌年(1790,정조14)	
				辛亥年(1791,정조15)	
				壬子年(1792,정조16)	
				癸丑年(1793,정조17)	
				甲寅年(1794,정조18)	
8	–	–	乙卯年(1795,정조19)	乙卯年(1795,정조19)	762
				丙辰年(1796,정조20)	
				丁巳年(1797,정조21)	
				戊午年(1798,정조22)	
				己未年(1799,정조23)	
				庚申年(1800,정조24)	
				丁卯年(1807,순조7)	
				戊戌年(1778,정조2)	
				乙丑年(1805,순조5)	
				丙寅年(1806,순조6)	
				甲子年(1804,순조4)	
				壬申年(1812,순조12)	
				癸酉年(1813,순조13)	
				戊辰年(1808,순조8)	
				己巳年(1809,순조9)	
				甲戌年(1814,순조14)	
				庚午年(1810,순조10)	
				辛未年(1811,순조11)	
				乙亥年(1815,순조15)	
				丙子年(1816,순조16)	
				丁丑年(1817,순조17)	
				戊寅年(1818,순조18)	

연번	제목	부제	첫째 간지	상세 목차	면수(보정)
				己卯年(1819, 순조19)	
				庚申年(1820, 순조20)	
				辛巳年(1821, 순조21)	
				壬午年(1822, 순조22)	
				癸未年(1823, 순조23)	
				癸亥年(1803, 순조3)	
9	九峯光陰	自丙辰至癸亥	–	癸亥年(1863, 철종14)	314
				壬戌年(1862, 철종13)	
				辛酉年(1861, 철종12)	
				庚申年(1860, 철종11)	
				己未年(1859, 철종10)	
				戊午年(1858, 철종9)	
				丁巳年(1857, 철종8)	
				丙辰年(1856, 철종7)	
10	俗齋居諸	–	–	辛亥年(1851, 철종2)	144
				庚戌年(1850, 철종1)	
				己酉年(1849, 헌종15)	
				戊申年(1848, 헌종14)	
11	免俗齋光陰	–	–	丁未年(1847, 헌종13)	230
				丙午年(1846, 헌종12)	
				乙巳年(1845, 헌종11)	
				甲辰年(1844, 헌종10)	
				癸卯年(1843, 헌종9)	
				壬寅年(1842, 헌종8)	
				辛丑年(1841, 헌종7)	
				庚子年(1840, 헌종6)	
12	–	–	己亥年(1839, 헌종5)	己亥年(1839, 헌종5)	468
				戊戌年(1838, 헌종4)	
				丁酉年(1837, 헌종3)	

연번	제목	부제	첫째 간지	상세 목차	면수(보정)
				丙申年(1836, 헌종2)	
				乙未年(1835, 헌종1)	
				甲午年(1834, 순조34)	
				癸巳年(1833, 순조33)	
				壬辰年(1832, 순조32)	
				辛卯年(1831, 순조31)	
				庚寅年(1830, 순조30)	
				己丑年(1829, 순조29)	
				戊子年(1828, 순조28)	
				丁亥年(1827, 순조27)	
				丙戌年(1826, 순조26)	
				乙酉年(1825, 순조25)	
				甲申年(1824, 순조24)	
계					3,872

위의 표에 나타난 상태로 묶인 책자는 앞에서 열거한 것처럼 여러 가지 혼란으로 인해 차례로 열람하기가 어려운 상태이다. 따라서 사진을 찍어 디지털 이미지 보정 작업을 하면서, 낱 권의 책력을 년도 순으로 정리하였다. 그래서 일기가 기록된 책력 전체는 총 123권이 되었다. 시작 년도는 1747년(영조23)이고 마지막 년도는 1904년(광무8)이다. 총 123년간의 일기인 셈이다. 중간에 누락된 년도는 1700년대의 경우 1749(영조25), 1750(영조26), 1751(영조27), 1752(영조28), 1759(영조35), 1760(영조36), 1761(영조37), 1762(영조38), 1763(영조39), 1764(영조40), 1765(영조41), 1766(영조42), 1767(영조43), 1768(영조44), 1769(영조45), 1770(영조46), 1771(영조47), 1772(영조48), 1774(영조50), 1775(영조51), 1776(영조52), 1777년(정조1)이고, 1800년대는 1852(철종3), 1853(철종4), 1854(철종5), 1855(철종6),

1874(고종10), 1875(고종11), 1895(고종32), 1898(광무2), 1899년(광무3)이고, 1900년대는 1900(광무4), 1901년(광무5)으로, 총 33년이 누락되었다.

일기가 쓰인 연대 및 저자들의 생몰연대를 대조해 보면, 일기의 저자는 매암(梅菴) 김치련(金致璉, 1720~1794), 죽헌(竹軒) 김응조(金膺祚, 1755~1817), 속재(俗齋) 김시학(金時鶴, 1779~1830), 구봉(九峯) 김구혁(金九爀, 1798~1874), 동우(東愚) 김연정(金演政, 1820~1896), 죽하(竹下) 김선경(金善卿, 1843~1885), 소하(小下) 김태진(金泰振, 1875~1929) 등으로 추정된다. 『속재거저』, 『면속재광음』, 『구봉광음』, 『동우광음』 등은 제목에 저자들의 호(號)가 들어가 있어 저자를 추론할 수 있지만, 책력이 뒤섞인 경우가 있고 또 제목 자체가 없는 경우도 있기 때문에 일기의 저자를 특정하는 문제는 향후 정밀한 연구가 요망된다.

한편, 일기에는 울릉도 수토 연도를 알 수 있는 기록이 다수 있는데, 그 가운데 몇 번의 기록은 관찬사료(조선왕조실록, 비변사등록, 각사등록, 승정원일기, 일성록 등)에서 수토 연도를 확인할 수 없는 경우로, 이 일기에만 기록이 남아 있어 사료적 가치가 매우 크다고 할 수 있다. 학계에서는 19세기 세도정치기에 중앙의 정치가 문란하여 울릉도 수토도 제대로 행하여지지 않았을 것이라고 생각되었으나, 이 일기 자료에 의하면 세도정치 시기에도 수토가 2년마다 매우 규칙적으로 실시되었음을 확인할 수 있다. 이 외에도 이 일기 자료에는 수토 관련 세금인 수토료미(搜討料米), 수토선의 도착을 탐지하기 위한 후망군(候望軍)의 운용 등 수토 관련 자료가 다수 기록되어 있어, 향후 조선후기 수토제도 연구에 매우 중요한 자료로 활용될 것으로 생각된다.

〈표 6〉『항길고택일기』의 울릉도 수토 관련 기사 목록

번호	연도	기사 내용
1	1787(정조 11)	진영 료미(料米) 또는 진료(鎭料)
2	1787(정조 11월 8일)	임시 수토
3	1789(정조 13년)	울릉도 수토료미
4	1799(정조 23년 3월)	삼척진영 료미
5	1801(순조 1년)	삼척진영 료미와 울릉도 수토료미
6	1801(순조 1년 1월 7일)	영장 김최환 부임
7	1801(순조 1년 3월 30일)	울릉도 수토료미
8	1807(순조 7년 2월 7일)	울릉도 수토료미
9	1809(순조 9년 3월 1일)	울릉도 수토료미
10	1811(순조 11년 3월 1일)	울릉도 수토료미
11	1813(순조 13년 2월 21일)	울릉도 수토료미
12	1819(순조 19년 3월)	울릉도 수토료미
13	1819(순조 19년 윤4월 9일)	수토선 출발 및 후망
14	1823(순조 23년 3월 1일)	울릉도 수토료미
15	1824(순조 24년 6월 8일)	울릉도 수토료미
16	1825(순조 25년 9월)	울릉도 수토료미
17	1826(순조 26년 8월)	선정비 및 전별연
18	1827(순조 27년 3월 22일)	영장 하시명 부임
19	1829(순조 29년 4월 3일)	후망 수직
20	1841(헌종 7년 2월)	울릉도 수토료
21	1843(헌종 9년 4월 3일)	후망 수직
22	1845(헌종11년 3월 17일)	울릉도 수토료미
23	1845(헌종 11년 4월 3일)	후망 수직
24	1859(철종 10년 4월 9일)	삼척영장 울릉도 수토 출발
25	1859(철종 10년 4월 18일)	평해 구미진 출발
26	1859(철종 10년 4월 25일)	망상 어내진 정박
27	1859(철종 10년 4월 26일)	삼척영장 복귀

2) 울릉도 수토 관련 기사 원문 및 번역

(1) 『항길고택일기』(1787, 정조 11년)

鎭料, 白米三斗五升, 粘米五升.

진료(鎭料)는 백미(白米) 3말 5되, 점미(粘米) 5되이다.

진료(鎭料)는 삼척진영(三陟鎭營)의 군졸들에게 지급되는 곡물인 듯하다. 삼척의 백성들이 울릉도 수토를 담당하는 삼척진영에 부담하는 세금이기 때문에 본 논문의 울릉도 수토 사료에 포함시켰다. 삼척의 백성들은 매년 부과되는 이 진료와 함께, 울릉도 수토가 있는 해에는 추가로 울릉도 수토료(搜討料)를 부담하였다. 점미(粘米)는 찹쌀이다.

(2) 『항길고택일기』(1787, 정조 11년 8월)

鬱島有賊徒云, 三陟江陵單擧搜討飭關來到. 故今月十一日, 發舡盍珎竹邊津, 十六日鷄鳴, 廻還本邑, 異事也.

울릉도에 도적떼가 있다고 하여, 삼척과 강릉에 단독으로 수토를 거행하라는 관문(關文)이 도착하였다. 그리하여 이달 11일 울진 죽변진(竹邊津)에서 배를 출발시켜 16일 닭이 울 무렵 본 읍으로 되돌아 왔는데, 특별한 일이었다.

배재홍은 일기의 날짜를 12일로 특정하였으나, 내용상 12일로 특정할 수 없다. 이번 수토는 정기적인 수토가 아니고, 특별한 사건 때문에 진행한 임시 수토라고 할 수 있다.

(3) 『항길고택일기』(1789, 정조 13년)

以盍陵島料米, ○田米二斗七刀, 大米九刀.

울릉도 수토료미로 전미(田米) 2말 7되, 대미(大米) 9되를 납부하였다.

(4) 『항길고택일기』(1801, 순조 1년 1월 7일)

八結, 鎭營粮米, 正租代太壹石九斗式分給, 古今亦無事也.

팔결(八結), 진영료미(鎭營粮米), 정조(正租)를 대신하여 콩(太) 1석 9되씩 나누어 지급하였는데 고금에 없었던 일이다.

(5) 『항길고택일기』(1801, 순조 1년)

鎭營料米, 前以還租出給, 八結, 結作伍米捧內言. 自己未代給太, 而至于上年, 又以粟換給, 古今所無之事. 民何支扶乎? 欝陵島料米, 亦以此粟換大米, 督持.

삼척 진영(鎭營)의 료미(料米)는 전에는 조(租)로 바꾸어 출급(出給)하였는데, 팔결에 대하여 결 당 오미(俉米)씩 작성하여 봉납(捧內)했다고 한다. 기미년(己未年)부터 콩으로 대신 지급하였는데, 저번 해에 이르러 또 속(粟)으로 바꿔 지급하였으니, 고금에 없었던 일이다. 백성이 어찌 지탱하겠는가? 울릉도 요미(料米: 수토료미)도 또한 이 속(粟)을 대미(大米)로 바꿔 독촉하여 가져간다.

삼척진영의 료미와 울릉도 수토료미의 부과 실태를 함께 기록하고 있다. 삼척진영의 세금 수취 정황을 자세히 알 수 있는 사료라고 할 수 있다.

(6) 『항길고택일기』(1801, 순조 1년 1월 7일)

新營將金最煥到任.

신영장 김최환이 도임하였다.

(7) 『항길고택일기』(1801, 순조 1년 3월 30일)

欝島料米, 八結, 大米二斗八合, 田米二斗七刀四合四夕, 內收.

울릉도 료미(料米: 수토료미)는 팔결(八結)에 대미(大米) 2말 8홉, 전미(田米) 2말 7되 4홉 4석을 거두어들인다.

(8)『항길고택일기』(1807, 순조 7년 2월 7일)

盃島料米, 每結, 白米二刀, 田米三刀伍合式收.

울릉도 료미(수토료미)로 매 결 당 백미 2되, 전미 3되 5홉씩 거둔다.

(9)『항길고택일기』(1809, 순조 9년 3월 1일)

盃島粮米, 每結, 田米四刀, 大米二刀.

울릉도 양미(粮米: 수토료미)는 매 결 당 전미는 4되이고, 대미는 2되이다.

(10)『항길고택일기』(1811, 순조 11년 3월 1일)

盃島粮, 每結, 田米四刀, 大米一刀式, 收內.

울릉도 양미(粮米: 수토료미)는 매 결 당 전미 4되, 대미 1되씩 거둬서 납부한다.

(11)『항길고택일기』(1813, 순조 13년 2월 21일)

盃島料米, 每結, 田米三刀一合, 大米二刀式收.

울릉도 료미(수토료미)는 매 결 당 전미 3되 1홉, 대미 2되씩 거둔다.

(12)『항길고택일기』(1823, 순조 23년 3월)

○討料○, ○○○報, ○○小大米各收○.

수토료미(搜討料米)는 ○○○보(報)하고, ○○ 대미와 소미를 각각 납부한다.

(12)『항길고택일기』(1819, 순조 19년 3월)

搜討料米, 一結, 大米二刀, 小米三刀三合式收.

울릉도 수토료미(搜討料米)는 1결에 대미는 2되, 소미는 3되 3홉씩 거둔다.

(13) 『항길고택일기』(1819, 순조 19년 윤4월 9일)

鎭將以鬱島入去次, 發向平邑. ○○○○○○候望.

삼척진 영장이 울릉도로 들어가려고 평해읍을 향하여 출발하였다. ○○○○○○망을 보았다.

글자가 흐려서 판독이 어려운데, 전후의 문맥상 "沿海諸邑結幕(바닷가의 여러 읍에서 천막을 치고)"으로 읽을 수도 있겠다.

(14) 『항길고택일기』(1823, 순조 23년 3월)

○討料○, ○○○報, ○○小大米各收○.

수토료미(搜討料米)는 ○○○보(報)하고, ○○ 대미와 소미를 각각 납부한다.

글자가 흐려 판독이 어려우나, "○討料○"는 지금까지의 용법을 볼 때 "搜討料米"가 거의 확실하다. 중간의 "○○"도 문맥상 "每結"이나 "一結"이 되어야 할 것 같다. 마지막의 "○"은 문맥상 "納"이나 "內"이 되어야 할 것 같다.

(15) 『항길고택일기』(1824, 순조 24년 6월 8일)

搜討料白米, 自本邑年年擔當, 已爲屢百年流規, 本官議于巡使, 移于蔚珍·平海兩邑, 本倅德惠, 口碑難忘, 故記之耳.

울릉도 수토료 백미는 본 읍이 해마다 담당하여 이미 수백 년이 흐른 상규가 되었는데, 본관(本官: 삼척부사)이 순찰사[巡使]와 상의하여 울진과 평해 두 읍으로 옮겼으니, 본 읍 우두머리의 은덕과 혜택은 입으로 외우고 비석에 새겨 잊을 수 없기에 그것을 기록한다.

비슷한 내용이 『척주선생안』의 부사 민사관(閔師寬) 조목에 다음과 같이 나온다. "갑신년(1824, 순조24) 정월에 부임하였다. … 진미(鎭米)를 울진과 평해로 이전하였다. 이 때문에 불망비(不忘碑)를 세워 그를 칭송하였다." (甲申正月來. … 鎭米移蔚·平兩邑, 是故立石頌之.)[25]

(16)『항길고택일기』(1825, 순조 25년 9월)

鬱陵島捜討時料, 大米十六石餘斗, 自古及今, 本邑結役當之. 今本倅閔師[26]寬與營門相議, 移定蔚珍[27]邑, 此是莫大之澤.

울릉도 수토시 양료(粮料)로 대미(大米) 60석 몇 말을 예부터 지금까지 본 읍의 결역(結役)으로 그것을 충당하였다. 지금 본 읍의 우두머리 민사관(閔師寬)이 영문(營門, 강원도 관찰사)과 상의하여 울진읍(蔚珍邑)에 배정하였으니, 이는 막대한 혜택이다.

(17)『항길고택일기』(1826, 순조 26년 8월)

舊官閔師[28]寬, 以善政不忘, 爲立碑於東門外. 餞別自鄕中慰床, 所過遠德近德, 各其慰行. 前後所無以記之.

구관 민사관(閔師寬)에게 그의 선정(善政)을 잊지 못하여 동문 밖에 비석을 세워주었다. 전별(餞別)은 고을 안에서부터 상을 차려 위로했으며, 지나가는 원덕과 근덕에서도 각각 위로 행사를 하였는데, 전후에 없었던 일이기에 그것을 기록하여둔다.

---

25 배재홍, 『국역 척주선생안』, 134쪽.

26 원문에는 思로 되어 있으나, 師로 바로잡는다.

27 珍자 다음에 平海가 빠진 듯하다.

28 원문에는 思로 되어 있으나, 師로 바로잡는다.

(18) 『항길고택일기』(1827, 순조 27년 3월 22일)

新營將河始明到任.

새 삼척영장 하시명(河始明)이 부임하였다.

하시명은 수토를 하고 첩정(牒呈)을 강원감사에게 올리고, 강원감사는 그 첩정을 근거로 장계(狀啓)를 올렸는데, 그 장계가 『일성록(日省錄)』(순조 27년 5월 19일)에 실려 있다.

(19) 『항길고택일기』(1829, 순조 29년 4월 3일)

越松搜討候望守直, 本村六統給書.

월송만호의 수토선이 돌아오는 것을 망보는 것을 수직하라고 본촌 6통에 문서를 보냈다.

수토선이 어디로 도착할지 모르기 때문에 민간에서 후망수직군(候望守直軍)을 징발하였는데, 삼척영장의 수토뿐만 아니라 월송만호가 수토를 담당할 때에도 삼척 지방의 후망수직군을 동원했음을 알 수 있다. 또 이 기사를 통해 1829년 4월에 월송만호가 수토하였음을 알 수 있다.

(20) 『항길고택일기』(1841, 헌종 7년 2월)

搜討豆[29], 田[30]米參斗三升受來, 改量十一升, 舂精十升, 故每結加受二升三合式. ○役.

---

29 料 : 田자와 겹쳐 쓰여 있으나 料가 되어야 맞다. 수토료라는 용어는 일기에 자주 나오나, 수토전이라는 용어는 일기에서 찾을 수 없다.

30 田 : 일기에 수토료로 받는 쌀이 백미와 전미로 나뉘어 사용된 경우가 있는데, 여기서는 전미의 의미로 쓴 것으로 여겨진다. '수토료 전미'를 쓰는 과정에서, 료자를 빠뜨려 전자 위에 료자를 겹쳐서 쓴 것으로 추정된다.

수토료(搜討料)는 전미(田米) 3말(斗) 3되(升)를 받아왔는데, 11되로 양을 바꾸어 10되를 찧을 수 있으므로, 매 결(結)마다 2되 3홉(合) 씩 더 받는다. 역(役)을 부과한다.

(21) 『항길고택일기』(1843, 헌종 9년 4월 3일)

搜討候望守直軍, 三牌晝給.

수토선이 돌아오는 것을 망보는 수직군(守直軍)으로 세 무리의 부대를 낮에 보냈다.

(22) 『항길고택일기』(1845, 헌종 11년 3월 17일)

盍陵搜粮, 小米, 每結, 二升式收內.

울릉도 수토 양료(粮料)로 소미를 매 결 당 2되씩 거두어 납부한다.

(23) 『항길고택일기』(1845, 헌종 11년 4월 3일)

搜討候望守直軍, 三牌晝給.

수토선이 돌아오는 것을 망보는 수직군(守直軍)으로 세 무리의 부대를 낮에 보냈다.

(24) 『항길고택일기』(1859, 철종 10년 4월 9일)

營將鬱陵島發行, 姜在毅.

영장(營將: 삼척영장)이 울릉도로 출발했는데, 강재의(姜在毅)이다.

(25) 『항길고택일기』(1859, 철종10년 4월 18일)

平海九尾津發船.

평해(平海) 구미진(九尾津)에서 배가 출발했다.

(26) 『항길고택일기』(1859, 철종10년 4월 25일)

夕, 搜討船泊望祥面於乃津.

저녁에 수토선(搜討船)이 망상면(望祥面) 어내진(於乃津)에 정박하였다.

(27) 『항길고택일기』(1859, 철종10년 4월 26일)

鎭將還營.

진장(鎭將: 삼척진 영장)이 삼척진영(三陟鎭營)으로 돌아왔다.

Ⅳ. 맺음말

조선시대에 울릉도와 독도를 어떻게 통치하였는가에 대한 연구는 조선 정부의 해양도서 관리정책의 중요한 방식이었던 수토정책과 수토제 연구로 초점이 모아져서 진행되었다. 명청시대 중국의 해금정책의 영향으로 조선과 일본도 해금정책을 실시하여 동아시아 해양은 해금의 시대를 맞게 되었다. 이와 같은 해금정책에 따라 조선 정부는 육지에서 멀리 물마루를 넘어선 섬들에 대해서는 섬을 비워두고 섬을 관리하는 방식을 영토 관리의 기조로 삼았던 것이다. 그래서 비워둔 섬에 몰래 사람들이 도망해 들어가거나 섬에서 몰래 거주하는 사건이 발생하면 사람들을 다시 육지로 데려오는 쇄환정책이나 수토정책을 실시하였다. 울릉도의 경우 조선 전기에는 쇄환정책이란 이름으로 영토를 관리하였으며, 조선 후기에 들어서는 여기서 한걸음 더 나아가 울릉도에 주기적으로 군대를 보내 순찰을 하는 수토제도를 만들어 200여 년 동안 적극적으로 영토를 관리하였다.

조선후기 울릉도 수토제에 대한 연구는 그동안 매우 활발히 진행되어 왔으며, 상당한 성과를 산출하였다. 그 과정에서 『항길고택일기』에 울릉도 수토와 관련된 내용들이 상당수 기록되어 있다는 사실이 보고되었다. 그러나 『항길고택일기』는 국사편찬위원회의 두 차례 사료 조사에서 누락되었고, 게

다가 원본 책자를 열람하기 어려워 연구자들이 그 내용에 접근하기가 어려웠다.

그리하여 이 글에서는 우선 지난 몇 백년간 『항길고택일기』 등 가문의 고문헌 자료를 대를 이어 관리해 온 항길고택의 내력을 소개하고, 이어서 항길고택의 고문헌 및 고문서를 망라한 항길고택문고에 대하여 소개하였다. 특히 항길고택문고를 소개하기 위하여 항길고택에서 작성한 『도서목록』을 도표로 만들어 처음으로 공개하였다. 또 국사편찬위원회에서 항길고택문고의 중요 사료를 디지털 이미지로 만들어 누구나 이용할 수 있도록 제공하고 있는데, 그 목록을 표로 만들어 이 글의 부록에 첨부하였다. 아울러 현재까지 항길고택문고 관련 연구를 소개하여 학계의 관심사와 연구 진행 상황을 일별할 수 있도록 하였다.

다음으로 항길고택문고 중에서 조선후기 울릉도 수토와 관련된 내용이 들어 있는 『척주선생안』과 『항길고택일기』에 대하여 간략히 소개하고, 울릉도 수토 관련 기사를 뽑아내 한문 원문과 함께 한글 번역문을 제시하였다.

『항길고택일기』의 울릉도 수토 관련 기사가 중요한 이유는 세 가지 차원에서 이야기할 수 있다. 첫째, 현재까지 관찬 사료에서 발견하지 못한 내용의 사료들을 포함하고 있다는 점이다. 울릉도 수토를 하러 간 군인들에게 지급할 울릉도 수토료(搜討料) 또는 수토료미(搜討料米)를 2년 마다 한 번씩 울릉도 수토가 있는 해에는 어김없이 납부하였던 사실이 규칙적으로 기록된 것은 『항길고택일기』에서만 볼 수 있는 중요한 내용이다.

두 번째로 울릉도 수토를 하러 출발할 때와 수토를 마치고 돌아올 때, 후망 수직군(候望守直軍)을 조직하여 무사히 배가 도착할 수 있도록 돕는 후망에 대한 기록은 아마도 이 『항길고택일기』 외에 다른 자료에서는 거의 찾아볼 수 없는 것이다. 당시 삼척지방의 후망 수직군은 삼척영장이 수토할 때는 물론이고 월송만호가 수토할 때도 삼척지방에서 똑같이 운용되었다는 사실도 『항길고택일기』에서 확인할 수 있다.

셋째, 19세기 초중반 이른바 세도정치 시기에는 정치 일반이 문란하였으므로 울릉도 수토제도 역시 문란해져서 수토가 제대로 행하여지지 않았을 것이라는 의견이 많았다. 그러나 『항길고택일기』의 수토 관련 기사의 내용이 알려지고, 또 『각사등록』의 수토 관련 기사도 알려져, 두 자료가 결합되자, 세도정치 시기의 울릉도 수토가 오히려 앞 시대보다 더 규칙적으로 잘 시행되었다는 것이 밝혀지게 되었다.

필자는 초서를 읽지 못하는데다가, 일기와 같은 특수한 문서들을 읽어본 경험이 많지 않아, 번역문을 내놓으면서 두려움이 앞선다. 잘못된 곳은 앞으로 개선하여 더 나은 번역문을 제공하도록 노력하겠다.

참고문헌

『圖書目錄(恒吉文庫)』, 『陟州先生案』, 『恒吉古宅日記』

배재홍, 『국역 척주선생안』, 삼척문화원, 2003.

배재홍, 『조선시대 삼척지방사 연구』, 서울 : 우물이있는집, 2007.

배재홍, 『동해시 고문서』 2, 동해문화원, 2008.

정경숙, "강릉김씨 호구단자 분석연구-18세기 호구단자를 중심으로", 『인문학보』 16집, 강릉대 인문과학연구소, 1993.

정경숙, "강릉김씨 호구단자 분석연구(2)-19세기 호구단자를 중심으로", 『인문학보』 17집, 강릉대 인문과학연구소, 1994.

차장섭, "조선시대 족보의 편찬과 의의", 『조선시대사학보』 2, 1997.

배재홍, "18세기 말 정조연간 강원도 삼척지방 이상기후와 농업", 『대구사학』 75, 2004.

배재홍, "조선후기 울릉도 수토제 운용의 실상", 『대구사학』 103, 2011.

〈부록 1〉『圖書目錄』(辛丑十二月二十一日, 恒吉文庫)
(중간에 번호가 없는 빈칸은 원본의 페이지가 바뀌는 것을 표시한 것임.)

順位	目次	卷數	錄序	編輯人	摘要
1	祖訓	3	上中下		
2	金氏遺事	2	單卷		
3	鬢軒詩帖	1	單卷		
4	永慕亭輯錄	2	單二		
5	禮疑類輯	1	天地人三		天地二卷紛失
6	永慕亭遺事	1	卷單		
7	素王錄	2	乾坤		
8	梅月堂詩集	6 又 1	印刷七卷		
9	九峯詩集	1			
10	玉叢	2	乾坤		
11	俗齋遺事	1			
12	陟州先生案	1	單卷		
13	溟源寶鑑	1	單卷		
14	雜詩	1			
15	漢書	2	乾坤		
16	天機大要	1	卷下		上卷紛失
17	海嶽詩律	1	單一		
18	梅菴遺稿	1	單一		
19	湖海集	1			
20	艾軒遺稿	1			
21	心經	2	乾坤		
22	蘭雪軒集	1	全		
23	硎鋘	1			
24	事文類會	4	天地人才		事物類抄
25	古文眞寶後集	1			
26	古詩	1			
27	楚辭	1	單一		
28	燕石	1		梅菴	

順位	目次	卷數	錄序	編輯人	摘要
29	錄記光陰	1			
30	楓嶽記	1			
31	明齋集	1	抄天		
32	釼南集	1			
33	額珠	1	卷初		
34	玉篇	2	古上下		
35	綱鑑會要	2	卷二		
36	草簡牘	1	抄		
37	珠聚	1			
38	東隣	1			
39	濂洛	1			
40	大象精選	1			
41	新唐	1			
42	香山集	1			
43	秘訣	1	藥秘方單		
44	雜記	1	藥秘方單		
45	永慕亭上樑文	1			
46	先代墓碣銘	1	幷號		
47	董玄宰	1			
48	江陵金氏家乘帖	1			
49	九峯公遺集	1			
50	笏屛風	5			
51	永慕藏帖	5	各帖		
52	譜帖印木板	1	派曲型調製品		
53	永慕亭事蹟	1			
54	龍井.城峙派宗帖	1			
55	四禮撮要	1			
56	司憲府監察公墓碣銘	1			
57	戊申譜草單	1			

順位	目次	卷數	錄序	編輯人	摘要
58	戊寅普草單	1			
59	九峯公行狀	1			
60	永慕亭詩序	1			
61	褒彰完議文	1			
62	素王事記	1	單		
63	古要覽	1	書册目錄		
64	道庄先生遺事	1			
65	詩會曲	1			
66	杜律全	1			
67	東愚光陰	2			
68	九峯光陰	2			
69	漢書	1	坤		乾紛失
70	聖學要說	3	論言		
71	聖學要說	1	中庸大學		
72	三國誌	1			
73	韻考	2			
73	龍山書堂纂	1			
74	御製綸音	2			
75	朱詩雅頌	1			
76	代唐宮詩集	1			
77	逐客書	1			
78	馬史	1			
79	聖學要說	5	易經一二三四五		
80	聖學要說	3	書傳一二		
81	聖學要說	3	禮記一二三		
82	草史集	1	全		
83	祝式	1			
84	文章部	2	單		
85	唐釋合部	1			

順位	目次	卷數	錄序	編輯人	摘要
86	俗齋居諸	1			
87	湖海亭遺集	1			
88	陟州節義錄	2	上下		
89	龍山書院錄	1			
90	荊鄕歌	1			
91	陟州誌	2	上下		
92	聖學十圖	1			
93	陟州誌	1	單		
94	鄕約文	1	單		
95	畵聲	2	抄一二		
96	袖寶	2			
97	瀛洲採	1			
98	李白青蓮詩	1			
99	正音通釋	1			
100	經傳類彙	4	春夏秋冬		
101	宋朝君寶鑑	2	乾坤		
102	擊蒙要訣	1	上下合部		
103	長篇	2	卷一二		
104	波勃	1			
105	葩經	2	乾坤		
106	朱詩雅頌	1	單		
107	壺肇公實記	1			
108	雲梯	2			
109	九峯雜錄	7	卷一二三四五六七		
110	家禮 大喪禮	2	乾坤(大)		
111	家禮	4	元亨利貞		
112	增補會靈	2	仁義禮智卷一二		
113	近思錄	3	天地人		
114	景行祠事蹟	2			

順位	目次	卷數	錄序	編輯人	摘要
115	先賢遺事	2	卷		
116	魯史	2	乾坤		
117	楚裔	1			
118	史略	2	一六		
119	四言五律	1			
120	花鳥	1			
121	文章部	1	單		
122	渭村派家乘	1			
123	陟州鄉史	1	單		
124	鄉約記	1			
125	楚裔	1			
126	思無邪篆	1	古 簇子		
127	東海退潮碑文	1	古 簇子		
128	告淸祭祀笏記	1			
129	四時祭笏記	1			
130	大小襄禮笏記	1			
131	慕先篆	1	古 簇子		
132	孝忠篆	1	古 簇子		
133	柳箱子	10	古 書字 家寶傳之子孫		
134	皮箱子 外門製品	3	古 敎旨 各通往復京鄉書翰		
135	柳箱子	2	先代單子		
136	楱箱子 長品	1	紅牌 古硯		
137	懸板	5	竹軒俗齋小下		
138	關東八景書帖	1	連幅屛風畵各枚 貸澐齋		
139	楱櫝	2	喪用小型		
140	楱櫝	5	奉安四大型		
141	乙丑譜	1	草單		二卷
142	辛丑譜	2	草單		二十二卷內
143	丁巳譜	2	草單		二卷

順位	目次	卷數	錄序	編輯人	摘要
144	丙子譜	4	原秩		
145	癸未〃	6	〃		
146	戊申〃	6	〃		
147	辛亥〃	2	〃		
148	辛丑〃	3	〃		
149	甲子〃	6	〃		
150	戊寅〃	8	〃		
151	庚申〃	12	〃		
152	丁酉〃	9	〃		
153	壬寅譜	1	原秩		龍井派
154	懶齋遺集	1			
155	七菴遺稿	1			
156	九峯俗齋竹軒集	1			
157	溟王陵, 洪原公 墓碣銘	2			
158	石荷遺稿	1			
159	金蘭史	1			
160	追遠齋上樑文	1			
161	千字文	1			
162	童蒙先習	1			
163	馬相譯	1			
164	小學	2			
165	明心寶鑑	1			
166	通鑑	15			
167	大學	1			
168	孟子	12			
169	論語	6			
170	詩傳	23			
171	書傳	5			
172	古詩集 合篇	1			

順位	目次	卷數	錄序	編輯人	摘要
173	算術數學法(古)	1	二歸三歸,四歸靈算法草		
174	喪屛	2	墨畵倂書一, 白書一		
175	祭屛	1	二雙待座		
176	祭床	2			
177	香爐	1			
178	香盒	1			
179	茅床	1			
180	燭臺	2			
181	紗扇	1	黃毛柄		
182	廟屛	1			
183	政鏡圖	1			
184	柟棋	1			
185	大屛	1			
186	主櫝 大型	5			
187	主櫝 小型	2			
188	櫝	1			
189	祭器	4	鍮器合飯器		
200	果灸板	11	大七 中四		
201	木製皿	30	古10 新20		

〈부록 2〉「강원도 동해시 강릉김씨 소장 고서 고문서(DGW014_02)」중 고문서 목록

번호	자료명	연도	발급자	수급자
001	所志(金聖祚)	辛酉年 12월	金聖祚	城主
002	所志(金仁奎)	辛酉年 12월	金仁奎	城主
003	所志(金漢祚)	丁丑年 9월	金漢祚	城主
004	所志(金世紀)	甲申年 3월	金世紀	都護府
005	所志(金世紀)	丙戌年 3월	金世紀	都護府
006	所志(金光道)	壬戌年 11월	金光道	-
007	所志(金旻)	壬申年 3월	金旻	-
008	所志(金世紀)	乙酉年 3월	金世紀	-
009	所志(金致璉)	乙酉年 2월	金致璉	-
010	所志(金致璉)	庚丑年 12월	金致璉	-
011	所志(金致璉)	乙亥年 8월	金致璉	-
012	所志(金致璉)	乙卯年 8월	金致璉	-
013	所志(金致璉)	甲午年 2월	金致璉	-
014	所志(金致璉)	甲午年 정월	金致璉	-
015	所志(金致璉)	癸巳年 윤3월	金致璉	-
016	所志(金致璉)	癸巳年 윤3월	金致璉	-
017	所志(金致璉)	壬辰年 8월	金致璉	-
018	所志(金致璉)	壬辰年 6월	金致璉	-
019	所志(金致璉)	壬辰年 3월	金致璉	-
020	所志(金致璉)	壬辰年 2월	金致璉	-
021	所志(金台命)	己卯年 6월	金台命	-
022	所志(金致璉)	乙亥年 5월	金致璉	-
023	所志(金致璉)	乙酉年 2월	金致璉	-
024	所志(金致璉)	乙酉年 6월	金致璉	-
025	所志(金致璉)	癸巳年 10월	金致璉	-
026	所志(金性嫐)	辛亥年 정월	金性嫐	-
027	所志(張春學)	辛卯年 12월	張春學	-
028	所志(朴召史)	辛卯年 9월	朴召史	-
029	所志(金婢 壬分)	庚申年 12월	金婢 壬分	-
030	所志(金孟建)	辛卯年 9월	金孟建	-

번호	자료명	연도	발급자	수급자
031	所志(金生員宅 奴 禮釗)	庚戌年 12월	金生員宅 奴 禮釗	-
032	所志(金生員宅 奴 禮釗)	辛丑年 9월	金生員宅 奴 禮釗	-
033	所志(金生員宅 奴 禮釗)	丙子年 8월	金生員宅 奴 禮釗	-
034	所志(朴乙乭)	乙卯年 10월	朴乙乭	-
035	所志(金泰振)	癸卯年 3월	金泰振	-
036	所志(金護軍宅 奴 禮釗)	壬寅年 5월	金護軍宅 奴 禮釗	-
037	所志(金敎心)	庚戌年 12월	金敎心	-
038	所志(金寅政)	乙亥年 6월	金寅政	-
039	所志(金九爀)	丁未年 5월	金九爀	-
040	所志(金九爀)	庚子年 3월	金九爀	-
041	所志(金九爀)	庚子年 2월	金九爀	-
042	所志(金九爀)	庚子年 2월	金九爀	-
043	所志(金致璉)	壬辰年 3월	金致璉	-
044	所志(金時鶴)	辛卯年 정월	金時鶴	-
045	所志(金時鶴)	壬子年 7월	金時鶴	-
046	所志(金時鶴)	壬午年 7월	金時鶴	-
047	所志(金九爀)	丁未年 5월	金九爀	-
048	上書(金仁政)	己巳年 11월	金仁政	-
049	上書(崔晉顯)	己巳年 9월	崔晉顯	-
050	上書(崔晉顯)	己巳年 2월	崔晉顯	-
051	上書(崔晉顯)	戊寅年 11월	崔晉顯	-
052	上書(崔晉顯)	戊午年 8월	崔晉顯	-
053	上書(崔晉顯)	辛未年 7월	崔晉顯	-
054	上書(李啓沼)	辛巳年 4월	李啓沼	-
055	上書(金敎喜)	庚申年 9월	金敎喜	-
056	上書(金敎喜)	庚申年 6월	金敎喜	-
057	上書(金敎喜)	庚申年 12월	金敎喜	-
058	上書(金敎喜)	辛酉年 정월	金敎喜	-
059	上書(金敎喜)	辛酉年 1월	金敎喜	-
060	上書(金載坤)	丙午年 12월	金載坤	-
061	上書(金泰振)	丙申年 11월	金泰振	-

번호	자료명	연도	발급자	수급자
062	上書(金億奎 金載坤 등)	庚戌年 2월	金億奎 金載坤 등	-
063	上書(鄭翼南 洪周燮 등)	庚戌年 2월	鄭翼南 洪周燮 등	-
064	上書(洪秉赫 등)	甲寅年 5월	洪秉赫 등	-
065	上書(洪秉赫 등)	辛亥年 1월	洪秉赫 등	-
066	上書(洪景燮 등)	戊申年 12월	洪景燮 등	-
067	上書(崔翼浩 등)	戊申年 12월	崔翼浩 등	-
068	上書(鄭翼南 등)	丙辰年 2월	鄭翼南 등	-
069	上書(鄭翼南 등)	-	鄭翼南 등	-
070	上書	丁丑年 6월	-	-
071	上言(李啓沼 등)	同治 13년(1870) 8월	李啓沼 등	-
072	上言(金景鍵)	萬歷 43년(1615) 1월	金景鍵	-
073	上言(李啓沼 등)	同治 10년(1871)	李啓沼 등	-
074	戶口單子(金教喜)	同治 6년(1867) 1월	金教喜	-
075	戶口單子(金演政)	同治 9년(1870) 1월	金演政	-
076	戶口單子(金演政)	同治 12년(1873) 1월	金演政	-
077	戶口單子(金演政)	光緒 2년(1875) 정월	金演政	-
078	戶口單子(金演政)	-	金演政	-
079	準戶口(金膺祚)	嘉慶 6년(1801) 2월	三陟府	金膺祚
080	戶口單子(金時鶴)	道光 11년(1831) 1월	金時鶴	-
081	戶口單子(金時鶴)	道光 17년(1837) 정월	金時鶴	-
082	戶口單子(金時鶴)	道光 20년(1840) 정월	金時鶴	-
083	戶口單子(金九㸁)	道光 29년(1849) 정월	金九㸁	-
084	戶口單子(金九㸁)	咸豊 2년(1852) 정월	金九㸁	-
085	戶口單子(金九㸁)	咸豊 11년(1861) 정월	金九㸁	-
086	準戶口(金㩼)	康熙 11월(1672) 10일	三陟府	金㩼
087	準戶口(金世紀)	康熙 59년(1720) 7월	三陟府	金世紀
088	準戶口(金㩼)	康熙 20년(1681) 8월	三陟府	金㩼
089	戶口單子(金台命)	-	金台命	-
090	戶口單子(金台命)	-	金台命	-
091	戶口單子(金台命)	-	金台命	-
092	戶口單子(金膺祚)	嘉慶 9년(1804) 정월	金膺祚	-

번호	자료명	연도	발급자	수급자
093	準戶口(金恮)	康熙 5년(1666) 8월	-	金恮
094	準戶口(金恮)	康熙 15년(1676) 2월	-	金恮
095	準戶口(金恮)	康熙 17년(1678) 5월	-	金恮
096	準戶口(金恮)	康熙 32년(1693) 7월	-	金恮
097	準戶口(金世紀)	-	-	金世紀
098	戶口單子(金時鶴)	道光 14년(1834) 1월	金時鶴	-
099	等狀(金聲五 등)	甲申년 2월	金聲五 등	-
100	等狀(金運祥 등)	丙午年 12월	金運祥 등	-
101	等狀(金時鶴 등)	戊子年 2월	金時鶴 등	-
102	等狀(金漢祚 등)	壬午年 3월	金漢祚 등	-
103	等狀(金漢祚 등)	壬午年 3월	金漢祚 등	-
104	議送(金九𤍣 등)	丁未年 11월	金九𤍣 등	-
105	戶口單子(金秉熙)	己卯年	金秉熙	-
106	戶口單子(金時鶴)	壬午年	金時鶴	-
107	戶口單子(金時鶴)	乙酉年	金時鶴	-
108	戶口單子(金時鶴)	戊子年	金時鶴	-
109	戶口單子(金世紀)	癸卯年	金世紀	-
110	戶口單子(金膺祚)	丙子年	金膺祚	-
111	戶口單子(金膺祚)	-	金膺祚	-
112	戶口單子(金台命)	丁卯年 4월	金台命	-
113	戶口單子(金台命)	丙子年 정월	金台命	-
114	戶口單子(金台命)	乾隆 24년(1759) 정월	金台命	-
115	戶口單子(金致璉)	乾隆 42년(1777) 정월	金致璉	-
116	戶口單子(金勝玉)	乙酉年	金勝玉	-
117	戶口單子(金演政)	-	金演政	-
118	戶口單子(金演政)	庚辰年	金演政	-
119	戶口單子(金演政)	庚辰年	金演政	-
120	戶口單子(金演政)	甲戌年	金演政	-
121	戶口單子(崔華)	丁酉年 7월	崔華	-
122	戶口單子(金膺祚)	辛酉年	金膺祚	-
123	戶口單子(金膺祚)	甲子年	金膺祚	-

번호	자료명	연도	발급자	수급자
124	戶口單子(金膺祚)	丁卯年	金膺祚	-
125	戶口單子(金膺祚)	庚午年	金膺祚	-
126	戶口單子(金膺祚)	癸酉年	金膺祚	-
127	戶籍表(金秉鐸)	建陽 1년(1896)	-	金秉鐸
128	戶籍表(金秉鐸)	光武 1년(1897)	-	金秉鐸
129	戶籍表(金秉鐸)	光武 2년(1898)	-	金秉鐸
130	戶籍表(金秉鐸)	光武 4년(1900)	-	金秉鐸
131	戶籍表(金秉鐸)	光武 5년(1901)	-	金秉鐸
132	戶籍表(金秉鐸)	光武 6년(1902)	-	金秉鐸
133	戶籍表(金秉鐸)	光武 7년(1903)	-	金秉鐸
134	戶籍表(金秉鐸)	光武 9년(1905)	-	金秉鐸
135	戶籍表(金秉鐸)	光武 10년(1906)	-	金秉鐸
136	戶籍表(金演台)	建陽 1년(1896)	-	金演台
137	戶籍表(金演台)	光武 1년(1897)	-	金演台
138	戶籍表(金演台)	光武 2년(1898)	-	金演台
139	戶籍表(金演台)	光武 4년(1900)	-	金演台
140	戶籍表(金佑卿)	建陽 1년(1896)	-	金佑卿
141	戶籍表(金佑卿)	光武 1년(1897)	-	金佑卿
142	戶籍表(金佑卿)	光武 2년(1898)	-	金佑卿
143	戶籍表(金佑卿)	光武 4년(1900)	-	金佑卿
144	戶籍表(金佑卿)	光武 5년(1901)	-	金佑卿
145	戶籍表(金佑卿)	光武 6년(1902)	-	金佑卿
146	戶籍表(金佑卿)	光武 7년(1903)	-	金佑卿
147	戶籍表(金佑卿)	光武 9년(1905)	-	金佑卿
148	戶籍表(金宅卿)	光武 5년(1901)	-	金宅卿
149	戶籍表(金鐸卿)	光武 6년(1902)	-	金鐸卿
150	戶籍表(金鐸卿)	光武 7년(1903)	-	金鐸卿
151	戶籍表(金鐸卿)	光武 8년(1904)	-	金鐸卿
152	戶籍表(金鐸卿)	光武 9년(1905)	-	金鐸卿
153	戶籍表(金鐸卿)	光武 10년(1906)	-	金鐸卿
154	戶籍表(金鐸卿)	光武 10년(1906)	-	金鐸卿

번호	자료명	연도	발급자	수급자
155	戶籍表(金泰振)	建陽 1년(1896)	-	金泰振
156	戶籍表(金泰振)	光武 1년(1897)	-	金泰振
157	戶籍表(金泰振)	光武 2년(1898)	-	金泰振
158	戶籍表(金泰振)	光武 5년(1901)	-	金泰振
159	戶籍表(金泰振)	光武 6년(1902)	-	金泰振
160	戶籍表(金泰振)	光武 7년(1903)	-	金泰振
161	戶籍表(金泰振)	光武 8년(1904)	-	金泰振
162	戶籍表(金泰振)	光武 9년(1905)	-	金泰振
163	戶籍表(金泰振)	光武 10년(1906)	-	金泰振
164	戶籍表(金泰振)	光武 10년(1906)	-	金泰振
165	戶籍表(金泰振)	光武 11년(1907)	-	金泰振
166	戶籍表(金海振)	光武 10년(1906)	-	金海振
167	戶籍表(金振富)	光武 10년(1906)	-	金振富
168	統表	建陽 1년(1896)	-	-
169	統表	光武 5년(1901)	-	-
170	統表	光武 6년(1902)	-	-
171	統表	光武 7년(1903)	-	-
172	統表	建陽 1년(1896)	-	-
173	許與文記	嘉靖 원년(1522) 11월	-	-
174	許與文記	嘉靖 원년(1522) 11월	-	-
175	許與文記	嘉靖 13년(1534) 10월	-	-
176	許與文記	萬曆 13년(1585) 6월	-	-
177	許與文記	萬曆 23년(1595) 6월	-	-
178	許與文記	萬曆 45년(1617) 7월	-	-
179	許與文記	康熙 46년(1707) 12월	-	-
180	許與文記	-	-	-
181	立案	順治 4년(1647)	-	-
182	立案	-	-	-
183	明文	萬曆 12년(1584) 10월	閔思誠의 妻 金氏	金仁壽
184	明文	同治 11년(1872) 10월	金秉緯	金演政
185	明文	道光 15년(1835) 11월	鄭九鉉	鄭才日

번호	자료명	연도	발급자	수급자
186	明文	康熙 38년(1699) 12월	-	崔立茂
187	明文	康熙 18년(1679) 5월	金協	郭業
188	明文	癸酉년 3월	-	-
189	明文	康熙 21년(1682) 5월	金世彬	屎應加伊
190	明文	道光 5년(1825) 2월	時鶴	宗中
191	明文	-	李	-
192	明文	乾隆 2년(1737) 10월	郭世	金台命
193	明文	癸酉년 3월	金栓	五寸族長
194	明文	同治 10년(1871) 5월	李判東	金生員
195	立後文記	嘉慶 21년(1816) 9월	宗鏶	金秉熙
196	明文	乾隆 47년(1782) 11월	金尙采	鄭七奉
197	明文	乾隆 16년(1741) 12월	金聖基	金致璉
198	明文	乾隆 35년(1770) 1월	崔始慶	金致璉
199	明文	康熙 48년(1709) 10월	張貴山	金世紀
200	明文	大正 13년(1924) 4월	孔東植	金氏宗中
201	明文	道光 16년(1836) 10월	鄭九鉉	鄭才日
202	單子	庚午年 5월	-	-
203	單子	丙午年 10월	金九爀	-
204	單子	乙未年 정월	金時鶴	-
205	單子	辛巳年 11월	崔己福	-
206	差定帖(金秉熙)	辛未년 7월	三陟都護府事	金秉熙
207	差定帖(金台命)	乙亥年 8월	三陟都護府事	金台命
208	差定帖(金膺祚)	甲戌年 정월	三陟都護府事	金膺祚
209	差定帖(金台命)	甲申年 정월	三陟都護府事	金台命
210	差定帖(金致璉)	壬辰年 정월	三陟都護府事	金致璉
211	差定帖(金膺祚)	乙巳年 2월	三陟都護府事	金膺祚
212	差定帖(金膺祚)	辛酉年 정월	三陟都護府事	金膺祚
213	差定帖(金時鶴)	乙酉年 정월	三陟都護府事	金時鶴
214	差定帖(金秉熙)	癸酉年 정월	三陟都護府事	金秉熙
215	差定帖(金膺祚)	辛丑年 2월	三陟都護府事	金膺祚
216	差定帖(金膺祚)	辛丑年 9월	三陟都護府事	金膺祚

번호	자료명	연도	발급자	수급자
217	差定帖(金膺祚)	丙午年 4월	三陟都護府事	金膺祚
218	差定帖(金膺祚)	庚戌年 3월	三陟都護府事	金膺祚
219	差定帖(金膺祚)	辛酉年 2월	三陟都護府事	金膺祚
220	差定帖(金恮)	康熙 22년(1696) 11월	三陟都護府事	金恮
221	差定帖(金台命)	壬申年 6월	三陟都護府事	金台命
222	差定帖(金台命)	乙卯年 2월	三陟都護府事	金台命
223	差定帖(金致璉)	甲戌年 6월	三陟都護府事	金致璉
224	差定帖(金致璉)	戊寅年 10월	三陟都護府事	金致璉
225	差定帖(金致璉)	己卯年 정월	三陟都護府事	金致璉
226	差定帖(金致璉)	庚辰年 7월	三陟都護府事	金致璉
227	差定帖(金致璉)	甲申年 5월	三陟都護府事	金致璉
228	差定帖(金致璉)	丙戌年 8월	三陟都護府事	金致璉
229	差定帖(金致璉)	庚寅年 10월	三陟都護府事	金致璉
230	差定帖(金致璉)	壬辰年 정월	三陟都護府事	金致璉
231	差定帖(金致璉)	壬辰年 6월	三陟都護府事	金致璉
232	差定帖(金致璉)	甲午年 4월	三陟都護府事	金致璉
233	差定帖(金致璉)	甲辰年 6월	三陟都護府事	金致璉
234	差定帖(金致璉)	甲辰年 9월	三陟都護府事	金致璉
235	差定帖(金致璉)	戊申年 2월	三陟都護府事	金致璉
236	差定帖(金時鶴)	丁酉年 11월	三陟都護府事	金時鶴
237	差定帖(金時鶴)	乙未年 7월	三陟都護府事	金時鶴
238	差定帖(金時鶴)	甲午年 5월	三陟都護府事	金時鶴
239	差定帖(金時鶴)	壬午年 7월	三陟都護府事	金時鶴
240	差定帖(金時鶴)	辛卯年 정월	三陟都護府事	金時鶴
241	差定帖(金世起)	甲辰年 정월	三陟都護府事	金世起
242	差定帖(金致璉)	甲午年 7월	三陟都護府事	金致璉
243	差定帖(金膺祚)	壬申年 7월	三陟都護府事	金膺祚
244	教旨(金光國)	乾隆 38년(1773)	-	金光國
245	教旨(金光國의 처 崔氏)	乾隆 38년(1773)	-	金光國의 처 崔氏
246	教旨(金恮)	乾隆 38년(1773)	-	金恮

번호	자료명	연도	발급자	수급자
247	教旨(孺人 朴氏)	乾隆 38년(1773)	-	孺人 朴氏
248	教旨(金世紀)	乾隆 38년(1773)	-	金世紀
249	教旨(孺人 洪氏)	乾隆 38년(1773)	-	孺人 洪氏
250	教旨(金台命)	乾隆 31년(1766)	-	金台命
251	教旨(金台命)	乾隆 32년(1767)	-	金台命
252	教旨(金台命)	乾隆 38년(1773) 5월	-	金台命
253	教旨(金台命)	乾隆 38년(1773)	-	金台命
254	教旨(金台命)	乾隆 38년(1773)	-	金台命
255	教旨(金台命)	乾隆 38년(1773) 2월	-	金台命
256	教旨(金台命)	乾隆 39년(1774)	-	金台命
257	教旨(金台命)	乾隆 39년(1774)	-	金台命
258	教旨(金台命의 처 崔氏)	乾隆 38년(1773)	-	金台命의 처 崔氏
259	教旨(金致璉)	乾隆 59년(1794)	-	金致璉
260	教旨(金時鶴)	光緒 17년(1891) 8월	-	金時鶴
261	教旨(金九爀)	光緒 17년(1891) 8월	-	金九爀
262	教旨(孺人 辛氏)	光緒 17년(1891) 8월	-	孺人 辛氏
263	教旨(孺人 洪氏)	光緒 17년(1891) 8월	-	孺人 洪氏
264	教旨(金演政)	光緒 19년(1893) 정월	-	金演政
265	教旨(金演政)	光緒 19년(1893) 정월	-	金演政
266	官誥(金泰振)	光武 6년(1902) 9월	-	金泰振
267	教旨(空名帖)	光緒 17년(1891) 및 19년(1893)	-	孺人
268	鄕校書目	壬午年 정월	鄕校 齋任	삼척부
269	留鄕所書目	壬辰年 6월	留鄕所 座首	삼척부
270	道下面龍井村民等書目	辛亥年 2월	村民 12인	삼척부
271	沃原還倉上捧上鄕所書目	乙亥年 10월	別監 金	삼척부
272	沃原還倉上捧上鄕所書目	乙亥年 6월	別監 金	삼척부
273	留鄕所書目	癸巳年 윤3월	座首 金	삼척부
274	鄕所書目	甲申年 6월	座首 崔	삼척부

번호	자료명	연도	발급자	수급자
275	所達面踏監官書目	乙卯年 8월	監官 金	삼척부
276	沃原倉還上分給鄕所書目	乙卯年 3월	別監 金	삼척부
277	沃原倉還上分給鄕所書目	乙亥年 8월	別監 金	삼척부
278	留鄕所書目	壬辰年 4월	座首 金	삼척부
279	留鄕所書目	壬辰年 7월	座首 金	삼척부
280	留鄕所書目	壬辰年 4월	座首 金	삼척부
281	三陟府留鄕所書目	壬辰年 9월	座首 金	삼척부
282	所志	辛亥年 12월	金生員 奴 禮釗	삼척부
283	道下面面任書目	辛亥年 12월	面任 金	삼척부
284	留鄕所書目	癸巳年 2월	座首 金	삼척부
285	留鄕所書目	癸巳年 10월	座首 金	삼척부
286	告目(禮吏 金)	癸巳年 정월	禮吏 金	삼척부
287	告目(座首 金)	壬辰年 8월	座首 金	삼척부
288	告目	壬申年 7월	-	座首
289	告目(金必洛)	乙亥年 9월	金必洛	別監 金
290	告目(金德麗)	甲辰年 7월	金德麗	座首 金
291	告目(金次乭)	癸巳年 12월	金次乭	-
292	告目(金弘麗)	乙酉年 2월	金弘麗	別監
293	告目(金萬鍾)	辛卯年 10월	金萬鍾	別監
294	告目(金著浹)	辛卯年 10월	金著浹	別監
295	告目(沈松一)	癸巳年 12월	沈松一	座首
296	告目(鄭改佑)	癸巳年 10월	鄭改佑	座首
297	告目(金應奎)	辛卯年 7월	金應奎	-
298	告目(金萬鍾)	辛卯年 7월	金萬鍾	-
299	告目(鄭改佑)	癸巳年 2월	鄭改佑	좌수
300	告目(沈松一)	甲午年 정월	沈松一	좌수
301	告目(金萬鍾)	辛卯年 9월	金萬鍾	좌수
302	告目(沈松一)	甲午年 11월	沈松一	좌수
303	戶籍單子(金台命)	1753	金台命	-

번호	자료명	연도	발급자	수급자
304	戶籍單子(金致璉)	乾隆 45년(1780) 정월	金致璉	-
305	戶籍單子(金致璉)	乾隆 48년(1783) 정월	金致璉	-
306	戶籍單子(金致璉)	己酉年(1789) 정월	金致璉	-
307	戶籍單子(金致璉)	壬午年(1792) 정월	金致璉	-
308	戶籍單子(金致璉)	己卯年(1795) 정월	金致璉	-
309	戶籍單子(金膺祚)	戊午年(1798) 정월	金膺祚	-
310	準戶口(金台命)	乾隆 33년(1768)	三陟府	金台命
311	準戶口(金台命)	乾隆 39년(1774)	三陟府	金台命
312	準戶口(金致璉)	乾隆 51년(1786)	三陟府	金致璉
313	準戶口(金時鶴)	道光 23년(1843)	三陟府	金時鶴
314	準戶口(金時鶴)	道光 26년(1846)	三陟府	金時鶴
315	準戶口(金九爀)	咸豊 8년(1858)	三陟府	金九爀
316	準戶口(金演政)	-	三陟府	金演政
317	明文	嘉慶 14년(1809) 2월	金三成	金秉熙
318	明文	道光 원년(1821) 2월	金秉熙	宗中
319	上書	乙亥년 11월	金宗鏶 등 16인	城主
320	景行祠掌議望記	乙丑年 3월	-	-
321	景行祠別有司望記	壬寅年 10월	-	-
322	景行祠都次知望記	辛亥年 3월	-	-
323	龍山書院都有司望記	壬寅年 2월	-	-
324	龍山書院都有司望記	辛亥年 8월	-	-
325	龍山書院都有司望記	戊辰年 8월	-	-
326	龍山書院掌議望記	己酉年 11월	-	-
327	龍山書院都有司望記	丁卯年 9월	-	-
328	田結査핵都廳望記	乙卯年 2월	-	-
329	鄕校掌議望記	戊午年 8월	-	-
330	鄕校掌議望記	辛巳年 10월	-	-
331	鄕校都有司望記	乙未年 정월	-	-
332	鄕校掌議望記	癸巳年 5월	-	-
333	鄕校都有司望記	辛丑年 10월	-	-
334	鄕校都有司望記	丙午年 2월	-	-

번호	자료명	연도	발급자	수급자
335	鄕校掌議望記	丁巳年 12월	-	-
336	鄕校齋掌議望記	癸未年 2월	-	-
337	望記	壬申年 2월	-	-
338	有司望記	乙未年 정월	-	-
339	鄕校卜數着檢別有司望記	甲午年 12월	-	-
340	鄕校都次知望記	癸卯年 2월	-	-
341	牒報	己酉年 10월	龍潭都廳 金	도호부사
342	牒報	己丑年 5월	鄕校 齋任	도호부사
343	牒報	辛亥年 2월	道下面 龍井村民	도호부사
344	牒報	壬辰年 2월	蘆谷面 風憲	도호부사
345	牒報	辛卯年 2월	道下面龍井洞洞任	도호부사
346	牒報	己未年 12월	道下面 面任	도호부사
347	牒報	乙酉年 3월	鄕所	도호부사
348	牒呈	辛丑年 5월	有司 金	都廳
349	立案	光緖 3년(1877) 4월	禮曹	金演心의 처 洪氏
350	許與文記	嘉靖 31년(1552) 2월	-	-
351	和解調書謄本	明治 45년(1912) 1월	-	-
352	本邑邑誌	-	-	-
353	加髢申禁節目	-	-	-

제2편

누가, 어떻게 수토를 했나?

조선시대 월송만호와 울릉도 수토제

신태훈 | 한림성심대학교

Ⅰ. 머리말

월송포진은 조선 초기부터 강원도 수군만호수어처 6개 중 하나로 강원도 지역에서 수군으로 중요한 위치를 가졌다. 하지만 월송포진은 모래가 퇴적하여 배가 드나들기 적합한 지형은 아니었다. 하지만 조선 후기 수군만호수어처로서 살아남은 유일한 포진이 바로 월송포이다. 그 만큼 월송포진이 조선시대에 가지고 있는 의미는 크다고 볼 수 있다. 그리고 이 포진의 최고 책임자는 월송만호이다.

월송만호는 '越松萬戶', '越松浦萬戶'라고 부르기도 하였다. 정식명칭에 대해서는 1626년(인조 4)에 李幹을 禦侮將軍 三陟鎭管 越松浦水軍萬戶로 삼는다는 것을 통해 삼척진관 월송포수군만호가 정식명칭이고 이는 1799년(정조 23)에 다시 한 번 확인된다.[1] 이후 1883년이 되면 울릉도가 개척되면서 울릉도 도장을 파견하게 되었는데 월송만호가 이 일을 겸해 '三陟浦鎭管 越松浦水軍萬戶 兼鬱陵島島長'으로 다시 한 번 바뀌게 된다.

월송포진의 최고 관리자인 월송만호가 울릉도 도장을 겸임한 까닭은 바로 삼척영장과 월송만호가 번갈아가면서 울릉도 수토를 거행했기 때문이다. 搜討란 수색하여 토벌한다는 뜻으로 울릉도에 들어간 민간인과 일본인 등을 내쫓는 정책이다.

1 『日省錄』 정조 23년 4월 9일 정유.

울릉도 수토제는 1694년 안용복 사건으로 인해 조·일 양국 간의 쟁계로 인해 확립된 것으로 처음에는 3년에 한 번 수토를 시행하고, 1770년에 2년에 한 번 파견하였으며, 1888년 이후에는 매년 파견하였다. 이렇듯 '울릉도 수토'라는 중요한 임무를 맡은 담당지역이기에 월송포진은 지형적 한계성을 뛰어넘어 수군만호처로써 그 위치를 유지할 수 있었던 것이다.

그동안 월송포와 월송만호에 관해서는 김호동[2], 백인기[3], 심현용[4], 손승철[5], 신태훈[6], 유재춘[7], 윤천수[8], 이원택[9] 등에 의해서 연구되었다. 이들 연구는 주로 울릉도 수토를 담당하고 있는 월송만호의 수토과정들에 대해서 집중적으로 다루고 있다. 하지만 전체적인 월송만호의 현황과 시기별 부임 특징에 관한 연구는 부족한 면이 있다. 그 이유는 府使나 縣令 등의 행정관리는『관동읍지』를 통해서 관리의 임기와 이후 행적에 대해서 잘 알 수 있지만 수군만호의 경우에는『승정원일기』를 통한 제수와 관련된 기록만을 가지고 할 수 밖에 없다는 한계가 있다. 하지만 전체적인 임명 현황과 그 속에서의 월송만호가 어떠한 특징을 가지고 임명이 되었는가에 대해서 살펴보는 것도 소기의 의미를 부여할 수 있을 것이라고 생각한다.

---

2 김호동,「越松浦鎭의 역사」,『史學硏究』115, 한국사학회, 2014.

3 백인기,『조선후기 울릉도 수토』,『이사부와 동해』18·19, 한국이사부학회, 2022.

4 심현용,『대풍헌은 말한다.-현판과 원문·수토절목을 중심으로』,『이사부와 동해』18·19, 한국이사부학회, 2022.

5 손승철,『삼척, 수토와 독도수호의 길』,『이사부와 동해』18·19, 한국이사부학회, 2022.

6 신태훈,「조선후기 월송만호와 울릉도 수토제」,『한일관계사연구』72, 한일관계사학회, 2021.

7 유재춘,「수토사 유적(삼척포진성, 월송포진성, 海汀候望)」,『이사부와 동해』18·19, 한국이사부학회, 2022.

8 윤천수,「월송포 진성발굴의 의의와 울릉도 수토 출발지 변천사」,『이사부와 동해』5, 한국이사부학회, 2013.

9 이원택,「19세기 울릉도 수토제 운영 실태에 관한 연구」,『이사부와 동해』14, 한국이사부학회, 2018.

따라서 본고에서는 먼저 Ⅱ장에서는 월송포진이 강원도 수군에서 역할이 어떻했는지 변천과정을 살펴보고 Ⅲ장에서는 월송포 만호의 임명현황을 분석하고자 한다. 마지막으로 Ⅳ장에서는 울릉도 수토를 다녀온 인물을 중심으로 어떤 특징을 갖는지 알아보고자 한다.

Ⅱ. 월송포진의 변천

조선 건국 초기 왜구와 여진의 침입을 막고 대비하기 위해 鎭 중심의 방위 시스템을 만들었다. 성종대에 완성된 『經國大典』에 따르면 조선시대 수군은 진관체제에 따라 각 도별로 主鎭·巨鎭, 諸鎭으로 편제되었는데 주진에는 수군절도사, 거진에는 수군첨절제사, 그리고 제진에는 만호가 배치되었다. 강원도에는 태조 6년에 삼척과 간성에 2개의 진이 설치되었다.[10] 이후 1447년(세종 29) 9월에 연변군현을 上·中·下緊으로 나누어 각 鎭과 上緊에 해당하는 군현에만 무과 및 武才錄에 등록된 자들을 보내고, 중긴 이하는 등록되지 못하더라도 吏才와 지략을 겸비한 자를 뽑아 보내자는 결정을 내렸다.[11] 이에 따라 울진과 평해는 하긴이 되었다.

『세종실록』「지리지」에는 강원도 군사편제 중 수군만호와 관련된 부분을 표로 정리한 것이다.

10 김호동, 「월송포진의 역사」, 『사학연구』 115, 한국사학회, 2014, 303쪽.

11 『세종실록』 권117, 세종 29년 9월 계사일.

〈표 1〉『세종실록』「지리지」에 나타난 강원도 군사편제[12]

구분	위치		병사	병선	비고
水軍萬戶守禦處	越松浦	平海 동쪽	70명	1척	
	束草浦	襄陽 북쪽	210명	3척	
	江浦口	高城남쪽	196명	3척	
	三陟浦	三陟부 동쪽	245명	4척	
	守山浦	蔚珍 남쪽	191명	3척	
	連谷浦	江陵현 동쪽	191명	3척	

이때 당시는 강원도에 진은 강릉진과 고성진 2개의 진이 존재하였으며, 강릉은 육군의 중심지였다. 수군만호의 경우는 수군만호수어청이 총 6개가 존재하였는데, 월송포, 속초포, 강포구, 삼척포, 수산포, 연곡포가 존재하였다.

조선 초기에는 각 도별로 수군절도사에 의해 騎船軍이 통솔되고, 영진체제가 갖춰지면서 각도의 요새수어처별로 군사조직이 편성되면서 만호가 외침방어의 임무를 수행하였다. 초기 만호의 품계는 3품이며, 부만호는 4품관이었다. 그러나 1458년(세조 4)에 영진체제가 진관체제로 바뀌면서 각 도 연해안의 요해처나 북방내륙의 諸鎭에 동첨절제사·만호·절제도위 등을 두어 그 진을 다스리게 하였다. 동첨절제와 절제도위가 獨鎭이 아닌 경우 대부분 지방의 수령이 겸했던 것과 달리 만호만은 무장이 별도로 파견되어 사실상 요해처의 전담 무장이 되었다.[13]

세종시기에 월송포에는 만호를 두었고, 병사 70명과 병선 1척을 배치하였다. 하지만 월송포에 병력과 병선을 배치하는 것은 지리적으로 한계가 있었던 것으로 보인다. 아래의 사료는 월송포에 병선 배치의 어려움을 보여주는 사례이다.

12 김호동,「越松浦鎭의 역사」,『사학연구』115, 한국사학회, 2014, p.308.

13 김호동, 같은논문, 304쪽.

병선을 평해군의 월송포에 도로 두고 지군사로써 만호를 겸무하게 하였다. 처음에 本浦에 모래가 쌓여 물이 얕아졌기 때문에 만호를 혁파하고 병선을 울진의 守山浦와 三陟浦에 나누어 소속시켰는데 이때에 와서 고을 백성들이 본군의 邑城이 튼튼하지 못하고, 더구나 왜적이 먼저 들이 닥치는 땅이므로 방비가 없을 수 없다고 하여, 모래를 쳐내어 도로 병선을 정박시켜 뜻하지 않은 변고에 방비하기를 청하였다. 감사가 이를 아뢰니 드디어 그전대로 회복하기를 명하였다.[14]

위 사료를 통해서 1427년(세종 9) 이전에도 월송포 만호가 있었다는 사실을 확인할 수 있다. 월송포는 지형적으로 모래가 쌓여 물이 얕아져 만호를 혁파하고, 월송포에 배치된 병선을 수산포와 삼척포에 나누었다. 하지만 백성들이 수비가 약해져 왜적이 쳐들어올 것을 염려하여 모래를 퍼내 다시 병선을 정박시켰다. 이를 통해 월송포는 지형적으로 계속적으로 모래가 퇴적되는 지형이었지만 왜구의 침략을 우려해서 만호를 계속해서 둔 것을 알 수 있다.

하지만 이러한 조치에도 불구하고 월송포에 산적한 모래를 쳐내는 작업은 당장 이뤄지지 않았다. 이는 1444년(세종 27)에 월송포를 비롯한 강원도의 각 浦의 浦口가 모래로 막혀진 것에 대해 세종이 강원도 관찰사인 李孟常에게 조사하여 보고하라는 유시를 내린 것을 통해 알 수 있다.

강원도 관찰사 이맹상에게 諭示하기를, "의정부에서 전임 관찰사 趙遂良의 장계에 의거하여 아뢰기를, '삼척 부사가 水陸僉節制使를 예전대로 겸임함이 좋은가 나쁜가의 여부와 월송포의 모래로 막힌 곳의 長短 廣狹과, 공사해야 할 일거리의 많고 적음과, 뱃길을 개통한 뒤에 곧 또 메워져 막혀 버릴 염려의 유무(有無)를 그 도의 관찰사

14 『세종실록』 세종 9년 7월 16일.

로 하여금 친히 살펴보고 계문(啓聞)하게 한 뒤에 다시 의논하여 정하도록 하옵소서.' 라고 하기에, 내가 이미 그렇게 하기로 하였는데, 또 어떤 이가 獻議하기를, '강원도에 왜구의 소문이 끊어진 지가 거의 백 년이나 되어 이 道 각 포의 포구는 모래로 막혀진 것이 이미 오래 되었습니다.

그러므로 비록 왜구가 온다 할지라도 병선이 바다로 나갈 길이 없을 뿐더러 여러 해 동안에 閣岸은 썩고 파괴되었으므로, 그것을 즉시 고쳐 만들려면 船軍의 고통이 더 할 수 없이 극심할 것이오니, 마땅히 선군을 폐지하여 營鎭에 소속시키고 계속하여 첨절제사로 하여금 고찰(考察)하게 하여 무궁한 폐단을 제거하는 것이 좋겠습니다.'고 한다.

그러나 선군(船軍)을 경솔하게 갑자기 폐지할 수는 없으니, 월송포의 모래로 막혀진 곳을 開通하는 일의 어렵고 쉬운 것과, 배의 왕래의 便否와 개통한 뒤에 다시 메워 막혀질 염려의 有無와 월송포와 구미포와의 거리의 멀고 가까움을 관찰사가 순행할 때에 친히 살펴서 장계하라. 또 그 도의 방어가 중요하지 않음이나 造船의 폐단이 과연 헌의하는 사람의 말과 같다면, 각 포구의 병선을 적당히 줄이어 민폐를 덜어 주는 것이 어떻겠는가.

또 듣건대, 포구가 좁아서 선체가 큰 배는 드나들기가 어렵다고 하니, 그 道의 병선은 선체가 작게 만들어 드나들기에 편리하게 하여 賊變에 대응하는 것이 어떻겠는가. 모름지기 여러 옛 늙은이들에게 물어서 아뢰라."하였다.[15]

위의 사료를 통해 월송포의 모래로 막힌 곳을 개통하는 것이 어렵고, 배의 왕래가 불편한 것과 개통한 뒤에도 다시 막힐 염려가 있다는 것을 알 수 있다. 월송포는 水勢가 매우 사나워서 모래가 포구를 메워서 배가 육지에 있었던 경우가 많았다.[16] 또한 領事 盧思愼는 월송포가 모래땅이라 성을 쌓기

---

15 『세종실록』 세종 26년 7월 20일.

16 『성종실록』 성종 16년 4월 7일. "그리고 月松浦와 烏浦·漆浦의 배를 대는 곳은 水勢가 매우 사나와서 모래가 海口를 메워 배들이 陸地에 있습니다.

가 어려울 뿐만 아니라 왜적이 온다고 하더라도 경상도를 거쳐서 오기 때문에 강원도 방어의 일은 다른 곳에 비해서 늦춰도 된다고 하였다.[17]

세조대에 오면 강원도 수군만호 현황의 변화가 일어나게 된다. 1462년(세조 8)에 山城浦는 포구에 모래가 메워져 배가 드나들거나 정박하기 어렵고, 連谷浦 또한 포구에 암석이 많아 배가 정박하기 어렵다는 이유로 만호를 두기 마땅치 않으니 폐지하고, 蔚珍과 三陟에 萬戶를 두었다.[18] 이후 『經國大典』에서는 三陟浦가 水軍僉節制使鎭으로 편성되면서 강원도의 만호는 안인포, 고성포, 울진포, 월송포 4곳으로 변화한다. 또한 군선의 편제도 『세종실록』「지리지」에서 나타난 것보다 1척이 줄어든 16척이고, 배의 종류도 他道에서는 존재하는 대맹선과 중맹선이 강원도에는 1척도 없이 소맹선만 존재하였다. 이러한 변화는 조선 후기에서도 그 기조가 유지되었다고 볼 수 있는데. 李肯翊이 저술한 『燃藜室記述』 별집 제8권 官職典故를 살펴보면 변화가 있음을 알 수 있다.[19]

> 삼척의 삼척포에 첨사를 두고, 평해의 월송포의 만호를 두었으며 해변에 모두 성을 쌓았으나 기선과 병선이 없었다. 효종 조에 어떤 사람이 말하기를 "이 두 곳은 이미 모두 內地이고, 또 그 전과 같이 일본 배가 자주 오지 않아서 다른 걱정은 없으니 없애는 것이 마땅하다."하니 임금이 명하여 지형을 그려 올리게 하고 전교하기를, "풍경이 매우 좋으니, 없앨 필요가 없다."고 하였다.[20]

월송포에 만호를 두고, 해변에 모두 성을 쌓았으나 포구임에도 병선이 없

---

17 위의 사료.

18 유재춘, 「東海岸의 水軍 遺蹟 研究」, 『이사부와 동해 창간호』, p.25.

19 위의 글, p.310.

20 李肯翊, 『練藜室記述』 별집 8권 官職典故.

었고, 이 두 곳을 '内地'라고 한 것은 수군의 역할을 할 필요가 없이 그냥 성을 방어하는 목적으로 군사를 둔 것이라고 밖에 볼 수 없다. 이렇게 수군임에도 불구하고, 병선을 두지 않았던 그 이유는 일본의 배가 자주 오지 않으므로 방어할 필요가 없어졌고, 이로 인해 만호를 없애는 것이 마땅한 주장까지 나오게 된 것이다. 이는 이전 시기 요새수어처로써 역할을 했던 월송포의 기능이 사라졌다고 볼 수 있다.

이러한 기능이 축소되었음에도 불구하고 월송포의 만호를 배치하는 것은 계속되었다. 강원도의 다른 만호인 安仁浦, 高城浦, 蔚珍浦가 폐지된 것에 비해서 월송포는 계속해서 만호직이 유지가 되었다.

울진포의 경우 『蔚珍郡誌』에 따르면 인조 정묘에 폐지하였다고 한 기록이 있다.[21] 여기서 인조의 재위기간 중의 정묘년은 1627년이다. 하지만 1706년(숙종 32)에 편찬된 『典錄通考』에 따르면 강원도에는 4명의 만호를 두는데 그 위치는 안인포, 고성포, 울진포, 월송포에 각각 1명씩 둔다고 하였다. 그렇기 때문에 울진군지에서 언급한 1627년에도 울진포, 안인포, 고성포는 존재한 것으로 보인다. 안인포, 고성포, 울진포의 만호는 1746년에 편찬된 『續大典』에서 그 변화를 맞이하게 되는데 속대전에 기록된 수군만호를 보면 수군 3명을 감한다고 하며, 그 대상은 안인포, 고성포 울진포로 모두 혁파한다고 되어 있다.[22]

수군만호 감축은 이후에 편찬된 『大全通編』과 『典律通補』 등에서도 나타난다. 1785년(정조 9)에 편찬된 대전통편에서는 육군과 수군을 구분하여 따로 기재하였는데, 수군첨절제사는 삼척포진의 영장이 겸하는 것으로 하였고, 만호는 삼척포진관 산하에 있는 월송포에 1명을 두는 것으로 하였다. 기

21 심현용·김성준, 「울진포진(포영)에 관한 연구」, 『울진문화』 13, 울진문화원, 1999, p.70.

22 『續大典』「外官職」; 水軍萬戶減三員。安仁浦, 高城浦, 蔚珍浦革.

존의 안인포, 고성포, 울진포는 아울러 혁파한다고 하였다. 1787년에 편찬된 『전율통보』에서도 마찬가지로 강원도의 수군만호는 1명으로 삼척포진관 산하의 월송포라고 하였다. 이처럼 세종 시기 강원도에 두었던 6곳의 만호 중에서 조선 후기에 존속한 만호는 오로지 월송포만이 그 명맥을 유지한 것을 알 수 있다.

월송포에 부임된 만호는 부임될 때 월송만호, 월송포만호, 삼척진관 월송포수군만호 명칭으로 부임되다가 1799년(정조 23)에 이르면 越松浦萬戶를 三陟浦鎭管 越松浦水軍萬戶로 한다고 하였다.[23] 하지만 『승정원일기』에 6건의 부임기사를 제외하면 대부분 월송만호로 기록하고 있다. 월송만호의 명칭은 1888년(고종 25) 2월 7일 월송만호가 울릉도 도장을 겸임하면서 이전의 三陟浦鎭管 越松浦水軍萬戶에서 三陟浦鎭管 越松浦水軍萬戶 兼鬱陵島島長으로 명칭이 변경되게 된다.

Ⅲ. 월송포만호의 부임현황

월송만호의 현황에 대해서는 『조선왕조실록』, 『승정원일기』, 『일성록』를 통해서 알 수 있다. 첫 월송만호가 누구인지는 알 수 없지만, 확인된 기록에서는 처음 기록은 1466년 9월 6일 월송포 만호 金麟瑞가 기생에게 베 2필을 선사함을 통해 김인서가 적어도 1466년에는 월송만호직을 수행하고 있었음을 알 수 있다. 1466년 김인서부터 시작해 1894년 김현택까지 총 132명의 월송만호가 확인되고 있다. 시기별로는 15세기 1명, 17세기 32명, 18세기가 50명, 19세기 49명이 있다.

23 『日省錄』 정조 23년 4월 9일 정유.

먼저 세종시기까지는 월송포는 독립적인 만호를 두지 않았다. 그 대신 平海知郡事가 월송포 만호를 겸하게 하였다. 하지만 계속해서 평해지군사가 만호직을 동시에 수행하는 것에 어렵다는 판단하에 월송포에 만호를 따로 임명할 것을 요청하였다.[24] 하지만 병조에서 월송포 만호는 종전대로 겸임되는 것으로 결정되었으니 고치기 어려우니 다시 논의를 해줄 것을 요청하였다.[25] 이 이후 월송포에 만호가 따로 부임된 시기를 알 수 없으나 『세종실록』「지리지」에 수군만호수어처에 월송포가 있는 것으로 보아 『세종실록』「지리지」의 작성연대인 1454년(단종 2) 이전에 월송포에 만호가 따로 임명되었음을 알 수 있다.

월송만호의 구체적인 이름이 처음 나온 것은 김인서에 대한 것이다. 월송포 만호인 김인서는 자신이 저지른 贓罪가 발각되자 도망을 갔고, 이에 대해서 강원도 관찰사가 처벌을 건의하는 것이다.[26] 이를 통해 최소 1454년~1466년 사이에는 월송포 만호가 부임이 일어나고 있음을 알 수가 있다.

17세기에 이전까지의 기록에서는 월송만호의 부임에 대한 기록이 풍부하지 않지만 17세기 이후부터는 부임에 대한 기록이 풍부하다. 다음 아래의 〈표 2〉는 17세기 이후 임명된 월송만호의 관직 제수일자와 하직일자와 퇴임일자를 정리한 것이다.

〈표 2〉 17세기 이후 월송만호 임명현황

연번	관직명	성명	제수일자	하직일자	퇴임일자
1	越松萬戶	장추(張樞)	미상	미상	1608.8.18.
2	越松萬戶	임동준(林東俊)	1625.9.18.	미상	1626.윤6.14

24 『세종실록』 106권, 세종 26년 9월 2일 정축.

25 같은 사료.

26 『세조실록』 39권, 세조 12년 9월 6일 갑술.

연번	관직명	성명	제수일자	하직일자	퇴임일자
3	禦侮將軍三陟鎭管 越松浦水軍萬戶	이간(李幹)	1626.윤6.15.	미상	미상
4	越松萬戶	김득기(金得淇)	미상	1636.7.19.	1638.7.14.
5	越松萬戶	최양국(崔良國)	미상	1638.7.15.	1638.7.18.
6	越松萬戶	원대건(元大健)	1640.5.16.	미상	미상
7	越松萬戶	문사청(文士淸)	1649.6.22.	미상	1651.7.19.
8	越松浦萬戶	권설(權說)	미상	1651.8.23.	1652.7,17,
9	越松萬戶	한계미(韓繼美)	미상	1652.7.18.	1655.7.14.
10	越松萬戶	우제민(禹濟民)	1655,7.15.	1655.8.13.	1657.7.18.
11	越松萬戶	박환(朴懽)	미상	1657.7.19.	1659.8.5.
12	越松萬戶	유호(柳濠)	미상	1659.8.6.	1661.6.20.
13	越松萬戶	정시윤(鄭時允)	1661.6.21.	미상	1664.1.13.
14	越松萬戶	권숭(權崇)	1664.1.13.	1664.1.29.	1665.7.4.
15	越松萬戶	최두평(崔斗平)	1665.7.5.	미상	미상
16	越松萬戶	송영원(宋榮遠)	미상	1671.7.26	1672.7.11.
17	月松萬戶	원만(元萬)	미상	1672.7.12.	1674.3.2.
18	越松萬戶	조신(曺信)	미상	1674.3.3.	미상
19	越松萬戶	김성주(金聖胄)	1678.10.5.	1678.11.4	미상
20	越松浦萬戶	임기(林杞)	미상	미상	1678.12.30.
21	越松萬戶	신응성(申應星)	1679.10.16.	1679.11.12.	1682.3.2.
22	越松萬戶	박세중(朴世重)	1682.3.2.	1682.4.16.	1684.8.25.
23	越松萬戶	윤흠(尹欽)	1684.8.26.	미상	1686.12.20.
24	越松萬戶	이인석(李寅奭)	1686.12.21.	미상	1686.12.22.
25	越松萬戶	이현석(李玄奭)	1686.12.23.	미상	미상
26	越松萬戶	현창무(玄昌武)	1689.7.7	미상	1689.7.7.
27	越松萬戶	이중오(李重五)	1689.7.8.	1689.7.24.	1691.7.20.
28	越松萬戶	지중원(池重源)	미상	1691.7.21.	1693.10.10.
29	越松萬戶	홍이장(洪爾長)	미상	1693.10.11.	1694.11.18.
30	越松萬戶	주세기(朱世基)	미상	1694.11.19.	1697.윤3.18.
31	越松萬戶	형시정(邢時挺)	미상	1697.윤3.19.	1699.4.25.
32	越松萬戶	전회일(田會一)	1699.4.26.	1699.5.6.	1701.8.28.

연번	관직명	성명	제수일자	하직일자	퇴임일자
33	越松萬戶	정만홍(丁萬興)		1701.8.28.	1703.12.22.
34	越松萬戶	노익유(盧益有)	1703.12.23.		1704.12.20.
35	越松浦萬戶	노익창(盧益昌)	1703.12.21	1704.1.18.	1705.2.27.
36	月松萬戶	오홍량(吳興良)	1705.2.28.		1706.1.9.
37	越松萬戶	김익준(金益俊)	1706.1.10.	1706.2.9.	1707.7.12.
38	越松萬戶	이준발(李俊發)	1707.7.13.		1707.8.10.
39	越松萬戶	이후경(李後慶)		1707.8.11.	1710.4.27.
40	越松萬戶	윤징상(尹徵商)	1710.4.28.	1710.5.17.	1710.5.16.
41	越松萬戶	윤덕상(尹德商)	1710.5.17.	1710.5.17.	1712.11.25.
42	越松萬戶	남중하(南重河)	1712.11.26.	1712.12.20.	1715.1.25.
43	越松萬戶	박상렴(朴尙廉)	1715.1.26.	1715.2.15.	1717.6.30.
44	越松萬戶	박동보(朴東輔)	1717.7.1.	1717.7.16.	1720.2.7.
45	越松萬戶	장태홍(張泰興)	1720.2.8.	1720.2.27.	1721.1.19.
46	越松萬戶	정인강(鄭仁綱)	1721.1.20.		1722.11.17.
47	越松萬戶	박사수(朴師脩)	1722.11.18.	1722.11.28.	1725.3.5.
48	越松萬戶	변상겸(邊尙謙)	1725.3.6.		1727.8.7.
49	越松萬戶	이위상(李衛相)	1727.8.8.	1727.8.30.	1729.3.16.
50	越松萬戶	이징(李徵)	1729.3.17.	1729.3.27.	1731.8.3.
51	越松萬戶	권상덕(權尙德)	1731.8.4.		1734.2.8.
52	越松萬戶	장덕장(鄭德章)	1734.2.9.	1734.2.25.	1736.5.18.
53	越松萬戶	김도정(金道鼎)	1736.5.19.	1736.6.6.	1738.8.22.
54	越松萬戶	김문상(金文尙)	1738.8.23.	1738.9.10.	1740.9.23.
55	越松萬戶	한종대(韓宗大)	1740.9.24.	1740.10.14.	1742.12.26.
53	越松萬戶	박후기(朴厚基)	1742.12.27.	1743.1.17.	1745.7.23.
57	越松萬戶	정운홍(鄭雲興)	1745.7.24.	1745.9.1.	1746.2.24.
58	越松萬戶	정창록(丁昌祿)	1746.2.25.		1748.6.20.
59	越松萬戶	문세욱(文世郁)	1748.6.21.	1748.7.24.	1751.2.1.
60	月松萬戶	한중량(韓重良)	1751.2.2.	1751.3.3.	1751.12.27.
61	越松萬戶	김구찬(金九贊)	1751.12.28.	1752.2.2.	1752.10.9.
62	越松萬戶	윤찬(尹鑽)	1752.10.10.	1752.10.29.	1755.4.3.
63	越松萬戶	김응석(金應錫)	1755.4.4.	1755.4.24.	1757.10.27.

연번	관직명	성명	제수일자	하직일자	퇴임일자
64	越松萬戶	최정량(崔挺良)	1757.10.28.	1757.11.17.	1758.4.11.
65	越松萬戶	안천택(安天澤)	1758.4.12.	1758.4.17.	1760.10.13.
66	越松萬戶	신성(申珹)	1760.10.14	1760.11.9.	1762.12.20.
67	越松萬戶	홍대년(洪大年)	1762.12.21.	1763.2.5.	1765.6.21.
68	越松萬戶	김진성(金振聲)	1765.6.22.	1765.6.28.	1767.6.18.
69	越松萬戶	김성택(金成澤)	1767.6.30.	미상	미상
70	月松萬戶	민홍렬(閔弘烈)	1768.9.17.	미상	전임만호 김성택 仍任
71	越松萬戶	배찬봉(裵贊奉)	1769.12.18.	미상	미상
72	越松萬戶	이세번(李世蕃)	1772.5.6.	미상	미상
73	越松萬戶	안재소(安載素)	1774.6.21.	1774.7.21.	미상
74	越松萬戶	정윤기(鄭潤基)	1776.12.29.	미상	1779.7.14.
75	越松萬戶	정태흥(鄭泰興)	1779.7.15.	미상	1781.6.21.
76	越松萬戶	박상풍(朴相豐)	1781.6.22.	미상	1783.12.27.
77	越松萬戶	김창윤(金昌胤)	1783.12.28.	미상	1786.9.24.
78	越松萬戶	김종혁(金宗赫)	1786.9.25.	미상	1788.12.19.
79	越松萬戶	남종희(南宗禧)	1788.12.20.	미상	1790.12.19.
80	越松萬戶	김진택(金珍澤)	1790.12.20.	미상	1793.6.23.
81	越松萬戶	김응극(金應極)	1793.6.24.	미상	1793.6.25.
82	越松萬戶	한창국(韓昌國)	1793.6.25.	미상	1795.12.19.
83	越松萬戶	이수봉(李壽鳳)	1795.12.20.	미상	1797.7.10.
84	越松萬戶	노인소(盧仁素)	1797.7.11.	미상	1799.10.6.
85	越松萬戶	신광재(申光載)	1799.10.7.	미상	1802.1.8.
86	越松萬戶	박수빈(朴守彬)	1802.1.9.	미상	1803.5.22.
87	越松萬戶	유종혁(劉宗赫)	1803.6.6.	7월 12일 부임	1805.12.27.
88	越松萬戶	이태근(李泰根)	1805.12.28.	미상	1808.6.20.
89	越松萬戶	최헌상(崔獻祥)	1808.6.21.	미상	1810.12.26.
90	越松萬戶	김원증(金元曾)	1810.12.27.	미상	1813.7.27.
91	越松萬戶	유인주(兪仁柱)	1813.7.28.	미상	1816.2.18.
92	越松萬戶	박재희(朴載熙)	1816.2.19.	미상	1817.2.18.
93	越松萬戶	방일호(方一好)	1817.2.19.	미상	1819.6.24.

연번	관직명	성명	제수일자	하직일자	퇴임일자
94	越松萬戶	유태근(柳泰根)	1819.6.25.	미상	1819.7.21.
95	越松萬戶	서명인(徐命仁)	1819.8.8.	9월 15일 부임	1821.12.27.
96	越松萬戶	이창윤(李昌潤)	1821.12.28.	미상	1824.6.24.
97	越松萬戶	정도복(丁復禧)	1824.6.25.	미상	1826.12.25.
98	越松萬戶	김성열(金聲烈)	1826.12.26.	미상	1829.6.23.
97	越松萬戶	황재중(黃在中)	1829.6.24.	미상	1831.12.24.
98	越松萬戶	이상호(李尙浩)	1831.12.25.	미상	1834.6.24.
99	越松萬戶	이석린(李錫麟)	1834.6.25.	미상	1836.12.24.
100	越松萬戶	박장희(林章熙)	1836.12.25.	미상	1837.9.7.
101	越松萬戶	이인화(李寅和)	1837.9.8.	미상	1839.12.21.
102	越松萬戶	오인현(吳仁顯)	1839.12.22.	미상	1841.5.28.
103	越松萬戶	김영철(金鍈哲)	1841.5.29.	미상	1843.10.16.
104	越松萬戶	오신범(吳信範)	1843.10.17.	미상	1846.4.1.
105	越松萬戶	서흥춘(徐興春)	1846.4.2.	미상	1848.6.24.
106	越松萬戶	이규상(李圭祥)	1848.6.25.	미상	1849.5.18.
107	越松萬戶	이지남(李之枏)	1849.5.19.	미상	1851.12.26.
108	越松萬戶	석충선(石忠先)	1851.12.27.	미상	1853.5.31.
109	越松萬戶	이동섬(李東暹)	1853.6.1.	미상	1855.12.25.
110	越松萬戶	지희상(池熙祥)	1855.12.26.	미상	1858.6.21.
111	越松萬戶	안양규(安養奎)	1858.6.22.	미상	1860.12.19.
112	越松萬戶	최윤수(崔允秀)	1860.12.20.	미상	1863.7.2.
113	越松萬戶	안광로(安光魯)	1863.7.3.	미상	1865.12.12.
114	越松萬戶	김기식(金箕植)	1865.12.13.	미상	1866.12.19.
115	越松萬戶	장원익(張源翼)	1866.12.20.	미상	1869.1.11.
116	越松萬戶	서긍수(徐兢洙)	1869.1.12.	미상	1870.12.18.
117	越松萬戶	한두석(韓斗錫)	1870.12.19.	미상	1874.12.16.
118	越松萬戶	최봉수(崔鳳秀)	1874.12.17.	미상	1879.2.27.
119	越松浦萬戶	장우식(張友植)	1876.12.20.	미상	1879.2.27.
120	越松萬戶	박삼수(朴三秀)	1879.2.28.	미상	1880.12.25.
121	越松萬戶	원희관(元喜觀)	1880.12.26.	미상	1882.10.19.
122	越松萬戶	안영식(安永植)	1882.10.20.	미상	1883.12.28.

연번	관직명	성명	제수일자	하직일자	퇴임일자
123	越松萬戶	이유신(李裕信)	1883.12.29.	미상	1885.7.21.
124	越松萬戶	안경학(安敬學)	1885.7.22.	미상	1887.6.28.
125	越松萬戶	황진기(黃鎭基)	1887.6.29.	미상	1888.6.14.
126	越松萬戶	서경수(徐敬秀)	1888.6.15.	미상	1890.8.3.
127	越松萬戶	이종인(李鍾仁)	1890.8.4.	미상	1892.1.9.
128	越松萬戶	박지영(朴之榮)	1892.1.10.	미상	1892.12.8.
129	越松萬戶	이원갑(李完甲)	1892.12.9.	미상	1894.1.27.
130	越松萬戶	유현(劉玄)	1894.1.28.	미상	1894.3.18.
131	越松萬戶	박제영(朴齊榮)	1894.3.19.	미상	1894.9.21.
132	三陟浦鎭管越松浦水軍萬戶兼鬱陵島島長	김현택(金顯澤)	1894.9.22.	미상	

먼저 월송만호 명칭에서 눈에 띄는 점은 원만(元萬)의 관직명이 기존의 '越'자가 아닌 '月'자를 사용한 月松萬戶라는 점이다. 月松萬戶는 원만의 사례 이외에도 『승정원일기』에서 8건, 『비변사등록』에서 2건, 『일성록』에 1건이 등장하는 것으로 보아 당시에 사람들이 '越松'과 '月松'을 혼재해서 기재했을 가능성도 없진 않다.

『승정원일기』 8건 중 4건은 월송만호에 관한 임명에 관한 건이고, 변방에 관한 것 1건, 월송만호 임기와 평가에 관한 건 2건, 수토와 관련된 내용 1건이 있다. 『비변사등록』은 1728년(영조 4) 5월 1일에 좌의정 趙泰億이 입시해서 관동의 해방에 대해 문의하는 것으로 관동에 진·보가 삼척첨사와 월송만호만 설치되어 있음을 지적하며 강원도관찰사에게 명하여 동해안 방비를 각별히 하라고 전달하는 내용이다.[27] 두 번째 수토에 관한 건 금번 수토가 채삼을 위한 수토이기 때문에 월송만호 차례이나 삼척영장으로 바꿔 갈 것을 건

27 『국역비변사등록』 83책, 영조 4년 5월 1일 신해.

의하는 내용이다.[28]

'月松萬戶'로 임명된 인원은 金麟瑞, 元萬, 吳興良, 韓重良, 閔弘烈 등 4명이다. 김인서는 1466년(세조 12) 月松浦萬戶로 나온다. 김인서에 대한 구체적인 임명사항은 기재하지 않아 언제 임명되고, 하직했는지에 대해서 알 수 없다. 원만은 1672년(현종 13) 7월 12일에 하직하고 만호직을 수행했고, 오흥량은 1705년(숙종 31) 2월 28일에 제수되었다. 한중량은 1751년(영조 27) 2월 2일 제수되어 3월 3일 하직을 하고 만호직을 수행하였다. 민홍렬은 1768년(영조 44) 9월17일에 제수를 받지만 명을 거둬들이고 전임만호를 仍任하라고 하여 실제로 만호직은 수행하지 않았다.

월송만호의 임명현황은 17세기. 18세기 전반, 18세기 후반, 19세기 이렇게 네시기로 나뉠 수 있다.

먼저 17세기 시기이다. 이 시기의 임명 건수는 총 32건인데, 제수와 하직을 모두를 알 수 없는 張樞와 林杞의 임명사항을 제외한 30건에 대해서는 제수일자나 하직일자가 기록되어 있다. 이를 자세히 살펴보면 제수일자와 하직일자가 모두 알려진 것이 7건, 제수일자만 나오는 것은 10건, 하직일자만 나오는 건이 13건이다. 제수일자와 하직날짜가 모두 나오는 7건을 비교하면 제수날짜와 하직날짜의 사이는 1699년(숙종 25) 임명된 전회일의 경우를 제외하고는 모두 한 달 즈음으로 제수 후 하직하는 것을 확인할 수 있다.

이 시기 임명사항의 특징은 제수일자와 하직일자를 모두 기록하는 경우가 드물다는 것이다. 그리고 제수일자나 하직일자가 일정하지 않고, 산발적으로 임명이 일어나고 있다는 점이다.

두 번째 18세기 전반기는 시기적으로 1701년(숙종 27) 정만흥(丁萬興)을 시작으로 1768년(영조 44) 민홍렬때까지로 이때의 임명사항의 특징은 거

---

28 『국역비변사등록』 184책, 정조 20년 9월 16일 무오.

의 대부분의 월송만호의 관직을 제수한 날짜와 하직한 날짜가 모두 기록되어 있다는 점이다. 하지만 17세기와 마찬가지로 관직의 제수 날짜가 일정치 않다는 점은 여전하다.

세 번째 18세기 후반기는 1769년(영조 45) 배찬봉에서 1799년(정조 23) 신광재까지이다. 이 시기의 임명의 특징은 모든 만호의 제수일자는 기록한 반면에, 1774년(영조 50) 7월 21일에 하직한 안재소를 제외하고는 나머지 월송만호 대해서는 하직일자를 적지 않았다. 그 대신 부임한 날짜를 기재하기도 하였다. 또한 관직 제수일자가 12월과 6월에 집중적으로 일어지고 있음을 알 수 있다.

네 번째는 19세기이다. 1802년(순조 2) 박수빈을 시작으로 1894년의 김현택까지로 마지막 시기에 해당한다. 이 시기도 18세기 후반과 마찬가지로 모든 인원의 제수일자는 기재되어 있지만 하직날짜는 어느 월송만호도 적지 않았다.

Ⅳ. 울릉도 수토

울릉도 수토제는 1694년(숙종 20)에 안용복 사건으로 인한 '울릉도 쟁계'로 인해 확립 되어 삼척영장과 월송만호가 윤회수토를 원칙으로 시작되었다.[29] 수토제가 확립된 이후로 월송만호는 총 102명이 임명되었다. 그 중에서 울릉도 수토를 거행한 것으로 확인된 월송만호는 26명으로 임명된 월송만호의 약 25%가 울릉도 수토를 거행한 것을 확인할 수 있다.

다음 아래의 〈표 4〉는 월송만호 중 울릉도 수토를 거행한 월송만호를 정리한 것이다.

29 신태훈, 「朝鮮時代 鬱陵島 搜討 硏究」, 강원대학교 박사학위논문, 2023, 29쪽.

〈표 3〉 울릉도 수토 거행 월송만호30

연번	연도	직위	이름	비고
1	1699년	越松萬戶	전회일	『숙종실록』 숙종 25년 7월 15일
2	1705년	月松萬戶	오홍량	『숙종실록』 숙종 31년 6월 13일
3	1714년	越松萬戶	남중하	『동계집』, 「남씨단검명」
4	1745년	越松萬戶	박후기	『승정원일기』 영조 22년 4월 24일
5	1772년	越松萬戶	배찬봉	『승정원일기』 영조 48년 5월 6일
6	1776년	越松萬戶	안재소	『승정원일기』 정조 즉위년 5월 22일
7	1786년	越松萬戶	김창윤	『일성록』 정조 10년 6월 4일
8	1790년	越松萬戶	남종희	『일성록』 정조 14년 10월 10일
9	1794년	越松萬戶	한창국	『정조실록』 정조 18년 6월 3일
10	1799년	越松萬戶	노인소	『일성록』 정조 23년 10월 2일
11	1803년	越松萬戶	박수빈	『승정원일기』 순조 3년 5월 22일
12	1807년	越松萬戶	이태근	『일성록』 순조 7년 5월 12일
13	1811년	越松萬戶	김원증	『항길고택일기』 3월 1일
14	1817년	越松萬戶	방일호	
15	1825년	越松萬戶	정도복	『항길고택일기』 9월
16	1829년	越松萬戶	김성열	『항길고택일기』 4월 3일
17	1841년	越松萬戶	오인현	『비변사등록』 현종 7년 6월 10일
18	1845년	越松萬戶	오신범	『항길고택일기』 3월 17일
19	1849년	越松萬戶	이규상	
20	1853년	越松萬戶	석충선	지희상 수토보고에서 밝혀짐
21	1857년	越松萬戶	지희상	『각사등록』, 「강원감영계록」 윤5월 15일
22	1867년	越松萬戶	장원익	
23	1883년	越松萬戶	안영식	
24	1888년	越松萬戶 兼 鬱陵島島長	서경수	『각사등록』, 「강원도관초」 무자 7월 10일
25	1889년	越松萬戶 兼 鬱陵島島長	서경수	『각사등록』, 「강원도관초」 기축 7월 17일
26	1890년	越松萬戶 兼 鬱陵島島長	이종인	『각사등록』, 「강원도관초」 경인 8월 16일
27	1892년	越松萬戶 兼 鬱陵島島長	박지영	『각사등록』, 「강원도관초」 임진 7월 14일

30 신태훈의 「朝鮮時代 鬱陵島 搜討 硏究」의 수토현황표를 재정리해서 작성한 것임.

월송만호가 울릉도 수토를 시행한 횟수는 총 27건인데 서경수가 2번을 했기 때문에 인원으로는 총 26명이 울릉도 수토를 시행했음을 알 수 있다. 월송만호의 울릉도 수토의 특징은 수토기를 통해 월송만호가 울릉도를 어떻게 수토하였는지 경로를 자세하게 알 수 있다. 자세한 수토기록을 작성한 월송만호는 김창윤, 한창국, 이태근, 이규상, 지희상이 있다. 김창윤과 한창국의 수토는 18세기 후반의 수토이고, 이태근, 이규상, 지희상의 수토는 시기적으로 19세기 초반에서 중반까지의 수토이다.

먼저 김창윤과 한창국의 수토를 살펴보면 주로 지세를 파악하고, 토산물을 채취하는데 큰 목적을 두고 있었다. 김창윤은 저전동[지금의 저동], 천저구미[지금의 죽암마을], 황토구미[지금의 태하동]을 택하고 있으며 경로는 저동에서 시계 반대 방향으로 진행되었다. 김창윤의 수토경로에서 태하동에서 사동에 이르는 지금의 서면 일대인 남서 해안은 대부분 제외되었다.[31] 한창국은 육지뿐만 아니라 울릉도 전 해안을 일주하면서 수토를 진행하였다. 한창국은 지금의 저동인 저전동과 지금의 사동인 장작지포, 그리고 통구미를 중심으로 진행하였다.[32]

19세기 초부터 시작된 이태근, 이규상, 지희상의 수토는 지세파악의 목적도 있었지만 몰래 잠입하는 무리를 파악하는 것이 목적이었다. 이태근의 수토부터 '潛船'이라는 기존 수토기에서 등장하지 않은 단어가 나오게 된다. 주로 흥양, 장흥, 순천 어민들이 무리를 끌고 울릉도에 들어오게 되었다. 이러한 잠선 선주들이 왜학과 원역 무리에게 뇌물을 주어 결탁해 혹시 걸려도 쇄환시키지 않고 풀어주는 경우가 있다고 이태근은 감영에 보고하였다.[33]

31 신태훈, 「조선후기 월송만호와 울릉도 수토제」, 『한일관계사연구』 제72집, 한일관계사학회, 58쪽.

32 신태훈, 「朝鮮時代 鬱陵島 搜討 硏究」, 강원대학교 박사학위논문, 2023, 104~105쪽.

33 신태훈, 「朝鮮時代 鬱陵島 搜討 硏究」, 강원대학교 박사학위논문, 2023, 106쪽.

조정에서는 잠선의 선주와 이를 묵인한 수토관들은 처벌하고, 이들을 관리를 못한 잠선의 해당 고을의 관리에게 엄히 다스릴 것을 신칙하였다. 처벌받은 수토관은 박수빈, 노인소, 오인현으로 모두 고신은 추탈당하고, 속전을 내는 처벌을 받았다.

이규상도 마찬가지로 전라도 배 14척, 경상도 배 2척, 강원도 배 2척을 摘奸한다. 이규상의 수토기록에서는 이앙선 1척이 발견되어 경상도 배 2척 중 1척이 이 배를 조사하기도 하였다. 지희상은 7일 정도 울릉도에 머물면서 대풍구미[대풍감]-통구미-저전구미[저동]-왜선창[천부]-흑장구미[현포]-추봉을 지나 대풍구미[대풍감]로 다시 돌아오는 코스로 수토를 진행하였다.

특히 지희상은 수토 과정에서 대풍구미에서 병풍석을 발견하는데 그 병풍석에는 수토관의 이름이 새겨져 있었다. 각석된 이름은 삼척영장 이원명과 월송만호 석충선 두 사람만이 이름과 직책 확인이 가능하고 나머지는 시간이 오래되어 마모가 심해 글자를 알아볼 수가 없다고 하였다.

Ⅴ. 맺음말

이상으로 월송포진의 변화와 월송만호의 부임현황에 대해서 분석을 해보았다. 『세종실록』「지리지」편을 통해 월송포진은 조선 초기부터 강원도 수군의 중요한 역할을 담당하였음을 알 수 있다. 하지만 그럼에도 불구하고 단독적인 만호가 존재하지 않았고, 평해지군사가 겸임을 하고 있었다. 1466년 9월 6일 月松浦萬戶 金麟瑞가 나오면서 적어도 『세종실록』「지리지」 1454년에는 월송만호가 존재하였다고 판단된다.

『세종실록』「지리지」에 6개(월송포, 속초포, 강포구, 삼척포, 수산포, 연곡포)로 편성된 수군만호수어처는 경국대전에는 4개(안인포, 고성포, 울진포,

월송포)가 있었고 조선 후기에 영조대 지어진 『속대전』, 그리고 정조 대에 편찬한 『대전통편』 에서는 강원도 4개 수군만호 중 안인포, 고성포, 울진포를 혁파한다고 하였다. 정조 대에 오면 강원도의 수군만호처가 월송포 하나밖에 없었던 것이다.

월송만호는 1466년부터 1894년까지 총 133명이 임명된 사실을 확인 할 수 있다. 월송만호는 月松浦萬戶, 越松萬戶로 불리다가 1626년에 三陟浦鎭管 越松浦水軍萬戶로 정식적으로 불리고, 1883년 이후 울릉도 개척이 시작되고, 이에 따른 울릉도 도장이 생기면서 월송만호가 울릉도 도장을 겸하게 되어 정식명칭이 三陟浦鎭管 越松浦水軍萬戶 兼鬱陵島島長으로 바뀌게 된다.

임명된 월송만호는 크게 4가지고 구분하여 설명할 수 있는데 17세기, 18세기 전반, 18세기 후반, 그리고 19세기로 나뉠 수 있다. 17세기에는 제수날짜가 일정하지 않고, 제수날짜와 하직날짜 모두 기록한 것이 7건에 불과하였는데 18세기 전반에 오면 거의 2/3가량이 제수날짜와 하직날짜도 모두 기록하였다. 하지만 17세기와 마찬가지로 여전히 제수날짜의 일관성은 없다. 18세기 후반에 들어오면 안재소를 제외한 나머지 인원의 하직일자는 기록하지 않는다. 하지만 임명날짜가 주로 12월과 6월에 주로 이뤄지고 있음을 확인하였다. 19세기 들어오면 하직기록이 나타나지 않고, 부임날짜가 2건이 존재하고 있음을 알 수 있다.

월송만호의 수토기록은 총 27건이 존재하는데 수토기를 통해 수토일정을 자세히 알 수 있는 수토관은 김창윤, 한창국, 이태근, 이규상, 지희상으로 총 5명이다. 이 수토관은 다시 성격에 따라 김창윤과 한창국을 한 그룹으로, 이태근, 이규상, 지희상을 한 그룹으로 나눠 설명할 수 있다. 김창윤과 한창국은 주로 지세 파악을 위주로 수토를 해서 자신들이 어디 어디를 갔는지 꼼꼼히 기록해왔다. 김창윤이 주로 육지를 통해서 수토를 진행했다면 한창국은 해상과 육로를 모두 활용해서 수토를 진행하였다. 이에 반해 이태근, 이규상, 지희상은 주로 울릉도에 몰래 들어온 사람들을 단속하는데 그 목적이 있었다. 이태근의 수토기에서 처음으로 잠선이 나왔고, 이규상의 수토기를 통해서 잠선의 선주들이 왜학과 결탁하여 수토관에게 저항하는 모습을 볼 수 있었다.

비록 연구를 진행하면서 월송만호 인원 한명 한명의 기록을 해놓은 선생안 등과 같은 자료가 없어서 조선 전기의 월송만호를 파악할 수 없다는 점과 월송만호 명칭에서 '越'자가 '月'로 기록하고 있는 사례가 10가지 정도 되는데 어떠한 이유에서 月자를 썼는지 규명이 어렵다는 한계가 있지만 다양한 사료가 발견되고 번역되면 이러한 문제가 해결될 것으로 기대하며 차후 연구과제로 넘기고자 한다.

참고문헌

1. 사료

『강원도관초』

『승정원일기』

『비변사등록』

『조선왕조실록』

2. 논문

김호동, 「越松浦鎭의 역사」, 『史學研究』 115, 한국사학회, 2014.

백인기, 『조선후기 울릉도 수토』, 『이사부와 동해』 18·19, 한국이사부학회, 2022.

손승철, 『삼척, 수토와 독도수호의 길』, 『이사부와 동해』 18·19, 한국이사부학회, 2022.

신태훈, 「朝鮮時代 鬱陵島 搜討 研究」, 강원대학교 박사학위논문, 2023.

심현용·김성준, 「울진포진(포영)에 관한 연구」, 『울진문화』 13, 울진문화원, 1999.

심현용, 『대풍헌은 말한다.-현판과 원문·수토절목을 중심으로』, 『이사부와 동해』 18·19, 한국이사부학회, 2022.

유재춘, 「수토사 유적(삼척포진성, 월송포진성, 海汀候望)」, 『이사부와 동해』 18·19, 한국이사부학회, 2022.

윤천수, 「월송포진성 발굴 의의와 울릉도 수토 출발지 변천사」, 『이사부와 동해』 5, 2013.

이원택, 「1849년 울릉도의 이양선에 관한 흥해군의 첩보 및 영좌병영의 장계에 대한 해제 및 번역」, 『영토해양연구』 21, 2021.
이원택, 「조한기의 「울릉도 수토기」해제 및 번역」, 『영토해양연구』 19, 2020.
이원택, 「『울릉도사적』의 문헌학적 검토」, 『영토해양연구』 16, 2018.
이원택, 「19세기 울릉도 수토연도에 관한 연구」, 『독도연구』 23, 2017.
이원택, 「조선후기 강원감영 울릉도 수토사료 해제 및 번역」, 『영토해양연구』 8, 2014.
이원택, 「19세기 울릉도 수토제 운영 실태에 관한 연구」, 『이사부와 동해』 8, 2014.
이원택·정명수, 「울진 대풍헌 소장 「완문」과 「수토절목」의 해제 및 번역」, 『영토해양연구』 16, 2018.
이원택·정명수, 「울진 대풍헌 현판 기문류 자료의 해제 및 번역」, 『영토해양연구』 17, 2019.
이원택·정명수, 「울진 대풍헌 현판 영세불망지판류 자료의 해제 및 번역」, 『영토해양연구』 18, 2019.

1882년 울릉도검찰사 이규원의 수토 과정
- 서울 출발부터 울릉도 도착까지 -

김영수 | 동북아역사재단 교양총서편찬위원장

Ⅰ. 머리말

임진왜란, 병자호란, 을미의병 등의 연결고리는 존왕양이(尊王攘夷) 사상이라는 공통점을 가지고 있었다. 따라서 의병활동이 활발한 금화 지역은 충의사상(忠義思想)과 존왕양이(尊王攘夷) 의식이 강한 지역적 특색을 갖고 있었다. 이러한 금화 지역의 특색을 자연스럽게 흡수한 이규원은 충의사상(忠義思想)과 존왕양이(尊王攘夷)의 의식을 소유한 인물이었다.[1]

울릉도검찰사(鬱陵島檢察使) 이규원(李奎遠, 1833~1901)은 1882년 4월 7일 창덕궁 희정당(熙政堂)에서 고종을 알현하고 4월 10일 서울을 출발한 다음 4월 12일 원주목(原州牧), 4월 20일 평해군(平海郡)에 도착했다. 서울에서 출발한지 20일이 지나서야 이규원은 1882년 4월 29일 오전 구산포(邱山浦)에서 울릉도로 출항했다. 이규원은 1882년 4월 30일 저녁(酉時, 오후 6시경) 울릉도 서쪽 소황토구미(小黃土邱尾, 현재 학포)에 도착했다. 5월 12일 아침 울릉도를 출발한 다음 이규원 검찰사 일행은 5월 13일 저녁(亥時, 10시경) 평해 구산포(邱山浦)로 정박하고 육지에 내렸다. 그 후 이규원은 5월 27일 서울에 도착해서 계본(啓本)을 본격적으로 작성했다. 1882년 6월 5

---

1 김영수, 「1882년 울릉도검찰사 전후 이규원의 활동과 조선정부의 울릉도 이주정책」, 『이사부와 동해』 18-19, 2022, 377-380쪽.

일 이규원은 창덕궁 희정당(熙政堂)에서 다시 고종을 공식적으로 만날 수 있었다. 그 후 고종은 이규원의 울릉도검찰사 활동을 인정하여 1882년 7월 경상좌도 병마절도사로 승진시켰다.

기존연구는 울릉도와 독도의 명칭을 정리하면서 이규원의 울릉도검찰사 활동의 의미를 살펴보았다.[2] 김호동은 이규원의 울릉도 검찰 활동을 비판했는데 송병기는 이규원의 울릉도 검찰 전후 조선정부의 울릉도 정책 변화와 '개척' 과정, 울릉도를 둘러싼 조일관계를 상세히 고찰했다. 신용하는 이규원 검찰사 파견 이후 조선 정부의 울릉도와 독도의 '재개척'을 주목하면서 동남제도개척사의 의미를 파악했다.[3]

기존 연구는 2010년대 조선의 영토와 해양 인식, 김옥균 관련 인물 연구, 1880년대 울릉도 벌목과 어업 연구로 발전했다.[4] 또한 울릉도에서 이규원의 지리적 조사에 초점을 맞춘 일련의 연구도 진행되었다.[5] 최근 연구는 이규원의

---

2 이한기, 『한국의 영토』, 서울대학교출판부, 1969, 250-251쪽 ; 신용하, 『일본의 한국침략과 주권침탈, 서울, 경인출판사, 2005, 287-292 ; 김호동, 『독도 울릉도의 역사』, 경인문화사, 2007, 170쪽 ; 선우영준, 「독도 영토권원의 연구」, 성균관대학교 행정학과 박사논문, 2006, 264쪽.

3 김호동, 「이규원의 울릉도 검찰 활동의 허와 실」, 『대구사학』 71, 2003, 12쪽 ; 송병기, 『울릉도와 독도』, 단국대학교출판부, 2005, 87, 121-123쪽 ; 신용하, 『한국의 독도영유권 연구』, 경인문화사, 2006, 30쪽.

4 박은숙, 「동남제도 개척사 김옥균의 활동과 영토 영해 인식」, 『동북아역사논총』 36, 2012, 99-102쪽 ; 박성준, 「1880년대 조선의 울릉도 벌목 계약 체결과 벌목권을 둘러싼 각국과의 갈등」, 『동북아역사논총』 43, 2014, 125, 144쪽 ; 이규태, 「울릉도 삼림채벌권을 둘러싼 러일의 정책」, 『사총』 79, 2013, 203쪽 ; 김수희, 『근대 일본어민의 한국진출과 어업경영』, 경인문화사, 2010, 19쪽 ; 이영학, 「개항 이후 일제의 어업 침투와 조선어민의 대응」, 『역사와 현실』 18, 1995.

5 이혜은, 「개척기 울릉도의 지리경관」, 『한국사진지리학회지』 22-4, 2012, 15, 23쪽 ; 김기혁, 「조선 후기 울릉도의 搜討기록에서 나타난 부속 도서 지명 연구」, 『문화역사지리』 23-2, 2011, 137쪽.

전체 생애, 이규원 검찰의 의미, 전라도지역과의 연계 등으로 확장되었다.[6]

그럼에도 기존연구는 이규원의 전체적인 수토 과정을 주목하지 않았다. 그 이유는 기존연구가 이규원의 울릉도 수토만을 중심으로 파악했기 때문이었다. 이 논문은 검찰사 이규원의 수토를 위한 여정 중 서울 출발부터 울릉도 도착까지의 일정을 살펴볼 것이다. 이를 통해서 이규원이 지나간 장소, 만난 인물 등을 통해서 고종 시대를 이해하는데 도움을 줄 것이다.

Ⅱ. 이규원의 서울 출발과 울릉도 도착

1. 이규원의 서울부터 평해까지 여정

1882년 이규원(李奎遠, 1833~1901)은 4월 10일 서울을 출발해서 4월 20일 평해에 도착했는데 그 과정에서 양주-광주(4.11)-지평(4.12)-여주-원주(4.13)-제천(4.14)-단양(4.15)-순흥(영주)-안동 내성참(4.16)-봉화(4.17)-영양(4.18) 등을 지나갔다.[7] 당시 이규원은 검찰사라는 신분으로 민정을 살펴보고 지역의 현감(縣監)과 목사(牧使) 등을 만나야 했기 때문에 일반인이 갔던 길과 달랐다. 더구나 이규원은 말을 타고 서울-원주-봉화-영해까지 갔

---

6 이홍권, 「검찰사 이규원의 생애와 영토수호 활동」, 『이사부와 동해』 16, 2020 ; 이홍권, 「고종의 울릉도 關防정책과 이규원의 울릉도 수토」, 『이사부와 동해』 15, 2019, 260, 269쪽.

7 李奎遠, 「鬱島山海錄」(檢察使李奎遠日記 逸失部分) : 신용하, 『獨島領有權 資料의 探究』, 3권, 독도연구보존협회, 2000, 9-20쪽. 「鬱島山海錄」은 울릉도검찰일기와 내용이 비슷한데, 1882년 4월 7일부터 16일까지 및 4월 20일부터 4월 23일 부분이 수록되었다.(李奎遠, 「鬱島山海錄」 : 신용하, 『獨島領有權 資料의 探究』, 3권, 독도연구보존협회, 2000, 11쪽)

기 때문에 일반적인 길이 아니었다. 그럼에도 이규원은 귀로에서 강원도를 거쳤기 때문에 서울부터 평해까지 가는 길을 살펴보는 것은 의미가 있다. 또한 이규원은 원주부터 봉화까지 갔으므로 일반적으로 서울부터 봉화까지 가는 길도 함께 살펴보면 유용할 것이다.

그렇다면 조선 후기 사람들은 서울부터 평해까지 어떤 길을 통해서 갔을까? 그 단서는 김정호가 1862-1866년 사이 작성한 『대동지지(大東地誌)』 「정리고(程里考)」를 통해서 그 여정을 짐작할 수 있다. 『대동지지(大東地誌)』 「정리고(程里考)」에 따르면 동남(東南) 방향 3대로(三大路)를 통해서 서울부터 평해까지 총 890리(里)였다.[8]

『대동지지(大東地誌)』 「정리고(程里考)」에 따르면 김정호는 서울부터 평해까지 다음과 같은 지명을 기록했다.

첫째 서울부터 원주까지의 지명은 다음과 같다. 흥인문(興仁門)-중량포(中梁浦, 중랑천)-망우리현(忘憂里峴, 중랑구와 구리시 경계에 있는 고개)-왕산탄(王山灘, 구리시 왕숙천)-평구역(平邱驛, 남양주시 삼패동 평구마을)-봉안역(奉安驛, 남양주시 조안면 능내리)-용진(龍津, 남양주시 조안면 송촌리와 양평군 양서면 공용진 사이 나루)-월계(月溪, 양평군 양서면 신원리)-덕곡(德谷, 오빈리)-양근(楊根, 대흥 1리 대곡마을에서 용문면 삼성2리로 넘어가는 고개)-백현(柏峴, 대흥 1리 대곡마을에서 용문면 삼성2리로 넘어가는 고개)-흑천점(黑川店, 용문면 삼성3리 흐르는 내)-지평(砥平) 전양현(前楊峴, 무왕2리)-송치(松峙, 양평과 원주 경계)-안창역(安昌驛, 원주시 지정면 안창리 역말마을)-원주(原州, 일산동)

둘째 강릉까지의 지명은 다음과 같다. 식송점(植松店, 수암리)-오원역(烏原驛, 횡성군 우천면 오원3리 양달말)-안흥역(安興驛, 안흥리)-운교역창

---

8 金正浩編, 「程里考」, 『大東地誌』, 27卷, 1862-1866, 25-26쪽(奎章閣 古4790-37-v.1-15).

(雲校驛倉, 평창군 방림면 운교리)-방림역(芳林驛, 방림리)-대화역창(大和驛倉, 대화리)-청심대점(淸心臺店, 마평리)-진부역(珍富驛, 진부리)-월정거리(月精巨里, 간평리)-횡계역(橫溪驛, 횡계리)-대관령(大關嶺)-제민원(濟民院, 강릉시 성산면 어흘리 제민원마을)-구산역(邱山驛, 구산리)-강릉(江陵, 용강동)-안인역(安仁驛)-우계창(羽溪倉, 강릉시 옥계면).

셋째 동해부터 울진까지의 지명은 다음과 같다. 평릉역(平陵驛, 동해시 평릉동)-삼척(史直驛, 삼척시 사진역)-대치(大峙)-교가역(交柯驛)-용화역(龍化驛)-미현(尾峴)-옥원역창(沃原驛倉, 옥원리)-갈령(葛嶺, 삼척시 원덕읍과 울진군 북면 사이의 고개)-흥부역(興富驛, 부구리)-울진(蔚珍, 읍내리)

넷째 평해까지의 지명은 다음과 같다. 수산역(守山驛, 수산마을)-덕신역(德新驛, 덕신리)-망양정(望洋亭, 망향리)-명월포(明月浦)-정명포(正明浦)-월송포진(越松浦鎭)-달효역(達孝驛, 월송리)-평해(平海).

한편 이규원은 원주에서 봉화를 거쳐 평해에 도착했다. 그렇다면 조선 후기 사람들은 서울부터 봉화까지 어떤 길을 통해서 갔을까? 『대동지지(大東地誌)』「정리고(程里考)」에 따르면 동남(東南) 방향 5대로(五大路)를 통해서 서울부터 봉화까지 총 500리(里)였다.[9]

『대동지지(大東地誌)』「정리고(程里考)」에 따르면 김정호는 서울부터 봉화까지 다음과 같은 지명을 기록했다. 흥인문(興仁門)-전관교(箭串橋, 행당동)-신천진(新川津, 신천동)-송파진(松波津, 잠실동)-율목정(栗木亭, 창곡동)-광주(廣州, 산성리)-검북참(黔北站, 검북리)-경안역(慶安驛, 경안동)-쌍령점(雙嶺店, 대쌍령리)-곤지애(昆池厓, 곤지암리)-광현(廣峴, 광현마을)-이천(利川, 관고동)-장등점(長등店, 태평리)-음죽(陰竹, 선읍3리)-장해원(長海院, 장호원리)-오갑(烏甲, 문촌리)-용당(龍堂, 용포리)-복성동(福城

---

9 金正浩編, 「程里考」, 『大東地誌』, 27卷, 1862-1866, 37-38쪽(奎章閣 古4790-37-v.1-15).

洞, 충주시)-봉황천(鳳凰川, 봉황1리)-가흥창(可興倉, 가흥리)-하연진(荷淵津, 잠병리)-북창진(北倉津, 문산리)-충주(忠州, 성내동)-신당리(新塘里)-황강역(黃江驛, 한수면 역리)-서창(西倉, 서창리)-의치(衣峙, 오티리)-수산역(壽山驛, 수산리)-장위점(長渭店, 장회리)-단양(丹陽, 하방리)-죽령(竹嶺, 단양과 풍기 경계)-창락역(昌樂驛, 창락리)-풍기(豊基, 성내리)-창보역(昌保驛, 창진동)-영천(榮川, 영주동)-내성점(奈城店, 봉화읍 포저리)-봉화(奉化, 봉성1리)

그런데 이규원은 서울-원주-봉화-평해를 말을 타고 갔는데 대략 『대동지지(大東地誌)』「정리고(程里考)」의 서울과 평해 및 서울과 봉화의 길을 비교하면 다음과 같다.

첫째 이규원은 4월 10일 서울을 출발하여 4월 13일 원주에 도착했는데 이규원이 서울에서 원주까지의 점심 장소와 저녁 숙소의 지명을 다음과 같이 기록했다. 홍인문-양주(揚州) 평구점(平邱店)-광주(廣州) 봉안참(奉安站=奉安驛, 4.11)-양근군(楊根郡) 금학루(琴鶴樓)-지평현(砥平縣) 망미헌(望美軒, 4.12)-안창참(安倉站 *安昌驛)-원주감영(原州監營, 4.13) 등이 바로 그것이다.[10]

둘째 이규원은 4월 14일 원주를 출발하여 4월 17일 봉화에 도착했는데 지나간 위치는 다음과 같다. 원주 신림점(新林店)-제천 연봉정(延逢亭)-제천현(堤川縣4.14)-안동령(安東嶺)-열모역점(烈母驛店)-나포령(羅布嶺)-매포참(梅浦站)-일령(日嶺)-만월강(滿月江)-평굴암(坪窟岩)-장림역점(長

10 김정호는 서울부터 원주까지 지명을 다음과 같이 기록했는데 이규원도 거의 비슷한 장소를 거쳐서 원주에 도착했다. 홍인문(興仁門)-중량포(中梁浦)-망우리현(忘憂里峴)-왕산탄(王山灘)-평구역(平邱驛)-봉안역(奉安驛)-용진(龍津)-월계(月溪)-덕곡(德谷)-양근(楊根)-백현(柏峴)-흑천점(黑川店)-지평(砥平)-전양현(前楊峴)-송치(松峙)-안창역(安昌驛)-원주(原州).

林驛店, 4.15, 단양군 대강면 장림리)-단양(丹陽) 소아지점(小兒只店)-죽령(竹嶺)-순흥(順興, 영주) 수철교참(水鐵橋站)-풍기읍(豐基邑)-지경암(地境岩)-안동(安東) 내성참(內城站=奈城店, 4.16)-구능동(九能洞) 세암리(細岩里)-봉화현(奉化縣, 4.17)[11]

셋째 이규원은 4월 18일 봉화를 출발하여 4월 20일 평해에 도착했는데 다음과 같은 길을 지나갔다. 도천(刀川, 봉화 명호면 도천리)-비누리(飛樓里) 고서동(高西洞)-등지교(藤支橋)-보령(保嶺)-재산참(才山站 *봉화군 재산면)-납령(臘嶺)과 덕령(德領)-단곡참(丹谷站) 주곡(朱谷)과 교동(校洞)-영양현(英陽縣, 4.18)-안기역(安基驛)-내미원참(內美院站)-양치령(兩峙嶺=兩蔚嶺, 창수령)-영해(寧海) 창수원(蒼水院)-영해부(寧海府, 4.19)-영석진(潁石津)-백석진(白石津)-지경리(地境里)-평해군(平海郡, 4.20)

2. 이규원의 순시와 만난 사람들

이규원은 1882년 4월 7일 고종을 알현하고 4월 10일 서울을 출발했다.[12] 이규원은 1882년 4월 12일 원주목(原州牧), 4월 20일 평해군(平海郡)에 도착했다. 서울에서 출발한지 보름이 넘어서야 이규원은 1882년 4월 27일 구산포(邱山浦)에서 순풍을 기다릴 수 있었다.[13]

---

11 김정호는 충주부터 봉화까지 지명을 다음과 같이 기록했는데 이규원은 단양에서 봉화까지 거의 비슷한 장소를 거쳐서 봉화에 도착했다. 충주(忠州)-신당리(新塘里)-황강역(黃江驛)-서창(西倉)-의치(衣峙)-수산역(壽山驛)-장위점(長渭店, 단양군 단성면 長淮里)-단양(丹陽)-죽령(竹嶺)-창락역(昌樂驛)-풍기(豐基)-창보역(昌保驛)-영천(榮川)-내성점(奈城店)-봉화(奉化).

12 李奎遠, 光緖八年(1882) 壬午 六月,「啓草本」.

13 "초10일에 길을 떠나 12일에 原州牧에 이르러 하루를 머물고 20일에 平海郡에 도착하여 6일을 묵으면서 바다를 건너갈 선박과 땔나무, 물, 양식, 찬 등속을 준비하도록 단속하여 27일에 읍에서 10리쯤 거리에 있는 邱山浦에 가서 순풍을 기다렸습니다. 29

1882년 4월 7일 울릉도검찰사 이규원은 출발 인사를 드리기 위해서 고종을 알현했다. 이날 이규원은 "임금의 말씀이 주밀하고 정중했다"고 기록했다.[14] 이날 이규원은 성문을 나서야 했지만 이미 어두워졌기 때문에 출발하지 못했다. 이규원은 4월 8일 흥인문 밖에 나와 숙박하면서 출장을 위한 서류와 짐을 꾸렸고 4월 10일 서울을 출발할 수 있었다. 이규원은 마차(車馬)에 앉았고 여섯의 병사(步卒)가 순시(巡視)를 따랐다. 햇살이 말안장을 비출 정도로 좋은 날씨였는데 지휘하는 깃발이 선두에 있고 병사들이 마차의 앞과 뒤를 호위했다.[15]

4월 10일 정오 양주(揚州) 평구점(平邱店) 40리에 이르러 점심을 먹었다. 곧 출발하여 30리를 가서 광주(廣州) 봉안참(奉安站, *남양주시 조안면 능내리)에 숙소를 정했다. 양주부터 광주까지 지나온 모든 길은 산이 높고 물이 맑아 아름다웠다. 산기슭의 길은 꼬불꼬불했고 강물이 몹시 맑았고 석양의 풍광이 좋았다. 봉안참은 조각배가 위 아래로 왔다 갔다 하는데 갈매기(白鷗)가 훨훨 나르며 혹 잠기고 뜨니 행인이 말을 멈추는 곳이었다.

4월 11일 아침 날씨가 맑았는데 봉안참에서 배를 타고 출발했다. 동으로 10리쯤 가서 강을 따라 올라가니 높고 빼어난 경치의 산천이 보였는데 그 위에 암자가 있었다. 뱃사람은 수종사(水鐘寺)라고 알려주였다. 수종사는 세조

일에 비로소 순풍을 맞이하여…"(李奎遠, 光緒八年(1882) 壬午 六月, 「啓草本」)

14 "울릉도(鬱陵島)에는 근래에 와서 다른 나라 사람들이 아무때나 왕래하면서 제멋대로 편리를 도모하는 폐단이 있다고 한다. 그리고 송죽도(松竹島)와 우산도(芋山島)는 울릉도의 곁에 있는데 서로 떨어져 있는 거리가 얼마나 되는지 또 무슨 물건이 나는지 자세히 알 수 없다. 이번에 그대가 가게 된 것은 특별히 가려 차임(差任)한 것이니 각별히 검찰하라. 그리고 앞으로 읍(邑)을 세울 생각이니, 반드시 지도와 함께 별단(別單)에 자세히 적어 보고하라."(『高宗實錄』, 高宗 19년(1882) 4월 7일)

15 1882년 4월 10일부터 4월 16일까지 이규원의 행적은 다음의 자료를 참고함. 李奎遠, 「鬱島山海錄」: 신용하, 編著, 『獨島領有權 資料의 探究』, 3권, 독도연구보존협회, 2000, 9-17쪽.

대왕 당시 창건한 곳이었다. 강을 건너 석장진(石檣津)에 도착하여 몇 리쯤 가니 길이 나왔다. 푸른 암벽 아래 맑은 물이 흐르는 경계인 월계(月溪)에 도착했다.

말을 타고 산길은 넘어 평탄한 들판을 지나 30리를 진행하여 양근군(楊根郡) 금학루(琴鶴樓)에 도착하여 점심을 먹었다. 길을 나서 마늑령(馬勒嶺)을 넘어 30리를 가니 지평현(砥平縣) 망미헌(望美軒)에 도착하여 숙박했다. 지평현은 용문산(龍門山)이 있어 별미로 산채가 많았다. 이날 지나온 길은 80리 길이었다.

4월 12일 날씨가 맑은 아침에 출발했다. 동쪽으로 5리를 가서 전년령(前年嶺)을 넘고 또 10리를 가서 모절점(母節店)에 도착했다. 여주(驪州)에 사는 외종(外從) 유생원(柳生員)이 행차를 알고 기다렸다. 작별하고 5리를 가서 신화령(新花嶺)을 넘어 30리를 가서 지평가 원주의 경계인 송령(松嶺)을 넘었다. 그곳에 원주의 관리가 마중 나왔다. 마침 하늘에서 비가 내려 쏟아졌지만 10리를 더 가서 안창참(安倉站 *安昌驛)에 이르러 점심을 먹었다. 말을 타고 출발하여 안치(鞍峙)를 넘어 30리 가니 원주(原州)의 북문(北門)에 도착하여 그곳에서 숙박했다. 이날 지나온 길은 90리 였다.

4월 13일 원주감영(原州監營)에 머물렀는데 4월 14일 맑음 날씨에 원주에서 출발했다. 원주목(原州牧)과 중군(中軍)이 차례로 나와서 남문(南門)에서 작별했다. 1리쯤 가서 총융사(摠戎使) 정기원(鄭岐源, 1809년생)[16]과 잠시 이야기하고 곧 출발했다.

---

16 신미양요 직후 정기원(鄭岐源)을 총융사(總戎使 *5군영의 하나. 경기 지역 군영 담당)로 삼았다.(『高宗實錄』, 高宗 8년(1871) 9월 27일) 정기원(鄭岐源)을 삼도 수군통제사(三道水軍統制使)로 삼았다.(『高宗實錄』, 高宗 19년(1882) 9월 27일) 고 판서 정기원(鄭岐源)에게 장숙(莊肅) 시호(諡號)를 내렸다(純宗實錄, 순종 3년(1910) 8월 26) *1864년부터 1882년까지 총융사를 역임한 정(鄭)씨는 정기원 밖에 없다.

1871년 신미양요(辛未洋擾) 당시 로저스 제독(John Rodgers, 1812~1882)이 이끄는 미국함대가 강화도를 공격할 때 진무사(鎭撫使) 정기원은 미국해군의 불법에 항의하며 미국과의 통상제의를 거절했다. 그는 강화도 광성보(廣城堡)에서 조선병력의 전멸에 가까운 사상자를 낸 참혹한 전투를 수습한 인물이었다.[17] 정기원은 이규원을 만난지 2달 후 1882년 6월 삼도수군통제사(三道水軍統制使)에 임명되었다.[18]

설파령(屑坡嶺)을 넘어서 20리를 가서 원주 신림점(新林店)에 도착하여 점심을 먹었다. 홍주(洪州)의 관리는 150리 역참에서 기다려 출장 관원의 잡물을 공급했는데 다른 역참보다 배나 많았다. 이는 홍주의 책사(冊室, *비서) 김선달(金先達)이 주선했다. 바로 출발하여 5리쯤 가서 충청도 제천 연봉정(延逢亭)에 도착했는데 현감이 보낸 관리가 마중 나왔다. 말에 올라 10리 채지령(債只嶺)을 넘어 15리 소한평막(小寒坪膜)을 거쳐 10리 제천현(堤川縣)에 도착했다. 저녁을 먹은 후 달빛 아래 제천(堤川) 박제승(朴齊昇)[19] 집을 찾아가서 술을 나누고 돌아와서 취침했다. 이날 지나온 길은 80리 길이었다.

4월 15일 제천현감(堤川縣監) 임병익(林炳翼)[20]이 아침식사를 준비했는데 술과 안주를 주고 받았다. 출발할 때 술과 안주를 간단히 갖추어 읍의 앞마을 박제승 집으로 가서 술을 나누고 작별했다. 출발하여 10여리를 가서 제

---

17 『高宗實錄』, 高宗 8년(1871) 4월 27일 ; Asaph Hall, Biographical Memoir John Rodgers 1812-1882. Read Before the National Academy of Sciences. 1906.4.18., pp.81-92.

18 『高宗實錄』, 高宗 19년(1882) 6월 18일.

19 원문은 "朴堤川 齊昇宅"으로 기록되었는데 朴齊昇으로 판단된다. 의정부(議政府)에서 생원(生員)과 진사(進士) 및 유학(幼學) 중에 문학과 재간이 있는 사람들을 별도로 천거(薦擧)한 별단(別單)을 입계(入啓)했다. 영의정(領議政) 김병학(金炳學)은 유학 박제승(朴齊昇)을 천거했다.(『高宗實錄』, 高宗 7년(1870) 3월 19일)

20 원문은 제천현감 '임병익(林秉益)'으로 잘못 기록되었다. "군위현감(軍威縣監) 임병익(林炳翼)과 제천 현감(堤川縣監) 정재범(鄭在範)을 서로 바꾸었다."(『承政院日記』, 高宗 18년(1881) 3월 21)

천현 경계에 잠시 쉬는데 그때 단양군의 관리[延逢]가 마중 나왔다.

안동령(安東嶺)을 넘어 20리쯤 가서 열모역점(烈母驛店)에서 잠시 쉬었다. 5리쯤 가서 나포령(羅布嶺)을 넘고 5리를 가서 매포참(梅浦站)에서 점심을 먹었다. 매포(梅浦)는 큰 산이 주위를 둘러싼 가운데 평평하게 함몰된 지역으로 인가가 수 십여 호였다. 멀리서 바라보니 해암(海巖) 위에 야학(野鶴)이 높이 깃들어 있는 듯하고 매화가 포구에 떨어지는 것 같았다. 전답이 즐비하여 주민들이 경작하기에 적당했는데 만약 남북으로 하나의 길이 관통되지 않았다면 진실로 주진촌(朱陳村)[21] 마을의 선장(仙庄)과 같았을 것이다.

출발하여 10리쯤 가서 일령(日嶺)을 넘어 5리쯤 가서 만월강(滿月江)을 건넜다. 이 강은 처음 오대산에서 발원하여 흐름이 6백 리에 뻗었다고 한다. 강의 좌우에 석벽이 높이 서서 험한 길[鳥道]이 되었는데 배가 강의 중간에 풀잎 같은 내려갔다 올라왔다 하는 모습은 꾀꼬리가 버들 사이를 왕래하는 것 같으니 산수의 경치가 기묘[奇觀]했다.

10리쯤 가서 단양 뒤의 평굴암(坪窟岩)을 보았는데 큰 바위가 굴(窟)이 되어 50~60명을 수용할 수 있었는데 안에는 큰 가뭄에도 마르지 않는 물이 있었다. 그 아래 논 수백 두락(斗落)이 이 물로서 농사를 지으니 유명한 바위가 되기에 충분했다.

5리를 가니 장림역점(長林驛店)에 도착했는데 저녁상을 판서(判書) 족숙(族

---

21 주씨와 진씨는 당 나라 때 서주(徐州) 풍현(豐縣)의 한 마을에 대대로 통혼(通婚)을 하며 함께 살았던 두 종족인데 그들이 사는 마을을 주진촌(朱陳村)이라 했다. "唐詩. 서주 古豐縣에 마을 하나 있는데 주진촌이라고 하네 … 고을이 멀어 관(官)의 일이 적고 사는 곳이 깊숙해 풍속이 순후하네 재물이 있어도 장사를 하지 않고 정정이 있어도 군대에 가지 않네 집집마다 농사일을 하면서 머리가 희도록 밖으로 나가지 않네 살아서는 주진촌 사람이요 죽어서도 주진촌 흙이 되네 밭 가운데 있는 노인과 어린이들 서로 쳐다보며 어찌 그리 즐거운가 한 마을에 오직 두 성씨가 살아 대대로 서로 혼인을 한다네… 한평생 고달프기 이와 같아서 주진촌 사람을 부러워했네."(白居易[772~846], 「朱陳村」, 『長慶集』 10권)

叔) 이면긍(李勉兢)[22] 집안에서 보내왔다. 큰 산을 둘러싸고 큰 평야에 50-60호의 마을이 있었는데 가사(家舍)와 물색(物色)이 풍요로워 보였다. 오늘 지나온 도로가 합 70리 였는데 산길에 고개가 많아 험하고 멀어서 80-90리에 가까운 것 같았다.

4월 16일 맑음. 장림역점(長林驛店)을 출발하여 25리를 가서 단양 소아지점(小兒只店)에 이르러 잠시 쉬었는데 교군(轎軍)에게 술을 주었다. 죽령(竹嶺)[23]에 이르게 되었는데 이 고개는 충청도와 경상도의 경계로 준령이 높이 솟아 팔도에서 유명한 곳이었다. 5리를 가서 순흥(順興, 영주) 수철교참(水鐵橋站)에 도착하여 말을 갈아 탈 수 있었다.[24] 창락찰방(昌樂察訪) 박수창(朴壽昌)이 급히 달려와 인사하고 바로 떠났다. 10여 리를 가서 풍기읍(豊基邑)에서 점심을 먹고 10여 리를 지나 안동 땅에 이르렀다. 10여 리를 더 가

---

22 李勉兢(1753~1812). 할아버지는 이광보(李匡輔)이고 아버지는 이성순(李性淳)이었다. 1805년에 호조판서가 되고, 이듬해 평안도관찰사·한성부판윤·사헌부대사헌을 거쳤다. 그 뒤로 형조판서·호조판서를 비롯하여 육조의 판서를 역임하고, 1812년에 의정부우참찬에 올랐다.(https://encykorea.aks.ac.kr/)

23 경상북도 영주시 풍기읍과 충청북도 단양군 대강면 사이에 있는 백두대간상의 고개이다. 높이는 해발 696m. 고개 북동쪽에는 소백산이 있는데, 고개 대부분이 소백산국립공원에 속한다. 신라 아달라 이사금 때의 죽죽(竹竹)이라는 사람이 닦아서 '죽령'이라 불린다는 이야기가 전한다. 삼국시대 당시 신라의 북쪽으로 통하는 주요한 길목이자, 낙동강 유역에서 한강 유역으로 통하는 생명선이었다. 고구려의 전성기였던 장수왕 때는 고구려가 남쪽으로 세력을 뻗쳐 죽령이 고구려 남쪽-신라 북쪽 국경선이었고, 이는 진흥왕 때 신라가 고구려를 쳐서 빼앗는다. 이 때 죽령 입구에 성을 쌓으면서 만든 비석이 단양 신라적성비. 삼국사기에는 "신라 아달라왕 5년(서기 158)에 죽령길이 열렸다"는 기록이 있고, 동국여지승람에는 "아달라왕 5년에 죽죽이 죽령 길을 개척하다 지쳐서 순사했다"는 기록이 전해지는 오랜 역사를 지닌 옛길이다. 신라의 오령(五嶺)은 조령(鳥嶺)·죽령(竹嶺)·화령(化嶺)·추풍령(秋風嶺)·팔량령(八良嶺)이다.(한국지명요람편찬위원회編, 『韓國地名要覽』, 건설부국립지리원, 1982 ; 『민족문화대백과사전』 ; 박정원, 「조령 옛 지명은 '초점草岾'」, 『월간산』, 2021.02.23)

24 李奎遠, 「鬱島山海錄」 : 신용하編著, 『獨島領有權 資料의 探究』, 3권, 독도연구보존협회, 2000, 18-21쪽.

서 지경암(地境岩)에 도달했는데 지경암은 순흥(順興)과 안동(安東) 두 읍의 경계에 있다. 10여 리를 가서 안동(安東) 땅으로 돌아온 후, 다시 20리를 가서 안동(安東) 내성참(內城站)에서 묵었다.[25]

이날 이규원은 죽령에서 검찰사 임무 수행의 의지를 다졌다. "산은 태백(太白)의 작은 것이지만 길은 검찰(檢察)의 특별한 것이다. 이 고개 위에 오르니 크게 세상을 맑고 강하게 하려는 의지가 생긴다."[26]

4월 17일 안동(安東) 내성참(內城站)을 출발하여 10여 리를 가서 구능동(九能洞) 세암리(細岩里)에 이르니 봉화현감(奉化縣監)이 보낸 사람이 마중 나왔다. 10리를 가서 봉화현(奉化縣)에서 점심을 먹었다. 10여 리를 가니 도천(刀川, 봉화 명호면 도천리)에 도착했다. 한낮의 햇볕은 불같이 타고 수석(水石)은 맑고 차가웠는데 개울가의 반석(盤石)에서 잠시 쉬었다. 물을 따라 몇 리를 가는데 서있는 돌들이 기괴했다. 누구인지 모르지만 "산고월소(山高月小) 수락석출(水落石出)(산은 높고 달은 자그마한데 수면이 낮아지니 바위가 드러난다)"[27]라는 여덟 자를 돌에 새겨서 붉게 칠해 놓았다. 심신이 상쾌하여 말에서 내려 천천히 걸으니 산수가 절경이었다. 이곳을 지났던 41년(追憶 四十一年) 전 어릴 적 추억이 떠오른다. 대추나무를 털던 당시의 가을 풍경이 한 바탕 꿈만 같았다.

10여 리를 가서 비누리(飛樓里) 고서동(高西洞)에 이르렀는데, 이곳은 대추가 나는 곳이다. 안동부사(安東府使)가 보낸 사람이 160리나 떨어진 여기까지 마중 나와 참(站) 밖에서 기다리고 있었다. 등지교(藤支橋)를 건너서 몇 리를 지나 보령(保嶺)을 넘었다. 고개 위에는 나무가 그늘을 드리우고 돌

25 李奎遠, 1882.4.16, 『鬱陵島檢察日記』.

26 李奎遠, 「鬱島山海錄」 : 신용하編著, 『獨島領有權 資料의 探究』, 3권, 독도연구보존협회, 2000, 18-21쪽.

27 蘇軾, 「後赤壁賦」, 『蘇東坡散文選』, 지식을만드는지식, 2013, 97-99쪽.

이 빽빽이 들어서 있었다. 조금 쉰 후 10여 리를 지나 재산참(才山站 *봉화군 재산면)에 이르러 저녁을 먹고 쉬었다.[28]

1882년 4월 18일 아침에 흐리고 저녁에 비가 왔다. 일찍 출발하여 10여 리를 가서 안동(安東)의 경계 납령(臘嶺)과 영양(英陽)의 경계 덕령(德領)을 넘었다. 영양현감(英陽縣監)은 사람을 보내서 마중나왔는데 10여리를 가서 단곡참(丹谷站)에서 잠시 쉬고 하인들에게 술을 주었다. 10여 리를 가서 주곡(朱谷)과 교동(校洞)을 지나 영양현(英陽縣)[29]에 이르러 점심을 먹었는데 현감(縣監) 이희(李僖)[30]과 함께 술을 마시고 작별했다. 예전에 영양현(英陽縣)에 거처했는데 옛 문하인(門下人)들의 자손을 불러서 함께 점심을 마쳤다. 안기역(安基驛)에서 비를 무릅쓰고 말을 타고 20리를 가서 내미원참(內美院站)에 도착해서 저녁을 먹었다. 가는 도중 산길이 울퉁불퉁하고 돌이 많았는데 6번 물길을 건넜다. 계곡 주민이 스스로 힘을 다하여 길을 닦았지만 험난함이 심했다. 저녁 늦게 비가 밤새도록 쏟아져서 골짜기 물이 넘쳐흘렀다.

4월 19일 바람이 크게 불고 비가 내렸다. 출발하여 30리를 갔는데, 18번

28 李奎遠, 1882.4.17, 『鬱陵島檢察日記』.

29 정조 연간에 영양현에서 편찬된 『영양읍지』와 1899년에 편찬된 『영양군지지』가 규장각 도서에 있다. 1)산림자원이 풍부하며 특히 불갑산의 황장목이 단단하기로 유명하다. 관광지로 개발된 곳은 없지만 일월산과 반변천 중심으로 세심암·선유굴·송영당·초선대 등의 명소가 있다. 군의 동부와 북부에는 태백산맥이 뻗어내려 금장산(849m)·백암산(1,004m)·명동산(812m)·일월산(1,219m)·울련산(939m) 등이, 중앙부와 서부에는 흥림산(767m)·작약봉·영등산(509m) 등이 솟아 있다.2)본래 신라의 고은현이었는데, 신라의 삼국통일 후 757년(경덕왕 16)에 유린군(영해)의 영현이 되었다. 고려초인 940년(태조 23) 영양군 또는 영양군으로 이름을 바꾸었다. 조선시대 1682년에 영양현이 새로 설치되었다. 영양의 별호는 익양이었다. 지방제도 개정에 의하여 1895년에 안동부 영양군, 1896년에 경상북도 영양군이 되었다.

30 李僖爲英陽縣監(『承政院日記』, 高宗 15년 7월 10일 1878년) 李僖爲安州牧使(『承政院日記』, 高宗 19년(1882) 12월 24일) 安州牧使李僖, 長城府使金胤鉉相換(『承政院日記』, 高宗 20년(1883) 1월 29일) 寧越府使金五鉉, 長城府使李僖相換(『承政院日記』, 高宗 23년(1886) 2월 4일) 나중에 정3품에서 종2품으로 승진함.

물길을 건너고 한 차례 고개를 넘었다. 고개 이름은 양치령(兩峙嶺=兩蔚嶺, 창수령[31])이었다. 고갯길이 너무 험준하여 오르니 하늘에 오른 것 같았다. 또 비바람이 심하게 불었지만 다행히 영해(寧海) 창수원(蒼水院 *영덕군 창수면)에 도착하여 점심을 먹었다. 출발하여 10리 남짓을 갔는데 하인이 몸을 떨지 않는 이가 없었다. 막걸리를 마시고 30리를 갔다. 영해부에 도착하여 묵었다. 영해부사(寧海府使)는 이만유(李晩由)[32]인데 당시 영덕군수를 겸임하고 있어 그곳에 있었다. 도로를 합해보니 70리였다. 송라도장(松羅道場)이 병무역(丙戊驛)에서 말을 징발했다.

---

31 영양읍에서 평해로 가는 길은 북쪽 노선과 남쪽 노선이 있었다. 1)북쪽노선은 현재 영양군청에서 구주령까지 28킬로미터이다. 구주령(九珠嶺)은 경상북도 영양군 수비면과 울진군 온정면의 경계에 있는 높이 약 550m의 고개다. 고개 정상 근처에는 구주령 휴게소와 구주령 비석이 있다. 2)남쪽노선은 창수령(蒼水嶺)을 넘어 영해 창수원을 거쳐 영해부에 도착한 다음 해안선을 따라 평해군으로 가는 길이다. 이규원은 영양현에서 양울령(창수령)까지 대략 60리(24킬로)를 갔다. 창수령(蒼水嶺)은 영덕군과 영양군을 연결하는 해발 700m의 고갯길로서 영양과 봉화 등 내륙 주민이 영덕 영해시장과 동해안을 연결해주는 핵심적인 길이었다.

32 1822년 생. 1858년 식년시(式年試) 문과(文科) 병과(丙科) 합격.(http://people.aks.ac.kr/) "영해 부사(寧海府使)의 자리가 비어 있으니, 동부승지 이만유(李晩由)를 제수하라."(『承政院日記』, 高宗 18년(1881) 2월 26일) "영해 부사(寧海府使) 이만유(李晩由)를 위유사(慰諭使)로 구전(口傳)으로 단부(單付)하여, 그로 하여금 재해를 입은 여러 고을에 급히 가서 철저히 살펴보고, 백성들을 모여들게 하고 반드시 안착시켜서 혹시라도 이산(離散)하는 일이 없도록 각별히 효유(曉諭)하게 하라."(『高宗實錄』, 高宗 18년(1881) 10월 11일) "경상좌도 암행어사(慶尙左道暗行御史) 이도재(李道宰)의 서계(書啓)에 의하여 영해 전 부사(寧海前府使) 이만유(李晩由)에게 죄를 주라."(『高宗實錄』 20권, 高宗 20년(1883) 6월 2일) "경상좌도 암행어사 이도재(李道宰)의 서계를 보건대 전 영해 부사(寧海府使) 이만유(李晩由)는 읍내 사는 유생들이 연줄을 따라 교통하여 늘 세력을 믿고 행패하는 일이 많고, 송사하는 백성이 체결하고 뇌물을 주어 이따금 법리를 어기고 협잡하여, 관규(官規)가 이 때문에 문란하고 뭇 사람의 원망이 시끄럽게 따라 일어나니, 비록 자신이 범한 죄가 적으나 직분을 다하지 못한 책임을 면하기 어렵다고 했습니다. 파직하소서."(『承政院日記』, 高宗 20년(1883) 6월 4일) "정3품 이만유(李晩由) 종2품으로 승급시켰다."(『高宗實錄』, 高宗 39년(1902) 5월 5일) 이만유는 이규원보다 10살 이상 연장자였다.

흥해군(興海郡)에서 편지가 도착하여 답장을 썼는데 입도할 선척(船隻)의 뱃사공과 격꾼과 잡물을 지체하여 각 읍에 공문을 발송하여 독촉했다.[33] 이날 이규원은 삼척포군(三陟砲軍) 영장(領將) 김덕연(金德淵), 울진포군 영장 김만증(金萬曾) 등에게 독촉의 공문(差帖)을 작성해서 보냈다.[34]

4월 20일 영해부(寧海府)에서 출발하여 큰 내를 건너 10리를 가서 영석진(潁石津)에 이르니 끝없는 바다 색깔이 넓게 하늘처럼 보였다. 파도는 바람으로 인하여 용솟음치고 충돌하여 들어왔다가 물러나니 벼락 치는 소리 같았다. 해당화 색깔은 길의 좌우에 웃는 자태가 있었다. 잠시 주점에 쉬니 영석진의 주민(頭民)이 탁주를 가져왔다.

각자 술을 한잔씩 먹고 출발하여 백석진(白石津)을 건너 지경리(地境里)에 이르니 평해군의 관리가 나와서 맞이했다. 신립역(新立驛)에서 말을 징발했다. 영기(令旗) 한 쌍과 취타수(吹打手)를 행차에 동원하여 평해군 앞에 도착했는데 평해군수(平海郡守) 유정(柳珽)[35]이 막사를 설치하고 나와서 기다렸다. 군수와 함께 수작을 한 후에 바로 평해군의 숙소에 들어갔다.

입도할 선척(船隻)의 사공과 격꾼과 잡물이 아직 도착하지 않아 각 읍에 특별히 경계하여 타일렀다(戒飭). 삼척포군이 오는 도중에 폐단을 일으켰다는 것을 듣고 놀랐는데 장수를 정하여 잡아서 기다리라고 명령했다. 울진 책실(冊室) 선달(先達) 윤영구(尹鑅求)가 밤을 이용하여 와서 만나 수작(酬酌)하고 물러갔다. 도로를 합하니 총 50리를 이동했다. 서울에서 평해에 이르기

---

33 李奎遠, 「鬱島山海錄」: 신용하編著, 『獨島領有權 資料의 探究』, 3권, 독도연구보존협회, 2000, 18-21쪽.

34 李奎遠, 1882.4.19, 『鬱陵島檢察日記』.

35 "유정(柳珽)을 평해군수(平海郡守)로 삼았다."(『承政院日記』, 高宗 17년(1880) 12월 29일) "어영파총(御營把摠) 유정(柳珽)."(『承政院日記』, 高宗 20년(1883) 11월 1일) "유정(柳珽)을 겸사복장(兼司僕將, 정3품)으로 삼았다."(『承政院日記』, 高宗 21년(1884) 12월 14일) 이후 유정은 이규원의 검찰사 수행 이후 중앙군부 관직으로 복귀했다.

까지 도로가 총 720리 남짓이고 지나온 읍이 총 14고을 이었다.[36]

이규원은 4월 20일 평해군(平海郡)에 도착했는데 26일까지 바다를 건너갈 선박, 땔나무, 물과 양식 등을 준비했다. 그는 27일부터 읍에서 10리쯤 떨어진 구산포(邱山浦)에서 순풍을 기다렸는데 29일 울릉도로 출발할 수 있었다.[37]

조선정부는 19세기 후반 영토를 수호한다는 명분 아래 울릉도 수토를 지속했는데 지역 백성들은 때때로 고통을 받았다. 구산동(邱山洞)은 평해군 북쪽 10리에 위치했는데 산을 등지고 바다에 인접해 풍광이 좋으며 촌락이 풍요로웠다. 삼척영장(三陟營將)과 월송만호(越松萬戶)은 3년을 간격으로 울릉도를 수토하였다. 그런데 수토(搜討)는 필요한 비용이 매번 적지 않았는데 평해군(平海郡) 구산동은 후풍소(候風所)가 있어서 고통이 다른 곳보다 심했다.[38] 구산동 주민은 3년마다 부뚜막을 늘려 밥을 지어야 했는데 심지어 한때 구산동의 고아와 아녀자는 호구세(戶口稅)를 내야했다.[39]

구산동 대풍헌(待風軒) 소장 『수토절목(搜討節目)』에 따르면 "유숙하는 기간이 길고 짧은 것은 바람의 형세가 좋고 나쁨에 있었다. 8-9일 또는 10일 이상이었다. 비록 유숙하는 날이 길지 않더라도 각 항목의 비용이 적지 않았다. 매번 돈을 걷을 때마다 원망과 증오가 더해져 모두 '버티기 어렵다'고 얘기했다."[40] 구산동 주민은 1번 수토를 할 때마다 100금(金)[41]의 재력이 고갈

---

36 李奎遠, 「鬱島山海錄」 : 신용하編著, 『獨島領有權 資料의 探究』, 3권, 독도연구보존협회, 2000, 18-21쪽.

37 李奎遠, 光緒八年(1882) 壬午 六月, 「啓草本」.

38 平海郡守沈能武李玧翕永世不忘之板, 蔚珍 待風軒 懸板, 1870.7 ; 이원택, 「울진 대풍헌 현판 영세불망지판류 자료의 해제 및 번역」, 『영토해양연구』 18, 2019, 139-140쪽.

39 朴齊恩, 越松萬戶張源翼永世不忘之板, 蔚珍 待風軒 懸板, 1870.7 ; 이원택, 「울진 대풍헌 현판 영세불망지판류 자료의 해제 및 번역」, 『영토해양연구』 18, 2019, 142-143쪽.

40 신태훈, 「수토사 인원구성과 지역주민의 역할에 대한 연구」, 『삼척 수토사와 독도수호의 길』, 한국이사부학회 학술대회자료집, 2022, 114쪽.

41 "한(漢) 나라는 금(金) 1근(斤)을 1금(金)이라 했다. 『식화지(食貨志)』에 따르면 황금

되었다. 그러자 조선정부는 구산동 주민의 민심을 안정시키위한 대책을 마련했다. 1869년 황영장(黃營將)은 바다를 순찰할 때 은택을 내려 30금을 구산동에 맡겼는데 그 이자나 늘어나 구산동은 열매를 먹는 이익이 생겼다.[42] 또한 '막중한 국사'인 수토역(搜討役)은 1번을 복무하면 다음 8번을 빠질 수 있었는데 백성들은 부역을 바치고 관(官)은 백성을 편안하게 하자는 취지였다.[43] 그러자 구산동 주민은 선정을 베푼 삼척영장과 월송만호를 위해서 기념비(不忘之板)를 만들기 시작했다.

4월 21일 평해군 장교청(將廳)으로 거처를 옮겼다. 오후 전 평해군수 원세창이 들어와서 수작(酬酌)했고 월송만호 원희관(元喜觀)[44]이 와서 인사했다. 삼척포군 군관행수(軍官行首) 손병권(孫秉權)을 불러서 삼척포군의 폐단을 조사하여 결정하도록 지시했다. 3군데 절에 불공을 드리기 위해 택일했다.[45]

4월 22일 평해의 선암사(仙岩寺), 수진사(修眞寺), 광흥사(廣興寺)의 절에 머물렀는데 불공은 교리(校吏, 장교)를 통해서 실행했다. 이날 삼척포군

1근의 값이 1만 전(錢)이다. 하휴(何休)의 『공양전(公羊傳)』에 따르면 백금지어(百金之魚)를 주석하면서 1금에 1만 전(錢)이다. 한문제(漢文帝)가 1백 금(金)을 10집의 재산으로 삼았은즉, 중인(中人)의 1집 재산은 10금을 지나지 아니하니 그 값은 돈으로 친다면 10만을 지나지 아니하다. 조선의 현행하는 돈과 비교하면 4-5만에 지나지 않을 따름이다."(백금(百金), 「인사문(人事門)」, 『성호사설』, 제9권) *1냥=10전.

42 方五, 「永世不忘之板」, 『蔚珍 待風軒 懸板』, 1872.8 ; 영남대독도연구소편, 『울진대풍헌과 조선시대 울릉도 독도의 수토사』, 선인, 2015, 159쪽.

43 李瑞球, 「邱山洞舍記」, 『蔚珍 待風軒 懸板』, 1888 ; 영남대독도연구소편, 『울진대풍헌과 조선시대 울릉도 독도의 수토사』, 선인, 2015, 165쪽.

44 "원희관(元喜觀)을 월송만호(越松萬戶)로 삼았다."(『承政院日記』, 高宗 17년(1880) 12월 26일) "원희관(元喜觀)을 은계찰방(銀溪察訪)으로 삼았다."(『承政院日記』, 高宗 23년(1886) 12월 26일)

45 李奎遠, 「鬱島山海錄」 : 신용하編著, 『獨島領有權 資料의 探究』, 3권, 독도연구보존협회, 2000, 18-21쪽.

30명 중 지원자 12명만 선택했다. 나머지 18명이 소지한 화약과 탄환은 입도군(入島軍)에게 전달했다. 1명마다 백미 3되(升)씩 마련하여 3일 일정으로 계산하여 돌려보냈다. 울진포군 10명 중 지원자 3명, 평해포군 10명 중 지원자 4명만 선택했다.[46] 이규원은 지원자를 중심으로 검찰사 수행 인원을 선정하여 최대한 수토를 위한 정예 병력을 갖추려고 노력했다.

4월 23일 가는 비가 내렸는데 배와 노 저을 사람이 준비되지 않아서 계속 평해군에 머물렀다. 이날 이규원은 저녁에 답례(答禮)를 위해서 중추원도사(中樞府都事) 심의완(沈宜琬)[47]와 함께 평해(平海)의 원세창(元世昌)[48] 집

---

46 李奎遠, 「鬱島山海錄」: 신용하編著, 『獨島領有權 資料의 探究』, 3권, 독도연구보존협회, 2000, 18-21쪽.

47 심의완(沈宜琬) 훈련원 주부(『承政院日記』, 高宗 18년 신사(1881) 10월 12일) 심의완(沈宜琬)을 중추부 도사(『承政院日記』, 高宗 19년 임오(1882) 3월 16일) 심의완(沈宜琬)을 중추부 경력(『承政院日記』, 高宗 19년 임오(1882) 12월 26일) 심의완(沈宜琬)을 좌변포도청 종사관(『承政院日記』, 高宗 21년 갑신(1884) 윤5월 5일) 심의완(沈宜琬)을 강화부 판관(『承政院日記』, 高宗 21년 갑신(1884) 11월 3일) 심의완(沈宜琬)을 평해 군수(平海郡守)(『承政院日記』, 高宗 22년 을유(1885) 3월 28일) 의정부에 따르면 "평해군수(平海郡守)에 지금 자리가 비어 있는데, 당해 수령이 이미 울릉도첨사(鬱陵島僉使)를 겸하였고 단속을 시행하는 것은 일이 긴급하니, 해조(該曹)에서 구전(口傳)으로 각별히 택하여 차임하게 해서 며칠 안으로 내려 보내는 것이 어떻겠습니까?" 답하기를 "강화판관(江華判官) 심의완(沈宜琬)에게 특별히 가자(加資)하여 해조에서 의망(擬望)하여 들이게 하라."(『備邊司謄錄』, 高宗 22년 1885년 3월26일) 1842년생. 본관은 청송(青松). 1863년 무과 급제. 1885년 3월부터 1886년 1월까지 평해군수. 1886년 사망.(『平海郡邑誌』; 『平海郡先生案』) 이규원이 1884년 10월 기연해방사무(畿沿·海防事務) 총관(總管)으로 재임할 때 심의완은 1884년 11월 강화판관으로 임명되었다. 즉 이규원이 경기도 연안지역 총사령관일 때 심의완이 강화군수였다.

48 18133년. 본관은 원주(原州). 신해(辛亥) 정시(庭試) 무과(武科) 급제.(http://people.aks.ac.kr) 武臣兼宣傳官(『承政院日記』 철종 7년(1856) 9월 19일), 元世昌爲都摠都事(『承政院日記』 철종 8년(1857) 11월 9일)元世昌爲右捕從(『承政院日記』, 철종 13년(1862) 3월 1일) 원세창(元世昌)을 훈련원 주부로 삼았다.(『承政院日記』, 高宗 7년 경오(1870)4월 3일) 원세창(元世昌)을 군기시 첨정으로 삼았다(『承政院日記』, 高宗 10년 계유(1873)11월 4일) "元世昌爲平海郡守."(『承政院日記』, 高宗 13년(1876) 12월 20일) 선혜청에 따르면 "정공(正供)은 중요한 것이라서 자연 기한을 넘겨서는 안 되는데 근래에는 해이해져 해를 넘기도록 지체하여 비축이 부족해서 지출이 군색해지

을 방문했다. 이날은 원세창(元世昌)의 생일이었다. 가는 길은 늦봄의 풍경이었는데 가는 비가 연기 같고 들판이 연한 청색(細雨如烟 野色軟靑)으로 보였다. 밭 주변에는 큰 연못이 있는데 이름은 석담(石潭)이었다. 도롱이를 쓴 어부는 장대에 걸친 듯한 달빛 아래 넓게 그물을 펼쳤다. 마치 중국 위수(渭水)에서 옥으로 만든 낚시 바늘을 드리우듯 제택(齊澤)에서 양가죽 옷을 걸치고 고기를 낚는 듯했다. 어부가 모든 일에 뜻이 없으니 보기 드물게 한가한 사람처럼 보였다.[49]

당(堂)에 올라 원세창(元世昌) 대인(大人)을 보았는데 대인은 80세에 이르렀지만 홍안백발(紅顔白髮)로 기력이 왕성하고 건장했다. 대인은 아버지 이면대(李勉大)와는 무과출신으로 평소 교분이 두터웠는데 그를 보니 돌아가신 선친을 사모하는 마음이 가득했다. 이날 만난 평해군수 출신 원세창은

기에 이르렀으니 법과 기강이 있는 이상 어찌 이것을 용납할 수 있겠습니까. 삼가 정부의 초기를 계하하신 바에 따라 각도에서 보고한 각 고을의 미수분(未收分)에 대한 성책과 본청의 장부를 가져다 하나하나 샅샅이 조사했습니다. 그 중에서 미수액이 가장 많은 고을 수령은 전임이나 현임을 따지지 말고 납부해야 하는 해당 분기별로 구분하여 중벌로 다스리되, 만약 현임일 경우에는 비록 납부해야 할 해당 분기가 아니더라도 지체했다는 책임을 면하기 어려울 것입니다. 평해군수(平海郡守) 원세창(元世昌)을 모두 먼저 파직시킨 후 잡아올 것이다."(『承政院日記』, 高宗 16년(1879) 8월 29일) 병조는 금위영 파총(把摠)에 원세창(元世昌)을 단부했다(『承政院日記』, 高宗 20년 계미(1883)11월 12일). 금위영 파총 원세창(元世昌)은 지금 절충장군(折衝將軍)을 가자(加資)했다(『承政院日記』, 高宗 21년(1884) 3월 4일). 첨지중추부사에 원세창(元世昌)(『承政院日記』, 高宗 21년(1884) 8월 18일). 병조는 총어영 천총에 원세창(元世昌)을 단부했다(『承政院日記』, 高宗 27년(1890) 1월 17일). 김춘희가 총어영의 말로 아뢰기를 "본영의 천총 원세창(元世昌)이 신병이 갑자기 중해져서 직임을 살피기 어려운 형편이니, 개차하는 것이 어떻겠습니까?"하니, 윤허한다고 전교했다(『承政院日記』, 高宗 27년 경인(1890)1월 29일). 원세창(元世昌)를 분오위장(『承政院日記』, 高宗 31년 갑오(1894)3월 26일).

49 중국 주(周)나라 태공망(太公望)이 위수(渭水)에서 낚시를 하다가 황옥(璜玉)을 얻어 주문왕(周文王)을 만나는 고사, 후한(後漢) 광무제(光武帝) 연간에 지금의 산동지방에서 한 초부가 제택(濟澤)에서 낚시를 하던 고사에서 유래.

6개월 후인 1883년 11월 서울 방위군대 금위영(禁衛營) 파총(把摠)[50]으로 임명될 정도로 건강을 계속 유지했다.

돌아오는 길에 예전에 깊이 사귄 전 평해군수(平海郡守) 정수현(鄭秀鉉)[51]의 집에 갔다. 정수현은 평해군 서쪽 달면리(達面里)에 거주하다가 최근에 사망했다. 옛정 때문에 그냥 지나칠 수 없어 방문했는데 8살 어린 아이가 아버지와 모습이 흡사했다. 그 다음날 정평부사(定平府史) 출신 정수현의 아들이 인사차 왔는데 과일 등을 주어서 돌려보냈다. 정수현의 그 아이는 1893년 무과에 급제한 정제홍(鄭濟弘)이었다.[52] 저녁 늦게 돌아와 보니 흥해군수(興海郡守) 조희완(趙羲完)은 하급 관리(下吏) 최정순(崔丁珣)을 통해서 술과 안주와 서간(書簡)을 보냈다.[53] 조희완은 흥해군수 이후 중앙관직인 훈련원에 복귀했는데 그는 청렴하고 일솜씨가 깔끔하다는 평가를 받았다.[54]

---

50 훈련도감(訓鍊都監)은 훈련대장(大將, 종2품) 중군(中軍, 종2품) 1인, 별장(別將, 정3품) 2인, 천총(千摠, 정3품) 2인, 국별장(局別將, 정3품) 3인, 파총(把摠, 종4품) 6인, 종사관(從事官, 종6품) 6인, 초관(哨官, 종9품) 34인 등의 장교가 있었다. 금위영은 1682년 훈련도감의 군병(軍兵)을 축소하며 서울방위를 위해서 설치했는데 대장(大將)과 중군(中軍), 기사 지휘관인 별장, 보병 지휘관인 천총(千摠) 등이 있었다. 그 밑에 기사를 직접 지휘하던 기사장(騎士將)이 있고, 향군(鄕軍) 5사를 관할하던 파총(把摠, 종4품)이 있었다(『肅宗實錄』, 肅宗 8년(1682) 3월 16일 ; 『肅宗實錄』, 肅宗 45년(1719) 8월 13일).

51 정수현(鄭秀鉉, 1813-1877). 본관은 광주(光州). 1837년 무과(武科) 급제, 훈련원(訓鍊院) 주부(主簿), 선전관(宣傳官), 강령현감(康翎縣監), 평해군수(平海郡守), 정평부사(定平府使), 강원도 중군(中軍), 경기도 백령첨사(白翎僉使)(http://people.aks.ac.kr/).

52 정수현의 묘소(墓所)는 경북 울진군 평해읍 학곡리 후록 손좌(巽坐). 아들은 정제민(鄭濟民)과 정제홍(鄭濟弘)이었다.(https://cafe.daum.net/gjjung/B80u) "계사(癸巳) 정시(庭試) 병과(丙科)."(http://people.aks.ac.kr).

53 李奎遠, 1882.4.23., 『鬱陵島檢察日記』.

54 "흥해군수(興海郡守) 조희완(趙羲完)."(『承政院日記』, 高宗 18년(1881) 7월 14일) 조희완은 1831년생. 무오(戊午) 식년(式年) 무과(武科) 급제.(http://people.aks.ac.kr) "훈련원 정(訓鍊正)"(『承政院日記』, 高宗 20년(1883) 6월 25일) 함경 감사 정기회(鄭

4월 24일 날씨가 맑았다. 이규원은 경상도(慶尙道) 각 읍의 해당 관리에게 관문(關文)을 발송했는데 그 이유는 배와 사공과 격인(格人)과 물건이 지체되었기 때문이었다. 이규원은 평해군수(郡守)를 시켜 이미 도착한 양식을 관리하도록 지시했다.

이날 이규원은 민간인에게 피해를 준 삼척포군(三陟砲軍) 2명을 엄하게 처벌했다. 삼척포군(砲軍)이 길에서 45량(兩)을 빼앗았기 때문이었다. 이규원은 그 죄를 물어 평해군(本郡)에서 각각 엄히 곤장을 치도록 했고 45량(兩)을 해당 동(洞)에 돌려보냈다. 이규원은 관리의 부정부패를 엄격하게 처리하여 백성의 지지를 받으려고 노력했다.

4월 25일 날씨가 좋아 따뜻하고 바람도 잔잔했다. 경상도(慶尙道)의 배가 모두 도착하지 않아서 평해군(平海郡)에 머물렀다. 경주(慶州)의 이방(吏房)·호방(戶房)·형방(刑房)이 장문(狀文)을 보냈는데 그 내용은 1차 관문(關文)이 22일에 도착했고 배를 최대한 빨리 평해에 대기시킬 예정이라는 것이었다. 삼척(三陟)과 울진(蔚珍)의 격인(格人)의 장문(狀文)을 살펴보니 그 내용은 울진을 떠날 때 갖고 온 식량이 그동안 시일이 지체되어 사용되었다는 것이었다. 정오에 다과상이 나와 배불리 먹었는데 오후에 울릉도에 가지고 갈 물건들을 확인하기 위해서 구산포(邱山浦)로 갔다.

이날 오전에 이규원은 휘하 군사를 거느리고 군사훈련을 실시했다. 이규

基會)가 장계를 올려는데 "함경 중군(中軍) 조희완(趙羲完)은 스스로를 단속하는 데 청렴하고 일에 임해서는 상세히 살피며, 성(城)을 수선하고 간악한 일을 그치게 하였으며, 또한 술 담그는 것을 금하고 난잡한 일을 물리쳤습니다. 그리하여 뭇 사람들의 마음이 그가 떠나는 것을 아쉬워하고 있습니다. 해당 조로 하여금 품처(稟處)하도록 하소서."(『承政院日記』, 高宗 21년(1884) 11월 2일) "조희완(趙羲完)을 훈련원 도정(都正)."(『承政院日記』, 高宗 31년(1894) 1월 28일). 훈련원은 정2품 지사(知事) 1명과 정3품 당상관인 도정 2명, 정3품 당하관인 정(正) 1명과 종3품인 부정(副正) 2명, 종4품 첨정(僉正) 2인, 종5품 판관(判官) 2인, 주부(主簿, 종6품) 2인 등으로 구성되었다.

원은 평해군 뒤편의 관덕정(觀德亭)에 올라 화살(柳葉箭)을 각자 5발씩 세 번 돌아가면서 쏘도록 훈련시켰다. 이규원은 수토의 과정에서 혹시 모를 만일의 사태에 대비하여 군사훈련을 준비했다.

4월 26일 맑은 날씨였다. 울진(蔚珍)에서 서간(書簡)이 와서 곧바로 답장을 발송했다. 흥해군수(興海郡守) 조희완(趙羲完)은 또다시 영리(營吏) 장병익(張秉翼)을 통해서 술과 서간(書簡)을 보냈다. 원려산(元礪山) 노장이 내방하여 술을 나눈 후 돌아갈 때, 쌀 2석(石)을 주어 환송했다.

이날 안동(安東)의 선비 유도수(柳道洙)가 길주(吉州)에서 6년간 유배생활을 하다가 평해로 이배(移配)된 지 3년이 되었다고 들었다. 시 2수를 지어 쌀 1석(石)과 함께 보냈다.

유도수는 1874년 흥선대원군이 정계에서 물러나는 것은 국가를 위해 옳지 않다는 '속국론(屬國論)'의 상소를 올렸다. 그 결과 그는 1875년 함경북도 길주목(吉州牧)으로 귀양을 갔는데 1880년 평해로 유배지를 옮겼다. 1882년 풀려나 고향으로 돌아왔는데 독서에 매진하며 후진 양성에 전념했다.[55]

당시 대원군은 퇴계 이황(李滉) 사후 분화된 유성룡 계열의 병파(屛派)와 김성일 계열의 호파(虎派)의 화합을 추진했는데 1871년 서원을 철폐하는 과정에서 병산서원(屛山書院)을 남겨두고 호계서원(虎溪書院)를 철폐시켜 호파의 반감을 샀다. 이러한 상황에서 1874년 영남사림의 공론을 집약해서

---

55 유도수(柳道洙, 1820-1889). 본관은 풍산(豊山). 경상북도 안동에서 태어났다. 증조부는 병촌(屛村) 유태춘(柳泰春)이고 조부는 태계(迨溪) 유숭조(柳崧祚)이고 부친 유진구(柳進球)였다. 7세에 곡구(谷口) 유낙기(柳樂祈)에게 배웠고 그 후 계당(溪堂) 유주목(柳疇睦)의 문하에서 배웠다. 박최수(朴最壽)·김세호(金世鎬)·김창준(金昌濬)·조만혁(趙萬赫)·한규직(韓圭稷)·원세창(元世昌) 등 여러 지방 인사들과 교유했다.(http://people.aks.ac.kr) "유도수는 길주목(吉州牧)에, 이학수는 초산부(楚山府)에, 이상철은 갑산부(甲山府)에, 서승렬은 벽동군(碧潼郡)에, 모두 원악지(遠惡地)를 배소로 정하여 즉시 압송할 것입니다."(『高宗實錄』, 高宗 12년(1875) 3월 6일)

영남만인소(嶺南萬人疏)를 주도할 중립적 인물이 필요했는데 그 인물이 바로 상소의 주동자(疏頭)인 유도수(柳道洙)였다. 그는 병파에 속하면서도 호파와도 긴밀한 관계를 유지한 인물이었다. 그러나 대원군 봉환청원(奉還請願) 영남만인소는 1875년 유도수를 비롯한 참여 인물들이 유배됨으로써 실패로 끝났다. 유도수는 대원군이 집권하자 세도정치로 인해 위축된 사림정치를 활성화하려는 의지를 갖고 있었다. 이는 대원군의 개혁이 성리학적 질서를 근간으로 각종 병폐를 제거하는 방향을 지향했기 때문이었다.[56] 이규원은 대원군과 연결된 유도수까지 챙기는 노련함을 보여주었다.

그럼에도 1882년 6월 9일 임오군란 직후 이규원은 훈련도감 천총(千摠)으로 임명되었지만 '신병'을 명분으로 직임을 수행하지 않았다. 그 결과 1882년 6월 28일 이규원은 훈련도감 천총(千摠)에서 해임되었다.[57] 그 후 1882년 7월 13일 대원군은 청국군대에 의해 납치되었다. 1882년 7월 28일 이규원은 경상좌병사, 1882년 8월 13일 훈련도감 중군(中軍), 1882년 9월 24일 어영대장 등으로 승진했다.[58] 이러한 임오군란 이후 이규원의 관직을 살펴보면 고종은 이규원을 깊이 신뢰하여 군부의 핵심부서에 발탁했다. 이규원은 대원군과의 관계가 나쁘지 않았지만 고종과 대원군 선택의 갈림길에서 고종에게 충성심을 보여주었다.

이날 오후쯤 평해군 숙소 장교청(將校廳)에서 차(茶)를 마신 다음 경주(慶州) 기생(妓) 경란(瓊蘭)의 노래와 가무를 관람했다(善爲消日). 전(錢)

---

56 설석규, 「조선시대 영남유생(嶺南儒生)의 공론형성(公論形成)과 류도수(柳道洙)의 만인소(萬人疏)」, 『퇴계학과 유교문화』 44, 2009.

57 『承政院日記』, 高宗 19년(1882) 6월 28일.

58 『承政院日記』, 高宗 19년(1882) 7월 28일 ; 『承政院日記』, 高宗 19년(1882) 8월 13일 ; 『承政院日記』, 高宗 19년(1882) 9월 24일.

20냥을 주어서 경주로 돌아가게 했다.[59] 당시 20냥은 4원이었는데 이규원은 현재 현금으로 40만원을 주었다.

4월 27일 날씨가 맑았는데 바람을 기다리기 위해서 구산포(邱山浦)에 갔다. 7리가량 가서 월송진(越松鎭)에 들어갔다. 월송만호(越松萬戶) 윤희관(元喜觀)[60]은 점심을 성대히 차렸다. 월송진(越松鎭) 터(基)를 살펴보았는데 10리 길이의 모래사장(明沙十里)에 아름드리 소나무가 간간이 있었다. 옛날에는 소나무가 우거졌을 듯한데 지금은 남은 것이 많지 않았다. 건물은 거의 무너졌고 성루(城樓)는 그 형체만 남았다. 긴 해변에 한줄기 산기슭(山麓)이 구릉을 이루었고, 바다와 들의 경치가 장관이었다. 월송진 관청(鎭軒)의 현판(懸板)은 그 각운(刻韻)을 보니 곧 숙종(肅宗)의 어제(御製) 월송정시(越松亭詩)가 다음과 같이 쓰여 있었다.

"선랑(仙郎)의 옛 자취를 장차 어디에서 찾으리오. 만 그루 키 큰 소나무가 빽빽이 숲을 이루었도다. 두 눈 가득히 바람에 실린 모래가 흰 눈 날리듯 하네. 정자에 올라 한 번 보니 흥을 감당키 어렵네."[61]

월송진은 경북 울진군 평해읍에 있던 수군기지였다. 1395년 평해군(平海郡)은 강원도에 소속되었다. 1455년 군익도(軍翼道) 체제에 따라 강릉도를 설치하고 강릉은 중익(中翼)으로, 삼척·울진·평해는 우익(右翼)으로 편제되었다. 1457년 진관(鎭管) 체제로 바뀌었는데 삼척진(三陟鎭)이 설치되어 울진·평해 등을 관장했다. 1895년 8도제를 폐지하고 23부제를 시행하면서 평해군은 강릉부에 소속했고, 1896년 23부제를 폐지하고 13도제를 시행

---

59 李奎遠, 1882.4.26, 『鬱陵島檢察日記』.

60 "원희관(元喜觀)을 월송 만호(越松萬戶)로 삼았다."(『承政院日記』, 高宗 17년(1880) 12월 26일) "원희관(元喜觀)을 은계찰방(銀溪察訪)으로 삼았다."(『承政院日記』, 高宗 23년(1886) 12월 26일) "원희관(元喜觀)을 금교찰방(金郊察訪)."(『承政院日記』, 高宗 24년(1887) 12월 8일)

61 李奎遠, 1882.4.27, 『鬱陵島檢察日記』.

하면서 강원도에 소속했다. 1914년에 평해 지방은 울진군에 병합되었다.[62]

1419년 8월 1일 조선정부는 월송만호(越松萬戶)를 별도로 임명했다. 조선정부는 숙종부터 고종까지 삼척영장과 월송만호가 번갈아 2-3년 사이 울릉도를 검찰하는 수토정책을 실시했다. 1865년 12월 3일 조선정부는 월송만호를 해당군영에서 추천하면 정식(定式)으로 임명할 것을 결정했다. 1888년 2월 6일 조선정부는 평해군(平海郡) 소속 월송진만호(越松鎭萬戶)는 울릉도 도장(島長)을 겸직하여 울릉도를 왕래하며 검찰(檢察)하도록 결정했다.[63]

월송정(越松亭)은 오래전에 무너져서 그 터만 남았다. 월송정(越松亭)은 관동팔경(關東八景)의 하나였다. 출발할 때 술을 가지고 정자의 옛 터에 올라 한 잔 마셨다. 몇 리가량 더 가니 구산포(邱山浦)에 도착했다.[64]

조선시대 선비는 금강산과 관동팔경을 산수유람의 최고의 여정지로 꼽았다. 그 중 조선인의 버킷리스트는 단연 금강산이었다. 서울 거주자는 동대문→양주→철원→양주→포천→철원→내금강→외금강→고성 등을 거쳤는데 400리(160km)의 거리였고 1달 정도의 여정이었다.[65]

관동팔경과 금강산은 산수유람의 시문이나 화폭 속에 다채로운 형상으로 표출되었다. 조선시대 관동팔경(關東八景)은 대체로 평해 월송정(越松

---

62 『世祖實錄』, 世祖 1년 9월 11일; 『世祖實錄』, 世祖 3년 10월 20일; http://dh.aks.ac.kr/sillokwiki. "본래 고구려의 근을어(斤乙於)인데, 고려에서 평해군(平海郡)으로 고쳤고, 현종(顯宗) 때에 예주(禮州) 임내를 삼았다가, 명종(明宗) 2년 임진에 비로소 감무를 두고, 충렬왕(忠烈王) 때에 토성(土姓)의 첨의평리(僉議評理) 황서(黃瑞)가 임금을 따라 원나라에 들어가서, 임금을 모시고 돌아온 공으로 인하여 지평해군사(知平海郡事)로 승격하였는데, 본조에서도 그대로 따랐다. 월송정(越松亭)은 군(郡)의 동쪽에 있다."(『世宗實錄』「地理志」, 강원도 삼척 도호부 평해군)

63 『世宗實錄』, 世宗 1년(1419) 8월 1일 ; 『日省錄』, 高宗 2년(1865년) 12월 3일) ; 김영수, 『제국의 이중성』, 동북아역사재단, 2019, 177-178쪽.

64 李奎遠, 1882.4.27, 『鬱陵島檢察日記』.

65 오항녕, 「금강산 유람이 조선의 로망, 겸재 그림은 선물보따리」, 『중앙일보』, 2021.12.24.

亭), 울진 망양정(望洋亭), 삼척 죽서루(竹西樓), 강릉 경포대(鏡浦臺), 양양 낙산사(洛山寺), 고성 청간정(淸澗亭), 북한 고성 삼일포(三日浦)와 북한 통천 총석정(叢石亭) 등을 일컬었다.[66] 관동팔경은 대관령의 동쪽인 동해안을 따라 위치해 있는데 관동십경(關東十景)은 북한 해금강의 시중대(侍中臺)와 해산정(海山亭)을 포함시켰다.

이규원은 울릉도 수토를 위해서 가고 오는 길에 관동팔경 중 월송정(越松亭), 망양정(望洋亭), 죽서루(竹西樓) 등을 답사했는데 겸재 정선(鄭敾, 1676~1759)은 『관동명승첩(關東名勝帖)』에 월송정, 망양정, 죽서루 등을 그렸다. 관동명승첩은 금화 수태사(水泰寺) 동구(洞口), 평강 정자연(亭子淵), 금강산 총석정(叢石亭)·삼일호(三日湖)·천불암(千佛岩)·시중대(侍中臺)·해산정(海山亭), 고성 청간정(淸澗亭), 죽서루, 망양정, 월송정 등 명승 11곳을 그린 화첩이었다. 따라서 정선의 관동명승첩을 통해서 이규원이 기록으로 남긴 월송정, 망양정, 죽서루의 과거 모습을 그림으로 살펴볼 수 있다.

그 중 월송정(越松亭)은 원래 조선시대 수군 병영인 월성포진(越松浦鎭)의 남문(南門)이었는데 강원도 평해(平海) 동쪽 7리 지점에 있었다. 1503~1505년 조선 연산군(燕山君) 때 강원도 관찰사 박원종(朴元宗)은 월송정을 중건했다.[67] 『동국여지승람(東國輿地勝覽)』에 따르면 "월송정(越松亭)은 고을 동쪽 7리에 있다. 푸른 소나무가 만 그루이고, 흰 모래는 눈 같다. 소나무 사이에는 개미도 다니지 못하며, 새들도 집을 짓지 못한다. 민간의 구전에 따르

---

66 曺兢燮, 「冠遊錄序」, 『巖棲集』, 19卷, 1929. 조긍섭(1873-1933)은 고종시대 영남 유학자였다.

67 월송정은 원래 경북 울진군 평해읍 월송리 302-3번지 일원에 위치했는데 현재 그곳에서 약 450m 떨어진 경북 울진군 평해읍 월송리 362-8번지에 복원되었다. 1326년(충숙왕 13) 강원도 존무사 박숙정은 월송정이 아니라 취운정을 창건했다.(심현용, 「관동팔경 월송정의 창건과 유래」, 『博物館誌』 25, 2019, 121쪽)

면 신라 때 신선 술랑(述郞) 등이 여기서 놀고 쉬었다."[68] 『대동지지(大東地志)』에 따르면 "월송정(越松亭)은 월송진(越松鎭)에 있는데 푸른 솔이 만 그루나 있으며 모래가 10리나 깔렸다."[69] 『평해군지(平海郡誌)』에 따르면 "신라 때 화랑 영랑(永郞)·술랑(述郞)·남랑(南郞)·안상랑(安詳郞) 등의 네 화랑이 달밤에 솔밭에서 놀았다고 하여 '월송정(越松亭)'이라 부른다. 또는 중국의 월(越)나라에서 소나무 묘목을 가져다 심었다고 하여 '월송정(越松亭)'이라고 한다." 숙종과 정조는 어제시(御製詩)를 내려 월송정의 비경을 찬미했다.[70]

원래의 월송정은 현 월송정보다 450m쯤 서남쪽에 있었는데 오래되어 없어진 것을 1980년 현 위치에 지었다. 정선의 월송정 그림은 현재 2점이 남아 있다.

첫째 관동명승첩 속 월송정을 살펴보면 월송정 앞으로는 넓은 백사장이 펼쳐지고 그 너머 좌측으로는 바다가 펼쳐진다. 이 바다는 예부터 큰 파도가 치기에 '고래 같은 파도가 친다'고 경파해(鯨波海)라 했다. 겸재의 소나무는 나란히 팔을 벌리고 서 있다. 나그네 양반은 나귀에 앉고 사동은 나귀를 끌고 간다.[71]

둘째 또 다른 겸재의 월송정 그림을 살펴보면 관동명승첩 속 월송정보다 시선이 훨씬 앞쪽으로 이동해 있다. 소나무 언덕은 역시나 나란히, 굴미봉은

---

68 "越松亭. 在郡東七里. 蒼松萬株, 白沙如雪. 松間螻蟻不行, 禽鳥不棲. 諺傳新羅仙人述郞等遊憩于此."(『東國輿地勝覽』, 1481)

69 "越松亭. 在越松鎭. 蒼松萬株, 十里白沙."(金正浩編, 『大東地誌』, 1862~1866)

70 심영옥, 「겸재 정선의 청하연감 시절 회화 업적 연구」, 『동양예술』 45, 2019, 188-190쪽. 심현용에 따르면 가장 유력한 것은 화랑들이 이곳의 아름다운 경치를 알지 못하고 모르고 지나쳤기 때문에 '넘을 월(越)'을 사용하여 정자 이름을 지었다는 것이다.(심현용, 「관동팔경 월송정의 창건과 유래」, 『博物館誌』 25, 2019, 121쪽)

71 이한성, 「겸재 그림 길 (93) 월송정」, 『CNB저널』, 2022.01.28.

더욱 우뚝하고 오르는 길도 뚜렷하다. 사람도 그려 넣어 살아 있는 그림이 되게 한다. 월송정으로 보이는 누각(樓閣)은 정면 3간(間), 측면 2간(間)으로, 누대(樓臺) 위에 의젓하고 성벽은 견고하다. 누각 아래로는 바다 방향에서 비스듬히 좌측(동북쪽)으로 방향을 틀고 앉은 출입문이 선명하다.[72] 정선의 월송정은 해송 숲을 중심에 두고 울창하고 깊은 숲의 느낌을 살리기 위해 농묵과 담묵이 매우 잘 어우러지게 운염법(暈染法)으로 표현하였다. 월송정의 석축과 석벽은 이곳이 군사적으로도 중요한 곳임을 짐작하게 한다. 정선의 그림은 소재를 크게 부각시켜 감상자의 시선을 한 데 모으고, 월송정으로 가는 해송 숲을 전면 전체에 구성하여 화면구성의 대담성이 돋보인다.[73]

27일 밤 검찰사 일행은 마을의 수호신인 성황제(城隍祭)와 동해신제(東海神祭)를 지냈다. 이규원은 검찰사 수행원인 심의완(沈宜琬), 박기화(朴基華), 최용환(崔龍煥)으로 하여금 정성들여 제사 지내도록 지시했다.

조선은 강원도 양양(襄陽)에 '동해신묘'(東海神廟)를 만들어서 동해신(東海神)에 제사를 지낼 정도로 '동해'를 중시하였다. 1414년 8월 21일 조선 예조는 산천(山川)에 제사를 지내는 규정을 올렸는데 강원도의 동해(東海)는 국사 다음가는 '중사(中祀)'로 중요하게 제사를 지냈다.[74]

---

72 "모래밭 너머로는 큰 파도, 버드나무 밖은 연못, 미인의 노래 소리 돌아가는 말 발길 잡네(沙外鯨濤柳外潭, 美人歌曲挽歸驂) 槎詩 槎川 李秉淵."(이한성, 「겸재 그림 길(93) 월송정」, 『CNB저널』, 2022.01.28.) 이병연(李秉淵, 1671~1751)은 겸재의 월송정 그림에 위의 시를 남겼는데 그는 시에 뛰어나 영조시대 최고의 시인으로 일컬어졌다. 그는 김창흡(金昌翕)의 창작 방향을 계승하여 진경시풍을 이루었으며 겸재 정선과 아울러 '시화쌍벽(詩畫雙璧)'으로 일컬어진다. 저서로는 『사천시초(槎川詩抄)』(1778)가 있다.(李秉淵, 「해제」, 『사천시초(槎川詩抄)』, 한국문집총간 57(奎1267))

73 심영옥, 「겸재 정선의 청하연감 시절 회화 업적 연구」, 『동양예술』 45, 2019, 188-190쪽.

74 "조선시대 악(嶽)·해(海)·독(瀆)은 중사(中祀)로 삼고, 여러 산천(山川)은 소사(小祀)로 삼았다. 백두산(白頭山)은 모두 옛날 그대로 소재관(所在官)에서 스스로 실행했다."(『太宗實錄』, 태종14년(1414) 8월 21일) 악해독은 악(岳)이 산악에 대한 제사, 해(海)는 동·서·남해 신에 대한 제사, 그리고 독(瀆)은 대강에 대한 제사를 말한다.

1903년 3월 19일 장례원경(掌禮院卿) 김세기(金世基)가 오악(五嶽)·오진(五鎭)·사해(四海)·사독(四瀆)에 대한 제사를 실행할 것을 제안하였고, 고종은 승인하였다. 사해(四海) 중 제사를 지낼 장소로 동해(東海)는 강원도(江原道) 양양군(襄陽郡)이고, 남해(南海)는 전라남도(全羅南道) 나주군(羅州郡)이고, 서해(西海)는 황해도(黃海道) 풍천군(豐川郡)이고, 북해(北海)는 함경 북도(咸鏡北道) 경성군(鏡城郡)이었다.[75]

4월 28일 해는 좋았지만 바람이 불지 않아 구산포(邱山浦)에 머물렀다. 영리(營吏) 손영태(孫永泰)가 나왔다. 새로 부임한 역장(驛長)을 불러 전(錢) 3냥을 건넸고 구산동(邱山洞)에는 좁쌀 2석(石)을 주었고 평해(平海) 여종(婢子) 등에게 좁쌀 1석(石)을 내렸다.

울릉도에 들어갈 3척의 선박 중 상선(上船)은 간성(杆城) 배인데 사공(沙工)은 박춘달(朴春達)이었다. 종선(從船)은 강릉(江陵)과 양양(襄陽) 총 2척이었다. 배에서 고사지내도록 송아지 1마리를 내리고, 평해군(平海郡) 사공(沙工)에게는 쌀 1석(石)을 내렸다.

상선(上船)은 사공(沙工)과 격수(格手) 17명, 포수(砲手) 6명, 취수(吹手) 2명, 석수(石手) 1명, 도척(刀尺) 1명, 영리(營吏) 1명, 서울에서 내려온 10명 등이 승선했다. 2척의 종선(從船) 2척은 사공(沙工), 격군(格軍), 포군(砲軍), 노군(櫓軍)이 탔다. 모두 순풍(順風)을 고대(苦待)했다. 원평해(元平海), 유생원(柳生員), 정서방(鄭書房) 등이 송별하러 내려 왔다. 이날 동영(東營)에 관문(關文) 1건과 서간(書簡) 1건을 부쳤다.

4월 29일 날씨가 맑고 바람이 불었다. 오전 10시경(巳時量) 장계(狀啓)와

동해의 제의(祭儀)에 대해서는 다음을 참조. 김도현, 「울릉도 수토 기록을 통해 본 東海에서의 祭儀 연구」, 『울진, 수토와 월송포진성, 그리고 독도수호의 길』, 한국이사부학회 학술대회 자료집, 2023.6.30.

75 "四海 : 東海 江原道 襄陽郡."(『高宗實錄』, 高宗 40年(1903) 3月 19日).

등보(謄報)를 급하게 보냄과 동시에 3척의 배를 출항시켰다. 3척은 바다 가운데 이르렀는데 바람이 약해지고 역류가 흘러 잘 나가지 못했다. 석양에 동풍이 조금 일었다. 밤새도록 배를 몰았는데, 바다색이 하늘과 접하여 사방에 한 점의 산도 보이지 않았다. 3척은 회오리바람으로 동해(大海)에서 낙엽처럼 떠돌았는데 이 때 믿을 것은 오직 왕명(王命) 하나였다.

한 밤에는 안개로 방향을 잃고 파도가 솟구쳐서 배의 앞 돛이 흔들려 배 안의 사람은 놀라서 바삐 움직였다. 밤새 망망대해로 어디로 향하지 알 수 없었다. 아침에 바람이 동북동(東北東)으로 향하다가 동동북(東東北)으로 방향을 바꾸었다, 정오 무렵 멀리 울릉도의 형상이 보였다. 곧바로 동북북(東北北)의 순풍을 받아서 화살같이 별같이 빨리 달릴 수 있었다.

4월 30일 날씨가 맑았는데 오후 6시 쯤 3척의 배는 함께 울릉도 서쪽 해변에 정박했다. 이곳은 소황토구미(小黃土邱尾 학포동)였는데 전라도(全羅道) 흥양(興陽 *고흥)의 삼도(三島 *거문도)에 거주하는 김재근(金載謹)은 격졸(格卒) 13명을 인솔하여 배를 만들고 해초를 따기 위해 움막에 머무르고 있었다.[76] 이규원은 울릉도에 무사히 도착한 이유를 오직 '왕명(王命)'이라며 자신을 낮추었다.

Ⅲ. 맺음말

이규원은 서울을 출발하여 원주와 봉화를 지나갔는데 다음과 같은 길을 통해서 평해까지 도착했다.

---

76 李奎遠, 1882.4.30, 『鬱陵島檢察日記』. "풍파가 일어났다. … 이날 바다에서 구름이 사방으로 일어 풍랑이 거세었다. 섬 가에서 느끼는 감회가 갑절로 처연했다."(李奎遠, 1882.5.1., 『鬱陵島檢察日記』)

첫째 이규원은 4월 10일 서울을 출발하여 4월 13일 원주에 도착했는데 이규원이 서울에서 원주까지의 점심 장소와 저녁 숙소의 지명을 다음과 같이 기록했다. 흥인문-양주(揚州) 평구점(平邱店)-광주(廣州) 봉안참(奉安站=奉安驛, 4.11)-양근군(楊根郡) 금학루(琴鶴樓)-지평현(砥平縣) 망미헌(望美軒 4.12)-안창참(安倉站 *安昌驛)-원주감영(原州監營, 4.13) 등이 바로 그것이다.

둘째 이규원은 4월 14일 원주를 출발하여 4월 17일 봉화에 도착했는데 지나간 위치는 다음과 같다. 원주 신림점(新林店)-제천 연봉정(延逢亭)-제천현(堤川縣, 4.14)-안동령(安東嶺)-열모역점(烈母驛店)-나포령(羅布嶺)-매포참(梅浦站)-일령(日嶺)-만월강(滿月江)-평굴암(坪窟岩)-장림역점(長林驛店, 4.15, 단양군 대강면 장림리)-단양(丹陽) 소아지점(小兒只店)-죽령(竹嶺)-순흥(順興, 영주) 수철교참(水鐵橋站)-풍기읍(豊基邑)-지경암(地境岩)-안동(安東) 내성참(內城站=奈城店4.16)-구능동(九能洞) 세암리(細岩里)-봉화현(奉化縣, 4.17)

셋째 이규원은 4월 18일 봉화를 출발하여 4월 20일 평해에 도착했는데 다음과 같은 길을 지나갔다. 도천(刀川, 봉화 명호면 도천리)-비누리(飛樓里) 고서동(高西洞)-등지교(藤支橋)-보령(保嶺)-재산참(才山站 *봉화군 재산면)-납령(臘嶺)과 덕령(德領)-단곡참(丹谷站) 주곡(朱谷)과 교동(校洞)-영양현(英陽縣, 4.18)-안기역(安基驛)-내미원참(內美院站)-양치령(兩峙嶺=兩蔚嶺, 창수령)-영해(寧海) 창수원(蒼水院)-영해부(寧海府, 4.19)-영석진(潁石津)-백석진(白石津)-지경리(地境里)-평해군(平海郡, 4.20)

한편 조선정부는 울릉도 정책을 '수토'라는 용어로 표기했고, '울릉도 수토관'이라는 명칭을 공식적으로 사용했다. 따라서 1882년 이규원의 검찰사 활동 이전까지는 조선시대의 울릉도 정책에 대해서 '수토정책'이라고 규정하는 것이 합리적이다. 그런데 조선정부는 검찰사 이규원의 1882년 6월 보고서에 기초하여 본격적인 울릉도 이주정책을 실행했다. 따라서 이규원의 검찰사 활동 이후 조선의 울릉도 '이주정책'이 본격적으로 실행되었다는 사실을 고려한다면 1882년 이후 고종의 울릉도 정책은 '이주정책(移住政策)'이라고 부르는 것이 타당할 것이다. 이러한 역사적 맥락 속에서 1894년 12월 27일 울릉도 이주정책은 수토정책을 완전히 대체했다. 또한 1900년 10월 25일 대한제국 칙령 41호는 울릉도에 석도(石島=독도)가 소속된 사실을 국내외적으로 선포했는데 이규원의 검찰사 활동에서 비롯된 울릉도 이주정책은 동해의 울릉도와 독도에 대한 한국의 영유권 강화에 기여한 것이다.

참고문헌

1. 자료

『太宗實錄』, 『世祖實錄』, 『世宗實錄』, 『高宗實錄』, 『純宗實錄』, 『日省錄』, 『承政院日記』

金正浩編, 「程里考」, 『大東地誌』, 27卷, 1862-1866(奎章閣 古4790-37-v.1-15)

李奎遠, 「啓草本」, 光緖八年(1882) 壬午 六月

李奎遠, 『鬱陵島檢察日記』, 1882.

李奎遠, 「鬱島山海錄」(檢察使李奎遠日記 逸失部分) : 신용하, 『獨島領有權資料의 探究』, 3권, 독도연구보존협회, 2000.

이혜은, 『만은(晩隱) 이규원의 울릉도검찰일기(鬱陵島檢察日記)』, 한국해양수산개발원, 2006.

2. 연구서와 논문

김기주, 「조선후기-대한제국기 울릉도 독도 개척과 전라도인의 활동」, 『대구사학』 109, 2012.

김기혁, 「조선 후기 울릉도의 搜討기록에서 나타난 부속 도서 지명 연구」, 『문화역사지리』 23-2, 2011.

김수희, 『근대 일본어민의 한국진출과 어업경영』, 경인문화사, 2010.

김영수, 「고종과 이규원의 울릉도와 독도 위치와 명칭에 관한 인식과정」, 『사림』 63, 2018.

김영수, 「1882년 울릉도검찰사 전후 이규원의 활동과 조선정부의 울릉도 이주정책」, 『이사부와 동해』 18-19, 2022.

김영수, 『제국의 이중성 : 근대 독도를 둘러싼 한국, 일본, 러시아』, 동북아역사재단, 2019.

김호동, 「이규원의 울릉도 검찰 활동의 허와 실」, 『대구사학』 71, 2003.

김호동, 『독도 울릉도의 역사』, 경인문화사, 2007.

박성준, 「1880년대 조선의 울릉도 벌목 계약 체결과 벌목권을 둘러싼 각국과의 갈등」, 『동북아역사논총』 43, 2014.

박은숙, 「동남제도 개척사 김옥균의 활동과 영토 영해 인식」, 『동북아역사논총』 36, 2012.

선우영준, 「독도 영토권원의 연구」, 성균관대학교 행정학과 박사논문, 2006.

송병기, 『울릉도와 독도』, 단국대학교출판부, 2005.

신용하, 『일본의 한국침략과 주권침탈, 서울, 경인출판사, 2005.

신용하, 『한국의 독도영유권 연구』, 경인문화사, 2006.

심영옥, 「겸재 정선의 청하연감 시절 회화 업적 연구」, 『동양예술』 45, 2019.

심현용, 「관동팔경 월송정의 창건과 유래」, 『博物館誌』 25, 2019.

설석규, 「조선시대 영남유생(嶺南儒生)의 공론형성(公論形成)과 류도수(柳道洙)의 만인소(萬人疏)」, 『퇴계학과 유교문화』 44, 2009.

양태진, 「조선정부의 영토관할정책 전환에 대한 고찰」, 『영토해양연구』 6, 2013.

이규태, 「울릉도 삼림채벌권을 둘러싼 러일의 정책」, 『사총』 79, 2013.

이선근, 「울릉도 및 독도 탐험 소고」, 『독도』, 대한공론사, 1965.

이영학, 「개항 이후 일제의 어업 침투와 조선 어민의 대응」, 『역사와 현실』 18, 1995.

이원택, 「울진 대풍헌 현판 영세불망지판류 자료의 해제 및 번역」, 『영토해양연구』 18, 2019.

이한기, 『한국의 영토』, 서울대학교출판부, 1969.

이혜은, 「1882년의 울릉도 지리환경」, 『문화역사지리』 21-2, 2009.
이혜은, 「개척기 울릉도의 지리경관」, 『한국사진지리학회지』 22-4, 2012.
이홍권, 「검찰사 이규원의 생애와 영토수호 활동」, 『이사부와 동해』 16, 2020.
이홍권, 「고종의 울릉도 關防정책과 이규원의 울릉도 수토」, 『이사부와 동해』 15, 2019.
영남대독도연구소편, 『울진대풍헌과 조선시대 울릉도 독도의 수토사』, 선인, 2015.

울릉도 수토 기록을 통해 본 東海에서의 祭儀 연구

김도현 | 고려대학교 외래교수

Ⅰ. 머리말

東海를 배경으로 바다에서의 안전을 도모하기 위해, 또는 바다로부터 올 수 있는 나쁜 액살을 막고 안전을 위해 신라 이래 고려와 조선시대에 東海에서 海神[龍王]을 주요 신령으로 모셔서 제사를 지냈다는 각종 기록이나 설화들을 확인할 수 있었다. 이와 같은 전통은 현재 동해안 지역에서의 민간신앙 전통에도 영향을 미쳐 마을 단위 제의에서 바다에서의 안전을 도모하기 위해 삼척·울진을 비롯한 동해안 지역과 울릉도에서도 하위 제차로 용왕제를 지내고 있음을 폭넓게 확인할 수 있었다.

즉, 울릉도 복속을 위해 이사부 장군이 출항한 곳으로 여겨지는 오십천 하구의 사직동 서낭당에서 모시는 신령은 성황·토지신과 함께 용왕을 위패 형태로 모시고 있으며, 인근의 근덕 덕산 서낭당에서도 용왕을 모시는 등 동해안지역 마을에서 마을제사 또는 하위 제차로 용왕을 모신 전통은 매우 오래되었고, 그 형식은 산신이나 성황신을 협시하는 형태로 모시거나, 마을제사를 지낼 때 하위 제차로 용왕제를 지내고 있다.

그리고, 표면적으로 동해안지역 마을에서 어업을 중시하고, 이에 대한 신앙의례가 많이 드러나 있으나, 실제 祭日·祝文에서의 기원 내용, 마을의 중심 제당이 성황당이고 모시는 神靈이 농업과 관련된 요소들이 많다는 점 등은 비록 해안지역에 위치한 마을이라도 내재적으로 농업 중심의 신앙 구조가 전승되고 있음을 나타내는 것이다.

그러나, 생업조건과 신앙이 무관하지 않기에 바다와 항상 접하여 생활해야 하는 어민들에게 바다 관련 신앙은 개인적으로나 집단적으로 반드시 필요한 마음의 안식처인 것이다. 그 결과 해안지역 어민들의 신앙이라 할 수 있을 만큼 발달된 해신당에서의 치제(致祭)를 볼 수 있다. 즉, 해신당은 안전과 풍요를 기원하는 어민들의 신앙처이기에 안전을 보장받기 위해 용왕제를 지내고, 풍어에 대한 간절한 염원을 담아 목제 남근을 봉헌하는 모습들이 나타난다.

이러한 점은 바닷가 신앙이라 할 만큼 구분되는 신앙 행위가 존재함을 의미한다. 이러한 사실은 비록 삼척·울진이나 울릉도라는 해안 지역에서 찾아진 특징이지만 결국 동해안지역이 신앙행위에 있어 내륙 지역과 구분되는 특수한 조건을 지닌 지역이기에 이러한 양상을 보여준다고 볼 수 있다.

이와 같이 동해를 배경으로 살아가는 사람들의 안전과 풍요를 위한 지극한 염원을 담아 해신제 또는 용왕제를 지낸 전통은 고대국가 단계에서부터 현재에 이르기까지 지속적으로 전승되고 있다. 이와 관련하여 조선시대에 단행된 울릉도 수토 관련하여 남겨진 기록에도 바다에서의 안전을 기원하기 위한 제의 관련 내용을 찾을 수 있다.

울릉도를 둘러싸고 안용복 등 조선 어부들과 일본 어부들 사이의 충돌을 계기로 충돌 다음 해인 숙종 20년(1694) 삼척영장 장한성을 울릉도 수토관으로 파견하였다. 이후 울릉도 수토활동을 공식 정책으로 채택하여 숙종 23년(1697)과 숙종 24년(1698)에 수토 관련 규정이 마련되어 고종 31년(1894) 공식적으로 폐지될 때까지 지속되었다. 수토 관련 내용 중 산제(山祭)·해신제(海神祭), 그리고 항해 중 풍랑이 크게 치면 용식(龍食)을 바다에 뿌리는 제의 등 다양한 신앙 활동을 설행하였다는 기록들을 확인할 수 있다. 이를 통해 단편적으로나마 동해를 중심으로 이루어진 바다 관련 의례 연구에 도움을 받을 수 있었다.

필자는 신라대부터 현재에 이르기까지 동해를 배경으로 설행된 바다에서의 제의 활동 관련 기록과 현재 설행 양상을 통해 동해에서의 바다 관련 의례를 지속적으로 조사·연구하였다. 이 글은 이의 연장 선에서 울릉도 수토 관련 기록 중 바다에서의 안전을 기원하기 위한 의례를 분석하여 당시 동해에서의 제의 실상과 이의 지속과 변동 양상을 정리·분석하여 동해를 중심으로 설행된 해신제[용왕제]의 실상을 정립하는데에 조금이나마 기여하고자 한다.

Ⅱ. 동해에서의 祭儀 관련 기록

1. 신라

신라는 東海와 南海, 그리고 北海를 관장하는 신령을 위하는 祭場을 마련하였는데, 공통적으로 선박의 접안이 가능하고, 신라 수도인 경주지역을 중심으로 군사·경제적으로 중요한 지점에 설치하였다. 경주 가까이에 동해와 남해를 관장하는 해신을 위한 제장을 만들고, 北海의 祭場은 동해안에서 가장 중요한 해상활동의 거점인 삼척 비례산에 설치하였다.

삼척 오십천 하구는 자연 항구로써, 이곳을 중심으로 울릉도와 동해안 남북으로 향하는 해상 교통망이 구축될 수 있는 결절점이기에 전략적으로 매우 중요하다. 해상 교통 중심지인 삼척을 지키지 못한다면 신라는 매우 어려운 상황에 직면할 수 있었다. 이에 삼척 비례산에 北海 祭場을 설치하여 제사를 지낸 것으로 볼 수 있다.

비례산이 구체적으로 어디인가에 대한 많은 논의가 있었는데, 일단 다른 해안지역의 제장과는 달리 山[1]이라는 점과 삼척에 있다는 사실이다. 여기에 덧붙여 제사를 지낸 산이라면 신령이 좌정할 만한 공간적 특징을 지니면서, 海神을 위하는 제의를 설행할 수 있는 여건 또한 갖추어져 있어야 한다.

그러나 기존의 연구들은 비례산이 어디일 것인가에 대한 관심을 중심으로 논지를 전개하였기에, 삼척보다 더 북쪽으로 올라간 지역을 확보하였던 신라가 왜 삼척에 북해제장을 설치하였는지에 대한 고민이 없었다. 필자는 바다에 제사 지낸 목적성을 고려한다면 가장 우선시 되는 것은 海神을 잘 위해주어 안전을 도모하는 것이라 생각한다. 이를 위한 海神祭[龍王祭]를 지낸 전통은 고대국가 단계에서부터 현재까지 이어져 오고 있다. 동해에서 海神[龍]을 위하는 전통과 고대 국가 단계에서 행하였을 신앙의 한 단면을 볼 수 있는 자료를 소개하면 다음과 같다.

[자료 1] 『三國遺事』 券第二 紀異第二 万波息笛

제 31대 신문대왕의 이름은 政明이요. … 동해 바다에 작은 산이 떠서 감은사로 향해 오는데, 물결을 따라 왔다 갔다 합니다. 왕이 이를 이상히 여겨 日官 김춘질에게 점을 쳐 보게 하였더니. 일관이 아뢰었다. "대왕의 아버님께서 지금 바다의 용이 되어 삼한을 지키고 계시고 …[2]

[자료 2] 동해를 향한 '望海' 기사

* 『삼국사기』 권2 신라본기 2, 미추이사금 3년

---

1 비례산을 메, 즉 'mountain'으로 여길 수 있으나, 한편으로는 '山'이 아닌 지명을 지칭할 가능성도 있다.

2 『三國遺事』 券第二 紀異第二 万波息笛條 〈三十一神文大王諱政明, … "東海中有小山浮來向感恩寺, 隨波往來." 王異之, 命日官金春質 一作春日占之. 曰 "聖考今爲海龍鎭護三韓. …〉

미추이사금 3년(264)에 왕은 동쪽으로 순행하여 '望海'하였고 …[3]

* 『삼국사기』 권9, 신라본기 9, 혜공왕 12년

감은사에 행차하여 望海하였다.[4]

* 『삼국사기』 권11, 신라본기 11, 경문왕 4년

감은사에 행차하여 望海하였다.[5]

위의 기록에서 '望海'는 동해를 관장하는 신령에 대한 경건한 의식이다.[6] 그리고 동해신이 구체적으로 어떤 존재인지를 단정할 수는 없지만, 신종원은 단군신화 관련 연구에서 감은사를 동해신(=용)[7]을 모시기 위한 절이라고 하였다.[8] 즉, 동해신은 용으로 이해될 수 있다.

[자료 3] 『삼국유사』 기이 2 수로부인

성덕왕대에 순정공이 강릉태수(今 溟州)로 부임차 가다가 바닷가[海汀]에서 점심을 먹었다. 곁에는 돌봉우리가 병풍처럼 바다를 두르고[臨海] 있고 높이가 천 장[丈]이나 되고 그 위에 철쭉꽃이 만발해 있었다. 공의 부인 수로가 보고 좌우에 이르기를 "꽃을 꺾어다 줄 사람이 그 누구인가"라고 했다. 그러나 종자는 "사람의 발길이 이를 수 없는 곳입니다"하고 모두 할 수 없다고 했다. 이때 옆에 암소를 끌고 지나가던 노

3 『三國史記』 卷第二 新羅本紀 第二 味鄒 尼師今 三年, 春二月條 〈東巡幸望海〉

4 『三國史記』 卷第九 新羅本紀 第九 惠恭王 十二年, 一月條 〈幸感恩寺望海〉

5 『三國史記』 卷第十一 新羅本紀 第十一 景文王 四年 春二月條 〈王幸感恩寺望海〉

6 김영하, 「신라시대 순수의 성격」, 『민족문화연구』 14, 1979, 218~219쪽; 신종원, 『한국 대왕신앙의 역사와 현장』, 일지사, 2008, 164쪽.

7 동해신은 나라와 백성을 지켜주기도 하지만 때로는 심술을 부리므로 鎭撫의 대상이 되기도 한다. 구체적으로 수로부인, 처용랑, 망해사 이야기를 보면 때로는 동해신(용)이 위함을 받아야 하는 신격임을 알 수 있다. 신종원, 『한국 대왕신앙의 역사와 현장』, 일지사, 2008, 164쪽.

8 신종원, 「단군신화에 보이는 곰의 실체」, 『한국사연구』 118, 2002, 22~24쪽.

인이 있었는데 부인의 말을 듣고는 꽃을 꺾어 노래[歌詞]까지 지어 바쳤다. 그 노인이 어떤 사람인지는 몰랐다. 그 뒤 이틀 길을 더 가다가 또 바닷가의 정자에서 점심을 먹고 있는데 갑자기 바다의 용이 나타나 부인을 끌고 바다로 들어가 버렸다. 공은 땅바닥에 넘어질 듯 발을 굴렀으나 어쩔 도리가 없었다. 또 다시 한 노인이 있어 말해주기를 "옛 사람의 말에 뭇 사람들의 말은 쇠도 녹인다 하니 바다 속의 용인들 어찌 뭇 사람들의 말을 두려워 않겠습니까. 마땅히 관내(管內)의 백성들에게 노래를 지어 부르게 하고 바다 언덕을 지팡이로 치게 하십시오. 그러면 부인을 만나볼 수 있을 겁니다" 라고 했다. 공이 그 말을 따랐더니 용이 부인을 받들어 모시고 바다에서 나와 바쳤다. 공이 부인에게 바다 속에서 있었던 일을 물으니 "칠보궁전에 음식은 감미롭고 기름지며 향기롭고 깨끗한 것이 인간의 연화(煙火)가 아니었습니다" 했다. 이때 부인의 옷에 배인 향기는 기이하여 세상에서 들어본 바 없는 것이었다. 수로부인은 자태와 용모가 절세로 빼어나 깊은 산이나 큰 못을 지날 때마다 여러 번 신물(神物)에게 붙잡혀갔다. 이때 뭇 사람들이 부르던 해가(海歌)는 「거북아, 거북아, 수로부인을 내놓아라, 남의 부인 앗아간 죄 그 얼마나 크랴, 네 만일 거역하고 내놓지 않으면, 그물로 잡아서 구워 먹으리」라고 했고 노인의 헌화가는 「자줏빛 바위 위에 잡은 암소 놓게 하시고, 나를 부끄러워하지 않으신다면, 저 꽃 꺾어 바치오리다.」라고 했다.[9]

---

9 『三國遺事』 券第二 紀異第二 水路夫人條 〈聖德王代, 純貞公赴江陵太守 今溟州行次海汀晝饍. 傍有石嶂如屛臨海, 高千丈, 上有躑躅花盛開. 公之夫人水路見之謂左右曰, "折花献者其誰." 從者曰 "非人跡所到." 皆辞不能. 傍有老翁牽牸牛而過者, 聞夫人言折其花, 亦作歌詞献之. 其翁不知何許人也.
便行二日程, 又有臨海亭晝饍次, 海龍忽攬夫人入海. 公顚倒躃地計無所出. 又有一老人告曰, "故人有言衆口鑠金, 今海中傍生何不畏衆口乎. 宜進界內民作歌唱之以杖打岸, 則可見夫人矣." 公從之, 龍奉夫人出海獻之. 公問夫人海中事, 曰 "七寶宮殿所饍甘滑香潔, 非人間煙火." 此夫人衣襲異香, 非世所聞. 水路姿容絶代, 每經過深山大澤屢被神物掠攬. 衆人唱海歌, 詞曰. 龜乎龜乎出水路. 掠人婦女罪何極. 汝若悖逆不出獻, 入網捕掠燔之喫. 老人獻花歌曰. 紫布岩乎过希, 執音乎手母牛放教遣, 吾肹不喻慚肹伊賜等, 花肹折叱可獻乎理音如.〉

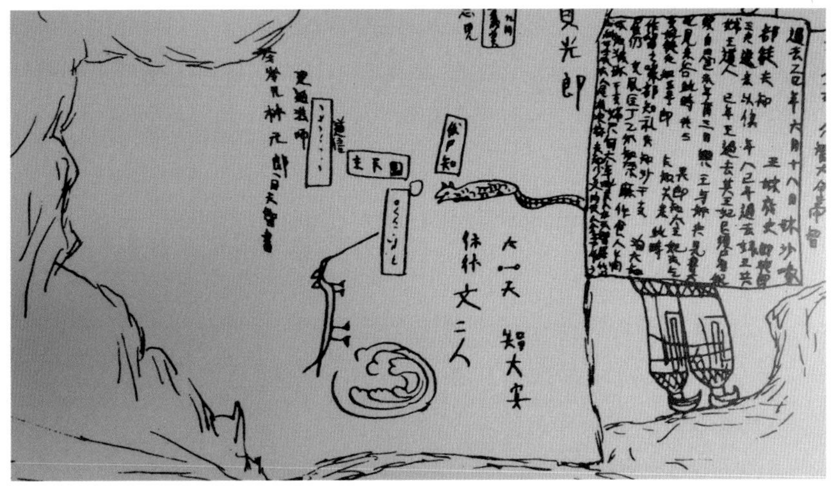

〈그림 1〉 울주 천전리 암각화에 새겨진 용 1

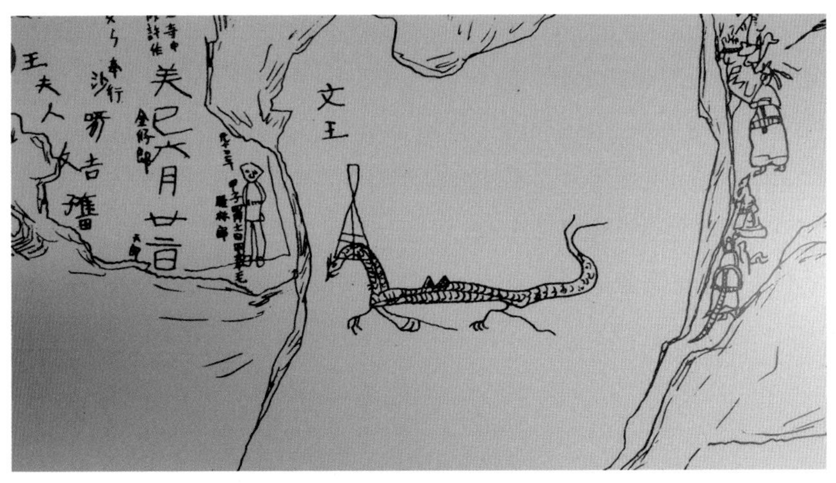

〈그림 2〉 울주 천전리 암각화에 새겨진 용 2

앞의 자료를 통해 당시 東海를 관장하였던 신령이 용(龍)이었음을 알 수 있다. 즉, [자료 1]은 문무왕이 동해의 용이 되어 신라를 지켜준다는 믿음을 표현한 것이고, [자료 2]는 '望海'라는 용어를 통해 동해를 관장하는 신령, 즉

용에 대한 경건한 의식을 행하였음을 보여주며, [자료 3]은 바다를 관장하는 용에 대한 이야기이다. 이들 자료를 통해 당시 신라인들은 동해를 관장하는 신령으로 '용'을 믿었고, 이에 따라 용을 모시는 절을 짓고, 종교의례를 행하였음을 알 수 있다.[10]

신라에서 용을 모셨던 전통을 내륙 지역 사례에서도 발견할 수 있다.

청동기시대부터 신라에 이르기까지 다양한 시대의 기록이 남겨져 있는 울주 천전리 암각화 하단부 중앙에는 법흥왕대에 작성된 명문이 새겨졌는데, 그 왼쪽에 용을 새겼다. 오른쪽에 화랑의 이름이 새겨져 있는 부분에서도 바위에 새겨진 용을 발견할 수 있다.[11]

그리고, 『삼국사기』에 따르면, 진평왕 50년(628) 여름에 가뭄이 크게 들어 시장을 옮기고, 용을 그려 기우제를 지냈다는 기록이 보인다.[12] 이와 함께 창녕 화왕산성 내 연못에서 출토된 목간 4(유물번호 196) 뒷면에 '龍王'이 묵서되어 있고, 목간 2에도 '龍'이 묵서(墨書)되어 있다.[13] 이들 목간은 기우제를 지낼 때 용을 모셨을 가능성을 잘 보여주는 유물이다.[14]

[자료 1·2·3]과 함께 울주 천전리 암각화, 『삼국사기』 진평왕 50년(628) 기록을 통해 신라에서 바다에서의 안전 기원을 비롯하여 기우의례 과정에서 이를 관장하는 용을 폭넓게 모셨음을 알 수 있다.

---

10 김도현, 「신라의 국가 제사와 삼척」, 『이사부와 동해』12호, 한국이사부학회, 2016. 8.

11 신라에서의 용 관련 자료들을 제공해 주신 울진군청 학예사인 심현용 박사에게 지면으로나마 감사드린다.

12 『三國史記』 卷第四 新羅本紀 第四 眞平王條 〈夏大旱, 移市, 畫龍祈雨〉.

13 박성천·김시환, 「창녕 화왕산성 蓮池 출토 木簡」, 『목간과 문자』4, 한국목간학회, 2009.

14 박승범, 「新羅 四瀆의 위치와 그 祭場의 성립」, 『신라사학보』 33집, 신라사학회, 2015, 120~121쪽.

2. 고려

『高麗史』와 『高麗史節要』를 비롯하여 다양한 자료를 통해 고려시대에 바다에서 제사지냈던 전통이 있었음을 확인할 수 있다. 소개하면 다음과 같다.

[자료 4] 『高麗史』 雜祀條 顯宗16년 5월

以海陽道定安縣再進珊瑚樹陞南海神祀典

[자료 5] 『高麗史節要』

教曰海陽道定安縣再進珊瑚樹其南海龍神宜陞祀典以奬玄功

위의 [자료 4, 5]의 기록은 고려시대의 海神은 自然神이 아니라 龍이라는 상서로운 동물로 형상화된 神靈이며, 특정 신령이 국가제사를 받는 祀典에 오를 수 있는 것은 바로 玄功에 의해 그 神의 神靈함이 증명되어야 함을 알 수 있다.[15]

그리고 嶽·海·瀆및 山川에 대한 제사는 다른 시대의 국가제사와는 달리 고려시대에는 中·小祀에 등재되어 있지 않고 雜祀로 구분되어 있다. 嶽·鎭은 山嶽神인데, 嶽은 五嶽혹은 四嶽을 말하며, 鎭은 鎭護하는 山神을 말한다. 瀆은 흔히 四瀆이라 하며, 發源하여 바다로 들어가는 하천을 말한다. 고려의 嶽·瀆은 확인되지 않고 있으나, 海神은 각 방위별로 제사되었던 것으로 생각된다. 참고로 南海神은 海陽道定安縣에서 珊瑚樹를 바친 것을 계기가 되어 현종 16년에 祀典에 올랐다.[16]

---

15 김철웅, 「고려시대 잡사 연구」, 고려대학교대학원 박사학위논문, 2001.

16 김철웅, 「고려시대 잡사 연구」, 고려대학교대학원 박사학위논문, 2001.

또한 이규보가 食蒸蟹라는 詩에서 게는 '8월에 稻芒을 東海神에게 보내야만 먹을 수 있다'고 하였다. 어부들은 게의 풍작을 위해 8월에 東海神에게 제사를 지냈음을 알 수 있다.

이와 함께 태조대의 팔관회에는 龍神이 나타나 있는데, 흔히 龍은 국가와 불법의 수호자, 혹은 水神·海神으로 나타난다. 八關은 天靈과 五嶽·名山大川·龍神등을 섬기는 것이라는 표현은 주요 神格의 순서에 따라 기록한 것으로 여겨지기에 龍神은 水神 혹은 海神으로 판단된다.[17]

위의 기록들을 종합해 보면 고려시대의 海神은 自然神이 아니라 龍이라는 상서로운 동물로 형상화된 神靈이었음을 알 수 있고, 바다에서의 안전과 풍어를 위해 이들을 모셔서 제사할 때 각 방위별로 제사지냈음을 알 수 있다.

3. 조선

조선시대에도 국가 차원에서 東海에 제사지내기 위해 양양에 東海神廟를 설치하였고, 수토 관련 기록을 보면 海神을 위하는 제사를 지내 바다에서의 안전을 기원하였음을 알 수 있다. 소개하면 다음과 같다.

1) 東海神廟 설치

조선시대에 국가제사인 中祀를 지낸 곳 중에는 양양에 설치하여 동해에 제사지낸 東海神廟[18]가 있다. 이와 관련하여 선조 38년(1605)에 허균이 작성

---

17 김철웅, 「고려시대 잡사 연구」, 고려대학교대학원 박사학위논문, 2001.

18 강원도 양양군 양양읍 조산리 339번지 외 1필지에 위치하며 2000년 1월 22일 강원도 기념물 제73호로 지정되었다. 고려시대 이후 東海神을 모신 祠堂이며 매년 나라에서 향과 축을 내려 보내 정초에는 別祭, 2월과 8월에는 常祭로 관찰사가 國泰民安과 農農豊漁를 기원하는 제사를 지낸 곳이다.

〈그림 3〉 양양 東海神廟 전경

〈그림 4〉 重修東海龍王廟碑

한 아래의 「重修東海龍王碑文」을 통해 국가 제장인 東海神廟에서 모셨던 神靈은 龍王神의 성격을 지닌 것으로 이해될 수 있다.

[자료 6] 許筠의 『惺所覆瓿藁』에 실려 있는 「重修東海龍王碑文」 중 관련 내용

… "우리나라는 사해 용왕을 위해 사당을 세우되 지리의 중앙되는 곳을 가려 설치하였는데 강릉은 동해의 한 가운데이고, 정동이며, 더욱이 고을 한 가운데가 상개(爽塏 : 앞이 탁 트여 밝은 땅)한 곳에 위치하고 있으므로 정동이라 이름하고 신라 때부터 이곳에서 용왕께 제사지냈다. 그런데 공희왕(恭僖王 중종) 때에 강릉부 사람으로 장원 급제한 심언경(沈彦慶)·심언광(沈彦光) 형제가 용왕의 사당에 비용이 든다 하여 방백에게 말하여 상께 글을 올리고, 까닭없이 옮겨버렸다. 요즘 편찬된 《신증동국여지승람(新增東國輿地勝覽)》에는 '동해 용왕의 사당은 양양에 있는데 지금까지 복구되지 않고 있다. 현재의 사당 자리는 낮고 더러워 귀신의 영을 평안히 하기에는 적당치 않다.'고 하니, 귀신의 노여움도 당연하다 하겠다. 언광 형제의 몰락도 이것 때문일 것이며, 을사년 바람과 비의 변은 참으로 두려운 일이었다. 신이 사람에게 밝게 고한 것을 믿지 않는 것은 사람들이 미혹하기 때문이다. 부사의 사당 개수(改修)는 예에 들어맞

는 처사니, 어찌 그를 덮어 둘 것인가."

하고, 갖추어 기록하고 이에 송(頌)을 드린다.

바다는 천지 간에 / 가장 큰 것이온데
그 누가 왕이 되어 / 바람 불고 비 오게 하는가
강하고 강한 용왕신이라 / 하늘의 용은 이것 같음이 없네
복 내리고 화 내리매 / 신령스러운 응보 매우 진실코야 …[19]

2) 울릉도 수토 관련 기록에 나타난 海神 모신 전통

조선전기부터 울릉도를 관리·수호하기 위해 관리를 파견하였으나 중기에 정치·사회적 혼란으로 인해 이에 대한 관심이 줄어들었다. 그러나 숙종 19년(1693) 울릉도에서 안용복 등 조선 어부들과 일본 어부들 사이에 벌어진 충돌과 그 이후의 갈등으로 인해 숙종 20년(1694)에 삼척영장 장한상을 울릉도에 파견하여 수토하였다. 이후 수토를 공식적인 국가 정책으로 확정하여 숙종 23년(1697)과 숙종 24년(1698)에 관련 규정을 마련하여 수토를 하였다.[20]

울릉도를 수토할 때 수토관들은 출항부터 귀항할 때까지 山祭와 海祭·船祭 등 각종 제사를 지냈음은 다음 사례들을 통해 확인할 수 있다.

---

19 許筠, 『惺所覆瓿藁』, 「重修東海龍王碑文」 〈… 我國設四海龍祠。相度地理之中以置宇。江陵爲東海之最中。而正東尤其邑之中。位置爽塏。故名爲正東。自新羅祭龍于是。恭僖王朝。府人沈彥慶, 彥光兄弟秉魁枋。以龍祠有費於府。諷方伯啓聞。無故移之。方纂輿地。書曰。東海在襄陽。至今未復舊。今祠地庳汚。不合妥靈。宜其神之怒也。彥光兄弟之敗。其亦坐是。而乙巳風水之變。實可懼也。神之明告人。人不能信。吁其惑也夫。府伯之改修廟。甚合於禮。其可泯之乎° 遂備紀而係以之頌曰。海於天地。爲物甚鉅。孰王其中。以風以雨° 矯矯龍神。天用莫如。降福降沴。靈應孔孚 …〉

20 배재홍, 「조선후기 울릉도 수토제 운용의 실상」, 『대구사학』103집, 대구사학회, 2011.

[자료 7] 『日省錄』 正祖 10年(1786) 6月 4日

… 수토관(搜討官)의 차례가 된 월송 만호(越松萬戶) 김창윤(金昌胤)의 첩정(牒呈) 안에, '4월 19일에 평해(平海) 구미진(丘尾津)에서 바람을 살폈습니다. … 29일에 배가 출항하여 저전동(苧田洞)에 이르자 배 4척에 타고 있던 사람들이 목욕하고 산제(山祭)를 지낸 뒤에 간심(看審)하니, … 수색한 뒤 같은 날 신시에 일행이 일제히 단위에 올라 바다 신[海神]에게 삼가 제사를 지내고, 돛을 걸고 곧 돌아왔습니다. …[21]

[자료 8] 『朝鮮王朝實錄』 正祖 18年(1794) 6月 3日

… 수토관 월송 만호(越松萬戶) 한창국(韓昌國)에게 관문을 띄워 분부하였습니다. 월송 만호의 첩정(牒呈)에 '4월 21일 다행히도 순풍을 얻어서 식량과 반찬거리를 4척의 배에 나누어 싣고 왜학(倭學) 이복상(李福祥) 및 상하 원역(員役)과 격군(格軍) 80명을 거느리고 같은 날 미시(未時)쯤에 출선하여 바다 한가운데에 이르렀는데, 유시(酉時)에 갑자기 북풍이 일며 안개가 사방에 자욱하게 끼고, 우뢰와 함께 장대비가 쏟아졌습니다. 일시에 출발한 4척의 배가 뿔뿔이 흩어져서 어디로 가고 있는지 알 수 없었는데, 만호가 정신을 차려 군복을 입고 바다에 기원한 다음 많은 식량을 물에 뿌려 해신(海神)을 먹인 뒤에 격군들을 시켜 횃불을 들어 호응케 했더니, 두 척의 배는 횃불을 들어서 대답하고 한 척의 배는 불빛이 전혀 보이지 않았습니다.

… 이어 죽암(竹巖)·후포암(帿布巖)·공암(孔巖)·추산(錐山) 등의 여러 곳을 둘려보고 나서 통구미(桶丘尾)로 가서 산과 바다에 고사를 지낸 다음, 바람이 가라앉기를 기다려 머무르고 있었습니다. …[22]

---

21 『日省錄』 正祖 10年(1786) 6月 4日 〈…今年搜討官當次。越松萬戶金昌胤牒呈內。四月十九日。候風于平海丘尾津。… 二十九日。解纜到苧田洞。四船之人。沐浴山祭後看審。… 搜探後同日申時。一行齊登壇上。謹祭海神。掛帆旋歸。…〉

22 『朝鮮王朝實錄』 正祖 18年(1794) 6月 3日〈… 故搜討官越松萬戶韓昌國處, 發關分付矣。該萬戶牒呈: "四月二十一日, 幸得順風, 糧饌雜物分, 載四隻船, 與倭學李福祥及上下員役格軍八十名, 同日未時量, 到于大洋中, 則酉時, 北風猝起, 雲霧四塞, 驟雨霹靂, 一時齊發,

[자료 9] 『承政院日記』 1767책, 정조 20年 9月 15日 기록

… 항해 중에 악풍이 불거나 고래 등을 만나면 龍食을 바다에 흩뿌리며 기도하였다. 곡물이 많이 소요되었다. …[23]

위의 사례에서 알 수 있는 바와 같이 울릉도에서 山神을 위하면서 海神을 위한 제사를 지내고, 용왕에게 獻食한 목적은 안전한 항해와 원활한 임무 수행을 바라는 간절한 마음에서 이들 신령을 모셔서 제사지냈음을 알 수 있다. 이 과정에서 海神[龍王]을 위하는 의식을 설행하였을 뿐만 아니라 山神을 위한 제의도 설행하였음을 알 수 있다.

3) 안전 항해를 위해 海神을 모신 사례

조선시대에 선박을 이용하여 세금이나 구휼미를 운반한 사례들이 많다. 제주도에 다녀오거나, 동해안을 오갈 때 무사히 항해(航海)할 수 있도록 기원하기 위해 출발 전에 海神을 위한 제사를 지냈음은 많은 기록에서 확인할 수 있다. 이 때 국가에서 매년 초에 향축(香祝)을 풍랑이 심한 道에 각각 보내서 감사로 하여금 해신(海神)에게 치제(致祭)하도록 하였으며, 평소에도 배가 출항하기 전, 그리고 관동·관북을 지날 때에는 그 도의 지경에 이르러 해신(海神)에게 제사를 지내게 하되 향축(香祝)은 국가에서 내려 보내는 등 안전 항해를 위해 해신을 위한 제의에 많은 정성을 드렸다. 관련 사례를 소개하면 다음과 같다.

四船各自分散, 莫知所向。 萬戶收拾精神, 戎服禱海, 多散糧米, 以餽海神後, 使格軍輩, 擧火應之, 則二隻船擧火而應, 一隻船漠然無火矣 … 仍遍看竹巖、帿布巖、孔巖、錐山等諸處, 行到桶丘尾, 禱山祭海, 待風留住 …〉

23 『承政院日記』1767책, 正祖 20年 9月 15日. 〈… 山祭海祭船祭及遇惡風及鯨鰐也, 龍食之散, 祈禱之節, 穀物甚多入, …〉

[자료 10] 『朝鮮王朝實錄』 英祖 18年 1月 20日

… 동·남·북 3도의 감사에게 명하여 해신(海神)에게 치제(致祭)하였다. 임금이 북도의 곡물 수송이 복선(覆船)되기 쉬움을 염려하여, 예조에 명하여 특별히 3도에 향축(香祝)을 보내서 감사로 하여금 정성을 다해 몸소 기도하여 무사히 바다를 건널 수 있도록 빌게 한 것이다. …[24]

[자료 11] 『朝鮮王朝實錄』 正祖 12年 12月 10日

… 함경도 관찰사 이숭호(李崇祜)와 위유 어사(慰諭御史) 정대용(鄭大容)이 장계하여 재해(災害)의 형편과 백성들의 실정을 진술하고 영남의 곡식을 옮겨주기를 청하니, … 배에 곡식을 싣고 갔다가 되돌아와서 정박할 때까지는 영남 백성들을 위해 염려하지 않을 수 없는 기간이니, 영백(嶺伯)에게 거듭 신칙하여 기필코 무사히 항해(航海)할 수 있도록 하라. 배가 출발할 때와 관동·관북을 지날 때에는 그 도의 지경으로 접어드는 곳에서 각각 해신(海神)에게 제사를 지내게 하되, 향축(香祝)은 연전의 예에 따라 서울에서 내려 보내도록 하라." …[25]

[자료 12] 『朝鮮王朝實錄』 純祖 13年 10月 14日

관북 도신 김이양이 환곡과 진제해 줄 것을 장청하다. … 비변사에서, 포항의 창곡은 원수(元數)가 넉넉잖으므로 포항과 제민(濟民) 두 창고의 곡식을 합하여 2만 3천 석을 나누어 보내지고 하면서, 이어 무신년의 예에 따라 운반을 독촉하고 배가 떠날 때 향축(香祝)을 보내어 해신(海神)에게 제사할 것을 청하니, 그대로 따랐다. …[26]

---

24 『朝鮮王朝實錄』 英祖 18年 1月 20日 〈… 命東南北三道道臣, 致祭海神。上慮北路運穀, 易致臭載, 命禮曹別送香祝於三道, 使道臣虔誠躬禱, 以祈利涉 …〉

25 『朝鮮王朝實錄』 正祖 12年 12月 10日 〈… 咸鏡道觀察使李崇祜、慰諭御史鄭大容狀啓, 陳災形、民情, 請移轉嶺南穀, … 船運裝發, 至回泊間, 爲嶺民無非用慮之日, 申飭嶺伯, 期得利涉。發船時, 關東北過涉時, 各於道內初境, 設祭海神。香祝, 依年前例, 令自京下送" …〉

26 『朝鮮王朝實錄』 純祖 13年 10月 14日 〈… 關北道臣金履陽, 狀請 … 備局以浦項倉穀元數不敷,

위의 기록들을 통해 조선시대에 동해에서 제사지낼 때 모신 신령은 海神이었으며, 허균이 작성한 「重修東海龍王碑文」이라 쓰여진 비문 제목과 내용, 울릉도 수토관들이 항해 중에 龍食을 바다에 흩뿌리며 기도하였다는 기록 등을 통해 海神을 용왕으로 인식하였음을 알 수 있다. 그리고 조선 정부 차원에서 구휼미나 세금을 운송할 때 향축을 내려 해신을 위한 제의를 지내게 한 사례 등으로 보아 동해에서 龍王으로도 인식된 海神을 모셔서 안전을 기원한 전통은 신라 이래 고려와 조선시대에 까지 이어졌음을 알 수 있다.[27]

Ⅲ. 울릉도 수토 과정에 모신 신령

울릉도 수토 관련 내용 중 산제(山祭)·해신제(海神祭), 그리고 항해 중 풍랑이 크게 치면 용식(龍食)을 바다에 뿌리는 제의 등 다양한 신앙 활동을 설행하였다는 기록들을 확인할 수 있다. 신령에 대한 이해는 관련 신앙 의례를 이해함에 있어 가장 중요하다. 이에 수토 관련 기록에서 확인할 수 있는 내용을 중심으로 울릉도 수토 과정에 모신 신령을 정리·분석하면 다음과 같다.

1. 산신(山神)

울릉도의 실상을 확인할 수 있는 자료로서 단연 1882년(고종 19)에 작성된 이규원(李奎遠)의 '울릉도검찰일기(鬱陵島檢察日記)'를 꼽을 수 있다. 이 자료는 울릉도 개척령을 반포하기 위한 사전 준비작업으로 울릉도에 대한

以浦項濟民兩倉穀合二萬三千石劃送, 仍請依戊申例督運, 發船時送香祝, 祭海神, 從之 …〉

27 김도현, 「동해안지역의 민간신앙 전통과 이사부」, 『이사부와 동해』11호, 한국이사부학회, 2015. 12.

인문·지리적 정보를 구하기 위해 고종의 명을 받은 이규원이 울릉도를 검찰하고 작성한 보고서이다. 즉, 수토정책을 실시한 이후 울릉도에 대한 공식적이고 본격적인 최초의 '조사보고서'인 셈이다.

이규원의 '울릉도검찰일기'는 검찰 당시 울릉도에 사람들이 거주하고 있는지의 여부를 포함해서 그들이 하는 생업 활동을 비롯한 다양한 내용을 상세히 기록하고 있다. 〈표 1〉은 이규원이 울릉도에 도착하여 도보에 의한 내륙 답사 5박 6일의 일정과 선편에 의한 해상 답사 1박 2일의 일정 속에서 만난 울릉도의 선주민과 그들의 출신지 및 작업 내용을 정리한 것이다.

〈표 1〉 이규원, '울릉도검찰일기'의 검찰 내용[28]

검찰일	대표자 / 관련자	대표자의 출신지	작업 내용	장소 / 현재 지명
4월30일	김재근(金載謹) / 격졸 13명	전라도 흥양 삼도	미역 채취	소황토구미 / 학포
5월 2일	최성서(崔聖瑞) / 격졸 13명	경상도 평해	배 건조	대황토구미 / 태하
	전서일(全瑞日)	경상도 함양	미상	소황토구미 / 학포
	경주 사람 7명	경상도 경주	약초 채취	대황토구미 / 태하
	연일 사람 2명	경상도 연일	연죽 채취	대황토구미 / 태하
5월 3일	이경칠(李敬七) / 격졸 20명	전라도 낙안	배 건조	왜선창포 / 천부
	김근서(金謹瑞) / 결졸 19명	전라도 흥양 초도	배 건조	왜선창포 / 천부
	박기수(朴基秀)	경상도 대구	미상	중봉(中峰) / 미상
	성명 미상 40~50명	미상	약초 채취	중봉(中峰) / 미상
	정이호(鄭二祜	경기도 파주	약초 채취	중봉(中峰) / 미상
5월 4일	김석규(金錫奎)	경상도 함양	약초 채취	성인봉 10리 / 미상
5월 5일	김내언(金乃彦) / 격졸 12명	전라도 흥양 초도	배 건조	장작지포 / 사동

28 李奎遠, '鬱陵島檢察日記', 1882. 신용하 편, 『독도영유권 자료의 탐구』 제2권, 독도연구보전협회, 1999, pp. 36~74. 정광중, 「이규원의 '울릉도검찰일기'에 나타난 지리적 정보」, 『지리학연구』제40호, 국토지리학회, 2006, p. 221 재인용.

검찰일	대표자 / 관련자	대표자의 출신지	작업 내용	장소 / 현재 지명
5월10일	변경화(卞敬花) / 격졸 13명	전라도 흥양 삼도	미역 채취	보방청포구 / 도동
	김내윤(金乃允) / 격졸 20명	전라도 흥양 삼도	배 건조	통구미 / 통구미
	일본인(日本人) 내전상장(內田 尙長) 등 78명	일본 낭카이도(南海道) 및 도카이도(東海道) 등	벌목	도방청포구 / 도동

위의 자료를 통해 이규원이 울릉도에서 직접 만나거나 거주 여부를 확인한 사람들은 조선인과 왜인(일본인)이었다. 조선인은 전라도 출신이 103명, 경상도 출신이 26명, 경기도 출신이 1명, 출신지 미상이 약 40~50명으로 총 172~182명을 직접 만나거나 주변 사람들로부터 거주하고 있다는 사실을 구두로 확인하였다. 왜인은 낭카이도(남해도), 도카이도(동해도) 출신으로 총 78명을 확인하였다. 그러나 이들 대부분은 단기 거주자였다. 이러한 사실은 그들이 울릉도에서 행하던 작업이 미역이나 약초 채취 및 배의 건조 등을 목적으로 삼고 있다는 데서 쉽게 이해할 수 있다. 조선인은 미역 채취와 배의 건조를 주목적으로 울릉도를 출입하였다. 왜인들은 검찰 당시의 정황으로 미루어 울릉도에 입도하여 지속적으로 벌목을 행하였다. 왜인들은 울릉도가 마치 자신들의 영토인 양 착각을 하고 벌목을 행하였다.[29]

울릉도에 대한 정보를 확인하고 정리·보고하였다는 사실은 울릉도 전역을 대상으로 이규원의 검찰이 매우 면밀하게 이루어졌다는 것을 의미한다. 그리고 내륙 조사 5박 6일의 일정과 선편에 의한 해상 조사 1박 2일의 일정은 매 이동마다 울릉도의 산신에게 검찰단의 신변 안전을 기원하는 것으로부터 시작하였다. 이와 관련한 자료를 정리하면 다음과 같다.

29 정광중, 위의 논문, pp. 221~222.

(가) - 1. 5월 1일. 소황토구미[학포]에 풍랑이 몹시 일어 포구에 매어 놓은 배 3척의 닻줄이 끊어질 지경이라 선원들을 모두 동원하여 …… 다행이 위급한 상황을 면하고 산신당에 기도를 드렸다.

(가) - 2. 5월 2일. 대황토구미[태하]에 도착하였다. 다음 날 산신당에서 일행 전체가 제사를 지낸 후 흑작지[현포]로 출발하였다.

(가) - 3. 5월 4일. 성인봉 기슭에 위치한 산신당에서 기도를 하고 최고봉에 오르니 일컫되 성인봉(聖人峰)이라.

(가) - 4. 5월 5일. 저동의 산신당에서 기도를 하고 대령(大嶺)을 넘어 험준한 계곡을 지나 바닷가에 당도하니 포구 이름이 장작지포[사동]이다.

(가) - 5. 5월 9일. 소황토구미 산신에게 기도를 하고 배를 타고 출발하여 노를 저어 동쪽을 향해 약간 지나 십여 리를 가니 향목구미(香木邱尾)라 하나 …… 죽암[대바우]에 도착하였다.

(가) - 6. 5월 11일. 동풍이 서서히 일고 있는데 사공들이 배에 풍장비(風裝備)를 한다기에 산신에게 기도를 하고 식사를 재촉하여 승선하니 …… 13일에 무사히 구산포(울진군 기성면)에 도착하였다.

좀 더 구체적으로 살펴보면, '鬱陵島檢察日記'(1882)에 의하면 이규원이 수하 100여명을 이끌고 고종 19년(1882) 4월 30일 학포 마을에 상륙하여 이곳에서 이틀을 머물고, 선편으로 태하로 향하기 전 무사항해를 기원하며 학포의 산신당에서 빌었다는 기록이 있어 울릉도의 산신당은 開拓令 이전에 이미 존재하였음을 알 수 있다. 그리하여 그가 태하, 나리, 저동리 등의 산신당에서도 안전 항해를 기원하였기에 山神을 상위 신령으로 모신 산신당은 울릉도 선주민의 중요한 제의 공간이었음을 알 수 있다.

즉, '(가) 자료'를 통해 학포, 태하, 저동 등지에 산신당이 존재하였음을 알 수 있다. 이규원은 울릉도 선주민의 공동체신앙의 처소인 산신당을 검찰

활동에서 닥칠 수 있는 신변의 위협을 제거하는 종교적 성소로 여겼다. 이 중에서 (가) - 1의 기록을 보면 울릉도에 정박한 이후에 선박이 풍랑으로 유실될 위기에 처하자, 이규원은 이를 타개할 목적으로 산신에게 기도를 드렸다. 울릉도로 항해를 시작할 때 바다에서의 풍랑을 관장하는 신령으로 용왕을 위했으나, 울릉도에 도착한 이후 울릉도 산신에게 풍랑이 잦아들기를 염원하였다는 것은 울릉도 선주민들의 종교 전통에서 최고의 신령으로 山神, 구체적으로 표현하면 성인봉 산신을 최고의 신령으로 모셨음을 알 수 있는 대목이다.[30]

입도한 이튿날이자, 본격적인 검찰로서 첫날에 겪은 풍랑 때문인지, 이규원은 검찰 일정에 따른 매 이동마다 산신에게 치제하는 것을 잊지 않는다.

울릉도에 산신을 모신 제당이 있었다는 사실을 통해, 선주민의 정착이 비록 계절에 따른 일시적인 것이든, 계속 정착하였든 울릉도에 있는 동안에 원주민들이 울릉도의 산신을 모셨음을 알 수 있다.

울릉도에서 산신은 성인봉 산신을 이른다. 성인봉에서 시작된 산줄기가 사람이 살 수 있는 공간과 농토 등을 베풀어 주며, 여기서 발원한 물이 울릉도에서 사람과 각종 생물이 존재할 수 있게 하기 때문이다. 이에 울릉도 대부분의 마을에서 최고 신령으로 산신을 모시게 되고, 해신당에서도 상당신

---

30 이규원이 바다에서의 안전을 관장하는 용왕이 아닌 산신을 모신 것에 대하여 당시 용왕이나 해신에 대한 종교적 관념이 울릉도에 없었기 때문이라고 각종 논문에서 주장되고 있다. 이에 대하여 필자는 이규원의 『검찰일기』에 바다에서의 안전을 도모하기 위해 산신당에서 산신을 위하였다는 것은 울릉도에서의 최고 신령이 산신이었기 때문이지, 특정 기능을 지닌 신령에 대한 인식이 없었던 것은 아니라고 생각한다. 이미 이규원, 그리고 역대 수토사들은 바다에 나섰을 때 풍랑을 만나면 용왕제를 지냈다는 기록을 발견할 수 있기 때문이다. 그리고 사람이 해결하기 어려운 문제에 봉착하였을 때 고등종교 차원에서 이를 해결해 줄 수 있는 구체적인 신령에게 의탁할 수도 있지만, 불교에서 부처님, 기독교에서 하느님과 같은 최고의 존재를 위하는 사례도 있으므로, 산신을 위하는 것은 이와 같은 맥락에서 볼 수 있다.

으로 산신을 먼저 위한 후 기능적 의미를 지닌 해신 또는 용왕을 모시는 것이다.

그리고 울릉도에서의 山神은 농경이나 산에서의 활동에 따른 종교 활동과 관련한 기능으로 한정지을 것이 아니라, 생명의 원천, 최고 신령으로서의 산신으로 이해하여야 한다.[31]

수토사 일행이 바다를 건너 울릉도에 올 때 파도가 심하게 치고 위험해지면 용왕에게 제사를 지냈다는 기록이 여럿 보인다. 이는 바다에서의 최고 신령으로 용왕을 상정하였기 때문에 가능한 것이다. 이후 육지에 상륙하여 울릉도를 관장하는 최고 신령을 울릉도 성인봉 산신령으로 인지하여 이를 위하는 것은 당연한 것이다. 용왕이나 해신을 위할 수도 있는데, 이 또한 산신의 하위 신령으로 여겨서 산신당에서 하위 제차로서 용왕이나 해신을 위할 수도 있다.

그리고 현재 울릉도 내 각 마을에서 마을 전체를 관장하는 제당에서 모시는 신령을 보면 산신과 함께 동신을 위하는 사례를 다수 발견할 수 있다. 이는 마을을 관장하고 수호하는 洞神의 상위 신령으로 산신이 존재함을 잘 보여주는 사례라고 볼 수 있다.

그러므로 선주민의 울릉도 이주와 함께 강원도를 비롯하여 전국에서 발견할 수 있는 산신 신앙이 울릉도의 마을신앙 전통 형성에 큰 영향을 끼쳤다고 볼 수 있으며, 이는 현재까지 끊이지 않고 이어지므로 울릉도의 마을신앙

31 이와 관련하여 농업 만이 아니라 가족 문제, 사업 문제, 승진 문제, 학업 문제 등 다양한 문제를 종교적으로 해결하기 위해 태백산에 올라 태백산신 또는 천신을 위하는 사례, 현재 충청도나 전라도 등에서 어업에 종사하는 사람들도 태백산, 삼척 쉰움산 등에 와서 태백산신이나 쉰움산신을 위해 돼지를 바치며 치성을 드리는 사례 등을 통해 이해될 수 있다. 김도현, 「강원도 영동 남부지역 고을 및 마을신앙」, 고려대학교 대학원 박사학위논문, 2009년 2월; 김도현, 『史料로 읽는 太白山과 天祭』, 강원도민일보사·강원도·태백시, 2009; 김도현·장동호, 『3대 강 발원과 태백』, 강원도민일보·태백시, 2010.

전통은 우리 민족신앙 전통과 그 궤를 같이 한다고 볼 수 있다.

(나) 나리동에는 성황화상(城隍畵像)을 모신 정결한 산신당이 세워져 있었다.

한편 '(나) 자료'를 통해서 나리동에 성황 화상(畵像)을 당신도로 모신 산신당이 존재하였음을 확인할 수 있다. 선주민의 산신에 대한 신앙이 일시적인 정착에 따른 일시적인 믿음이 아니라, 경우에 따라 영구적인 정착에 따른 지속적인 믿음이라는 데 큰 의미가 있다.[32] 나리동은 성인봉 아래 50여 정보에 불과한 작은 분지이다. 오늘날에는 선주민의 흔적만 남아 있지만, 개척 이전에 나리동에는 사족 출신으로서 함양에서 이주한 김석규(金錫奎)와 파주에서 이주한 정이호(鄭二祜)가 초막을 짓고 생활하였다고 한다. 그들의 영향인지는 확인할 수 없지만, 개척 초기에 비교적 큰 규모의 서당이 나리동에서 운영되었다.[33] 다른 지역과는 달리 사족 출신이 입성하였고, 비교적 큰 규모의 서당이 운영되었다는 사실에서, 나리동은 특별한 의미를 갖는다. 이에 산신제를 유교 의례에 입각하여 지냈을 것으로 짐작된다.

다양한 자료가 부족한 현실에서 지금까지 살펴본 이규원의 '울릉도검찰일기'가 옛 울릉도의 민간신앙 전통을 증명할 수 있는 최고(最古)이자 최고(最高)의 자료일 수밖에 없다. 이 자료를 통해 조선 정부의 수토정책에도 불구하고, 어떠한 이유에서든 울릉도에 사람들이 이주·거주하였으며, 이와 함께 내륙 지역의 민간신앙 전통도 함께 전해져서 울릉도에 정착·전승되었음

32 경상도와 강원도지역 고갯마루에 있는 제당 명칭이 원래 산령당 또는 산신각이었으나, 점차 고갯마루 아래에 사람들이 정착하여 마을을 형성하게 되면 산령당을 성황당, 즉 마을을 수호하는 신령이 좌정한 공간으로 여기는 사례가 다수 있기에 위의 나리분지 사례 또한 이와 같은 변화 과정과 그 궤를 같이 한다고 볼 수 있다.

33 울릉군지편찬위원회(편), 『鬱陵郡誌』, 울릉군, 1989, p. 125.

〈그림 5〉 울릉도 사동 3리 산령당 내부

〈그림 6〉 울릉도 사동1리 제당 내부

〈그림 7〉 울릉도 사동1리 내부에 모신 산신, 동사신

〈그림 8〉 울릉도 사동1리 제당 내부에 모신 동사신과 해신

을 알 수 있다.

그러나 海神堂의 존재는 그 성격이 모호하다. 이규원의 기록에서 배를 타고 바닷길을 통해 검찰 활동을 할 때 산신당에서 기도를 드렸다는 기록만 보이고, 해신 또는 용왕을 위하였다는 이야기는 전혀 언급되고 있지 않다. 이를 통해 추정해보면 1882년 당시까지 울릉도에는 공동체신앙 대상으로서의 해신에 대한 인식의 존재 여부, 하위 신령으로 모셨는지에 대하여 알 수 없으나, 어업 활동이 활발해지고, 이에 종사하는 사람들이 많아짐에 따라 울진·삼척지역 사례에서 발견할 수 있듯이 해신 또는 용왕을 위하는 민간신앙 전통이 개인 신앙 차원에서 점차 마을공동체신앙의 범주로 확대 발전되어 해신당에서의 치제(致祭)가 정착되었다고 볼 수 있다.

2. 海神

조선전기부터 울릉도를 관리·수호하기 위해 관리를 파견하였으나 중기에 정치·사회적 혼란으로 인해 이에 대한 관심이 줄어들었다. 그러나 숙종 19년(1693) 울릉도에서 안용복 등 조선 어부들과 일본 어부들 사이에 벌어진 충돌과 그 이후의 갈등으로 인해 숙종 20년(1694)에 삼척영장 장한상을 울릉도에 파견하여 수토하였다. 이후 수토를 공식적인 국가 정책으로 확정하여 숙종 23년(1697)과 숙종 24년(1698)에 관련 규정을 마련하여 수토를 하였다.[34]

울릉도를 수토할 때 수토관들은 출항부터 귀항할 때까지 山祭와 海祭·船祭 등 각종 제사를 지냈음은 앞서 소개한 [자료 7]·[자료 8]·[자료 9]를 통해 확인할 수 있다.

이들 자료에 소개된 사례에서 알 수 있는 바와 같이 울릉도에서 山神을 위하면서 海神을 위한 제사를 지내고, 용왕에게 獻食한 목적은 안전한 항해와 원활한 임무 수행을 바라는 간절한 마음에서 이들 신령을 모셔서 제사 지냈음을 알 수 있다. 이 과정에서 海神[龍王]을 위하는 의식을 설행하였을뿐만 아니라 山神을 위한 제의도 설행하였음을 알 수 있다.

신라 이래 고려를 지나 조선시대에 이르기까지 국가 차원에서 해신[용왕]을 위한 전통을 이어받아서 동해안지역에 거주하며 어업에 종사하는 사람들도 바다에서의 안전을 기원하기 위한 다양한 제의를 설행한다는 현지조사 사례를 통해 확인할 수 있다.

동해안지역 마을에서 모시는 신령과 제당, 제의 유형과 함께 안전을 기원하기 위해 지내는 용왕제, 풍어를 기원하기 위한 별도의 노력 중 하나가 목

---

34 배재홍, 「조선후기 울릉도 수토제 운용의 실상」, 『대구사학』103집, 대구사학회, 2011.

제 남근 봉헌 등이다.[35] 이 중 동해안지역에서 바다에서의 안전을 도모하기 위한 마을신앙의 전승 양상을 소개하면 다음과 같다.

동해안지역에 소재한 마을에서 마을 전체 주민을 위하면서 바다에서의 안전 또는 풍어를 기원하기 위해 주로 모시는 신령은 山神이나 城隍이다. 마을 내에 하당인 해신당이 있거나, 바닷가나 기타 장소에서 마을제의 중 바다 관련 별도의 하위 제차를 진행하는 전통이 있어 종교적 감응을 좀 더 직접적으로 부여받기 위해 모시는 신령은 海靈·海神·龍王·해서낭 등이다.

해안지역 마을에서 모시는 신령을 좀 더 구체적으로 살펴보면 다음과 같다.

강원도 고성을 비롯하여 속초·양양, 경상북도 영덕·포항, 그리고 울산 등에 속한 해안지역 마을에서 마을 전체의 안녕과 풍요, 어업에 종사하는 사람들의 안전과 풍어를 기원하기 위한 마을제의에서 주로 모셔지는 신령은 성황 또는 할아버지서낭, 할머니서낭 등으로 불리우는 신령들이다. 이들 마을에서 어업에 종사하는 주민들의 종교적 염원은 소지 형태로 표출되거나, 수 년에 한 번씩 열리는 별신굿[서낭굿 또는 풍어제]을 통해 그들의 종교적 염원을 좀 더 강하게 드러내고, 이에 반응한 신앙의례가 행해진다.

위의 사례와 함께 어업을 주요 산업으로 하면서, 별도의 해신당이나 해령당이 없는 마을에서는 마을 내 제당에서 어업에 종사하는 사람들을 위한 제의를 베풀더라도 상당신으로 산신이나 성황을 모신 사례들을 강원도 고성군 문암리를 비롯하여 속초시 외옹치, 양양군 남애리, 울진군 오산리 등 많은 마을에서 발견할 수 있다. 울릉도에서는 어업에 종사하는 사람들이 주로 운영하는 해신당에 해신이나 용왕과 함께 상당신으로 山神이나 洞神을 모신다. 조선시대에 울릉도 수토에 나선 수토사들 또한 바다에서의 안전 항해를

35 김도현, 「삼척 해안지역 마을신앙 연구」, 『역사민속학』21집, 한국역사민속학회, 2005; 김도현, 「삼척지역의 마을공동체 신앙과 性」, 『강원민속학』19집, 강원민속학회, 2005.

기원하기 위해 산신에게 정성을 드린 사례들을 확인할 수 있다.

그러므로 바다와 닿아 있는 동해안지역 마을의 제장에서 주로 모시는 신령은 산신, 성황, 할아버지서낭, 할머니서낭으로 불리워지는 신령인 것으로 보아 내륙에 있는 마을에서 모시는 신령과 비교하여 큰 차이가 없음을 알 수 있다.

바다에서의 안전과 풍어 등을 직접적으로 관장하는 신령으로 모셔지는 海靈은 山靈에 대비되는 용어로써 바다가 지닌 신령함 그 자체에 의탁하여 종교적 염원을 이루려고 모신 신령이다. 강릉 안인진에서 어민들이 운영하는 바닷가 제당을 '해령사[해령당]', 울릉도 사동2리 해안에 위치한 옥천마을에 어민들이 주로 운영하는 제당을 '해령사'라고 이르는 사례를 통해 알 수 있다.

海神은 바다를 관장하는 지위를 지닌 신령을 이르는 표현이다. 『조선왕조실록』을 비롯하여 많은 기록에서 바다에서의 안전을 기원하기 위해 모신 신령을 海神이라 하였으며, 울릉도 내수전 해신당, 태하마을 해신당에서 모신 해신, 울진군 진복 1리, 죽변 3리, 덕천리, 기성리 등 동해안에 소재한 해안마을의 제당에서 해신을 모신 사례들은 매우 많다. 즉, 바다를 관장하는 지위를 부여받은 신령인 해신에게 기대어 바다에서의 안전과 풍어를 기원하기 위해 주로 모신다.

울릉도 지역 마을신앙을 조사·분석한 글을 보면 대부분 '海神'을 '龍王'과 동일하게 인식하면서 '海神'이라는 표현을 우리나라에서 울릉도에서만 존재하는 것으로 이해하고 있다. 이와 더불어 울릉도의 동제는 토지생태계를 중심으로 한 산신당 유형과 해양생태계를 중심으로 한 해신당의 유형으로 구분하여 '해신당'이 독립적으로 존재한다는 인식이 매우 강하게 표출되고 있다. 이와 같은 현상이 나타난 이유 중의 하나가 일본의 영향이라는 주장들이 있다.

〈그림 9〉 울릉도 사동2리 해령사

〈그림 10〉 울릉도 중간모시개 제당 내에 모신 동해용왕

〈그림 11〉 울릉도 도동 해신당

〈그림 12〉 울릉도 도동 제당 내에 모신 동해 해신

1900년 이후 일본 어부들이 울릉도로 많이 진출하였고, 이에 따라 울릉도에서의 어업 활동이 활발하여 자연스럽게 바다에서의 안전을 도모하기 위해 일본인들이 모신 海神에 대한 의례가 많았던 것은 사실이지만, 이를 독단적으로 일본의 영향으로만 한정 짓는 인식에 대하여 비판적 검토가 필요하다.

다음 2가지 사례를 통해 이미 우리나라에서도 역사적으로 海神에 대한 인식이 있었음을 알 수 있다.

[자료 13] 海神 관련 자료

① 北郊祈雨諸海神祭文[36]

② 海行摠載[37]

③ 祭海神文 南玉撰[38]

④ 耽羅船粟時祭南海神文[39] (『홍재전서』 23 제문 5)

---

36 북교단(北郊壇)에서 여러 해신(海神)에게 고하는 기우제문.

37 『海行摠載』에 수록된 조엄(趙曮)의 『海槎日記』에 실린 제문 등. 『海行摠載』는 고려말과 고려말과 조선시대의 일본 통신사들의 일기와 포로 및 표류 등으로 일본을 왕래한 사람들의 기행록을 모은 총서.4책. 활자양장본. 1914년 조선고서간행회(朝鮮古書刊行會)에서 간행한 조선군서대계(朝鮮群書大系) 속속편(續續篇) 제3~6집에 실려 있다. 서문과 발문 없이 20여 편의 저술이 수록되어 있다.수록된 내용을 보면, 제1책에 정몽주(鄭夢周)의 〈봉사시작 奉使時作〉, 신숙주(申叔舟)의 〈해동제국기 海東諸國記〉, 김성일(金誠一)의 〈해사록 海槎錄〉, 강항(姜沆)의 〈간양록 看羊錄〉, 제2책에는 경섬(慶暹)의 〈해사록〉, 오윤겸(吳允謙)의 〈동사상일록 東上日錄〉, 이경직(李景稷)의 〈부상록 扶桑錄〉, 임광(任)의 〈병자일본일기 丙子日本日記〉, 이선달(李先達)의 〈표주록 漂舟錄〉, 김세렴(金世濂)의 〈해사록〉(상), 제3책에는 김세렴의 〈해사록〉(하), 황호(黃)의 〈동사록 東錄〉, 신유(申濡)의 〈해상록 海上錄〉, 작자 미상의 〈계미년동사일기 癸未年東日記〉, 남용익(南龍翼)의 〈부상록〉, 제4책에는 홍역사(洪譯士)의 〈동사록〉, 김지남(金指南)의 〈동사일록〉, 조엄(趙)의 〈해사일기 海槎日記〉 등이 실려 있다. 대부분 일기형식의 산문과 시로 되어 있다. 정몽주의 〈봉사시작〉은 일본 사행에 관한 최초의 기록이며, 1377년(우왕 3) 9월에 출발하여 이듬해 7월에 돌아오면서 쓴 시이다. 일본의 실정을 알려주는 내용의 시 12수이다. 신숙주의 〈해동제국기〉, 김성일의 〈해사록〉, 이경직의 〈부상록〉, 김세렴의 〈해사록〉, 황호의 〈동사록〉, 김지남의 〈동사일록〉 등은 대부분 사행일기이며, 일본의 문물제도, 일본인과의 대화, 견문, 사행길의 감회 등을 기록했다. 강항의 〈간양록〉은 임진왜란 후 일본에서 4년 동안의 포로생활을 마치고 귀국해서 쓴 기행문이며, 이선달(李先達)의 〈표주록 漂舟錄〉은 일본 홋카이도[北海道]까지 표류하다가 일본 관원들에게 구조되어 귀국한 내용을 담고 있다. 조선인들이 일본을 보는 시각 및 일본인들이 조선을 보는 시각, 일본의 문물제도 등을 살필 수 있는 귀중한 사료가 된다. 1974년 민족문화추진회에 의해 국역되었다. 한편 작자·연대 미상의 〈해행총재〉(28책)가 전하는데, 수록된 저술이 조선고서간행회 편의 이 책과 큰 차이가 없다. 국립중앙도서관에 소장되어 있다.

38 해신(海神)에게 제사한 글 [남옥(南玉) 지음].

39 탐라(耽羅)로 보낼 곡식을 배에 실을 때 남해신(南海神)에게 제사한 글.

[사례 분석 1] 일본의 해신제사 유적과 부안 죽막동 유적 비교 검토40

일본의 해신제사 유적은 바다와 관련되어 있기 때문에 모두 해안이나 섬에 위치하고 있다. 해안 중에서도 돌출된 岬이나 砂丘, 丘陵, 山斜面에 위치하며, 섬의 경우에는 산정상이나 山斜面에 위치하는 것이 일반적이다. 유적의 입지가 다양한 면을 띠고 있지만 모두 바다의 조망이 유리한 지점이라는 공통점이 있다.

이와 같은 일본 제사 유적의 입지는 기본적으로 바다의 조망이 유리한 곳에 제장을 건립하였다는 점에서 부안 죽막동유적과 같다고 볼 수 있다.

이렇게 양국의 해신제사가 유사한 양상을 보이는 것은 공동의 바다를 해상 교섭 수단이면서, 경제적으로 이용하였기에 부단하게 해상 교류를 진행시켜왔고, 한편으로는 동일한 어로 문화나 해양 신앙을 배경으로 유사한 神 관념이 발전해 왔기 때문이라고 생각해볼 수도 있다.

그러므로 울릉도 海神과 海神堂을 이해함에 있어 1900년 이후 일본인의 진출로만 규정지을 것이 아니라 사회·경제적인 변화에 따른 자연스런 변화로 보아야 하며, 일본인들이 神社를 만들어 여기서 '海神'만을 위하였다는 경직된 생각 또한 변해야할 것이다. 왜냐하면 일본인들의 공동체 신앙의 전통을 보면 우리가 山神을 상당신으로 모시듯이 그들 또한 우리와는 다른 상당신을 모신 후 해신을 위하기 때문이다. 이에 대한 구조적인 이해와 그 차이를 살펴볼 필요가 있다.[41]

용왕은 신라 이래 고려·조선을 지나 현재에 이르기까지 해안지역 마을에서 바다에서의 안전을 기원하기 위해 일반적으로 모셔지는 신령이다. 삼척시 근덕면 덕산리 마을 제당에서 모시는 신령 중 주신인 성황신을 협시하

40 유병하, 「부안 죽막동유적의 海神과 제사」, 서울대학교 고고미술사학과 석사학위논문, 1997.

41 이와 관련하여 일본 내 공동체 신앙 또는 개인 신앙에 대한 조사가 필요하며, 이를 통해 울릉도와 동해안지역 마을신앙의 성격을 좀 더 정확하게 이해할 수 있을 것이다.

는 형태로 모셔진 용왕, 울진 죽변·영덕 구계리를 비롯하여 다수의 해안 마을 제의 중 하당제인 용왕제에서 모셔진 용왕이 이에 해당한다. 해신을 용왕으로 여긴 사례들도 많기에 바다에서의 용왕제에서 모신 용왕이 지닌 종교적 기능은 위에서 소개한 해신과 유사한 종교 기능을 수행한다고 볼 수 있다.

해안지역 마을에서는 위에서 소개한 신령 이외에도 수부나 성주를 모신 사례들도 있는데, 이는 해안지역 마을을 특정하는 신령은 아니다.

Ⅳ. 수토과정에서의 제의가 지닌 성격과 의미

울릉도 수토과정에서의 신앙 의례를 순서대로 정리하면, 수토를 위해 출발하기 전에 해신제를 지냈다. 출발 후 풍랑이 크게 쳐서 매우 위험한 상태가 되면 바다에 용식을 헌식하는 의례를 설행하였다. 이후 울릉도 내에 안착하여 다양한 활동을 하는 과정에서 매일 출발 전에 울릉도 소재 산신당에서 산신제를 지냈다. 좀 더 구체적으로 정리하면 다음과 같다.

울릉도로 항해를 시작할 때 바다를 관장하는 신령인 해신을 위한 해신제를 지냈다. 海神은 바다를 관장하는 지위를 지닌 신령을 이르는 표현이다. 『조선왕조실록』을 비롯하여 많은 기록에서 바다에서의 안전을 기원하기 위해 모신 신령을 海神이라 하였으며, 울릉도 내수전 해신당, 태하마을 해신당에서 모신 해신, 울진군 진복 1리, 죽변 3리, 덕천리, 기성리 등 동해안에 소재한 해안마을의 제당에서 해신을 모신 사례들은 매우 많다. 즉, 바다를 관장하는 지위를 부여 받은 신령인 해신에게 기대어 울릉도 수토활동을 무사히 마칠 수 있길 기원하였음을 알 수 있다.

해신을 위한 의례는 수토 과정에서도 설행되었음은 『日省錄』 正祖 10年

(1786) 6月 4日조에 실린 “수색한 뒤 같은 날 신시에 일행이 일제히 단 위에 올라 바다 신[海神]에게 삼가 제사를 지내고, 돛을 걸고 곧 돌아왔습니다.”라 쓴 기록을 통해 알 수 있다.

수토를 위해 울릉도로 향하는 과정에 풍랑이 크게 쳐서 위험해지면 바다를 관장하는 신령인 용왕을 위해 많은 제물을 바다에 헌식하였음을 앞서 소개한 『朝鮮王朝實錄』 正祖 18年(1794) 6月 3日 기사, 『承政院日記』 1767책, 정조 20年 9月 15日 기록 등을 통해 확인할 수 있다. 이 때 위함의 대상으로 모신 신령이 용왕이었음을 ‘용식(龍食)’을 헌식하였다는 기록을 통해 알 수 있다.

내륙 조사 5박 6일의 일정과 선편에 의한 해상 조사 1박 2일의 일정은 이동하기 전에 울릉도의 산신에게 검찰단의 신변 안전을 기원하는 것으로부터 시작하였다. 이와 관련한 자료인 ‘鬱陵島檢察日記’(1882) 중 5월 1·2·3·4·5일과 9일, 11일 기록에 의하면 이규원이 수하 100여명을 이끌고 고종 19년(1882) 4월 30일 학포 마을에 상륙하여 이곳에서 이틀을 머물고, 선편으로 태하로 향하기 전에 안전한 항해를 기원하며 학포의 산신당에서 빌었다는 기록이 있어 울릉도의 산신당은 開拓令 이전에 이미 존재하였음을 알 수 있다.

이에 태하, 나리, 저동리 등의 산신당에서도 안전 항해를 기원하였기에 山神을 상위 신령으로 모신 산신당은 울릉도 선주민의 중요한 제의 공간이었음을 알 수 있다.

당시 이규원은 울릉도 선주민의 공동체신앙의 처소인 산신당을 검찰 활동에서 닥칠 수 있는 신변의 위협을 제거하는 종교적 성소로 여겼다. 이와 같은 기록을 통해 울릉도에 정박한 이후에 선박이 풍랑으로 유실될 위기에 처하자, 이규원은 이를 타개할 목적으로 산신에게 기도를 드렸음을 알 수 있다.

울릉도로 항해를 시작할 때 바다에서의 풍랑을 관장하는 신령으로 용왕을 위했으나, 울릉도에 도착한 이후 울릉도 산신에게 풍랑이 잦아들기를 염원하였다는 것은 울릉도 선주민들의 종교 전통에서 최고의 신령으로 山神을 모셨음을 알 수 있는 대목이다.

울릉도에 산신을 모신 제당이 있었다는 사실을 통해, 선주민의 정착이 비록 계절에 따른 일시적인 것이든, 계속 정착하였든 울릉도에 있는 동안에 원주민들이 울릉도의 산신을 모셨음을 알 수 있다.

울릉도에서 모신 산신은 성인봉 산신을 이른다. 성인봉에서 시작된 산줄기가 사람이 살 수 있는 공간과 농토 등을 베풀어 주며, 여기서 발원한 물이 울릉도에서 사람과 각종 생물이 존재할 수 있게 하기 때문이다. 이에 울릉도 대부분의 마을에서 최고 신령으로 산신을 모시게 되고, 해신당에서도 상당신으로 산신을 먼저 위한 후 기능적 의미를 지닌 해신 또는 용왕을 모시는 것이다.

수토사 일행이 바다를 건너 울릉도에 올 때 파도가 심하게 치고 위험해지면 용왕에게 제사를 지냈다는 기록이 여럿 보인다. 이는 용왕을 바다를 관장하는 신령으로 여겼기 때문에 가능한 것이다. 이후 육지에 상륙하여 울릉도를 관장하는 최고 신령으로 울릉도 성인봉 산신령임을 인지하여 이를 위하는 것은 당연한 것이다. 용왕이나 해신을 위할 수도 있는데, 이 또한 산신의 하위 신령으로 여겨서 산신당에서 하위 제차로 용왕이나 해신을 위하였을 가능성도 있다.

그리고 현재 울릉도 내 각 마을에서 마을 전체를 관장하는 제당에서 모시는 신령을 보면 산신과 함께 동신을 위하는 사례를 다수 발견할 수 있다. 이는 마을을 관장하고 수호하는 洞神의 상위 신령으로 산신이 존재함을 잘 보여주는 사례라고 볼 수 있다.

그러므로 선주민의 울릉도 이주와 함께 강원도를 비롯하여 전국에서 발견할 수 있는 산신 신앙이 울릉도의 마을신앙 전통 형성에 큰 영향을 끼쳤다고 볼 수 있으며, 이는 현재까지 끊이지 않고 이어지므로 울릉도의 마을신앙 전통은 우리 민족의 민속신앙 전통과 그 궤를 같이 한다고 볼 수 있다.

정리하면, 울릉도 수토사들은 안전 항해를 위해 해신을 모셨고, 항해 과정에서 용왕제를 지낼 때 음식을 바다에 헌식하는 의례를 설행하였다. 그리고, 울릉도 수토활동을 진행하는 과정에서 山神을 위하면서 海神을 위한 제사를 지내는 등 다양한 신앙 의례를 하였다.

즉, 울릉도 수토과정에서 울릉도를 관장하는 산신을 최고 신령으로 여겼기에 수토 활동을 하기 전에 산신제를 지냈다. 그리고, 선박을 이용하여 이동을 하여야기에 바다를 관장하는 신령인 해신을 위하였음을 알 수 있다. 이와 함께 풍랑이 치는 등 위험한 상황에서 바다를 관장한 신령인 용왕을 위해 헌식하였음을 알 수 있다.

이와 같은 신앙 의례는 현재까지 이어져서 울릉도를 비롯하여 동해안 지역에서 산신을 최고 신령으로 모시면서 바다에서의 활동을 통해 삶을 영위하는 사람들은 해신 또는 용왕을 위한 신앙 의례를 정기적·비정기적으로 설행함은 다양한 사례들을 통해 확인할 수 있다.

울릉도 수토활동이 이루어졌던 울릉도와 출발 장소였던 삼척·울진 지역 마을신앙 처소는 천제당, 산신당, 성황당, 해신당 등 다양한 형태로 전승되고 있다. 이들 제당에서 모시는 신령이 천신, 산신, 성황신, 해신(또는 용왕) 등 다양한데, 울진·삼척지역 또한 이와 같은 신령을 단독 또는 합사하여 모신 사례들이 매우 많다.

李奎遠의 '鬱陵島檢察日記'(1882)에 의하면 울릉도의 산신당은 開拓令 이전에 이미 존재했던 것임을 알 수 있었다. 그리하여 그가 태하, 나리, 저동리 등의 산신당에서도 안전 항해를 기원하였기에 山神을 상위 신령으로 모신 산신당은 울릉도 선주민의 중요한 제의 공간이었음을 알 수 있다.

현재 울릉도 내 각 마을에서 마을 전체를 관장하는 제당에서 모시는 신령을 보면 산신과 함께 동신을 위하는 사례를 다수 발견할 수 있다. 이는 마을을 관장하고 수호하는 洞神의 상위 신령으로 산신이 존재함을 잘 보여주는 사례라고 볼 수 있다.

그러므로 선주민의 울릉도 이주와 함께 강원도를 비롯하여 전국에서 발견할 수 있는 산신 신앙이 울릉도의 민간신앙 전통 형성에 큰 영향을 끼쳤다고 볼 수 있으며, 이는 울릉도 수토활동 시기를 거쳐 현재까지 끊이지 않고 이어지므로 울릉도의 민간신앙 전통은 우리 민간신앙 전통과 그 궤를 같이 한다고 볼 수 있다.

1967년 한국의 마을 제당을 조사한 보고서 중 울릉도 지역 사례를 조사한 내용 중 도동, 큰모시개, 중간모시개, 작은 모시개, 저동 등의 사례를 보면 일본 신사에서 또는 일본인들이 만든 해신당에서 제사를 지내다가 해방 이후 일본인들이 만든 해신당을 없애고 위치를 옮기거나, 시간이 지난 후 지역민들이 의견을 모아서 해신당을 새롭게 지었다는 기록이 보인다.

이와 같은 기록을 토대로 해신당의 존재, 해신당에서 해신을 모시는 전통은 일본의 영향이 크기 때문이라는 의견이 많다. 그러나 이는 일본의 영향이라기보다는 어민들의 마을 내 비중이 커진 상태에서 이들만의 공동체 신앙으로 발전해 간 자연스러운 현상으로 볼 수 있다. 그리고 海神 또한 우리의 역사에서 발견할 수 있는 신령이다.

울릉도 수토 기록과 울진과 삼척, 울릉도지역 마을신앙에 대한 기존의 조사·연구 성과와 현장 답사를 통해 확보한 자료를 바탕으로 분석한 결과 울릉도를 비롯하여 울진·삼척 지역 마을에서 모시는 신령이나 제의 장소·祭日 등은 매우 오래 전부터 울릉도 수토활동 당시 설행되었던 산신제, 해신제, 그리고 용왕을 위한 전통을 계승하고 있음을 알 수 있다.

참고문헌

『三國史記』

『三國遺事』

『高麗史』

『高麗史節要』

『新增東國輿地勝覽』

『朝鮮王朝實錄』

『承政院日記』

『日省錄』

허균, 「重修東海龍王碑文」, 1605.

허목, 『陟州誌』

이규원, 『鬱陵島檢察日記』(壬午年, 1882년)

「北郊祈雨諸海神祭文」

「海行摠載」

「祭海神文」, 南玉撰

「耽羅船粟時祭南海神文」, 『홍재전서』 23 제문 5

국립민속박물관(편), 『한국의 마을제당-강원도편』, 국립민속박물관, 1999.

국립민속박물관(편), 『한국의 마을제당-경상북도편』, 국립민속박물관, 2004.

삼척시지편찬위원회(편), 『삼척시지』, 삼척시, 1997.

울릉군지편찬위원회(편), 『鬱陵郡誌』, 울릉군, 1989.

울진군지편찬위원회(편), 『울진군지』, 울진군, 2022.

김도현·이명진, 『삼척 임원리 굿과 음식』, 국립문화재연구소, 2007년 12월.

김도현·이명진, 『영덕 구계리 굿과 음식』, 국립문화재연구소, 2007년 12월.
김도현, 『史料로 읽는 太白山과 天祭』, 강원도민일보사·강원도·태백시, 2009.
김도현, 『삼척시 동지역 민속지』, 삼척문화원, 2011.
김도현, 『한국의 마을天祭』, 모시는사람들, 2021.
박경신·장휘주, 『동해안 별신굿』, 국립문화재연구소, 2002.
신종원, 『한국 대왕신앙의 역사와 현장』, 일지사, 2008.

金道賢, 「歷代 地理誌의 三陟郡 敍述에 대한 一考察」, 『江原文化史硏究』제 2집, 강원향토문화연구회, 1997.
김도현, 「삼척의 봉수와 관련 민간신앙」, 『강원사학』 19·20합집, 강원대학교 사학회, 2004.
김도현, 「삼척지역의 마을공동체 신앙과 性」, 『강원민속학』 19집, 강원민속학회, 2005.
김도현, 「삼척 해안지역 마을신앙 연구」, 『역사민속학』 21집, 한국역사민속학회, 2005.
김도현, 「울진군 죽변의 마을신앙 -죽변 성황사를 중심으로-」, 『史香』 2집, 울진역사연구회, 2005.
김도현, 「삼척시 원덕읍 갈남 2리 신남마을 서낭제」, 『한국의 마을신앙(上)』, 국립민속박물관, 2007년 8월.
김도현, 「울진지역 마을제당·굿, 12령과 선질꾼 항목(총 60항목)」, 『디지털문화대전(울진군)』, 한국학중앙연구원·대경문화재연구원·울진군, 2008.
김도현, 「강원도 영동 남부지역 고을 및 마을신앙」, 고려대학교 대학원 박사학위논문, 2009년 2월.
김도현, 「용왕밥」, 『한국 민속신앙 사전 : 무속신앙편』, 국립민속박물관, 2010.
김도현, 「울진군 기성면 구산리 대풍헌과 마을신앙」, 『박물관지』 16집, 강원대학교 중앙박물관, 2010년 2월.

김도현, 「울진 12령 샛재[鳥嶺] 城隍祠와 褓負商團」, 『실천민속학』16집, 실천민속학회, 2010.

김도현, 「마을신앙으로서의 금한동 天祭 성격」, 『제 2차 금한동천제』, 금한동천제보존회, 2014.

김도현, 「悉直國의 역사성 연구」, 『강원지역의 옛나라』, 강원도문화원연합회, 2014.

김도현, 「삼척시 내미로리 天祭」, 『종교학연구』 제 32집, 한국종교학연구회, 2014.

김도현, 「울진과 울릉도 공동체신앙의 관계성 검토」, 『독도 영유권 확립을 위한 연구 VI』, 영남대 독도연구소·울진군, 2015.

김도현, 「동해안지역의 민간신앙 전통과 이사부」, 『이사부와 동해』 11호, 한국이사부학회, 2015. 12.

김도현, 「신라의 국가 제사와 삼척」, 『이사부와 동해』12호, 한국이사부학회, 2016. 8.

김도현, 「강원도 강원 영동 해랑제(海娘祭)」, 『강원도 민간신앙 기초조사 자료집』, 국립무형유산원, 2016.

김도현, 「강원도 고성 문암리 서낭제」, 『강원도 민간신앙 기초조사 자료집』, 국립무형유산원, 2016.

김도현, 「강원도의 마을신앙」, 『강원도사(민속편)』, 강원도청, 2018.

김도현, 「민속으로 본 이사부와 삼척」, 『삼척, 이사부와 동해 -학술 문화재 지표조사보고서-』, (사)한국이사부학회·(재)국강고고학연구소, 2019.

김도현, 「강릉 대동마을 민속(민간신앙·세시풍속·종교·민간의료)」, 『강릉 대동마을지』, 가톨릭관동대·한국수력원자력, 2019.

김도현, 「인제지역 마을에서 모시는 山神의 성격」, 『종교학연구』 제37집, 한국종교학연구회, 2019.

김도현,「마을 천제의 구조와 성격」,『한국민속학』 69, 한국민속학회, 2019.
김도현,「동해안지역 마을신앙의 구조와 성격」,『해신과 바다의례』, 도서문화연구원, 2019.
김영하,「신라시대 순수의 성격」,『민족문화연구』 14, 1979.
김종달·김경남,「강원도 고성군 문암리 남근 서낭제」,『강원민속학』 11집, 강원민속학회, 1995.
김종대,「강원도 해안지방의 성기신앙의 형성과 그 전승적 특징」,『한국 민간신앙의 실체와 전승』, 민속원, 1999.
김철웅,「고려시대 잡사 연구」, 고려대학교대학원 박사학위논문, 2001.
김호동,「개항기 울릉도 개척 정책과 이주 실태」,『대구사학』 제 77집, 대구사학회, 2004.
문혜진,「울릉도 토속신앙과 일본신사」,『민속학연구』 제48호, 국립민속박물관, 2021.
박성용·이기태,「독도·울릉도의 자연 환경과 도민의 문화」,『울릉도·독도의 종합적 연구』, 영남대학교출판부, 2005.
박성천·김시환,「창녕 화왕산성 蓮池 출토 木簡」,『목간과 문자』 4, 한국목간학회, 2009.
박승범,「新羅 四瀆의 위치와 그 祭場의 성립」,『신라사학보』 33집, 신라사학회, 2015.
박호원.「한국 공동체 신앙의 역사적 연구」. 한국정신문화연구원 한국학대학원. 1997.
배재홍,「조선후기 울릉도 수토제 운용의 실상」,『대구사학』103집, 대구사학회, 2011.
신용하 편,『독도영유권 자료의 탐구』 제2권, 독도연구보전협회, 1999.
안상경,「울릉도 마을신앙의 역사적 전개와 지역적 특수성」,『역사민속학』

第27호, 한국역사민속학회, 2008.
유병하, 「부안 죽막동유적의 海神과 제사」, 서울대학교 고고미술사학과 석사학위논문, 1997.
이경엽, 「서남해의 갯제와 용왕신앙」, 『한국 민속학』 39집, 한국민속학회, 2004
이기태, 「울릉도의 이해 2 : 동제를 중심으로」, 『시조문학』 통권152호, 시조문학사, 2004.
李秉烋, 「울진지역의 울릉도·독도와의 역사적 관련성」, 『역사교육논집』 제28집, 역사교육학회, 2002.
이창언, 「경상북도 동해안지역 민간신앙 전승의 양상과 의미」, 『대구경북학연구논총』 제3집, 대구경북연구원, 2006.
이필영, 『마을신앙으로 보는 우리 문화 이야기』, 웅진닷컴, 2001.
장일규, 「신라의 동해안과 삼척」, 『이사부와 동해』 9, 한국이사부학회, 2015.
정광중, 「이규원의 '울릉도검찰일기'에 나타난 지리적 정보」, 『지리학연구』 제40호, 국토지리학회, 2006.
최덕원, 「龍王祭」, 『한국세시풍속사전(정월편)』, 국립민속박물관, 2004.
하정숙, 「울릉도 마을신앙의 전승과 변모 양상」, 『중앙민속학』 제11호, 중앙대학교 한국문화유산연구소, 2006.
홍태한, 「한국 민속과 용」, 『용, 그 신화와 문화(한국편)』, 민속원, 2002.

제3편

수토가 남긴 유적과 유물

조선시대 평해 · 울진 지역의 후망(候望) 고찰 _ 홍영호

울진 월송포진성 시·발굴조사의 현황 _ 하영중

월송포진성의 구조와 축조수법에 대한 고고학적 검토 _ 이일갑

조선시대 평해·울진 지역의 후망(候望) 고찰

홍영호 | 하슬라문화재연구소 소장

Ⅰ. 머리말

후망(候望)은 망을 보아 특별한 상황을 파악하고 이를 상급 기관에 전달하는 관방유적으로 분류할 수 있다. 이러한 후망을 척후(斥堠)라고도 한다.[1]

조선시대의 평해와 울진 지역에도 후망이 존재한다.[2] 평해와 울진 지역에 분포한 후망을 언급할 때 그동안 일반적으로 제시되는 사료가 『연려실기술』(초고: 1776년, 영조 52년)과 『만기요람』(1808)이다. 이긍익(李肯翊, 1736~1806)이 저술한 『연려실기술』에는 월송포영의 경우 九欿浦·正明浦·厚里浦 등의 三浦에 척후가 있다라고 기술되어 있다.[3] 그리고 『만기요람』 군정편4/해방 동해편에 의하면 평해에 월포, 구진포, 정명포, 후리포를 소개하

---

1 이 글에서는 『세종실록』의 기사에 보이는 '후망', 『신증동국여지승람』과 『만기요람』 등에 보이는 '척후' 가운데 '후망'으로 통일하고자 한다. 사실상 두 용어는 그 성격이 일치하고, 혼용되는 것 같으나, 조선후기의 사료 및 자료 등에서 '후망수직군(候望守直軍)', '후망군관(候望軍官)', '후망감관(候望監官)'이라는 명칭이 사용된 사례들이 보이기 때문이다. 다만 『신증동국여지승람』, 『만기요람』 등 '척후'조를 언급할 때에는 '척후'로 사용하겠다.

2 지금의 경상북도 울진군(蔚珍郡)은 조선시대에 두 개의 행정체제로 분리되어 있었다. 즉 남쪽에는 '평해군(平海郡)'이, 북쪽에는 '울진군(蔚珍郡 : 울진현에서 1895년에 울진군으로 승격)'으로 나뉘어 있었는데, 1914년에 통합되어 '울진군'이라는 이름을 사용하였다. 또한 1963년에는 강원도에서 경상북도로 편입되었다(심현용, 2016, 「고고자료와 문헌기록으로 본 울진의 연혁」, 『울진군의 역사와 문화』, 삼한문화재연구원·성림문화재연구원).

3 『燃藜室記述』 별집 권17 邊圉典故 鎭·堡.

였는데, 이상 3개포에는 척후가 있다고 하였다.[4] 이로 보아 평해와 울진 지역에는 평해지역에만 구진포, 정명포, 후리포에 척후가 있음을 알 수 있고, 월포는 월송포진이 있는 포를 의미한다.

아울러 『만기요람』 군정편4/해방 동해편에는 삼척포는 현재 폐하였지만, 三陟 藏吾里浦가 동해 방면의 선박이 정박하는 곳이며. 척후(斥堠)가 있다고 기록되어 있다.[5] 따라서 『만기요람』 군정편4/해방편에 의하면 강원도에는 평해의 3개, 삼척의 1개, 총 4곳의 척후, 즉 후망소가 있다고 볼 수 있다.

이와 같이 『연려실기술』과 『만기요람』에 의하면 조선후기에 삼척 장오리포, 평해 구진포, 정명포, 후리포가 (浦)鎭의 하부 조직으로 척후를 위하여 존재한 것으로 볼 수 있다.[6]

그런데 울릉도를 수토하는 기간 동안 候望守直軍이 조직되어 후망을 하였다는 『항길고택일기』의 기록이 있으므로[7] 출발 또는 귀환 장소는 물론이고, 조망을 위한 적절한 지점에 척후소, 즉 후망소가 있었을 것이다. 그렇다면 『연려실기술』과 『만기요람』에 나오는 척후(소)가 울릉도 수토에 활용되었기 때문에 이들 책에 수록되었는지 궁금하다. 또한 평해와 울진 지역에 분포한 후망은 그 위치조차 아직까지 조사되지 못한 상황이다. 그러므로 후망

---

4 『만기요람』 군정편4/海防, 강원도, "… 平海越浦·仇珍浦·正明浦·厚里浦(有三浦俱有斥堠)."

5 『만기요람』 군정편4/海防, 강원도, "… 三陟三陟浦(今廢)·藏吾里浦(東海船泊處有斥堠) …."

6 김호동, 2014, 「越松浦鎭의 역사」, 『사학연구』 115, 한국사학회, 311쪽 및 312쪽 ; 유재춘, 2015, 「평해 월송포진성과 삼척포진성의 연혁과 구조」, 『울진 대풍헌과 조선시대 울릉도·독도의 수토사』, 영남대 독도연구소 독도연구총서 14, 도서출판 선인, 269쪽, 각주 28번; 김호동은 평해의 구진포, 정명포, 후리포에 척후병을 두었다고 보았다(위 논문, 312쪽).

7 배재홍, 2011, 「조선후기 울릉도 수토제 운용의 실상」, 『대구사학』 103, 대구사학회, 127쪽 ; 이원택, 2023, 「항길고택문고의 울릉도 수토 관련 자료 소개」, 『울진, 수토와 월송포진성, 그리고 독도수호의 길』, 한국이사부학회, 76쪽.

의 위치를 찾아 그 입지를 분석할 필요성이 있다.

평해·울진 후망(척후)의 역사성을 분석하고, 그 입지도 찾아내어, 그 실체와 성격을 밝혀보기 위하여 작성되었다.

Ⅱ. 평해·울진 지역 후망 관련 사료 검토

평해·울진 대표적인 근거 자료는 『연려실기술』과 『만기요람』이다. 조선 후기의 실학자 이긍익이 편찬한 『연려실기술』의 기록을 보면 평해군 월송포영의 경우 九㳙浦·正明浦·厚里浦 등의 三浦에는 척후가 있다고 기록되어 있다. 이긍익의 생몰연대로 보아 『연려실기술』의 이 기사는 『만기요람』의 편찬연대인 1808년보다 다소 빠르다고 볼 수 있다. 이렇게 보면 『연려실기술』의 기록이 『만기요람』의 편찬에 영향을 주었을 가능성도 있겠다. 그러므로 이들 자료의 신뢰성과 역사성을 비교 검토하기 위하여 이들 책보다 더 빨리 간행된 자료들을 살펴보겠다.

우선, 『세종실록』 「지리지」를 보면 울진현과 평해군에는 봉수가 소개되어 있지만, 후망은 언급되어 있지 않다. 또한 『세종실록』 「지리지」에는 강원도 동해안의 다른 府郡縣에도 봉수만 수록되어 있고, 후망을 언급한 지역은 없다.

다음, 『신증동국여지승람』 제45권 울진과 평해를 살펴보면 봉수조에 각각 3곳과 4곳의 봉수가 나온다.[8] 그리고 『신증동국여지승람』 제45권, 평해의

8 『신증동국여지승람』 제45권, 평해의 봉수조, 厚里山烽燧, 表山烽燧, 沙銅山烽燧.; 『신증동국여지승람』 제45권, 울진의 봉수조, 全反仁山烽燧, 竹津山烽燧, 竹邊串烽燧, 恒出道山烽燧.

산천조에 구진포, 정명포, 후리포 3곳에 척후가 있다고 다음과 같이 나온다.[9]

· 仇於浦(고을 북쪽 13리에 있다), 正明浦(고을 북쪽 24리에 있다), 厚里浦(고을 남쪽 15리에 있다. 이상 세 포구에는 斥候所가 있다.

위의 3곳은 『연려실기술』과 『만기요람』 군정편4/해방 동해편에 척후가 있다고 기록된 3곳과 일치하여 주목된다. 또한 『신증동국여지승람』 제45권, 평해의 관방조에는 『만기요람』 군정편4/해방 동해편에 언급된 越浦가 越松浦營으로 다음과 같이 나온다.[10]

· 越松浦營, 고을 동쪽 7리에 있다. 수군만호 1인이 있다.

『신증동국여지승람』 제45권, 울진 관방조에는 울진포영이 다음과 같이 언급되어 있다.[11]

· 蔚珍浦營, 수군만호 1인이 있다. (신증) 正德 임신년(중종 7년)에 성을 돌로 쌓았는데 둘레가 7백 50척, 높이 11척이다.

그런데 평해와 비교하면 울진에는 척후가 있다고 기록되어 있지 않았다. 두 지역이 서로 인접한 지역임에도 불구하고 울진에는 척후가 존재하지 않고, 평해에만 척후가 존재한다는 점이 특이하다.

---

9 『신증동국여지승람』 제45권, 평해의 산천조.
10 『신증동국여지승람』 제45권, 평해의 관방조.
11 『신증동국여지승람』 제45권, 울진의 관방조.

하지만 무엇보다도 중요한 점은 『신증동국여지승람』 제45권, 평해의 산천조에 수록된 3곳의 척후가 사실상 『연려실기술』과 『만기요람』 군정편4/해방 동해편에 척후가 있다고 기록된 구진포, 정명포, 후리포와 동일하다는 것이다. 이렇게 보면 『연려실기술』과 『만기요람』의 기록이 『신증동국여지승람』의 기록을 그대로 전재하였을 가능성도 있겠다.

따라서 이러한 가능성부터 먼저 비판적으로 검토해 볼 필요성이 대두된다. 이를 위하여 역대 지리지에 보이는 강원도 동해안 지역의 척후를 찾아 비교해 보겠다. 이때 강릉 지역이 주목된다. 『신증동국여지승람』 강릉대도호부의 산천조에도 평해군처럼 척후와 관련된 기사가 다음과 같이 등장하기 때문이다.[12]

> · 連谷浦(연곡현 동쪽 5리에 있으며, 부에서는 35리이다), 梧津(우계현 남쪽 30리에 있다), 注文津(연곡현 북쪽 10리에 있으며 부에서 40리다). 이상 세 곳 포구에는 斥候가 있다.
>
> 安仁浦, 부 동남쪽 25리에 있다. 예전에는 萬戶營이 있었는데, 지금은 없어졌다.

『신증동국여지승람』 삼척 산천조에는 장오리포에 척후가 있다고 다음과

---

12 『신증동국여지승람』 제44권, 강릉대도호부 산천조.
이들 지리지에 등장하는 강릉의 척후(소) 3곳 가운데, 連谷浦(連谷鎭)는 오늘날 어느 지역인지 정도는 파악이 가능하나, 梧津 또는 梧耳津은 『신증동국여지승람』에서 우계현 남쪽 30리에 있다고 기술한 것처럼 우계현에 속할 가능성이 있다. 실제 성종 때 三峯島(필자: 울릉도)를 찾으러 울진포에서 출발하였다가 그 일행이 강릉 羽溪縣 梧耳津으로 돌아오므로 오이진은 현재의 강릉 남쪽 옥계 지역임을 알 수 있다(『성종실록』 19권, 성종 3년 6월 12일 정축(1472), "江原道觀察使李克墩馳啟曰, 三峯島敬差官朴宗元與所領軍士 分乘四船 去五月二十八日 自蔚珍浦發去 卽遇大風四散 … 중략 … 本月初六日 至江陵 羽溪縣 梧耳津 … 하략 …").

같이 나온다.[13]

· 藏吾里浦, 부 남쪽 62리에 있다. 內·外 藏吾里가 있으며, 모두 동해의 배를 대는 곳이다. 斥候가 있다.

이로 보아 조선말기 강원도 동해안 지역에 설치한 것으로 생각해 왔던 척후 기사는 이미 조선전기부터 존재하였으며, 조선이 망할 때까지 여러 책자에 거의 그대로 수록되었을 가능성을 상정할 수 있다. 이러한 추정은 『신증동국여지승람』의 편찬부터 『연려실기술』·『만기요람』 편찬까지라는 긴 세월의 시간적 전개와 역사의 변화 속에서도 척후의 위치가 변화하지 않았고, 척후의 숫자에 증감이 없으며, 강릉, 삼척, 평해 지역 외에 다른 지역에 척후가 새롭게 출현하지도 않는다는 점에서 뒷받침된다. 그러므로 『신증동국여지승람』의 척후 기사를 이후에 편찬되는 『연려실기술』과 『만기요람』 등과 같은 여러 책들이 그대로 전사(傳寫)하였을 것으로 이해하는 것이 합리적이라 판단된다.

그러므로 이들 강원도 동해안에 분포한 후망(척후)은 그 존재의 유무(有無)와 역사적 실체에 문제가 있음을 알 수 있다. 따라서 조선후기·말기 후망(척후)의 존재 유무(有無)와 운영 시기를 살펴보겠다.

조선후기에 편찬한 대표적인 관찬지리지는 『여지도서』이다. 이 『여지도서』에는 강원도 동해안 지역의 척후 기사가 전혀 나오지 않는다. 『여지도서』를 보면 강원도 동해안의 鎭堡와 水軍浦鎭과 같은 관방유적은 그 설치 및 폐지의 有無가 소개되어 있을 뿐만 아니라, 烽燧도 소개되어 있지만 모든 지역에서 당시 폐지(今廢)된 것으로 나온다. 반면 『여지도서』에는 척후 또는 후

13 『신증동국여지승람』 제44권, 삼척도호부 산천조.

망이 독립된 조항이나 관련 항목속에 들어있지 않는다. 이와 같이 조선전기의 대표적인 지리지인 『신증동국여지승람』부터 등장한 척후가 조선후기·말기의 여러 지리지와 자료에서도 나오고 있으나 『여지도서』에서 보이지 않는 점은 매우 의아하다. 그러므로 『여지도서』 편찬 시기에는 후망(척후)이 존재하지 않은 것이 역사적 실제일 가능성을 높혀준다. 따라서 조선후기의 주요 지리지들을 살펴볼 필요가 있다.

이를 위하여 강원도 동해안에 척후가 있다고 언급된 강릉, 삼척, 평해 지역을 대상으로 조선후기의 주요 지리지와 읍지류에 보이는 후망(척후) 자료를 제시하면 다음 〈표 1〉과 같다.

〈표 1〉 조선후기 주요 지리지의 강릉·삼척·평해 지역 후망(척후)

구분	강릉	삼척	평해
『동국여지지』 柳馨遠 (생몰:1622~1673)	[山川] 連谷浦, 梧津 注文津, 已上三浦舊有斥候	[山川] 藏吾里浦 … 皆東海泊船處 有斥候	[山川] 仇彌浦, 正明浦, 厚里浦, 已上三浦斥候
『여지도서』 (1757~1765)	척후(후망) 없음	척후(후망) 없음	척후(후망) 없음
『만기요람』 군정4/海防, 강원도 (18C말~19C초)	척후(후망) 없음	[東海] 藏吾里浦, 東海船泊處 有斥堠	[東海] 越浦, 仇珍浦, 正明浦, 厚里浦, 右三浦仇有斥堠
『관동지』 (1829~1831)	[鎭堡] 連谷鎭, 梧耳津 注文津, 以上三津浦 有斥候今廢	[鎭堡] 三陟浦鎭 ·	[鎭堡] 越松浦有萬戶 ·
『대동지지』 (1862~1866) (김정호)	[鎭堡][防守] … 連谷浦, 注文津, 梧津, 右三處斥候	[鎭堡][防守] 藏吾里浦,… 舊有斥候	[鎭堡][防守] 仇珍浦, 正明浦 厚里浦, 右三浦俱有斥候
『관동읍지』 (1871)	[鎭堡] 連谷鎭, 梧耳津 注文津	허목의 『척주지』 煙臺五 …. 海汀候望 ….	[鎭堡」 항목 없음
『여도비지』 김정호·최성환 (생몰:1813~1891)	[古戍] … 連谷浦, 梧津, 注文津 右古斥候處	[古戍] … 藏吾里浦 (… 舊有斥候 …)	[古戍] 仇珍浦, 正明浦, 厚里浦 右, 古有斥候

구분	강릉	삼척	평해
『여재촬요』 (1893) 오횡묵 (생몰:1834~1906)	·	[山川] 藏吾里浦(… 東海泊船處 有斥候)	[山川] 正明浦, 厚里浦(… 有斥候) * 필자: 구진포 없음

이상의 양상을 정리하면 강릉의 척후(후망)는 『동국여지지』에 이미 '舊'로 표기되어 있어 척후 3곳(연곡포, 오이진, 주문진) 모두 폐기된 것 같고, 그 폐기 시기는 더 앞선 시기일 가능성이 높다. 다만 『대동지지』에만 "右三浦俱有斥候"라고 되어 있지만 그 전후의 모든 지리지와 읍지에서는 '今廢', '古' 등이 표기되어 있어 사실상 지속적으로 폐기된 상태로 파악된다.

삼척의 척후는 장오리포가 단속적으로 운영되었을 가능성도 있겠으며, 이후에는 완전히 폐기되었을 가능성이 있다. 다만 『여지도서』에서 후망(척후) 기사가 없는 이유에 대하여 척후(후망)이 존재하나 수록을 안 하였다고 본다면, 삼척 장오리포의 경우 지리지의 내용 그대로 받아들여 『동국여지지』 편찬 시기부터 『만기요람』 편찬 시기까지는 운영되었으나, 이후 폐기(『대동지지』·『여도비지』 시기)되었다가 오횡묵의 『여재촬요』 편찬 시기인 19세기 말에 다시 운영되었을 가능성이 있다. 특히 장오리포는 1693년(숙종 19) 안용복의 일본 渡海 사건 이전에 간행된 『동국여지지』와 이후에 간행된 『만기요람』에 모두 '有斥候'로 나오는데, 『만기요람』을 정부에서 편찬한 것을 중시하면 신뢰할 만하다. 즉 장오리포는 울릉도 수토와 관련하여 실제 존재한 것으로 추정이 가능하다.

평해의 척후는 『동국여지지』를 편찬한 시기에는 " … 已上三浦斥候"로 되어 있어 三浦가 모두 운영되었을 가능성이 있고, 이후에도 三浦가 상당 기간 운영되었을 것으로 추정된다. 이 점은 『만기요람』과 『대동지지』에서도 '舊, 古, 今廢'라고 언급되어 있지 않고 '有, 俱有'라는 표기가 있어 알 수 있다. 그러다가 『여도비지』 편찬 시기에는 " … 古有斥候"로 기록되어 있어 三浦가 폐기되었던 것으로 보인다. 그러나 그 직후인 『여재촬요』 편찬 시기에는 구진포 척후는 폐기되었지만 정명포와 후리포 척후는 운영되었을 가능성이 있다. 더구나 구진포만 폐기되고, 정명포와 후리포는 그대로 운영된 것으로 기술된 변화는 이 기사가 실제의 역사성을 반영할 가능성이 높다. 그렇다면 왜 이들 장소는 폐기되지 않고 단속적이나마 척후의 장소로 남아 있게 되었을까. 또한 특히 평해 지역의 척후는 왜 강원도 동해안의 다른 지역과 달리 조선후기·말기에 거쳐 운영되었을까. 이 문제들은 봉수와 후망의 비교 및 운영 시기를 검토한 후에 살펴보겠다.

Ⅲ. 평해·울진 지역 봉수 및 후망의 비교와 운영 시기

조선시대 평해·울진 지역의 후망의 실체와 운영 시기를 파악하기 위해서 인접 지역인 삼척의 사례를 분석해 보겠다.

『여지도서』보다 약 100여 년이나 앞서 허목(許穆, 1595~1682)이 삼척부사로 있을 때 편찬한 『척주지』(1662)에는 봉수 즉 煙臺와 함께 '海汀候望' 다섯 곳이 있다고 기록되어 있어 흥미롭다.[14] 또한 19세기 중반에 허목의 『척주지』를 증보하여 김종언이 편찬한 『척주지』에도 거의 흡사한 내용이 기록되어 있어 주목된다.[15] 이를 정리하면 다음 〈표 2〉와 같다.

14 허목(許穆, 1595~1682), 『陟州誌』, 煙臺 및 海汀候望條.

15 김종언(金宗彦, 1818~1888), 『陟州誌』(上).

〈표 2〉 허목의 『척주지』의 연대와 해정후망 및 김종언의 『척주지』의 연대와 해정후망과 봉수

<table>
<tr><td rowspan="2">『척주지』 上
(허목)</td><td>[煙臺五] 一介谷(沃原西南八里) 二臨院(龍化東二十五里) 三草谷(龍化北五里) 四陽野(交柯東三里) 五廣津(府東北六里)</td></tr>
<tr><td>[海汀候望五] 一介谷(府南一百五里) 二宮村(府南四十里) 三馬頭(府南二十里) 四窟岩(府北十五里) 五龍場(府北二十五里) 自平海至襄陽無島嶼府境置海岸候望</td></tr>
<tr><td rowspan="2">『척주지』 上
(김종언)
1848년 이후</td><td>[煙臺五] 一介谷(沃原西南八里) 二臨院(龍化東二十五里) 三草谷(龍化北五里) 四陽野(交柯東三里) 五廣津(府東北六里)</td></tr>
<tr><td>[海汀候望五] 一介谷(府南一百五里) 二宮村(府南四十里) 三德山(一云馬頭, 府南二十里) 四屈岩(府北十五里) 五冷泉(府北二十五里) 自平海至襄陽無島嶼府境置海岸候望</td></tr>
<tr><td>『척주지』 下
(김종언)</td><td>[烽燧] 可谷山烽燧(府南一百六里南應蔚恒尙道山北應臨院山) 臨院山(府南八十里北應草谷山南應柯谷山耳) 草谷山(府南五十四里 北應陽野山南應臨院山) 陽野山(府南二十五里北應廣津山南應草谷山) 廣津山(府東三里北應江陵羽溪山南應陽野山) 天啓丙寅皆廢</td></tr>
</table>

이 삼척의 해정후망 5곳은 이후의 기록인 『여지도서』, 『관동지』, 『대동지지』 등에서 보이지 않는다. 다만 『관동읍지』(1871)와 심의승이 편찬한 『삼척군지』(1916)에는 허목의 『척주지』의 내용과 한자어도 동일하게 나온다. 이로 보아 후대에 편찬되는 책들이 허목의 『척주지』를 그대로 옮겨 적었을 가능성부터 생각해 볼 수 있다.

그런데 허목의 『척주지』에 수록된 삼척지역의 煙臺, 즉 봉수 5곳은 조선 전기에 편찬된 『세종실록』 「지리지」와 『신증동국여지승람』부터 이미 등장한 봉수와 사실상 동일하다.[16]

---

16 『세종실록지리지』(1454), 153권 강원도 삼척도호부, 烽火五處, 可谷山(在府南 南准蔚珍亘出道山 北准臨院山), 臨院山(北准草谷山), 草谷山(北准陽也山), 陽也山(北准廣津山), 廣津山 (北准江陵府內羽溪縣於乙達山). 『신증동국여지승람』(1530) 제44권, 三陟都護府, 烽燧, 可谷山烽燧(在府南一百六里 南應蔚珍恒出道山 北應臨院山), 臨院山烽燧(在府南八十里 北應草谷山 南應可谷山), 草谷山烽燧(在府南五十四里 北應陽野山南應臨院山), 陽野山烽燧(北應廣津山 南應草谷山), 廣津山烽燧(北應江陵羽溪縣於達山 南應陽野山).

· 봉수(烽燧): 可谷山, 臨院山, 草谷山, 陽野山, 廣津山.(『세종실록지리지』, 『신증동국여지승람』)

· 연대(煙臺): 介谷, 臨院, 草谷, 陽野, 廣津.(허목의 『척주지』, 김종언의 『척주지』)

즉 『척주지』의 개곡(연대)이 『세종실록』「지리지」와 『신증동국여지승람』에는 가곡산(봉수)로 나오는 차이가 있지만 '개곡'과 '가곡산'은 동일한 지명으로 판단할 수 있다. 그 이유는 다른 네 곳의 연대와 봉수의 명칭이 일치하기 때문이다.

한편 허목의 『척주지』에 연대(봉수)와 후망이 모두 보이므로 둘의 관계를 검토할 필요가 있다. 우선 생각해 볼 수 있는 것이 『세종실록』「지리지」와 『신증동국여지승람』에 수록된 가곡산(봉수)가 『척주지』(허목)의 개곡(산)과 동일하다면, 바닷가의 연변봉수가 폐기된 후 바다와 교통로에 대한 후망(척후)을 위하여 기존의 봉수지를 후망소(척후소)로 운영하였을 가능성이다. 이것은 봉수와 후망의 기능이 기본적으로 매우 유사하기 때문이다. 즉 삼척 지역의 후망이 '海汀候望'이라는 명칭처럼 바닷가에서 망을 보는 곳이므로 바닷가의 곶(산)이나 바닷가의 산에 입지할 것으로 판단되는데, 강원도 영동지방의 연변봉수도 그 목적과 기능을 위하여 바닷가의 곶(산)이나 바닷가의 산에 입지하기 때문에 그 가능성이 있는 것이다. 아니면 봉수와 후망이 동시기에 공존하면서 일부 겹치는 곳(두 기능을 겸하거나, 부근 장소에 입지하거나 등)이 있었을 가능성도 고려해 볼 수 있겠다.

이 문제를 해결하기 위하여 강원도 동해안의 연변봉수가 폐지된 시기를 파악해 보고자 한다. 물론 국가적인 차원에서 전국의 봉수 제도를 공식적으로 폐지했던 시기는 1894년 갑오개혁이다.[17]

---

17 『高宗大皇帝實錄』 卷32, 32년 5월 9일, "命各處烽臺 烽燧軍 廢址 軍部奏請也".

동해안의 연변봉수가 폐기되는 시기와 관련하여, 『여지도서』에 수록된 관련 기사가 도움이 되는데, 이를 정리하면 다음과 같다.[18]

· 『輿地圖書』 江陵鎭管所屬襄陽府, 烽燧

- 水山烽燧, 德山烽燧, 草津山烽燧, 陽野山烽燧, 以上烽燧皆新羅時所設今廢.

· 『輿地圖書』 江陵鎭管所屬平海郡, 烽燧, 古有而今廢.

· 『輿地圖書』 江陵鎭管所屬蔚珍縣, 烽燧, 내용 없음.

· 『輿地圖書』 江陵鎭管所屬三陟府, 烽燧

- 可谷山烽燧, …, 臨院山烽燧, …, 草谷山烽燧, …, 陽野山烽燧, …, 廣津山烽燧, …,並今廢

· 『輿地圖書』 江陵鎭管所屬高城郡, 烽燧, 내용 없음.

· 『輿地圖書』 鎭管江陵府, 烽燧,

- 注文山, 沙火山, 所同山, 海靈山, 吾斤山, 於達山, 並今廢 有遺址.

위의 『여지도서』의 기록 내용은 봉수가 지금 폐지된 상태라는 것을 말해 줄 뿐, 봉수의 정확한 폐지 시기는 알려주지 않는다.

『여지도서』보다 늦게 편찬된 『관동지』에서도 봉수가 모두 폐지되었거나, 봉수 항목이 없어 강원도 동해안의 연변봉수가 사실상 폐지되었음을 알 수 있는데, 『관동지』의 일부 지역에서 봉수의 정확한 폐지 시기와 관련한 중요한 기사가 다음과 같이 보인다.[19]

· 『關東誌』 高城, [烽燧], 烽燧鎭古有之而壬辰亂後革罷云.

---

18 『輿地圖書』(1757~1765), 江原道.

19 『關東誌』(1829~1831).

· 『關東誌』 襄陽, [烽燧], 水山烽燧, 德山烽燧, 草津山烽燧, 陽野山烽燧, 以上烽燧皆新羅所設今廢.[20]

· 『關東誌』 杆城, [烽燧], 三處, 初屬襄陽大浦堡 癸亥反正後廟議以關東絶倭警罷大浦堡 所屬烽燧戍卒皆罷.[21]). 一竹島烽燧, 一正陽山烽燧, 一戍山烽燧.

위의 기사 중 『관동지』의 간성 봉수조에는 계해반정, 즉 인조반정(1623) 이후 강원도 동해안의 연변봉수가 폐지되었다고 나와서 주목된다. 그 내용이 동해안의 연변봉수 폐지 시기의 상한을 알려주기 때문이다.

강원도 동해안의 연변봉수의 더 구체적인 폐지 시기는 김구혁이 편찬한 『척주선생안』과 김종언이 편찬한 『척주지』, 심의승이 편찬한 『삼척군지』에서 찾을 수 있다.[22]

· 『陟州先生案』, 府使 柳時會(1625~1629): … 丙寅年(1626: 인조 4) 남한산성을 쌓고, 영동지방의 烽臺를 폐지하였으며 ….[23]

· 『陟州誌』(김종언) 烽燧, … 天啓 丙寅年(1626)에 모두 폐지하였다.[24]

· 『三陟郡誌』(심의승), 柳時會(1625~1629): 봉화를 폐지함(비고란).[25]

---

20 『峴山誌』 烽燧조에서도 유사하게 나온다.("… 沿海諸邑皆有烽臺 鷄林古都之事 今皆廢之.")

21 간성의 읍지 『水城誌』(택당 이식 편찬)에서는 罷가 아니라 破로 나온다. 또한 양양 大浦堡의 戍卒도 없앴으므로 이때 양양 大浦營도 철폐된 것으로 보인다.

22 삼척 지역의 봉수와 그 폐지 시기에 대해서는 김도현, 2005, 「三陟지역의 烽燧 연구」, 『博物館誌』 11, 강원대학교 박물관, 29~93쪽 참조.

23 『陟州先生案』(김구혁, 생몰: 1798~1859, 배재홍 역, 2003, 삼척시립박물관), 府使 柳時會(재임기간: 1625~1629), "… 丙寅築南漢山城嶺東廢烽臺 …."

24 김종언, 『陟州誌』下, 烽燧條, "可谷山烽燧(府南一百六里南應蔚恒尙道山北應臨院山), … 중략 … 廣津山(府東三里北應江陵羽溪山南應陽野山 天啓丙寅皆廢."

25 沈宜昇, 1916, 『三陟郡誌』, 三陟郡 先生案. "柳時會(1625~1629): 廢烽火(비고란)."

위의 기록들은 앞에서 살펴본 여러 지리지의 봉수조 내용과 비교해 보거나, 『관동지』의 간성 봉수조에 실린 인조반정 이후에 관동지방의 봉수를 폐했다는 기록으로 볼 때 매우 신뢰가 된다. 따라서 강원도 영동지방의 연변봉수는 위의 기록들로 보아 天啓 丙寅年 즉, 1626년에 공식적으로 폐지된 것으로 볼 수 있다.

이를 신뢰하면 허목은 『척주지』 편찬 시기인 1662년보다 이미 앞서 1626년에 폐지된 삼척의 옛 연대(봉수)를 『척주지』에 기록한 것으로 볼 수 있다. 그러므로 『척주지』의 '海汀候望'도 연대(煙臺)와 마찬가지로 이전의 기록을 그대로 옮겼을 가능성부터 고려해야 한다.

그런데 허목의 『척주지』와 김종언의 『척주지』의 '해정후망'을 보면 그 명칭이 서로 다른 것들이 있지만, 사실상 그 위치와 입지는 서로 가까운 곳에 있다고 판단되며, 이를 정리하면 〈표 3〉과 같다

또한 허목의 『척주지』에 보이는 연대의 '개곡'은 해정후망의 '개곡'과도 일치한다는 점도 주목된다. 하지만 '개곡'을 제외한 다른 4곳의 해정후망은 연대(봉수)의 명칭과는 사실상 다르므로 그 위치들이 연대(봉수)의 위치와는 다른 곳으로 볼 수 있다.

한편 앞에서 삼척의 해정후망에서 '개곡'은 『척주지』의 연대에 보이는 '개곡'과 동일한 명칭이고, 그 명칭으로 보아 『세종실록』 「지리지」, 『신증동국여지승람』의 가곡산봉수와 밀접할 것으로 보았다. 이러한 점에서 삼척의 '해망후정'과 마찬가지로 강릉, 울진, 평해의 후망도 봉수지와 일치할 수 있으므로 그 관련성을 살펴보아야 한다. 이를 통해 강원도 동해안 지역의 봉수와 후망과의 입지 및 위치, 그 계승 관계를 분석해보겠다.

〈표 3〉 허목의 『척주지』와 김종언의 『척주지』의 연대와 해정후망과 봉수의 위치 비교

	『척주지』(허목)	『척주지』(김종언)	현재 위치	비고[봉수] 『신증동국여지승람』
煙臺	介谷	介谷	가곡산 봉수 일대 추정	가곡산봉수
	臨院	臨院	임원산 봉수 일대 추정	임원산봉수
	草谷	草谷	초곡산 봉수 일대 추정	초곡산봉수
	陽野	陽野	양야산 봉수 일대 추정	양야산봉수
	廣津	廣津	광진산 봉수 일대 추정	광진산봉수
海汀候望	介谷	介谷	가곡산 봉수 일대 추정	
	宮村	宮村		
	馬頭	德山(一云馬頭)	근덕 덕산진 하구 일대[26]	
	窟岩	屈岩	추암 맞은편 일대의 산[27]	
	龍場	冷泉	용장은 동해시 용정, 냉천은 동해시 한섬 일대 추정[28]	

이를 위하여 『신증동국여지승람』의 봉수 및 척후 자료와 이후에 간행된 다른 여러 지리지들에서 언급된 척후를 〈표 4〉를 통해 비교해 보겠다.

---

26 허목, 『척주지』, 德蕃 上, "앞에는 수양산(首陽山)과 덕산(德山)이 있다. 덕산 바닷가의 작은 섬들에는 모두 전죽(箭竹)이 생산된다. 덕산은 옛날의 회선대(會仙臺)인데 날이 가물면 여기서 기우제를 지낸다.", "양야산(陽野山)은 덕산 남쪽에 있다. 그 바닷가 항구 이름도 덕산이라 하는데, …."

27 허목, 『척주지』, 見朴谷, "… 또 그 북쪽의 굴암(窟岩)은 추암(湫岩)과 마주보고 있는데, 해상명구(海上名區)라고 일컫는다."

28 허목, 『척주지』 北坪里, "… 松蘿汀 북쪽은 龍場 저수지인데, …." 김종언, 『척주지』下, 고적조, 만경대, "굴암촌 북쪽에 만경대가 있는데 아래에 북천이 휘감아 돌고 있다. 내 북쪽 송라정(松羅汀) 해안은 흰모래와 푸른 소나무가 있고, 그 북쪽에는 용정(龍亭) 삼봉이 있는데 봉우리 서쪽에 강릉김씨 영모정(永慕亭)이 있다. 영모정 기문(記文)과 시(詩)는 집록(輯錄)에 보인다(萬景臺, 窟岩村北有萬景坮下有北川廻流川北松羅汀海岸白沙蒼松其北龍亭三峯峯西有江陵金氏永慕亭亭記與詩見輯錄)" 이로 보아 龍場은 현재의 용정(동) 단구(기상관측소 일대)로 추정되며, 冷泉은 동해시 泉谷洞의 한섬, 즉 감추사 위의 해안단구로 추정된다.

〈표 4〉『신증동국여지승람』의 봉수·척후와 조선후기 주요 지리지의 척후

<table>
<tr><th rowspan="2">지역</th><th colspan="2">『신증동국여지승람』(1530)</th><th rowspan="2">『여지도서』
(1757~1765)</th><th rowspan="2">『연려실기술』
별집17권 邊圉典故鎭·堡
(18세기 말)</th><th rowspan="2">『만기요람』
(19C초)</th><th rowspan="2">『대동지지』
(1860년대)</th></tr>
<tr><th>[봉수]</th><th>[산천]
(척후)</th></tr>
<tr><td rowspan="3">고성</td><td>포구산봉수</td><td rowspan="3"></td><td rowspan="3"></td><td rowspan="3"></td><td rowspan="3"></td><td rowspan="3"></td></tr>
<tr><td>영진산봉수</td></tr>
<tr><td>구장천봉수</td></tr>
<tr><td rowspan="3">간성</td><td>수산봉수</td><td rowspan="3"></td><td rowspan="3"></td><td rowspan="3"></td><td rowspan="3"></td><td rowspan="3"></td></tr>
<tr><td>정양산봉수</td></tr>
<tr><td>죽도봉수</td></tr>
<tr><td rowspan="4">양양</td><td>덕산봉수</td><td rowspan="4"></td><td rowspan="4"></td><td rowspan="4"></td><td rowspan="4"></td><td rowspan="4"></td></tr>
<tr><td>수산봉수</td></tr>
<tr><td>초진산봉수</td></tr>
<tr><td>양야산봉수</td></tr>
<tr><td rowspan="6">강릉</td><td>주문산봉수</td><td rowspan="6">연곡포
오진
주문진</td><td rowspan="6"></td><td rowspan="6">연곡포
오진
주문진</td><td rowspan="6"></td><td rowspan="6">연곡포
오진
주문진</td></tr>
<tr><td>사화산봉수</td></tr>
<tr><td>소동산봉수</td></tr>
<tr><td>해령산봉수</td></tr>
<tr><td>오근산봉수</td></tr>
<tr><td>어달산봉수</td></tr>
<tr><td rowspan="5">삼척</td><td>가곡산봉수</td><td rowspan="5">장오리포</td><td rowspan="5"></td><td rowspan="5"></td><td rowspan="5">장오리포</td><td rowspan="5">장오리포</td></tr>
<tr><td>임원산봉수</td></tr>
<tr><td>초곡산봉수</td></tr>
<tr><td>양야산봉수</td></tr>
<tr><td>광진산봉수</td></tr>
<tr><td rowspan="4">울진</td><td>전반인산봉수</td><td rowspan="4">없음</td><td rowspan="4"></td><td rowspan="4"></td><td rowspan="4"></td><td rowspan="4"></td></tr>
<tr><td>죽진산봉수</td></tr>
<tr><td>죽변곶봉수</td></tr>
<tr><td>항출도산봉수</td></tr>
<tr><td rowspan="3">평해</td><td>후리산봉수</td><td rowspan="3">구며포
정명포
후리포</td><td rowspan="3"></td><td rowspan="3">구며포
정명포
후리포</td><td rowspan="3">구며포
정명포
후리포</td><td rowspan="3">구진포
정명포
후리포</td></tr>
<tr><td>표산봉수</td></tr>
<tr><td>사동산봉수</td></tr>
</table>

위의 〈표 4〉로 보아 봉수의 위치와 척후(후망)의 위치는 상관 관계가 그다지 보이지 않는다. 척후(후망)의 명칭과 장소가 봉수와 일치하는 것이 강릉의 주문진(산), 평해의 후리포(산) 등 극소수이기 때문이다. 그리고 앞에서도 언급한 바와 같이 『신증동국여지승람』에서 척후가 나온 지역은 이후 『연려실기술』과 『만기요람』 등에서도 계속 동일하게 나오고 있음을 알 수 있다.

그렇다면 이들 자료와는 달리 허목의 『척주지』에 갑자기 등장하는 '海汀候望'은 그 실체가 궁금하다. 이와 관련하여 허목이 삼척부사로 와서 『척주지』를 편찬할 당시인 1662년(현종 3년) 무렵에 강원도 동해안의 국방체제가 변화되었을 가능성을 먼저 생각해 볼 수 있겠다. 이 때 가장 먼저 고려할 수 있는 것이 三陟營將의 설치와 임명이다. 그런데 삼척영장은 1672년(현종 13)에 설치하므로 허목의 『척주지』 편찬 시기보다 10년이 더 늦다. 그러므로 허목의 『척주지』에 보이는 '해정후망'은 삼척포첨절제사진(종3품)이 營將制가 확대 실시되면서 삼척영장(정3품)[29]으로 격상되면서 해안 방위 체제를 정비한 결과로 설치하였다고 볼 수 없다. 따라서 현재로서는 허목의 『척주지』에 갑자기 나타나는 해정후망을 설명하기 곤란하다.

그리고 임진왜란, 정묘·병자호란을 겪으면서 강원도 동해안의 연변봉수가 폐지되고, 이를 대신하여 삼척 지역에 척후를 위한 해정후망이 설치되었을 가능성도 검토해 볼 수 있다.[30] 대개의 水軍營鎭은 자체적으로 운영하는

29 삼척영장은 육군군사지휘관으로 평상시에는 영동지방 9개 읍 육군의 훈련과 점검을 담당하였고, 유사시에는 군병을 지휘하여 외적을 격퇴하는 임무를 수행하도록 하였다. 아울러 삼척영장은 1673년 討捕使를 겸임하여 도적의 체포 등 치안유지를 담당하였고, 수군첨절제사도 겸임하여 울릉도 搜討 등 바다 방어의 임무도 수행하였다(서태원, 2017, 「조선후기 三陟營將 연구」, 『이사부와 동해』 13, 한국이사부학회, 73쪽).

30 남해안 지역의 瞭望 유적들이 임진왜란 이전 또는 이후, 혹은 임진왜란 중에 군사적으로 중요한 邑營鎭에 설치되어 자체적으로 운용되었던 척후(후망) 시설이라는 견해가 있다(김주홍, 2017, 「朝鮮時代 瞭望遺蹟의 始論的 硏究 -麗水 華井面 島嶼地域을 中心으로-」, 『白山學報』 108, 백산학회, 91~120쪽). 한편 瞭望과 候望이 19세기 초엽

權設烽燧[31]로 '瞭望, 望臺'를 설치할 수 있는 점을 참고할 수 있기 때문이다. 현재 이를 파악할 수 있는 자료는 찾기 어렵다.

그런데 허목의 『척주지』 서(序)에서는 연대(봉수) 및 후망의 폐지와 관련될 만한 기사가 다음과 같이 실려 있어 주목이 된다.

> … 삼척부의 옛 일로 말하면, 한 해의 유방졸(留防卒)이 5령(領)이었고 바닷가의 연대(煙臺)와 후망(候望)이 각각 다섯 곳이 있었다. 그러나 지금 유방(留防)을 폐지한 지 71년이나 되어 당시의 군졸·향리·사족은 모두 늙어 죽고 지금은 한 사람도 아는 자가 없는데 하물며 수 백년 이전의 일을 어찌 알겠는가?.[32]

위의 기사에 언급된 71년 전의 시점을 허목의 『척주지』 간행 시기인 1662년을 기준으로 설정하면 1592년 임진왜란 발발 시로 보여지는데, 실제 이 시기에 봉수제가 中途廢絶과 勤務怠慢 등으로 그 기능을 거의 발휘하지

부터 빈번하게 출몰하는 제국주의 세력의 이양선 출현에 대처하는 수단으로 보는 견해도 있다(박영익·신경직, 2022, 「안흥진 설진과 안면도 봉수로의 변천」, 『해양문화재』 16, 국립해양문화재연구소, 371~410쪽).

31 권설봉수(權設烽燧)는 조선 후기 군사적으로 중요하였던 營·鎭·堡 등에서 자체적으로 設烽하여 本邑·本營·本鎭으로만 연락하도록 운용되었던 봉수를 지칭한다(『大東地志』 卷4, 京畿道20邑 烽燧). 권설봉수의 기본 개념에 대해 차용걸은 "間烽이라는 이름은 直烽의 전 노선에 이어지는 사이사이로 이어진 노선을 이름하기도 하며, 단지 本鎭·本邑·行營·水營의 지방적 警報에만 사용하는 것도 間烽이라 하였다. 이를 『大東地志』에서는 구분하여 權設이라 하였다. 따라서 권설봉수는 직봉과 연결되는 간봉과는 구분될 수 있다. 운영의 주체가 다르며, 京 혹은 都城烽燧라 할 수 있는 木覓山烽燧와의 연결을 목적으로 한 것이 아니었다. 또한 중앙 정부에서 마련한 봉수의 운영에 필요한 여러 조처와는 별도의 운영체계가 있었을 것이다"하여 이에 대한 개념을 최초로 정의한 바 있다(충북대학교 중원문화연구소, 2002, 『문경 탄항봉수 지표조사 보고서』, 21~22쪽).

32 허목(許穆, 1595~1682), 『陟州誌』 序, "… 府中古事言之一歲留防卒五領海上煙臺候望各五所今罷留防七十一年當時軍吏士皆老死今無一人知者況數百年以上者哉 …"

못하자 선조 말년 경부터 擺撥制가 그 대안으로 등장하면서 봉수제 치폐에 대한 논란이 제기되었다.[33] 이러한 점에서 위의 기사 내용은 신뢰할 만하다. 즉 이 허목의 『척주지』 서(序)의 내용은 후망의 폐지 시기를 알려줄 뿐만 아니라, 해정후망 기사의 존재도 사실임을 시사한다. 결국 허목의 『척주지』는 강원도 동해안에 후망(척후)이 설치되어 존재하였음을 제시해 준 의미가 있다. 다만 위의 기사 내용은 연대(봉수)와 후망의 폐지 시기를 시사할 뿐 설치 시기는 알려주지 않는다.

그러면 허목의 『척주지』에 보이는 해정후망의 설치 시기는 언제일까? 이 문제는 시대가 많이 내려오지만 김종언이 편찬한 『척주지』의 연대와 해정후망 기사에서 다음과 같이 매우 흥미로운 문구가 보인다.

· 신축년 삼척부사 김숭한이 城의 軍營을 지었다. 처음으로 煙臺를 다섯 곳에 설치하였다. 첫 번째는 介谷 … 중략 … 海汀候望이 다섯 곳으로 첫 번째는 개곡 … 하략 ….[34]

이 기사의 辛丑년은 1481년이다. 이 기사의 '海汀候望'의 문구가 '煙臺' 문구와 연결되어 있다고 보면 신축년(1481년)에 '연대'와 함께 '해정후망'도 처음 설치된 것으로 볼 수도 있겠으나, 단정할 수 없다. 하지만 그 다음에 뒤를 이어 등장하는 기사의 내용들이 乙巳(1485), 丙午(1486), 甲寅(1494), 弘治 乙卯(1495), 甲子(1504) 등 간지가 앞에 나온 것으로 보아 연대기 순으로 배열되었다고 본다면 해정후망이 1481년에 설치되었을 가능성도 충분히 있다.

이와 관련하여 세종 때 바닷가에 봉화와 구별되는 후망을 설치하였다는

---

33 『선조실록』 85권 선조 30년 2월 25일 병술조(1597) ; 『선조실록』 122권 선조 33년 2월 14일 무자조(1600).

34 김종언(金宗彦, 1818~1888), 『陟州誌』(上), 本朝國忌條. "辛丑 府使 金崇漢作城軍營. 始置煙臺五 一介谷 … 중략 … 海汀候望五 一介谷 … 하략 …."

다음 기사가 주목된다.

> · 의정부에서 병조의 첩정에 의거하여 상신하기를, "경상도 영덕, 경주, 울산, 장기, 영일, 영해, 청하, 흥해 등 각 고을에서 바닷가에 사람을 보내어 防戍하여 밤낮으로 候望하고 이름을 水直軍이라 하였는데, 이것이 본래 입법하지 않은 것이고, 또 다른 道에 없는 것이며 또 세력이 심히 孤單하여 왜적에게 잡혀갈 우려가 있습니다. 지금 국가에서 널리 봉화[煙火]를 베풀어 不虞의 변을 대비하옵는데, 윗항의 수직군은 폐단만 있고 이익은 없으니 혁파하여 다른 사역에 정하게 허락하소서." 하니, 그대로 따랐다.[35]

이 기사에 의하면 당시 봉화와 구별되는 후망이 조선 초기에 분명히 존재하였음을 알 수 있고, 다른 道에 없는 것으로 보아 경상도 동해안 지역에 처음 설치한 것으로 추정된다. 그리고 候望軍은 水直軍으로 불렀음을 알 수 있다. 이로 보아 『신증동국여지승람』에 나타나는 강원도 동해안의 척후(후망처)가 실제 존재하였을 가능성이 매우 높다. 왜냐하면 세종 때의 이 기사보다 더 늦은 시기에 강원도에도 후망을 설치하였고, 그 결과 『신증동국여지승람』 산천 척후조에 각 지역별로 척후의 장소들이 수록되었다고 볼 수도 있기 때문이다. 이 문제는 앞으로 관련 자료를 더 찾아 검토가 이루어져야 할 것이다.

이와 같이 삼척 지역의 '해정후망'이 언제 운영되었는지 그 정확한 시기를 알 수 없지만, 그 존재는 확실하다고 판단된다. 이것은 『세종실록』에서 봉

---

35 『세종실록』 120권 세종 30년 4월 20일 을해조(1448). "議政府據兵曹呈申: "慶尙道盈德慶州蔚山長鬐迎日寧海淸河興海等各官於海邊 差人防戍 晝夜候望 號爲水直軍 此本不立法 又他道所無 且勢甚孤單 恐爲倭賊所虜 今國家廣設煙火 以備不虞 上項水直軍 有弊無益 許令革罷 以定他役" 從之."

수와 구별되는 후망이 존재하고, 허목의 『척주지』 서문에 연대와 해망후정의 폐지 시기가 기록되어 있으며, 김종언의 『척주지』에는 해정후망이 1481년 설치되었을 가능성을 통해 뒷받침된다. 그리고 그 존재가 인정된다면 『신증동국여지승람』은 물론 『연려실기술』과 『만기요람』에 수록된 강릉의 연곡포, 오진, 주문진, 삼척의 장오리포, 평해의 구미포, 정명포, 후리포가 각 지역의 척후로 그 역사적 실체가 있었을 가능성도 충분하다.

삼척의 사례로 보아 오늘날의 울진군, 즉 조선시대의 울진현과 평해군의 봉수도 1626년(天啓 丙寅年)에 폐지되었다고 볼 수 있다. 그리고 후망(해정후망)은 『세종실록』의 봉수와 구별되는 후망 기사 및 김종언의 『척주지』 기사 사례들로 보아 1481년(또는 그보다 앞선 시기)에 설치되어 허목의 『척주지』에 언급된 바와 같이 임진왜란 발발 시기인 1592년을 전후로 한 시기에 폐기되었을 가능성이 있다.

Ⅳ. 평해·울진 지역 후망의 역사적 실체와 성격

앞의 장에서 울진 지역의 후망이 그 역사적 실체가 있었을 가능성도 충분하다고 보았다. 실제로 조선왕조실록을 비롯하여 각사등록(各司謄錄) 등 여러 사료에는 울산 염포후망군관(鹽浦候望軍官)처럼 선조 때에 후망 군관이 보이기도 하지만,[36] 조선말기인 19세기 중반 이후에 후망 관련 기사가 많이 찾아진다. 그중에서 울진 죽변진후망감관(竹邊津候望監官),[37] 삼척 초곡

36 『선조실록』 88권, 선조 30년(1597) 5월 12일 임인 8번째 기사.

37 『各司謄錄』 11, 慶尙左兵營啓錄 1(597d~598c), 경술 3월 15일(1850년 3월 15일).

포후망감관(草谷浦候望監官),[38] 평해 구산진후망감관(丘山津候望監官)[39] 등 후망의 책임자가 등장하는 기사도 있다. 이로 보아 중앙정부가 지방관청이나 진영(鎭營)을 통해 후망을 관리하고 있음을 알 수 있다. 그런데 죽변진후망감관 기사와 초곡포후망감관 기사는 바다에서 이양선을 후망하고 표류민을 찾는 내용이지만, 구산진후망감관 기사는 울릉도 수토와 연결된다.

실제 평해 지역의 후망이 울릉도와 관련되는 사례들을 몇 가지 찾을 수 있다. 즉, 평해 후리포, 삼척 장오리포, 평해 구진포(구미진, 대풍소)는 울릉도 수토와 직접 관련되는데, 이들 후망 장소와 울릉도 관련 자료를 소개하면 다음과 같다.

· 후리포 동쪽 언덕에 올라 울릉도를 바라보다(登厚里浦東岡 望鬱陵島).[40]

·강원도 월송만호 田會一이 울릉도를 搜討하고 待風所로 돌아왔다. ….[41]

· 원춘감사 李致中이 장계하기를, "울릉도의 수토는 … '수색한 뒤 같은 날 신시에 일행이 일제히 단 위에 올라 바다 신에게 삼가 제사를 지내고, 돛을 걸고 곧 돌아왔습니다. 5일 유시에 萬戶의 배가 삼척 원덕면 長五里에 정박하였고, 술시에 倭學의 배 2척이 와서 정박하였으며, 해시에 下卜의 배 1척이 또 왔습니다. 7일에

---

38 『同文彙考』 原編續, 漂民 7, 「報三陟漂民入送咨」, 同治 4년(1865) 10월 20일.

39 『各司謄錄』 17, 統制營啓錄 4(256c~256d), 同治 12년 5월 18일(1873년 5월 18일).

40 『錦洲集』(高夢贊, 생몰: 1793~1858); 박정민 역, 『錦洲先生文集』 영남선현문집 국역총서 41, 한국국학진흥원, 173쪽.
후리포 동쪽 언덕에 올라 울릉도를 바라보다[登厚里浦東岡 望鬱陵島]
- 밤안개 새로 걷혀 바다 빛깔 청아한데 [宿霧新收海色淸]
오두의 신선 피리 맑은 소리 보내오네 [鼇頭仙籟送冷冷]
하늘가를 바라보면 한참을 섰노라니 [天邊注目移時立]
작은 섬이 처음으로 부평초처럼 떠오르네 [小島初生泛一萍]

41 『숙종실록』 33권, 숙종 25년(1699) 7월 15일 임오 4번째 기사.

대풍소에 돌아가 정박하였고, 8일에 鎭으로 돌아왔습니다.' 하였습니다. …[42]

이들 위의 자료에서 후리포가 후망의 장소로 운용되었을 가능성은 『錦洲先生文集』에서 "후리포 동쪽 언덕에 올라 울릉도를 바라보다"라는 詩題가 있어 뒷받침해 준다. 또한 사료에는 울릉도를 수토한 후에 삼척 장오리포로 귀환하거나 평해 구산(구미포, 구미진, 구산진)의 대풍소에서 출발하고 대풍소로 돌아오는 기록이 나온다. 그러므로 평해 후리포, 삼척 장오리포나 평해 구미포는 후망의 장소였을 가능성이 높다.

이와 관련하여 울릉도 수토에 필요한 비용을 충당하기 위하여 만들은 「수토절목(搜討節目)」 자료도 참고가 된다.

· … 대저 울도(鬱島: 鬱陵島)는 바다 가운데에 있고 수토관(搜討官)이 바람을 기다리는 것[待風]도 또한 구산진의 나루터[津頭]이기에 그 비용을 종전에 9동(洞)에 나누어 징수한 것은 진실로 (그 동들이) 해변에 위치한 까닭이다. 그러한 즉 상선이 왔다 갔다 할 때에 어찌 적은 세(貰)를 받지 않겠는가. 하물며 다른 각 도(道)의 해안가 고을[沿邊邑]에도 같이 통용되는 관례가 있음에야 말할 나위가 있겠는가. 하나하나 너희들이 호소한 대로 받는 세(貰)의 수효(數爻)와 거행 조건(擧行條件)을 아울러 일일이 '다음[後]'에 기록한다. 절목(節目)을 4건 만들어 하나는 작청(作廳)에 비치하고, 하나는 휘라포(揮羅浦)에 내어 주고, 하나는 직고동(直古洞)에 내어 주며, 하나는 구산동(邱山洞)에 내어 줄 것이다. 이로써 영원토록 준행하며 혹시라도 이 일을 어기는 일이 없도록 해야 할 것이다. 계미년(癸未,

---

42 『日省錄』 정조 10년(1786) 6월 4일[병자]. 이밖에 1859년 삼척첨사 강재의는 망상면 어내진으로 귀환하였다(손승철, 2015, 「조선후기 수토기록의 문헌사적 연구 -울릉도 수토 연구의 회고와 전망-」, 『울진 대풍헌과 조선시대 울릉도·독도의 수토사』, 영남대 독도연구소 독도연구총서 14, 도서출판 선인, 62쪽).

1823, 순조 23) 10월 일.[43]

위의 자료에 의하면 「수토절목」을 4건 만들어 作廳, 즉 향리들의 집무소에 1부를 보내고, 나머지 3개는 휘라포, 직고동, 구산동에 배부하는데, 나머지 6동에는 배부하지 않고 이 3동에만 보내는 것이 궁금하다. 혹시 절목을 받은 3동은 울릉도 수토와 관련된 척후를 맡은 것은 아닌지 모르겠다. 이러한 추정은 휘라포가 후리포이고,[44] 구산동은 대풍헌이 있는 구산리(구미포)이므로 그 가능성이 없다고 하기 어렵다.

삼척영장과 월송포 만호가 교대로 울릉도 수토사가 되면서 처음의 경우 삼척의 장오리진, 울진현의 죽변진과 평해군의 구산포 등으로 그 출발지가 일정하지 않았다. 그러다가 18세기 말~19세기 이후 그 출발지가 평해의 구산포로 정해져 삼척영장과 월송만호가 모두 이곳에서 출항하였다.[45] 그리하여 울릉도 수토를 맡은 삼척영장과 월송포 만호는 울진의 대풍헌에서 順風을 기다리면서 울진 구산항에서 출발하였던 것이다.

---

43 「搜討節目」(심현용, 2022, 「대풍헌은 말한다 -현판과 완문·수토절목을 중심으로-」, 『이사부와 동해』 18·19합, 한국이사부학회, 517~518쪽; 심현용, 2022, 「대풍헌은 말한다 -현판과 완문·수토절목을 중심으로-」, 『조선시대 울릉도 수토연구』 한국이사부학회편, 경인문화사).
9개 동은 대풍헌 자료 「完文」에서 表山洞, 烽燧洞, 於峴洞, 直古洞, 狗巖洞, 巨逸洞, 浦次洞, 也音洞, 邱山洞임을 알 수 있고, 浦次洞에 대해서 심현용은 처음에 지금의 '휘라포(후리포)'로 보았다가 후에 '삼율리 부근'으로 수정하였다(심현용, 2022, 위 논문, 507~510·520~523쪽).

44 평해 휘라포가 후리포인 것은 심현용, 2015, 「울진 대풍헌의 울릉도·독도 수토 자료와 그 역사적 의미」, 『울진 대풍헌과 조선시대 울릉도·독도의 수토사』 영남대학교 독도연구소 독도연구총서 14, 도서출판 선인, 205쪽 참조.

45 배재홍, 2011, 「조선후기 울릉도의 수토제 운용과 실상」, 『대구사학』 103, 대구사학회, 126쪽; 심현용, 2013, 「조선시대 울릉도 수토정책에 대한 고고학적 시·공간 검토」, 『영토해양연구』 6, 동북아역사재단, 190쪽.

이로 보아 후리포, 구미포, 장오리포 정도는 울릉도 수토와 관련되어 수토 기간 동안 한시적으로 운영되었을 가능성이 있다. 특히 삼척 지역은 삼척진영장이 울릉도첨사겸삼척영장을 맡아 울릉도를 수토하는 임무를 맡았고, 평해 지역은 고종 때에는 매우 짧은 기간이지만 평해군수가 鬱陵島僉使를 겸하거나 월송포만호가 鬱陵島島長을 겸할 정도로 울릉도 수토의 중심 역할을 하였다. 이러한 점에서 이들 지역은 울릉도 수토와 관련하여 실제 후망이 설치되어 운용되었다고 볼 수 있다.

이러한 역사적 상황을 보건대, 『만기요람』의 척후 기사는 실제의 역사성을 반영할 가능성이 매우 높은데, 이는 『만기요람』이 '官撰'이라는 점에서도 뒷받침된다. 또한 앞에서 언급한 죽변진후망감관과 구산진후망감관의 존재가 이를 확인시켜 준다.

아울러 울릉도 수토의 주기는 2~3년을 기준으로 다양한 간격으로 이루어졌다.[46] 그렇다면 이들 후망소는 상시적인 군사 시설로 기능하지 않았을 것이므로 울릉도를 搜討할 때에는 삼척진이나 월송포진에서 파견된 分遣隊가 후망의 역할을 담당하였거나, 煙戶軍 또는 마을 주민들이 이 역할을 담당하였을 것으로 추정된다. 이들은 수토후망수직군(搜討候望守直軍)으로 불리었고,[47] 후망감관이 그들을 관리하였을 것이다.

평해와 울진 지역 후망의 위치와 입지는 바다를 조망한다는 동일한 목적 때문에 조선시대 강원도 동해안 연변봉수지의 위치 및 입지와 비교할 필요

46 배재홍, 2011, 「조선후기 울릉도의 수토제 운용과 실상」, 『대구사학』 103, 대구사학회, 116~121쪽; 심현용, 2013, 「조선시대 울릉도 수토정책에 대한 고고학적 시·공간 검토」, 『영토해양연구』 6, 동북아역사재단, 178~185쪽.

47 『항길고택일기』(1829년, 순조 29년 4월 3일), "越松搜討候望守直 本村六統給書". 『항길고택일기』(1843년, 헌종 9년 4월 3일), "搜討候望守直軍 三牌書給". 이 『항길고택일기』에 대해서는 이원택, 2023, 「항길고택문고의 울릉도 수토 관련 자료 소개」, 『울진, 수토와 월송포진성, 그리고 독도수호의 길』, 한국이사부학회, 55~89쪽 참조.

가 있다.[48] 평해와 울진 지역의 후망은 평해 지역에만 분포하는데, 그 위치는 그동안 알 수 없었다. 그러므로 평해 지역에 존재한 후망의 위치부터 찾아야 한다. 그리하여 현지조사한 결과, 후망의 위치를 추정할 수 있었다. 즉 정명포후망은 채록 결과 정명포항(현재의 기성항) 포구 바로 북쪽의 산이 '망재산(또는 망치산)'으로 바다를 '해망(조망)'도 하였고, 바다의 물고기를 관찰하여 후리 그물로 잡기도 하였다고 함으로 '망재산'이 해망산으로 볼 수 있다.[49] 구미포후망은 구산진 항구 바로 북쪽의 산을 '해망산(또는 해막산)'이라고 하므로 이 항구의 북쪽 산이 후망터로 판단된다.[50] 후리산봉수지는

---

48 이와 관련하여 고려시대에 동여진의 동해안 침입과 약탈을 대비하기 위하여 바닷가에 조망을 위하여 설치한 戍(군사 감시 초소 유적)도 조선시대의 연변봉수와 그 입지가 동일한 경우가 많다, 대표적으로 간성지역과 강릉지역의 戍와 烽燧 유적들은 그 위치와 입지에서 역사적 계승성이 확인되며, 이것은 고고학적 관찰로도 입증이 된다. 강원도 동해안 지역(고려시대 東界 지역)의 戍에 대한 연구는 홍영호, 2012,「강원도 동해안지역의 성보(城堡) 검토(2)-戍를 중심으로-」,『博物館誌』 19, 강원대학교 중앙박물관, 49~72쪽; 홍영호, 2014,「고성군 죽왕면 竹島(山)烽燧와 竹島戍에 대하여」,『博物館誌』 21, 강원대학교 중앙박물관, 19~44쪽; 홍영호, 2016,「고려시대 동계 지역의 수(戍) 조사 연구」,『군사』 99호, 국방부 군사편찬연구소, 39~75쪽; 홍영호, 2020,「조선시대 강릉지역 연변봉수의 위치 비정」,『군사』 114, 국방부 군사편찬연구소, 199~242쪽 참조.

49 평해 지역 세 곳의 후망처에 대해 울진 봉평리 신라비 전시관의 심현용 박사와 함께 2023년 7월 9일 현지조사를 실시하였다. 증언자: 김병호[1950년생, 경북 울진군 기성면 기성본길 74-3]. 또한 옛날에는 그곳으로 올라가는 길이 있었으며, 증언자의 부인이 시집와서 보니 시댁의 밭(번지수는 없음)이 거기에 있어 농사를 하러 다녔다고 한다. 아울러 정명포 남쪽, 즉 정명천(기성천) 남쪽의 (곶)산은 '꼭두산'으로 칭하는데, 이곳에서도 해망을 하고 후리그물도 쳤다고 한다. 그러나 엄연히 산 이름은 '꼭두산'으로, '해망'과 관련된 산은 '망재산'이다.

실제 증언대로 기성리의 마을 북쪽에 '망째-산'(한글학회, 1979,『한국지명총람』 9(경북편 4), 115쪽), '해망봉'(경북향토사연구협의회, 1990,『경북마을지』(상), 906쪽)을 지명 유래에서 찾을 수 있다.

50 2023년 7월 9일, 증언자: 김택용[1937년생, 경북 울진군 기성면 구산길 119(구산리 310-1)] 및 김덕용[1953년생, 경북 울진군 평해읍 월송길 82(월송리 775-37)]. 증언자들에 의하면 구산포 북쪽 만의 곶산 끝부분에서 후망을 하였다고 한다(심현용 박사의 傳言).

현재 정확한 위치를 알 수 없다.[51] 그러나 최근 채록한 자료에 의하면 후리산 봉수지가 등기산 바로 북쪽에 위치한 곶산(울진군 후포면 후포리 산 137번지)이라는 증언이 있다.[52]

이렇게 밝혀진 이들 후망들의 위치 및 입지를 지리지에 보이는 봉수지의 위치 및 입지와 비교하면 서로 구분되는 차이점이 관찰된다. 우선 평해의 후망소인 구미포, 정명포, 후리포는 각각 사동산봉수, 표산봉수, 후리산봉수와 가까이 있어 서로 비교할 수 있다〈지도 1〉. 이들 후망들의 위치와 입지는 모두 포구 가까이에 위치한 주변 (뒷)산에 입지하는 것 같으며, 봉수지들은 후망들의 위치와 비교하면 비교적 거리가 멀리 떨어져 있는 해안가 산에 입지한다. 즉 구미포후망은 포구 바로 뒷산이지만, 사동산봉수는 포구 북쪽으로 더 올라간 높은 곶산에 위치한다〈지도 2〉. 정명포후망도 포구의 북쪽 산이지만, 인접한 표산봉수는 남쪽의 곶(산)을 하나 넘어 위치하여 거리가 멀다〈지도 3〉. 후리포후망도 후망소는 곶산인 후포의 포구 뒷산인 등기산의 바닷가 끝쪽이지만 후리산봉수는 등기산의 북쪽에 위치한 별도의 곶산에 위치한다〈지도 4〉. 그러므로 봉수지와 후망소의 위치와 입지는 동일한 곳이 아님은 분명하다. 평해 지역의 봉수는 '山'에 있지만, 후망은 '浦'에 있는 것처럼 표기된 것이 그 때문으로 판단된다.

이것은 강릉의 후망(척후)도 연곡포, 오진, 주문진이고, 삼척의 후망(척후)도 장오리포이므로 모두 포구(나루, 진)에 있는데, 강릉의 주문진을 제외하면 강릉과 삼척 지역의 후망은 그 지역의 봉수 명칭과 다르고 지리적으로

51 울진군의 봉수(울진 4곳, 평해 3곳)에 대한 학술조사에서도 후리산봉수지는 그 위치를 알 수 없어 조사가 이루어지지 못하였다(안동대학교 박물관, 2006, 『울진군 봉수대 지표조사보고서』).

52 후리산봉수지의 정확한 위치는 심현용 박사(울진 봉평리 신라비 전시관 관장)의 교시를 받았음을 밝힌다. 지금은 개발로 훼손되어 사라지고 없다.

도 다른 곳이라는 점에서도 뒷받침된다. 그러므로 평해 지역의 봉수지와 후망소는 그 위치와 입지가 서로 다르다고 판단된다.

이러한 결과는 바다로 침입하는 외적에 대비한 연변봉수지는 국방상의 긴급한 상황에 빨리 대처하기 위한 중요성 때문에 수군포진의 위치, 봉수지 간의 연결을 위한 거리 등이 우선 고려되어 포구와 다소 떨어졌어도 고도가 높은 지점이 선택되나, 후망(척후)은 포구에서 관측하는 것이 우선시 되었기 때문에 서로 다른 위치와 고도에 입지하였다고 판단된다. 그리고 봉수지와 후망소 모두 인근에 마을이 있다는 공통점도 있다. 하지만 후망소가 봉수지보다는 상대적으로 더 마을에 가까이 위치한다. 봉수지와 후망소에 설치되는 시설도 비교하면 봉수지는 국방상 목적에서 연속성이 있으므로 건물이나 방어·방호시설 등이 필요하겠으나, 후망소는 필요시 단속적·일시적으로 운영하므로 봉수지에 비하면 상대적으로 건물이나 방어·방호시설이 그다지 필요하지 않았을 것으로 판단된다.

V. 맺음말

지금까지 조선시대 평해와 울진 지역의 후망에 대하여 살펴보았다. 지리지에 의하면 봉수와 구분되는 별도의 후망, 즉 척후소는 『신증동국여지승람』에서부터 이미 있었음을 알 수 있는데, 실제 『세종실록』의 기록에서 봉화와 구별되는 후망과 후망군(守直軍)을 경상도 동해안 연안에 설치하는 내용이 보이므로 조선 초기에 이미 후망이 있었음을 분명히 알 수 있다. 다만 강원도 동해안의 후망은 정확히 언제 설치되었는지는 알 수 없으나 김종언의 『척주지』 기사 내용을 신뢰한다면 1481년 煙臺[연변봉수]와 候望을 삼척에 처음 설치하였다고 볼 수 있을 것이다. 그러므로 『신증동국여지승람』에 보이는 평해 지역의 척후(후망)도 『세종실록』의 기사와 김종언의 『척주지』를 참고하면 『신증동국여지승람』을 편찬할 당시에 존재하였다고 볼 수 있을 것이다. 즉 『세종실록』보다 『신증동국여지승람』의 편찬 시기가 늦으므로 세종 때 경상도 해안에 설치한 후망이 이후 강원도에까지 확대되었고, 그 결과 『신증동국여지승람』에 수록된 것으로 볼 수 있다.

후망의 폐지 시기는 허목의 『척주지』와 김종언의 『척주지』가 참고가 된다. 허목의 『척주지』 서(序)의 기사는 1592년 임진왜란 발발과 함께 삼척의 연변봉수[연대]와 후망이 폐기되었음을 시사하고, 김종언의 『척주지』에서는 1626년(天啓 丙寅)에 폐기된 것으로 나온다. 강원도 동해안 지역에 분포한 후망(척후)의 폐기 역시 이와 관련될 가능성이 매우 높다.

그러나 『신증동국여지승람』 이후에 편찬되는 대부분의 지리지에서는 폐지된 척후가 그대로 전재되어 수록되면서 혼란스러운 상황이다. 하지만 지역마다 차이는 있겠지만 폐지된 곳이 많았다고 판단된다.

그럼에도 불구하고 이들 후망처는 이후의 시기에도 필요에 의하여 단속적으로 운영되었을 가능성이 있는데, 이를 잘 보여주는 곳이 삼척과 평해 지역이다. 이 두 지역은 1693년(숙종 19) 안용복의 일본 渡海 사건 이후 조정에서 울릉도 수토 정책을 추진하면서 그 임무를 담당하였기 때문이다. 특히 평해 지역은 점차 울릉도 수토를 위한 출발지이자 거점이 되면서 후망의 임무도 지속되었던 것으로 보인다. 이를 잘 보여주는 사례가 조선 말기에 여러 진영·병영 등에서 올린 '候望監官'이 등장하는 장계 등이다. 중앙 정부에서 편찬한 『만기요람』에는 이러한 역사성이 반영되어 '척후'가 수록되었던 것이다.

결국 평해 지역의 후망은 조선 전기부터 존재한 것으로 볼 수 있고, 이후 조선후기·말기에 와서는 다른 지역의 후망이 거의 기능을 하지 않을 때에도 울릉도 수토와 관련하여 기능하였다고 볼 수 있다. 그리고 후망은 그 목적과 기능이 봉수와 유사하지만, 그 운영의 방식은 국방상의 연속성과 연결성이 중시된 봉수와는 달리, 일시적·단속적 운영과 효율성 때문에 서로 그 위치와 입지에서 차이가 있다.

이러한 점에서 울진과 평해 지역의 후망(소)[척후처]는 울릉도 수토와 관련된 역사성을 가지고 있는 의미있는 역사유적이라고 볼 수 있다.

〈지도 1〉『대동여지도』 평해 지역의 봉수와 후망 위치

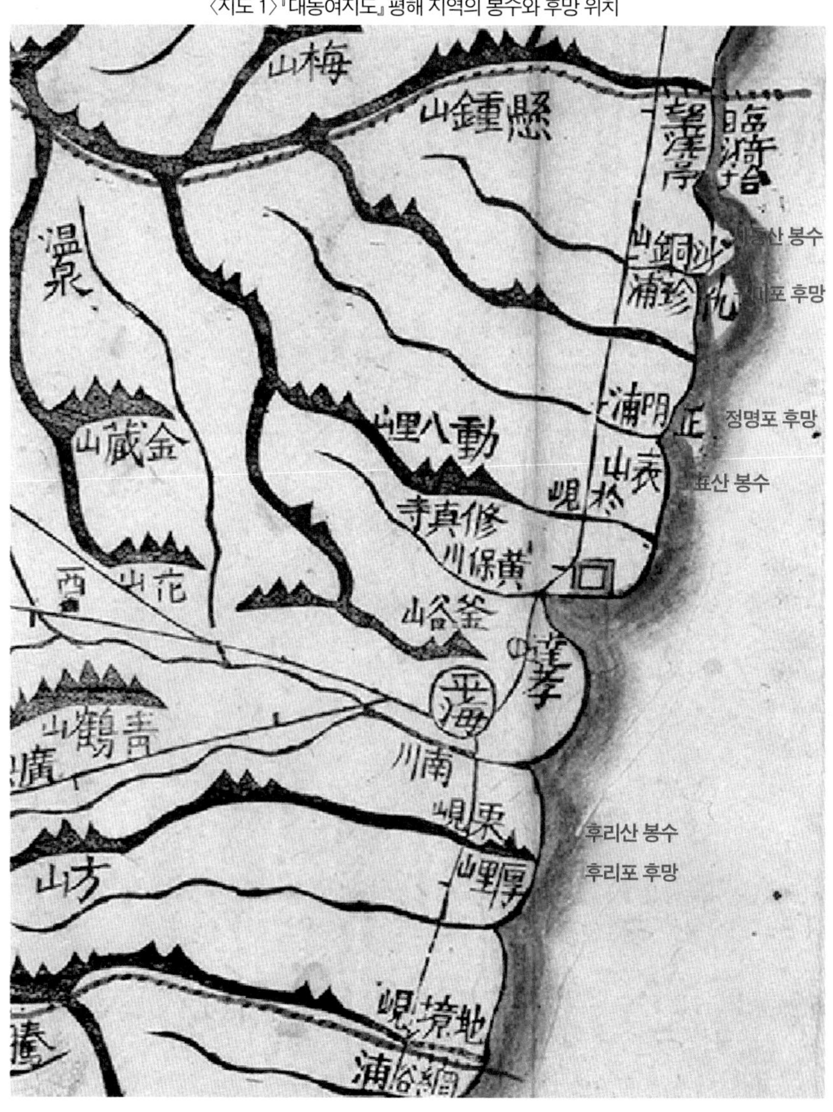

〈지도 2〉 사동산 봉수와 정명포 척후(후망) 위치

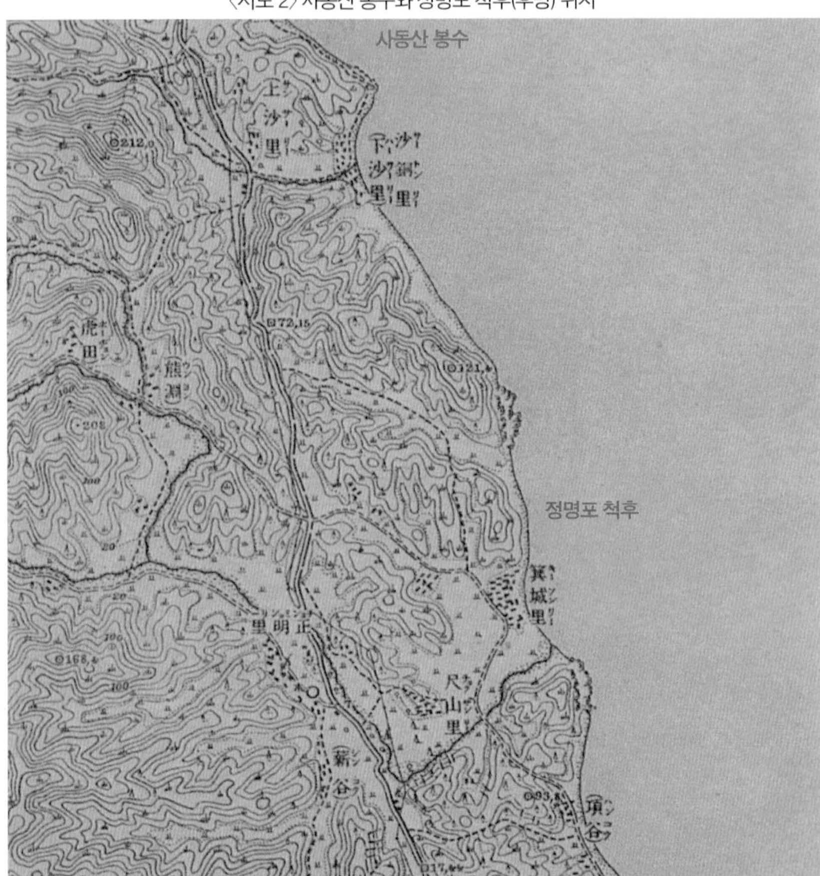

출처: 조선총독부, 1918, 『조선오만분일지형도』「평해(울진 12호)」)

〈지도 3〉 표산 봉수와 구미포 척후(후망) 위치

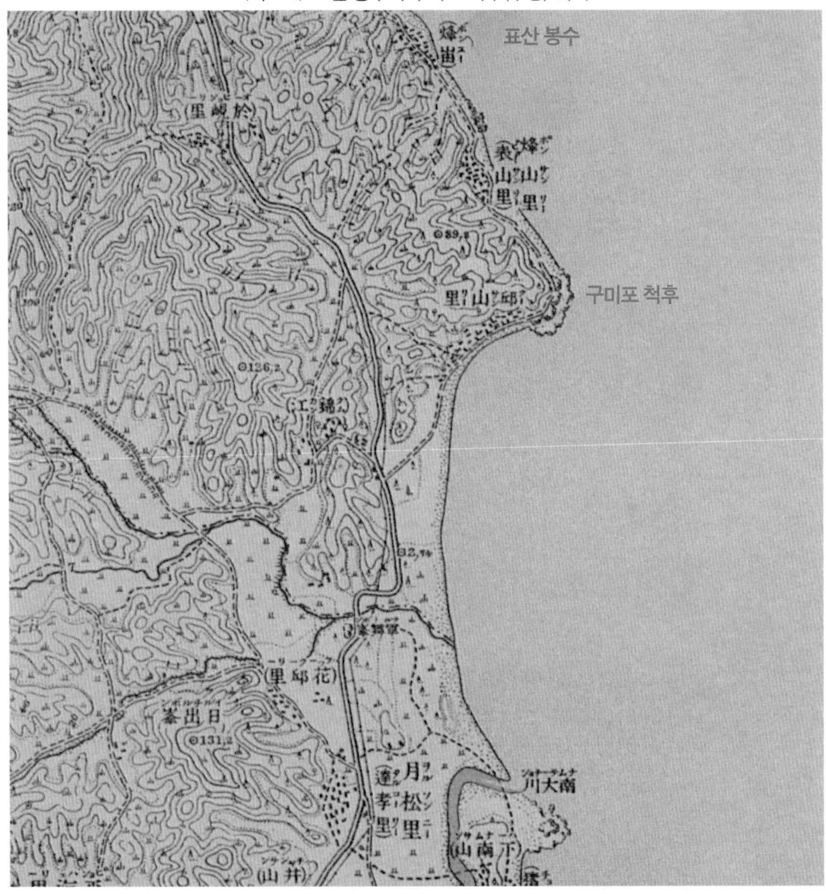

출처: 조선총독부, 1918, 『조선오만분일지형도』「평해(울진 12호)」)

〈지도 4〉 후리산 봉수와 후리포 척후(후망) 위치

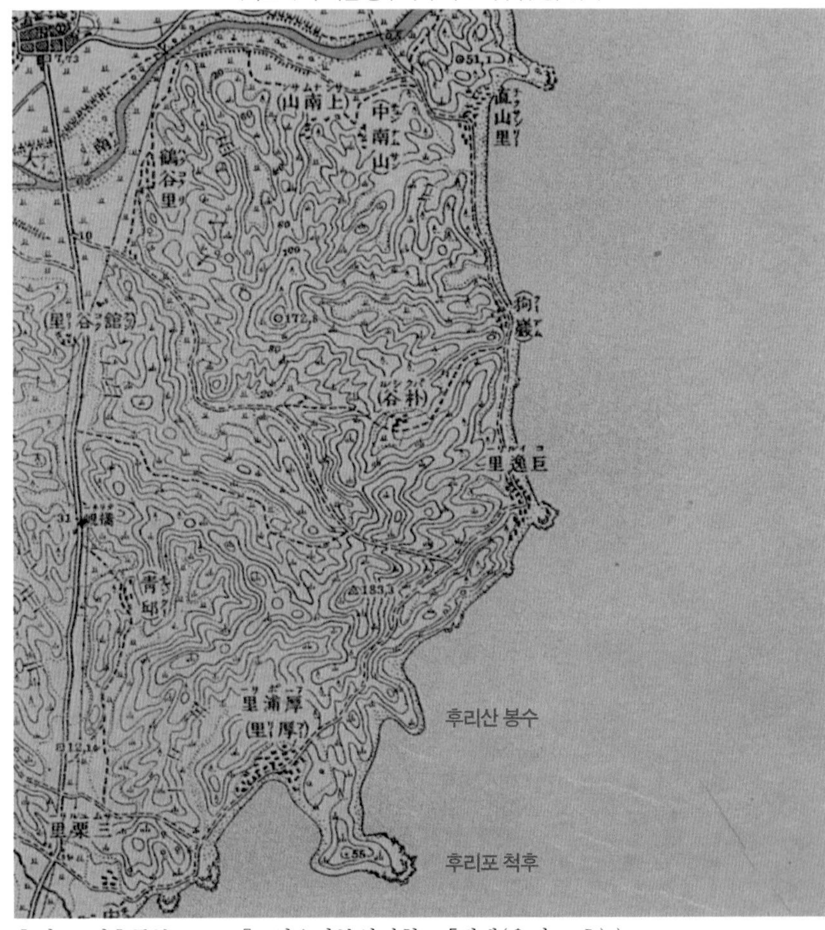

출처: 조선총독부, 1918, 『조선오만분일지형도』「평해(울진 12호)」)

참고문헌

1. 사료 및 자료

『世宗實錄』, 『成宗實錄』, 『宣祖實錄』, 『肅宗實錄』, 『高宗大皇帝實錄』.
『日省錄』, 『萬機要覽』(1808).
『各司謄錄』 11, 慶尙左兵營啓錄 1(597d~598c), 경술 3월 15일(1850년 3월 15일).
『各司謄錄』 17, 統制營啓錄 4(256c~256d), 同治 12년 5월 18일(1873년 5월 18일).
『同文彙考』 原編續, 漂民 7, 「報三陟漂民入送咨」, 同治 4년(1865) 10월 20일.
『世宗實錄地理志』, 『新增東國輿地勝覽』, 『輿地圖書』(1757~1765), 『關東誌』(1829~1831).
『關東邑誌』(1871), 『東國輿地誌』(柳馨遠, 생몰: 1622~1673, 편찬: 1656년), 『大東地志』.
『輿圖備志』(김정호·최성환), 『輿載撮要』(嗚弦默, 1893).
『峴山誌』, 『水城誌』.
『三陟郡誌』(沈宜昇, 1916).
『陟州誌』(許穆, 생몰: 1595~1682, 편찬: 1662년).
『陟州誌』(金宗彦, 생몰: 1818~1888).
『燃藜室記述』(李肯翊, 생몰: 1736~1806, 초고: 1776년).
『錦洲集』(高夢贊, 생몰: 1793~1858).
『陟州先生案』(金九爀, 생몰: 1798~1859).
박정민 譯(高夢贊 著), 2018, 『錦洲先生文集』, 영남선현문집 국역총서 41, 한국국학진흥원.
배재홍 譯(金九爀 著), 2003, 『陟州先生案』, 삼척시립박물관.

2. 논문

김도현, 2005, 「三陟지역의 烽燧 연구」, 『博物館誌』 11, 강원대학교 박물관.

김주홍, 2017, 「朝鮮時代 瞭望遺蹟의 始論的 研究 -麗水 華井面 島嶼地域을 中心으로-」, 『白山學報』 108, 백산학회.

김호동, 2014, 「越松浦鎭의 역사」, 『사학연구』 115, 한국사학회.

박영익·신경직, 2022, 「안흥진 설진과 안면도 봉수로의 변천」, 『해양문화재』 16, 국립해양문화재연구소.

배재홍, 2011, 「조선후기 울릉도 수토제 운용의 실상」, 『대구사학』 103, 대구사학회.

서태원, 2017, 「조선후기 三陟營將 연구」, 『이사부와 동해』 13, 한국이사부학회.

유재춘, 2015, 「평해 월송포진성과 삼척포진성의 연혁과 구조」, 『울진 대풍헌과 조선시대 울릉도·독도의 수토사』, 영남대 독도연구소 독도연구총서 14, 도서출판 선인.

이원택, 2023, 「항길고택문고의 울릉도 수토 관련 자료 소개」, 『울진, 수토와 월송포진성, 그리고 독도수호의 길』, 한국이사부학회.

심현용, 2013, 「조선시대 울릉도 수토정책에 대한 고고학적 시·공간 검토」, 『영토해양연구』 6, 동북아역사재단.

심현용, 2015, 「울진 대풍헌의 울릉도·독도 수토 자료와 그 역사적 의미」, 『울진 대풍헌과 조선시대 울릉도·독도의 수토사』, 영남대학교 독도연구소 독도연구총서 14, 도서출판 선인.

심현용, 2016, 「고고자료와 문헌기록으로 본 울진의 연혁」, 『울진군의 역사와 문화』, 삼한문화재연구원·성림문화재연구원).

심현용, 2022, 「대풍헌은 말한다 -현판과 완문·수토절목을 중심으로-」, 『이사부와 동해』 18·19합, 한국이사부학회.

심현용, 2022,「대풍헌은 말한다 -현판과 완문·수토절목을 중심으로-」,『조선시대 울릉도 수토연구』, 한국이사부학회편, 경인문화사.
홍영호, 2012,「강원도 동해안지역의 성보(城堡) 검토(2)-戍를 중심으로-」,『博物館誌』19, 강원대학교 중앙박물관.
홍영호, 2014,「고성군 죽왕면 竹島(山)烽燧와 竹島戍에 대하여」,『博物館誌』21, 강원대학교 중앙박물관.
홍영호, 2016,「고려시대 동계 지역의 수(戍) 조사 연구」,『군사』99호, 국방부 군사편찬연구소.
홍영호, 2020,「조선시대 강릉지역 연변봉수의 위치 비정」,『군사』114, 국방부 군사편찬연구소.

3. 보고서

안동대학교 박물관, 2006,『울진군 봉수대 지표조사보고서』.
충북대학교 중원문화연구소, 2002,『문경 탄항봉수 지표조사보고서』.

울진 월송포진성 시·발굴조사의 현황

하영중 | 삼한문화재연구원

Ⅰ. 머리말

울진 월송포진성은 울진군 평해읍 월송리에 위치하며 울진군에서 추진한 '울진군 성지유적 지표조사'[1]에서 월송 만호진성을 확인하였다. 그리고 본격적인 고고학적 조사는 '울진 망양-직산간 도로 확포장공사에 따른 사전조사[2]를 통해 시작되었다.

월송포진성의 본격적인 고고학적 조사는 2011년 '망양-직산간 도로확포장공사'에 따른 구제발굴조사의 일환으로 시작된 시굴조사이다. 시굴조사 결과, 성벽과 기와무지 등이 확인되어 정밀발굴조사로 전환되었는데 2011년 8월 2일부터 2012년 4월 12일까지 진행되었다.

발굴조사 결과, 월송포진성의 남쪽 성벽 일부와 문지, 우물, 기와무지 등이 조사되었으며, 조선시대 전기에 해당하는 기와편·분청사기·백자 등 유물이 출토되었다.

발굴조사와 더불어 월송포진성에 대한 문헌조사를 병행한 결과 월송포진성은 동해안지역 중부권역을 비롯하여 울릉도와 독도의 수토를 담당한 만호진성 유적임을 확인하였다.

발굴조사 완료 후 문화재청 문화재위원회에서는 조선시대 국토수호와

---

1 대구대학교 중앙박물관, 1998, 『울진군 성지유적 지표조사』.

2 삼한문화재연구원, 2011, 『울진 망양~직산간 도로확포장공사 부지 내 유적 발(시)굴조사 결과서』.

관련된 역사적 자료로서의 가치가 크고, 유적의 보존상태가 양호한 점 등을 감안하여 남쪽 성벽 일대에 대하여 현지에 보존할 것을 조치하였다.

발굴조사 이후 월송포진성의 중요성을 감안한 울진군에서는 2013년 성에 대한 정밀지표조사[3]를 실시하여 포진성에 대한 정비복원계획을 수립하기 위한 사전작업을 진행하였다. 참고하여 현재 지방자치단체에서 진행 중인 포진성 정비복원사업은 '삼척 포진성'과 '당진 포진성'의 정비복원 사업이 추진 중에 있다.

위와 같은 경과를 바탕으로 최근 울진군에서는 월송포진성의 국토 수호와 관련하여 수토사의 역사적 상징성을 인식하고 교육자료 활용과 더불어 관광자원 개발 차원에서 월송포진성의 전반적인 규모와 잔존상태 등과 함께 정비복원 계획 수립을 위한 기초자료 확보 차원에서 연차적인 시굴조사와 정밀발굴조사를 계획하여 5차에 걸친 시굴조사가 완료된 상태이다.

Ⅱ. 월송 포진성 위치와 주변 환경

1. 자연·지리적 환경

월송포진성은 행정구역상 경상북도 울진군 평해읍 월송리 508-20번지 일원으로 동경 129° 27′ 55″, 북위 36° 44′ 25″에 해당한다. 경북 울진군 평해읍에서 7번 국도를 따라 북쪽으로 약 2km 거리에 평해읍 월송리 '達孝'마을이 위치하고 있으며, '達孝'마을 동편으로 개설된 소로를 따라가면 '신혼예식장(現 철거)'과 '선적사'가 있는데 이 일대가 조선시대 수군 兵營鎭이었던

3 울진군·盛林文化財硏究院, 2013, 『울진 월송포진성 정밀지표조사 보고서』.

'越松萬戶鎭'의 구지(舊地)이다.

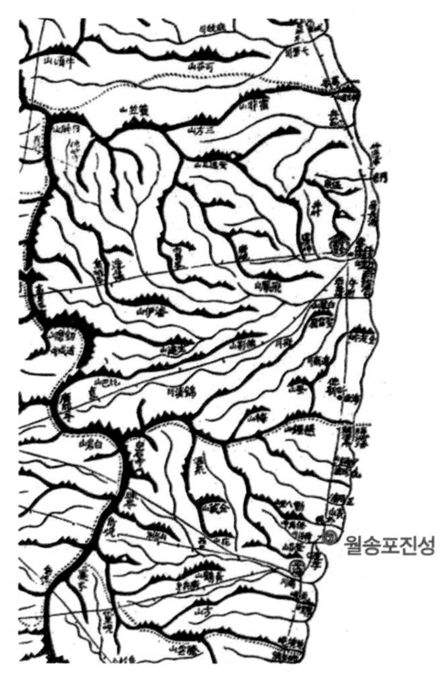

〈지도 1〉 대동여지도 내 월송포진성

울진군은 경상북도의 최북 동부지역으로 동해안을 따라 길게 자리한다. 북쪽은 강원도 삼척시 원덕읍이 갈령을 사이에 두고 접하여 있으며, 서쪽으로는 낙동강의 지류인 조항천이 봉화군과 울진군을 나누고 있다. 남서쪽과 남쪽으로 영양군과 영덕군이 인접한다.

군의 서편에는 낙동정맥이 형성되어 있고 남쪽 정맥에서 동쪽으로 뻗어 내린 지맥들이 해발 100~300m 내외의 고산지를 이루다가 동해안 쪽으로 갈수록 낮아져 얕은 저구릉성 산지를 형성한다. 이 후 구릉들은 대부분 해안과 접하여 단애를 형성한다. 따라서 동해안 지역은 전체적으로 서고-동저의 지형을 이루고 있다. 이 얕은 구릉성 산지 일대에는 선사시대에서 삼국시대까지 많은 유적들이 분포하고 있다.

월송포진성은 동쪽 해안을 따라 형성된 구릉성 산맥 중 하나인 '월출봉'(해발 131.1m)의 동쪽 해안평탄면에 해당하며, '월출봉'의 북쪽에는 서에서 동으로 흐르는 '황보천'이 동해로 유입되고, 남쪽에는 '남대천'이 서에서 동으로 흘러 동해로 유입되는데 양 하천 사이의 얕은 단독구릉에 성이 위치하고 있다.

수계는 대체로 태백산맥의 서부산지에서 발원하여 동해로 유입되는 작은 규모로 하천의 연장은 대부분 30km 미만이다. 월송포진성과 관계되는

'남대천'은 동해안지역과 내륙을 경계하는 해발 1017m '검마산'에서 발원하여 동해안으로 유입된다.

'월송포진성'은 월송2리 마을 전이장 손광록씨의 전언에 의하면, 성벽은 건물이 들어서면서 정원석 등으로 사용되어 대부분 유실되었으나, 성 내에 속하는 '선적사' 남쪽의 소로 일부와 '월송리 느티나무' 아래, 신혼예식장 입구 팽나무 하단 등에서 성벽이 일부 유존하고 있다. 또한 '월송만호진' 성내에는 '越松萬戶'라는 현판을 단 오래된 건물(월송리 303-9)이 있었다고 한다. 그리고 신혼예식장 건물 서편에 있었던 '越松亭'은 본래의 위치에서 해변에 가까운 현재의 위치(월송리 362-6林)로 옮겨 놓았다고 한다. 겸재 정선과 정충엽 등의 '월송정도'를 통해 보면 월송정은 월송만호진의 북편 성벽과 연결된 문루로 보인다. 조선후기에 제작된 평해군 지도들을 살펴보면 읍성과 함께 '월송만호진성'이 표기되어 있는데, '월송정'은 성 내 건물 혹은 북문이었을 가능성이 크며, 성의 남쪽에 별도의 문과 문루가 있었음을 알 수 있다.

2. 고고·역사적 환경

1) 고고학적 환경

울진군 내에서는 구석기시대에서 조선시대에 이르기까지 다수의 선사·역사시대 유적이 조사되었다. 구석기시대 유적으로는 북면 주인리 석수동의 '부구천' 남쪽 하안단구의 밭에서 주먹도끼, 긁개, 밀개 등의 뗀석기가 발견되었다.[4]

신석기시대 유적으로는 죽변만에 위치하고 있는 구릉 전역에 '울진 죽

4 중앙문화재연구원, 2005, 『죽변 해안파크조성부지 내 문화재 지표조사 보고서』.

〈지도 2〉 조사지 및 주변유적분포도(1:25,000, 2007년)

〈지도 3〉 월송포진성 주변지형도(1918년 제작)

변리 신석기시대 유적'이 분포하고 있다. 이 유적은 융기문토기편을 수습한 '국립경주박물관'의 지표조사에서 처음으로 알려졌으며,[5] 이후 삼한문화재연구원에 의한 발굴조사 및 지표조사를 통해 조사지 주변 일대의 신석기시대 문화 양상을 확인할 수 있는 계기가 되었다.[6] 대부분 융기문토기를 중심으로 한 신석기시대 조기의 유물들이 출토되었으나, 죽변리 19-1번지에서 수습된 횡주어골문토기와 보습편, '죽변리 중로 3-3호선 유적'에서 출토된 호형의 자돌문토기, 단사집선문토기와 태선침선으로 시문된 횡주어골문

5 국립경주박물관, 2001, 『국립경주박물관 연보』.

6 삼한문화재연구원, 2012, 『울진 죽변도시계획도로(중로 3-3호선) 개설공사구간 내 蔚珍 竹邊里 遺蹟』; 삼한문화재연구원, 2015, 『울진 죽변리 15-68번지 다가구주택 신축부지 내 蔚珍 竹邊里 15-68番地 遺蹟』; 황철주, 2016, 「울진지역 신석기시대 사회의 양상과 전개」, 『울진군의 역사와 문화』; 하영중, 2020, 『동해안지역 신석기시대 조기 물질문화 교류』, 야외고고학 38.

토기 등으로 볼 때, 조기에서 중기에 이르는 시기까지 인간의 활동이 활발했음을 유추해 볼 수 있다. 이 외에도 매장의례의 유구와 장대형석부를 포함한 석기류 180여 점이 출토된 울진 후포리유적,[7] 신석기시대 후기 수혈주거지 1동과 퇴화침선문토기편, 이중구연토기편 등이 출토된 울진 오산리 931번지 유적[8] 등이 조사된 바 있다.

청동기시대 유적으로는 죽변리 5-1번지 유적[9]과 죽변리 15-15·15-100번지 유적[10]이 있다. 전자는 수혈주거지 1동이 해성사층을 굴착하여 조성되었고, 후자는 청동기시대 후기의 수혈주거지 2동이 신석기시대 유물포함층을 굴착하여 조성되었다. 이로 보아 울진 죽변리 신석기시대 유적 내에는 청동기시대 취락유적도 유존할 가능성이 있음을 알 수 있다. 이 외에도 청동기시대 수혈주거지가 조사된 후정리 유적[11]과 부구리 지석묘군, 고목리 지석묘군, 봉평리 지석묘군이 분포하는 것으로 보아 다수의 청동기시대 취락이 소하천 주변의 충적지와 구릉사면부에 형성되었던 것으로 추측된다.

원삼국시대 유적으로는 원삼국시대 패총으로 알려진 죽변리 19-59번지 유적이 있다. 삼국시 대 유적은 덕천리 고분군, 봉평리 고분군, 덕신리 고분군이 조사된 바 있으며, 이 밖에도 후정리 성지 등이 있다.

월송포진성 주변 유적을 살펴보면, 북서쪽으로 980m 떨어져 '월송리 태실지'가 위치하며, 북서쪽으로 800m 떨어져 '울진 국도7호선 확장구간 내

7 慶州博物館, 1991, 『蔚珍 厚浦里遺蹟』 성림문화재연구원, 2016, 『蔚珍 厚浦里 登起山 遺蹟』.

8 한빛문화재연구원, 2011, 『울진 오산리 931번지 유적』.

9 삼한문화재연구원, 2012, 『蔚珍 竹邊里 5-1番地 遺蹟』.

10 삼한문화재연구원, 2015a, 『울진 죽변리 15-15번지 단독주택 신축부지 내 유적 발굴조사 결과보고서』; 삼한문화재연구원, 2015b, 『울진 죽변리 15-100번지 단독주택 신축부지 내 유적 발굴조사 결과보고서』.

11 삼한문화재연구원, 2013, 『蔚珍 後亭里 遺蹟』.

〈사진 1〉 월송포진성 주변 원경(출처: 네이버, 성림문화재연구원 제공)

유적'이 위치한다. 남동쪽으로 800m 떨어져 '울진 직산리 토성'이 위치하며, 북동쪽으로 480m 떨어져 '월송정'이 위치한다.

인접한 '직산리 토성'은 계곡을 긴 토루로 축성한 토성에 해당하며 성내에서 자기편과 조선시대 기와편이 산재한 것으로 보아 조선시대 토성으로 판단되며 '월송포진성' 축성되기 전 또는 포진성 운영시기에 군영이 주둔하면서 관망과 방어역활을 수행하였으로 것으로 추정된다.

2) 역사적 환경

울진군은 1914년 이전에는 지금처럼 하나의 군(郡)이 아닌 두 개의 행정구역으로 분리되어 있었다. 즉 남쪽에 위치한 '평해군(平海郡)'과 북쪽에 위치한 울진군(蔚珍郡)을 하나의 행정체제로 합친 것이다. 그러므로 통합되기 전에는 서로 별개의 행정체제와 영역을 이루고 있었다. 또한 오랫동안 강원도에 속해 있었으며, 1963년에 경상북도로 이관되었다.

월송포진성이 속한 평해군의 초기 역사에 대해서 알 수 있는 문헌자료가 전혀 없으며, 아직까지 발굴조사에서도 명확한 원삼국시대 이전의 유적이 확인되지 않아 이 시기에 대해 검토할 수 있는 자료가 빈약한 상황이다. 다만 평해에 관한 기록은 『삼국사기』(1145)에 보이지 않고, 『세종실록지리지』(1492)에 처음으로 나타난다. 여기서 "평해군은 원래 고구려의 근을어(斤乙於)이었는데, 고려시대에 평해군으로 고쳤으며, 현종대에 경상도 예주(禮州, 지금 영해)의 임내(任內)가 되었다. 명종 2년(1172)에 처음으로 감무(監務)를 두었으며, 충렬왕 때 토성 첨의평리 황서(黃瑞)가 왕을 따라 원나라에 입조하여 추대한 공이 있어서 지평해군사(知平海郡事)로 승격하였으며, 별호(別號)는 기성이다"라고 되어 있다.

이후『고려사』(1451)[12]·『신증동국여지승람』(1530)[13]·『대동지지』(1864)[14]에서 그 기록들이 보이고 있으나, 『대동지지』를 제외하고는 거의 동일하다. 이들을 종합해 보면, 평해 지역은 고구려 때 '근을어' 였는데, 이 지명은 신라에 다시 편입된 후 통일신라 때에도 그대로 유지되었으며, 고려 초에 평해로 개명된 것으로 보인다.[15]

---

12 『고려사』 권57지11 지리2 경상도 예주 평해군조. "평해군은 지군사가 1인이다. 본래 고구려의 근을어였다. 고려는 이름을 고쳐서 평해군으로 하였다. 현종대에 예주(영해)의 임내가 되었다.

13 『고려사』 권57지11 지리2 경상도 예주 평해군조. "평해군은 지군사가 1인이다. 본래 고구려의 근을어였다. 고려는 이름을 고쳐서 평해군으로 하였다. 현종대에 예주(영해)의 임내가 되었다.

14 『대동지지』권16 강원도 평해. "연혁 : 본래는 근을어이다. 신라 경덕왕 16년에 평해로 고쳐 유린군의 영현으로 하였다. 고려 현종 8년에 예주영해에 소속시켰다. 명종 2년에 감무를 두었고 충렬왕 때에 지군사로 승격하였다.(고을 사람인 첨의평리 황서가 왕을 따라 원나라에 들어가 추대한 공이 있었기 때문이다). 본조의 세조 12년에 군수로 고쳤다.

15 『세종실록』에서는 고려때 평해군으로, 『고려사』와 『신증동국여지승람』에서는 고려

고종 46년(1259)에 경상진안도 예주에 속해있던 평해현이 명주도로 이관되면서 예주에서 벗어나고, 충렬왕 23년(1297)에 지군사를 두면서 현에서 평해군으로 승격되었다. 원종 4년(1263)에는 연해명주도가 강릉도로, 동주도가 교주도로 되었다. 공민왕 5년(1356)에는 강릉도가 강릉삭방도가 되었다가 동년 7월에는 동북면이라 불렀으며, 동왕 6년(1357) 다시 강릉도로, 동왕 9년(1360)에는 삭방강릉도로, 동왕 15년(1366)에는 다시 강릉도가 되었다.[16] 우왕 14년(1388)에는 영동과 영서를 합하여 교주강릉도로 칭하였다.[17]

조선시대 태조 4년(1395) 6월 13일부로 지방제도의 명칭을 개정하게 되었는데, 교주강릉도가 강원도로 개명된다. 평해군은 읍격을 그대로 유지한 채 내려오다가 태종 13년(1413) 지방제의 대대적 개편 시 강원도 삼척도호부의 관할 하에 놓이게 되었으며, 세종 때(1418~1450)에 양계와 각 도 연변의 군사적 요지를 상·중·하로 구분할 시 하긴(下緊)으로 구분되었다.[18] 당시까지 평해군은 지방관에 지군사를 두었으나, 세조 12년(1466)에 군수로 승격되었다. 그리고 그 해에 진관체제의 확립에 따라 삼척도호부에서 강릉부진관으로 이관되었으며, 월송포에 수군만호가 배치되었다.

1395년부터 강원도의 명칭이 271년간 변함없이 계속되었으나, 현종 7년

초에 평해군으로, 『대동지지』에서는 신라 경덕왕 16년에 평해로 개명하고 유린군(지금 영해)의 영현으로 삼았다고 기록되어 있다. 사실 평해는 신라 군현제에서는 보이지 않고 고려 군현제에서 그 존재가 보여 그 맥락을 찾아 볼 수가 없다. 이는 신라 군현제에서 고려 군현제로 변화하면서 생긴 것으로 추정된다. 반면 울진은 신라 군현제에도 보이고 있다.

16 『세종실록』권153 지리지 강원도조; 『고려사』권58 지2 지리3 교주도·동계조; 『신증동국여지승람』권44 강원도조; 『여지도서』강원도 감영 건치연혁조; 『대동지지』권15 강원도조.

17 『세종실록』권153 지리지 강원도조; 『고려사』권58 지12 지리3 교주도조; 『신증동국여지승람』권44 강원도조; 『여지도서』강원도 감영 건치연혁조.

18 이존희, 1990, 『조선시대 지방행정제도연구』, 일지사, 140쪽; 주웅영, 2001, 『울진군지』상, 울진군지편찬위원회, 237쪽.

(1666) 이후 1895년까지 10여 차례나 변경된다.

고종 32년(1895) 5월 26일 갑오개혁에 의해 조선8도 제도가 23부의 지방제도로 시행되면서 강원도의 명칭은 일시 중지되었다. 이후 춘천을 중심으로 한 영서지역에는 춘천부가 설치되고 강릉을 중심으로 한 영동지역에는 강릉부가 설치되어 2개의 부(府)로 분리되며, 이때 평해군은 강릉부에 소속되었다.

근대인 1914년 군·면 통폐합 시 평해군은 폐지되고 그에 속해있던 8개 면이 울진군에 편입되어 울진군 7개면과 합하여 오늘날의 울진군이 되었다. 1963년 1월 1일에는 강원도 울진군이 경상북도 관할로 넘어오게 되면서 지금의 경상북도 울진군이 되었다. 이 때 온정면 본신리는 영양군 수비면에 편입되었다. 1980년 12월 1일에 평해면이 평해읍으로 승격되어 오늘에 이른다.

'월송포진성'에 대한 문헌기록을 살펴보면 다음과 같다.

-『세종실록지리지』 권153 진보조

…太祖六年丁丑始置鎭二鎭無留防軍有事則以侍衛牌充之 兵馬都節制使置司 江陵府都觀察使無之水軍萬戶守禦處六越松浦在平海東舡一艘軍七十束草浦在襄陽北舡三艘軍二百單十…

태조 6년 정축에 비로소 진(鎭) 둘을 두었으나, 진에 유방군(留防軍)이 없어, 일이 있으면 시위패(侍衛牌)로 충당한다. 병마 도절제사(兵馬都節制使)의 영을 강릉에 두고, 도관찰사(都觀察使)가 겸한다. 수군 만호 수어처(水軍萬戶守禦處)가 6이니, 월송포(越松浦)가 평해(平海) 동쪽에 있고, 배가 1척, 군사가 70명이다. 속초포(束草浦)가 양양(襄陽) 북쪽에 있고, 배가 3척, 군사가 2백 단(單) 10명이다.

-『신증동국여지승람』 평해군 관방 월송포영조

在郡東七里水軍萬戶一人

고을 동쪽 7리에 있다. 수군만호 1명이 있다.

-『동국여지지』 평해군 월송포만호진조

在郡東七里水軍萬戶一人

군의 동쪽 7리에 있다. 수군만호 1명이 있다.

-『여도비지』 평해군 진보 월송포진조

治東北七里石築周六百二十八尺高六尺水軍萬戶一員軍摠四百名鎭倉

고을의 동북 7리에 돌로 쌓았다. 둘레 628척, 높이 6척이다. 수군만호 1명과 군사 400명이 있고 진창이 있다.

-『대동지지』 평해군 진보 월송포진조

東北七里城周六百二十八尺水軍萬戶一員

동북 7리에 성이 있다. 둘레는 628척이다. 수군만호 1명이 있다.

-『관동읍지』 평해군 진보 월송포만호진조

浦在郡東七里嘉靖乙卯築石城周回四百八十九尺高七尺有水軍四百名無戰船

포는 군의 동쪽 7리에 있다. 가정을묘(1555년)에 석성을 쌓았다. 둘레 489척, 높이 7척이다. 수군 400명이 있고 전선은 없다.

-『울진군지』 평해 진보 월송포조

在郡東七里嘉靖乙卯築石城周四百八十九尺高七尺置萬戶一人水軍四百名以備海賊

군의 동쪽 7리에 있다. 가정을묘(1555년)에 석성을 쌓았다. 둘레 489척, 높이 7척이다. 만호 1인과 수군 400명을 두어 해적(왜구)을 방비하였다.

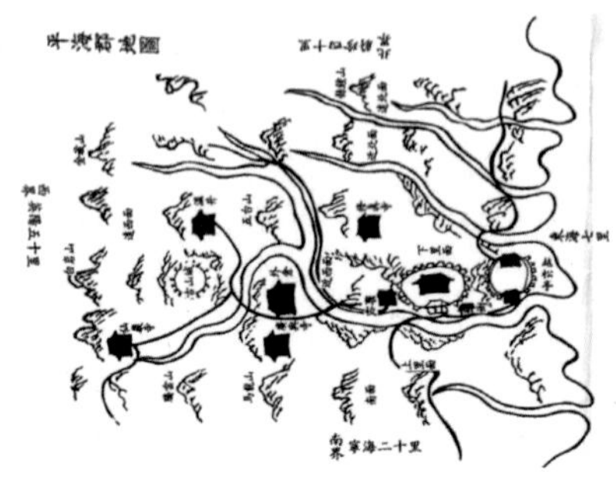

〈지도 3〉 해동지도 1750년대 초

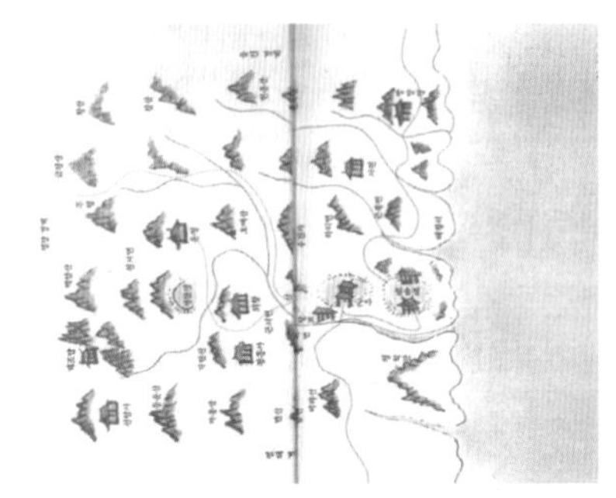

〈지도 4〉 여지도서평해군지도(18세기중엽)

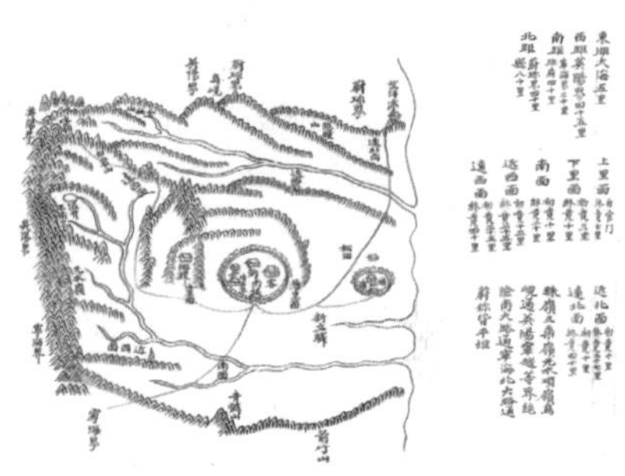

〈지도 5〉 관동읍지평해군지도(1871)

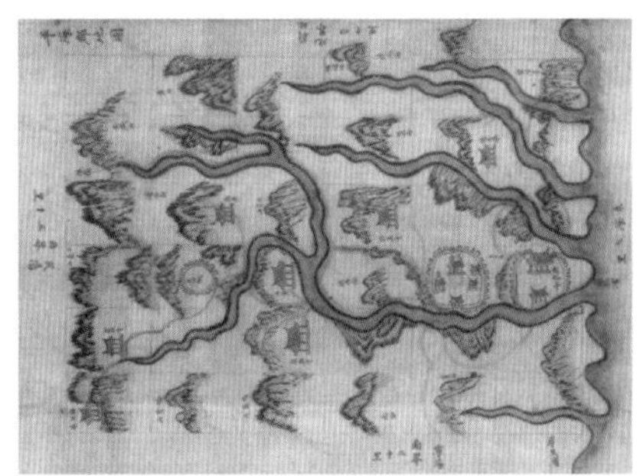

〈지도 6? 조선후기 지방지도(1872)

위의 기록들을 통해 보면 '월송포진성'은 평해군의 동쪽 또는 동북쪽 7리에 있으며, 성내에는 해적(왜구)을 방비하기 위하여 수군만호 1인과 군사 400명 정도가 있었다. 현재 조사된 성의 위치가 평해읍으로부터 북동쪽으로 약 2.4㎞에 위치하므로 기록상의 위치와 거의 일치한다.

축성연대는 1555년(명종 10)이다. 그런데 종실록지리지(1454)와 신증동국여지승람(1530)에서 월송포진에 대한 기록은 있으나 성의 규모나 형태에 대한 구체적인 언급은 없는 것으로 보아 이 때는 성은 없고 군영만 있었던 것으로 판단된다. 그래서, 군영이 처음 설치된 것은 1371년(태조 6년)으로 판단된다. 이는 발굴조사에서 대부분 조선 후기에 해당하는 기와편과 백자편 출토되었으나 동쪽 내벽의 아래쪽에서 분청사기 저부편 1점이 출토되었

〈사진 3〉 발굴조사 출토 어골 문양 타날 기와편

〈사진 2〉 발굴조사 출토 종선 문양 타날 기와편

고 기와편 중 어골문계와 선문계문양이 타날된 기와가 소량 출토된 것로 보아 조선 전기에도 이곳에서 사람의 활동이 있었음 내포하고 있다. 따라서 축성이전 군영이 주둔하였을 가능성을 배재할 수 없다.

성의 규모는 둘레 628척 또는 489척, 높이 6척 또는 7척으로 기록되어 있다. 발굴조사와 시굴조사 결과를 통해 볼 때 성의 대략적인 둘레는 328.8m 정도이다.

Ⅲ. 발굴조사 현황

발굴조사는 울진군에서 추진하는 울진 망양-직산간 도로확포장공사 구간 내 시굴조사에서 성의 남쪽벽 일부가 확인되어 정밀발굴조사로 전환되었다.

발굴조사 결과, 월송포진성의 남쪽 성벽과 문지, 기와무지 1기, 우물 1기가 도로확포장 구간 내에서 조사되었다.

유물은 조선시대 자기 73점·기와 104점·청동가락지 1점·토기 3점 등 총 181점 출토되었다.

발굴조사를 통하여 성벽과 문지, 성 내부의 우물 등이 잔존상태가 양호하게 남아있음을 확인하였는데, 이는 문헌기록 및 조선후기의 풍경화, 지도 등과도 거의 일치하는 양상을 보였다.

성벽은 후대 교란으로 인하여 동쪽 일부 구간이 유실되었으나 지적도상의 지번경계와 거의 일치하는 것을 확인하였다. 이로 볼 때 지적도 작성당시 성벽이 남아있었음을 알 수 있다. 지적도를 참고하여 성의 규모를 추정해보면, 성벽의 둘레는 328.8m 정도이다. 그리고 문헌기록과 둘레를 통하여 추정해 볼 수 있는 성벽의 높이는 3.2~4.7m 정도이다. 성벽의 폭은 6m 내외이다.

유물은 기와류와 자기류가 주를 이루며, 대부분 조선시대에 해당한다. 수키와는 미구가 있는 것과 없는 것으로 크게 구분되며 무문양인 것과 외면에 종선문, 삼각집선문, 복합문, 어골문 등의 문양이 타날된 것 등이 있다. 또 내면에는 포목흔, 사절흔, 윤철흔, 연철흔, 합철흔, 와도흔, 단부내면조정흔 등의 제작 흔적이 남아있다.

기와는 대부분 단면이 두껍고 타날판의 길이가 장판에 해당하며, 하단 내

〈사진 4〉 남쪽 성벽일대 정밀발굴조사 전경

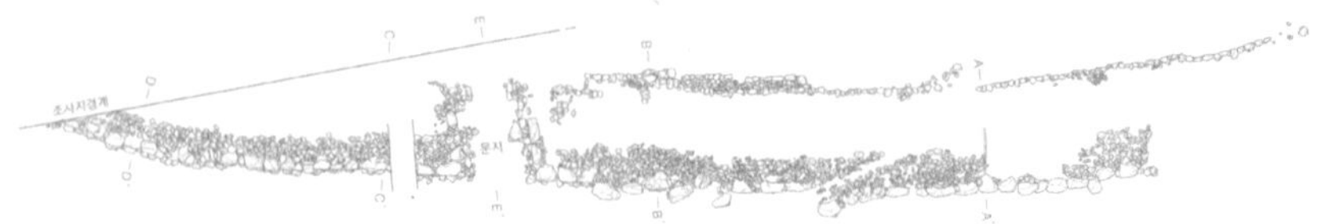

〈도면 1〉 남쪽 성벽 유구분포도(망양-직산간 도로확포장공사부지 발굴조사)

면에 물손질 한 것으로 보아 조선시대 전기 이후로 편년된다.

자기류는 분청사기 1점을 제외하면 백자가 주류를 이룬다. 분청사기의 경우 굽이 낮은 죽절이고, 백자는 높은다리굽, 낮은다리굽, 죽절굽, 나팔굽, 안굽, 평굽 등이 있고, 일부 굽내면과 기내면에 제작과 수급관련된 기호들이 남아있는 것도 있다. 자기는 대부분 편으로 남아있어 시기를 가늠하기는 어렵지만 분청사기 저부편 1점(15세기)을 제외하면 18세기 후반의 유물로 판단된다.

Ⅳ. 연차 시굴조사 현황 및 결과

〈사진 5〉 월성포진성 전경

■: 정밀발굴조사, ■: 1차 시굴조사, ■: 2차 시굴조사,
■: 3차 시굴조사, ■: 4차 시굴조사, ■: 5차 시굴조사

1) 1차 시굴조사

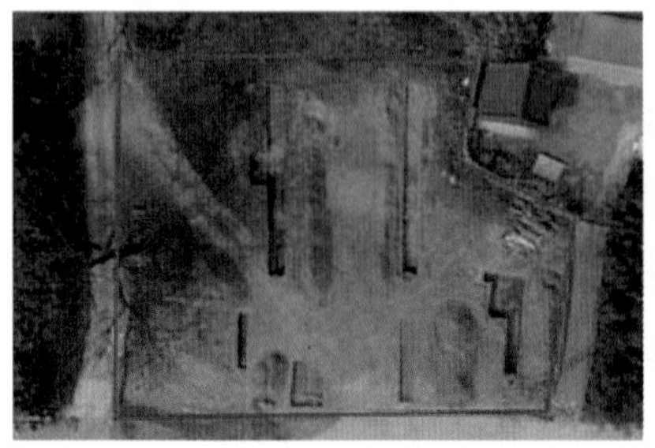
〈사진 6〉 1차 시굴조사 후 전경

〈사진 7〉 트렌치 1 남쪽성벽 일부 확인

〈사진 8〉 트렌치 2 남쪽 성벽 일부 세부

〈사진 9〉 트렌치 3 남서쪽 성벽 전경

1차 시굴조사지는 '월송포진성'의 서쪽 성벽 일원과 성내에 해당하며, '신혼예식장' 주차장 부지로 이용되었던 곳이다.

조사지의 층위는 전체적으로 표토층-복토층-갈색사질점토층(점토 덩어리 다량포함, 조선시대 기와편 포함)-암갈색사질점토(점토 덩어리 다량포함, 조선시대 기와편 포함)-황갈색점토층-갈색모래층-황갈색모래층(성벽 기반층)으로 구분된다. 조사지는 주차장으로 이용하기 위한 정지작업과 성토작업으로 인해 일부 훼손되었으나, 대체적으로 원지형이 남아있다.

1차 시굴조사 결과, 트렌치 1~4·6에서 조선시대 건물지 관련유구가 확인되었다. 트렌치 1에서는 조선시대 건물지·수혈·주혈 등이 확인되는데 건물지의 북쪽은 황갈색모래층을 기반으로 축조되었으며, 건물지 내부로 판단되는 남쪽은 갈색사질점토와 암갈색사질점토로 정지하여 사용한 것으로 판단된다. 트렌치 2에서는 북쪽 가장자리에 치우쳐 조선시대 건물지 관련 부석이 확인된다.

트렌치 3·4에서는 '월송포진성'의 남서쪽 성벽 일부가 확인되는데 성벽은 지적도의 경계를 따라 북쪽으로 휘어져 '월송리 느티나무' 아래로 이어진다. 트렌치 6에서는 조선시대 건물지 관련 소토 및 목탄층이 확인되며, 층은 트렌치 동쪽으로 이어진다.

1차 시굴조사에서 확인된 유구들은 '월송포진성'과 관련된 건물지 관련 시설로 판단되며, 유구 가 확인되는 트렌치를 중심으로 조선시대 기와편을 비롯한 백자편 등의 유물이 출토되었다.

2) 2차 시굴조사

2차 시굴조사지는 동쪽 성벽 일원과 성내에 해당하며, 현재 잡목이 우거져 있다. 면적은 1,565m²이다.

시굴조사지의 층위는 전체적으로 표토층-황갈색모래층으로 구분되나, 동쪽에 위치하는 트렌치 1의 경우 '선적사' 진입로 개설을 위해 1m 이상 성토한 층이 확인된다. 조사지 중앙일부는 주택조성에 따른 정지작업과 성토작업으로 인해 일부 훼손되었으나, 대체적으로 원지형이 남아있다.

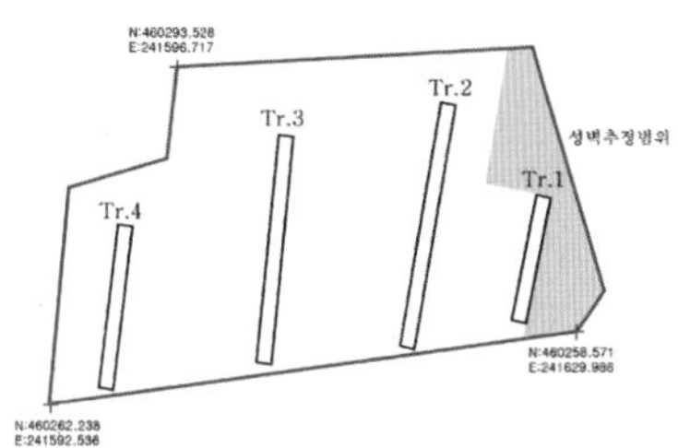

〈도면 2〉 2차 시굴조사 트렌치 배치도

〈사진 10〉 2차 시굴조사 후 전경

2차 시굴조사 결과, 트렌치에서 유구 및 유물은 확인되지 않았다. 그러나 '월송포진성'의 동쪽 성벽이 유존할 것으로 추정되는 조사지 동쪽 가장자리는 '선적사' 진입로로 인해 굴착작업을 진행하지 못하였다. 따라서 기발굴조사 결과를 통해 볼 때, 월송포진성의 동쪽 내벽이 유존할 가능성이 크다.

3) 3차 시굴조사

3차 시굴조사지는 북·서쪽 성벽 일원 및 성내에 해당하며, 조사전 주변 건물과 콘크리트 포장면이 철거·정리되어 평탄한 대지로 노출된 상태이다. 조사면적은 1,974m²이다.

트렌치는 모두 7개를 설치하였으며, 확인된 층위는 표토층-성토층-갈색사질토층-황갈색모래층으로 구분된다. 조사지 일부는 건물조성에 따른 성토 및 정지작업과 굴착 등으로 인해 일부 교란되었으나, 대체로 원지형이 남아있는 상태였다. 3차 시굴조사 결과, 황갈색모래층 상면에서 '월송포진성'

〈사진 11〉 3차 시굴 조사 후 전경

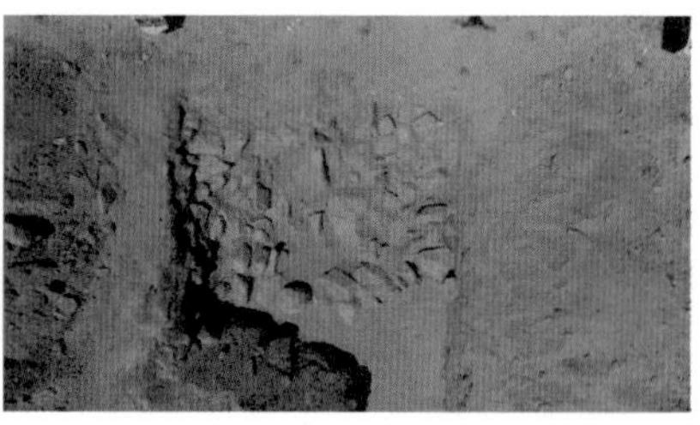
〈사진 12〉 트렌치 2. 서쪽 성벽 전경

〈사진 13〉 트렌치 2. 건물지 적심 전경

〈사진 14〉 트렌치 3. 북쪽 성벽 세부

의 서쪽과 북쪽 성벽 일부와 성내 건물지와 관련한 흔적이 확인되었다. 확인된 성벽은 내벽에 해당되는 것으로, '망양-직산간 도로 확포장 공사부지 내 유적' 발굴조사에서 확인된 성벽의 폭이 6m 내외인 점을 감안하면 조사지 외역으로 성벽 외벽이 확인될 것으로 보인다. 그리고, 북쪽 성벽이 서에서 동으로 이어져오다 트렌치 1 주변에서 확인되지 않은 점으로 보아 그 주변으로 북문지가 확인될 가능성이 있다.

3차 시굴조사에서 성벽(내벽)과 성내 시설물 등을 일부 확인하였으며, 기존에 추정하였던 성의 범위(지적도) 외역으로 성벽(외벽) 및 문지 등이 유존할 가능성을 확인하였다.

4) 4차 시굴조사

4차 시굴조사지는 북쪽 성벽 일원 및 성 외역에 해당하며, 조사전 상태는 주변 건물과 콘크리트 포장면이 철거·정리되어 평탄한 대지로 노출되어 있다. 조사면적은 2,360m²이다.

시굴조사 탐색용 트렌치는 모두 6개를 설치하였으며, 확인된 층위는 표토층-성토층-갈색모래층-황갈색모래층으로 구분된다. 조사지 남쪽은 원지형이 대체로 남아있으나, 북쪽 일대는 '신혼예식장' 건립과 관련된 훼손으로 원지형이 크게 훼손되어 있다.

4차 시굴조사 결과, 트렌치 1~3의 황갈색모래층 상면에서 성의 북성벽 일부가 확인되었다. 성벽은 3차 시굴조사에서 확인된 북성벽에 연장되어 조사되었으며, 40~70cm 내외의 할석을 이용하여 축조하였다. 성벽 외역인 북쪽으로 성벽의 상면 또는 뒷채움으로 이용된 30~40cm 내외의 할석과 토사가 무너져 내려 무질서하게 흩어져 있다. 트렌치 4~6에서는 성벽 및 유구의 흔적은 확인되지 않았다.

4차 시굴조사 결과로 볼 때 기존에 추정하였던 성의 범위(지적도)와 대부분 일치함을 확인하였다.

북성벽 북쪽 외역은 '신혼예식장' 건립과 관련된 교란으로 대부분 원지형이 훼손되어 성벽의 기반층인 황갈색모래층이 현 표토하 2~2.5m 직하에서 확인되었다.

〈사진 15〉 4차 시굴조사 후 전경

〈사진 16〉 트렌치 2. 내 북성벽 세부

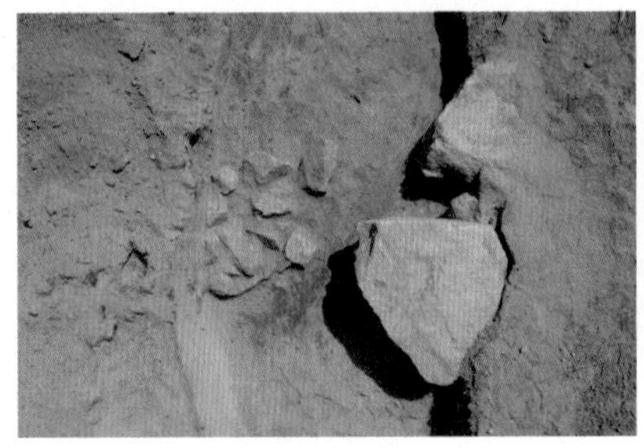

〈사진 17〉 트렌치 3 내 북쪽 성벽 세부(추정)

〈사진 18〉 트렌치 3 전경

5) 5차 시굴조사

5차 시굴조사지는 서쪽 성벽 일원 및 성 외역에 해당하며, 조사전 주변의 건물과 콘크리트 포장면이 철거·정리되어 평탄한 대지로 노출되어 있었다. 조사면적은 2,342m²이다.

조사는 트렌치 6개와 피트 1개를 설치하여 진행하였다. 시굴 조사지는 중앙의 축대를 기준으로 북쪽의 구릉 정부와 사면부(트렌치 1·2, 탐색구덩

〈사진 19〉 5차 시굴조사 후 전경

〈사진 20〉 서쪽 성벽 세부

기준계	좌표계	타원체	원점
세계측지계	TM	GRS80	동부

0 20 40m

N:460335.694
E:241512.758

N:460340.101
E:241561.135

N:460274.117
E:241539.800

Tr.1
Tr.2
Pit.1
Tr.5
Tr.3
Tr.6
Tr.4
2
1
卍
망양-직산간 발굴조사지

<범 례>

1차 시굴조사지 2차 시굴조사지 3차 시굴조사지 4차 시굴조사지 5차 시굴조사지

성벽 잔존범위 성벽 추정범위 1. 울진 월송포진성 2. 울진 월송리 느티나무

〈도면 3〉 정밀발굴조사 유구분포도 및 시굴조사 트렌치 배치도

이. 1), 남쪽의 구릉 사면부와 말단부(트렌치 3~6)로 구분되며, 5m 정도의 표고차가 난다.

전체적인 층위는 표토층-성토층-갈색모래층-황갈색모래층으로 구분된다. 시굴 조사지는 현재 대지로 이용하기 위한 성토 및 정지작업이 이루어진 상태이다.

5차 시굴조사 결과, 조사지 북동쪽 구릉 정부는 비교적 평탄하지만 남서쪽의 사면부와 말단부로 갈수록 급격히 낮아진다. 조사지 남쪽 구릉 말단부는 근대 건물 조성에 의해 상부는 대부분 훼손된 상태이며, 성토층 직하에서 황갈색모래층(사구)이 확인된다. 트렌치 1에서는 '월송포진성' 서성벽의 외벽이 확인되었으며, 트렌치 3에서 '포진성' 축조와 관련된 것으로 판단되는 석축렬이 확인되었다.

서성벽 남쪽일대는 성벽외역으로 회청색뻘층과 하상에 운반된 모래층이 형성된 것으로 보아 서성벽 외역은 하천 범람영역임을 확인하였다.

V. 발굴조사 및 시굴조사를 통해 본 월송 포진성

지금까지 월송포진성과 관련한 고고학적 조사에 대하여 알아보았다. 이를 간략히 요약하자면 동해안 수군 만호진이 진둔한 월송 만호포진성은 조선시대 전기 축성되어 조선시대 후기까지 동해안 중북부권역과 울릉도 및 독도의 수토를 담당하던 동해안을 수토하였다.

월송포진성의 고고학적 조사는 망양-직산간 도로확포장공사로 인한 남문지와 남쪽 성벽 일대의 정밀 발굴조사를 통하여 그 축성방법이 파악되기 시작하였다. 이후 울진군의 노력으로 성의 규모와 잔존상태를 파악하고 나아가 정비복원을 위한 기초자료 확보 차원의 5차에 걸친 연차 시굴조사가

〈사진 21〉 남쪽 성벽 외면 퇴적 양상

〈사진 22〉 서쪽 성 외역 퇴적 양상

〈사진 23〉 월송포진성 축조 기반층(사구)

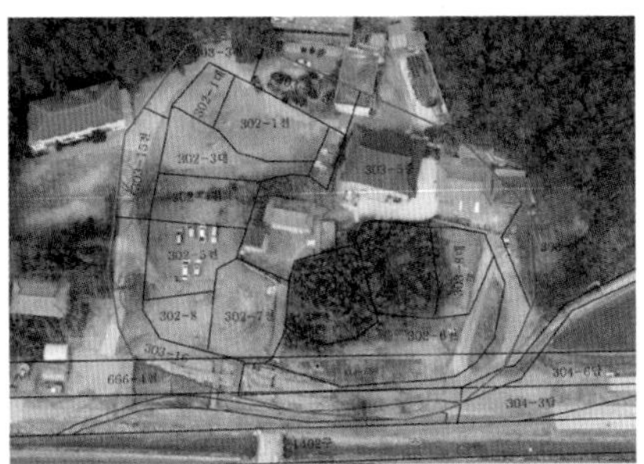

〈도면 5〉 월송포진성 현재 지적분할 상태
(지적도 및 항공촬영 사진 오버랩)

진행되었다.

시굴조사 결과 성 외벽의 대략적인 범위를 확인하였다. 아울러 성내 포진성 운영과 관련된 부속건물의 잔존 여부를 확인하였다.

위와 같은 조사 결과물을 통해 볼 때 포진성은 현재 동해와 내륙을 경계하는 낙동정맥의 해발 1,017m '검마산'에서 발원하여 동해안으로 유입되는 '남대천' 하류역과 접하는 독립구릉상에 위치한다. 이 일대는 '남대천'에 의해 형성된 들이 조성된 상태이나 1970년대 이전에는 포진성까지 유로가 형성되어 있었던 것으로 전해진다. 이는 '망양-직산간 도로확포장공사부지 내 발굴조사'와 정비복원사업부지내 제 5차 시굴조사에서 남문지 남쪽과 성 서쪽 벽 외역으로 설치한 트렌치 토층상에서 회청색 뻘층과 물에 의해 운반된 모래층으로 확인되었다.

발굴조사와 시굴조사를 통하여 남쪽 성벽과 서쪽 성벽 외역은 하상에 의한 퇴적이 확인되었으며 성이 운용되는 시점에도 하상 작용이 확인된다. 따라서 만호진성이 운용될 당시 성 남쪽은 남대천과 동해안이 접하는 기수역변에 해당하며 소형 선박의 접안이 가능하였 것으로 추측된다.

시굴조사 결과 성이 축조된 구릉은 사구(모래언덕)로 확인되어 모래층을 기반으로 성을 축조한 점으로 보아 축조의 견고성보다 지리적 위치와 입지적 역할에 중점을 두어 성을 축조한 것으로 추측된다. 이러한 지리 및 입지적 역할을 추정해 보면 해발고도 40m 이하의 저지성 해안구릉 정상부와 말단 또는 20m 이하의 해안에 근접하여 성을 축성함으로써 적의 상륙을 저지하고 내륙으로의 진출을 차단하는 역할을 수행하였 것으로 추정된다. 아울러 교통의 편리와 식수의 확보, 군수품 보급과 관리를 통해 긴급상황 발생시 신속하게 백성들이 입보농성을 용이하게 하는 지리적 위치와 입지적 측면에서 유리한 위치를 점하기 위하여 모래언덕이라는 연약한 지반에 축성이라는 취약점을 감수할 수 있었던 요인으로 추측된다.[19]

정밀발굴조사와 시굴조사 결과로 확인된 성벽의 범위를 추정해 보면 현재 이용되는 지적도 상에 성벽 범위로 분할된 필지와 조사에서 확인된 성벽의 분포범위가 일치한다. 따라서 최초 지적도 측량 당시 성벽이 잔존하고 있었을 가능성이 크다. 위와 같은 이유로 연차 시굴조사에서 제척된 '선적사' 절터 배후에 성벽이 잔존한 것으로 보고되어 있는 돌담은 '선적사' 건축시 성벽 일부를 허물어 담으로 조성한 것으로 판단된다. 이는 '선적사' 배후 돌담은 지적도에 측량된 성벽부에서 벗어나고 있기 때문이다.

지금까지 조사된 월송포진성 정밀발굴조사와 시굴조사 결과를 통해 볼

---

19 윤천수, 2014, 『蔚珍 月松浦鎭城-고찰-』.

때 조선시대 울릉도 및 독도 수토의 생생한 현장을 확인한 점은 성과라 할 수 있다. 다만, 도로 확포장공사 구간에 대한 부분적인 발굴조사와 부분 트렌치 조사에 국한되어 유적의 전모를 밝히기에는 한계가 있었다. 특히 성벽 전체의 규모나 성 내부의 각종 시설(월송정 등)들에 대하여는 마을 주민들의 전언과 지적도, 조선후기 풍경화, 고지도 등을 통하여 어느 정도 추정 가능하였으나, 명확히 밝힐 수는 없어 아쉬움이 남는다. 향후 울진군에서 계획하고 있는 정비복원사업과 관련한 발굴조사를 통하여 성벽으로 추정되는 범위 전체와 그 내부 전면에 대한 규모와 내부구조, 그리고 성이 축조되기 이전의 흔적도 일부 확인할 수 있을 것으로 생각된다.

또한 발굴조사 결과와 조선시대 풍경화 등을 바탕으로 월송포진성을 복원한다면, 인접한 '대풍헌'과 함께 울릉도와 독도 수토의 역사교육 자료적 가치가 클 것으로 사료된다.

월송정도(정충엽, 18세기, 개인소장)

월송정도(정선의 관동명승첩)

참고문헌

대구대학교 중앙박물관, 1998, 『울진군 성지유적 지표조사』.

삼한문화재연구원, 2011, 『울진 망양~직산간 도로확포장공사 부지 내 유적 발(시)굴조사 결과서』.

울진군·盛林文化財硏究院, 2013, 『울진 월송포진성 정밀지표조사 보고서』.

중앙문화재연구원, 2005, 『죽변 해안파크조성부지 내 문화재 지표조사 보고서』.

국립경주박물관, 2001, 『국립경주박물관 연보』.

삼한문화재연구원, 2012, 『울진 죽변도시계획도로(중로 3-3호선) 개설공사 구간 내 蔚珍竹邊里 遺蹟』.

삼한문화재연구원, 2015, 『울진 죽변리 15-68번지 다가구주택 신축부지 내 蔚珍 竹邊里 15-68番地 遺蹟』.

황철주, 2016, 「울진지역 신석기시대 사회의 양상과 전개」, 『울진군의 역사와 문화』, (재)삼한문화재연구원·(재)성림문화재연구원.

하영중, 2020, 『동해안지역 신석기시대 조기 물질문화 교류』 야외고고학 38.

慶州博物館, 1991, 『蔚珍 厚浦里遺蹟』.

성림문화재연구원, 2016, 『蔚珍 厚浦里 登起山 遺蹟』.

한빛문화재연구원, 2011, 『울진 오산리 931번지 유적』.

삼한문화재연구원, 2012, 『蔚珍 竹邊里 5-1番地 遺蹟』.

삼한문화재연구원, 2015a, 『울진 죽변리 15-15번지 단독주택 신축부지 내 유적 발굴조사 결과보고서』.

삼한문화재연구원, 2015b, 『울진 죽변리 15-100번지 단독주택 신축부지 내 유적 발굴조사 결과보고서』.

삼한문화재연구원, 2013, 『蔚珍 後亭里 遺蹟』.

『고려사』권57지11 지리2 경상도 예주 평해군조.

『신증동국여지승람』권45 강원도 평해군조.

『대동지지』권16 강원도 평해.

『세종실록』권153 지리지 강원도조.

『고려사』권58 지2 지리3 교주도·동계조.

『신증동국여지승람』권44 강원도조.

『여지도서』강원도 감영 건치연혁조.

『대동지지』권15 강원도조.

『세종실록』권153 지리지 강원도조.

『고려사』권58 지12 지리3 교주도조.

『신증동국여지승람』권44 강원도조.

윤천수, 2014, 『蔚珍 月松浦鎭城-고찰-』.

이일갑, 2008, 「경남 남해안지역 영·진·보성에 대한 검토」, 『嶺南考古學』45, 嶺南考古學會.

유재춘·성림문화재연구원, 2013, 『울진 월송포진성 정밀지표조사 보고서-고찰-』.

월송포진성의 구조와 축조수법에 대한 고고학적 검토

이일갑 | (재)시공문화재연구원장

Ⅰ. 머리말

우리나라의 성곽유적은 현재 북한을 포함하여 약 1700여개소가 되는 것으로 알려져 있다.[1] 이 중 읍성과 영진보성, 산성 등을 비롯한 조선시대 성곽은 거대한 인공구조물로서 규모면에 있어 여타의 유구를 압도한다. 그러나 1910년 일제에 의한 성곽 철폐령으로 해체되기 시작한 조선시대 읍성, 영진보성 등은 이후 산업화와 도시화로 인해 그 양상을 파악하기가 더욱 곤란해졌다. 또한 광복 이후 현재까지 진행된 읍성, 영진보성을 비롯한 조선시대 성곽 조사는 대개 구제발굴조사로 충분한 자료 수집과 검토가 이루어지지 않은 가운데 조사대상지에 대한 부분조사에 치중하여 체계적인 조사 및 연구가 부족한 실정이다. 특히 일부분에 대한 조사 이후 해당 성곽 유구에 대한 보존 및 종합정비계획 수립이 이루어지지 않은 상황에서 부분적인 복원을 시행하여 오히려 성곽 원형파괴라는 악순환이 되풀이되고 있는 것이 최근까지 현실이고 보면, 21세기의 반세기도 흐르기 전에 우리는 더 이상 조선시대 성곽을 비롯한 우리나라 관방시설의 원형을 볼 수 없을지도 모르겠다.[2]

1 문화재관리국, 1977, 『문화유적총람』, 한국보이스카우트연맹, 1990, 『한국의 성곽과 봉수』, 井上秀雄, 1982, 「朝鮮城郭一覽」, 『朝鮮學報』 103집.

2 이일갑, 2018, 「남해안지역 조선시대 영진보성에 대한 일고찰」, 『石堂論叢』 71집, 112~113쪽.

반면에 금번 학술세미나가 시행되는 울진 월송포진성은 최근까지 정밀지표조사, 시, 발굴조사와 연구가 진행되어 가히 성곽 조사 연구의 모범사례라 할 수 있을 것이다. 특히 진성 체성과 추정 문지, 내부 공해 건물지 등에 대한 고고학적 조사는 조선시대 영진보성 연구는 물론 우리나라 동해안지역 성곽연구를 진일보 시키는 중요한 성과라 할 수 있을 것이다.

또한 개국 이후부터 일관되게 추진된 조선왕조 성보축조 및 운영 정책이라는 큰틀의 이해를 전제로 조선시대 영진보성 전형과 월송포진성의 가치성을 살펴볼 수 있는 것이다. 이와 같은 것을 바탕으로 울릉도 수토사로서 월송포진성이 가지는 역사적 의의와 문화유산으로서 보존과 복원이 한층 내실화 될 수 있을 것이라 판단된다.

따라서 여기에서는 울진 월송포진성의 고고학적 조사성과를 바탕으로 조선시대 동해안, 남해안지역 영진보성를 비롯한 성곽과의 비교검토를 통하여 월송포진성의 구조와 축조수법에 담겨 있는 성곽축성사적 특징을 살펴본다.

Ⅱ. 월송포진성 현황 및 조사사례

월송포진성은 행정구역상 경상북도 울진군 평해읍 월송리 302-5번지 일원으로 동경 129° 27′ 55″, 북위 36° 44′ 25″에 해당한다. 경북 울진군 평해읍에서 7번 국도를 따라 북쪽으로 약 2km 거리에 평해읍 월송리 달효마을이 위치하고 있으며, 마을 동편으로 개설된 소로를 따라가면 과거 '신혼예식장(現 철거)'과 '선적사'가 있다. 이 일대가 조선시대 수군 영진보성이었던 '월송만호진'이 위치하던 곳이다.

이 월송포진성은 동쪽 해안을 따라 형성된 구릉성 산맥 중 하나인 월출봉(해발 131.1m)의 동쪽 해안평탄면에 해당하며, 월출봉 북쪽에는 서에서 동으로 흐르는 황보천이 동해로 유입되고, 남쪽에는 남대천이 서에서 동으로 흘러 동해로 유입되는데 양 하천 사이의 얕은 단독구릉에 위치하고 있다.

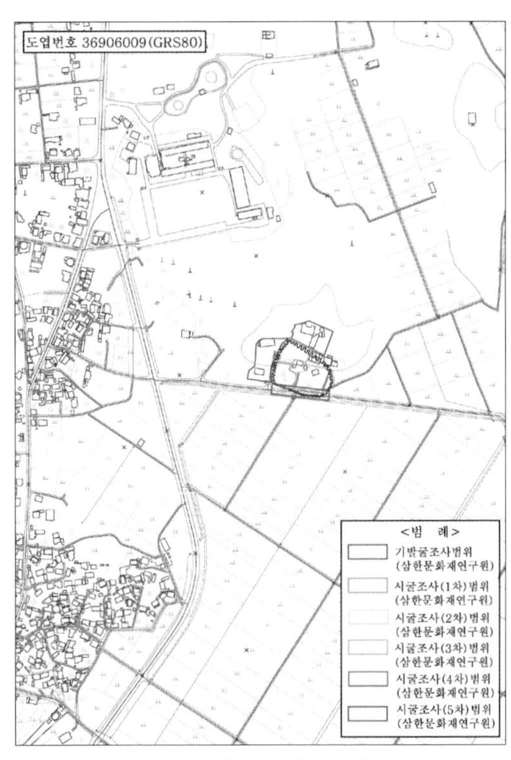

〈그림 1〉 월송포진성 조사현황도

또한 '월송만호진' 성 내에는 '越松萬戶'라는 현판을 단 오래된 건물(월송리303-9)이 있었다고 한다. 그리고 신혼예식장 건물 서편에 있었던 '越松亭'은 본래의 위치에서 해변에 가까운 현재의 위치(월송리 362-6林)로 옮겨 놓았다고 한다. 겸재 정선과 정충엽 등의 '월송정도'를 통해 보면 월송정은 월송만호진의 북편 성벽과 연결된 문루로 보인다. 조선후기에 제작된 평해군 지도들을 살펴보면 읍성과 함께 월송만호진성이 표기되어 있는데, 월송정은 성 내 건물 혹은 북문이었을 가능성이 크며, 성의 남쪽에 별도의 문과 문루가 있었음을 알 수 있다.

울진군에서는 평해읍 월송리에 위치하는 '월송포진성'의 정비복원 사업을 계획하고 연차적으로 사업을 진행하고 있다. 이와 관련하여 울진군 성지유적 지표조사[3]와 울진 월송포진성 정밀지표조사[4]를 실시한 바 있으며, 정

3 대구대학교 중앙박물관, 1998, 『울진군 성지유적 지표조사』.

4 聖林文化財硏究院, 2013, 『울진 월송포진성 정밀지표조사 보고서』.

비복원 사업부지와 접한 남쪽의 도로부지(망양-직산간)에 대한 발굴조사를 실시하였다.[5] 발굴조사 결과 월송포진성의 남쪽성벽과 기와무지 1기, 우물 1기가 조사되었고, '浦上'명 자기를 포함한 자기 73점, 기와 104점, 토기 3점, 청동가락지 1점 등 총 181점의 유물이 출토되었다.

또한 울진군에서는 월송포진성 유적 정비복원 사업의 일환으로 성과 관련된 부지를 순차적으로 확보하였으며, 월송포진성의 정확한 규모와 부대시설 등의 존재 여부를 파악하여 향후 정밀발굴조사 및 정비복원 계획 수립에 반영하고자 1~5차의 발굴(시굴)조사를 실시하였다.[6]

따라서 이 장에서는 최근까지의 울진 월송포진성에 대한 고고학적 조사 내용을 살펴본다.

1. 체성

월송포진성에 대한 고고학적 조사결과, 체성은 동쪽 일부 구간을 제외하면 대부분이 확인된다. 진성은 대체로 동서방향으로 축조되었으며, 서쪽으로 가면서 방향이 북서쪽으로 휘어진다. 이는 지적도상에 나타나는 지번의 경계와 거의 일치한다. 체성은 황갈색모래층을 기반으로 축조하였다. 발굴조사에서 확인된 규모는 길이 68.6m, 너비 5.8~6.2m, 높이 0.8~1.25m 이다.

축조수법은 먼저, 외벽을 쌓은 후 점토를 덧대고, 모래로 덮은 다음 다시 점토로 바닥을 정지하여 내벽을 축조하였다. 체성 외벽은 해발 1.4m 선상에 조성되었으며, 상부는 대부분 유실되고 1~2단 정도가 남아 있다. 높이는 80cm 정도이다. 50×30cm 가량의 평편한 할석을 바닥에 놓아 수평을 맞춘

5 삼한문화재연구원, 2014, 『蔚珍 月松浦鎭城』.

6 삼한문화재연구원, 2021, 『울진 월송포진성 정비복원사업부지 내 유적 시굴조사 결과서』.

다음, 150×60×40cm 가량의 장방형 할석을 횡평적한 후 20~30cm 정도의 할석과 흙으로 채워 넣었다. 내벽은 해발 1.8m 선상에 조성되었으며, 상부는 대부분 유실되고 1~2단만이 잔존한다. 높이는 60cm 정도이다. 50×30cm 가량의 천석과 할석을 쌓았다.

트렌치 내 황갈색모래층 상면에서 '월송포진성'의 북체성 일부가 확인되었다. 체성은 3차 시굴조사에서 확인된 북성벽 체성에 연장되어 조사되었으며, 40~70cm 내외의 할석을 이용하여 축조하였다. 체성 바깥 북쪽으로 체성 상면 또는 적심석으로 이용된 30~40cm 내외의 할석과 토사가 무너져 내려 무질서하게 흩어져 있다. 북성벽 북쪽 외역은 '신혼예식장' 건립과 관련된 교란으로 대부분 원지형이 훼손되어 성벽의 기반층인 황갈색모래층은 현 표토하 2~2.5m 아래에서 확인된다.

〈그림 2〉 월송포진성 체성

남벽 체성 조사 후 전경

남벽 체성 외벽 잔존상태

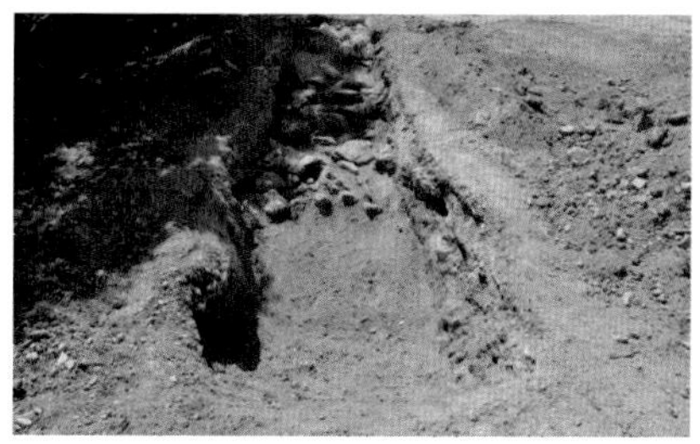

〈그림 3〉 월송포진성 체성(서벽)

2. 성문

월송포진성에서는 문지 1개소가 확인되었다. 조사지 서쪽 경계에서 동쪽으로 23m 떨어진 지점에서 성벽이 축조되지 않은 공간이 확인되는데 외벽의 기저부가 성벽 안쪽으로 직각에 가까운 형태로 축조되어있는 것으로 미루어 보아 문지로 추정하고 있다. 문지 너비 약 4m 정도로 파악하고 있다.

문지의 중앙을 가로질러 남-북 방향 토층 양상을 파악한 결과, 문지는 성 바깥쪽에서 안쪽으로 완만하게 높아지도록 점토와 모래를 반복하여 판축하는 방식으로 쌓아서 견고하게 다졌다.

문지의 동쪽에는 내벽 안쪽으로 30~60cm 가량의 할석을 이용하여'ㄷ'자의 형태로 덧댄 후

20cm 내외의 할석을 채워 넣은 구조물이 확인되었다. 크기는 길이 730cm, 폭 80cm이다. 구조물의 위치와 형태로 보아 문루로 오르기 위한 시설물의 기초로 파악하고 있다.[7]

유물은 조사지 서편의 외벽에 접하여 다량의 기와편과 자기편, 내벽에 접하여 분청사기편 1점 등 130점이 출토되었다.

〈그림 4〉 월송포진성 남문지

발굴(시굴)조사 결과, 황갈색모래층 상면에서 '월송포진성'의 서쪽과 북쪽 체성 일부가 확인되었다. 확인된 체성은 내벽에 해당되는 것으로, 그리고, 북쪽 체성이 서에서 동으로 이어져오다 연결이 끊어진 점으

7 삼한문화재연구원, 2014, 위의 책.

로 볼 때 그 주변으로 북문지일 가능성이 있다.

3. 건물지

발굴(시굴)조사 결과, 조선시대 건물지가 확인되었다. 시굴트렌치에서 조선시대 건물지·수혈·주혈 등이 확인되었다. 건물지 북쪽은 황갈색모래층을 기반으로 축조되었으며, 건물지 내부로 판단되는 남쪽은 갈색사질점토와 암갈색사질점토로 정지하여 사용하였다.

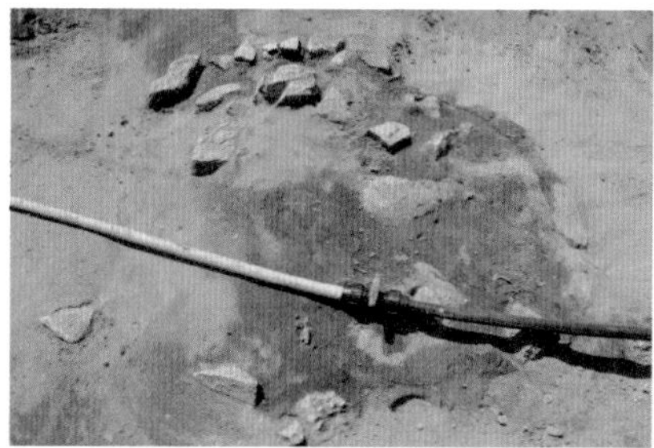

〈그림 5〉 월송포진성 추정 건물지 유구

또한 북쪽 가장자리에 치우쳐 조선시대 건물지 관련 부석이 확인된다. 그 외에도 조선시대 건물지관련 소토 및 목탄층이 확인되며, 조선시대 기와편을 비롯한 백자편 등의 유물이 출토되었다.

Ⅲ. 월송포진성 고고학적 검토

1. 구조

1) 평면형태

조선시대 영진보성 평면형태는 대체로 방형, 원형, 주형, 제형으로 나누어 볼 수 있다. 이러한 것은 연해읍성의 양상과 대동소이한 것으로 파악할 수 있겠다. 남해안 영진보성에서 확인되는 평면형태 비율을 살펴보면, 방형(Ⅰ식)이 전체 20개소 가운데 1개소로 5%에 해당하고, 원형(Ⅱ식)은 15%인 3개소, 주형(Ⅲ식)은 10개소로 50%, 마지막으로 제형(Ⅳ식)은 6개소로 30%에 해당하여 주형이 절반을 차지하고 제형이 그다음이다.[8]

최근까지 확인된 조선시대 후기에 제작된 월송정도에 묘사된 월송진성은 대부분 원형으로 표시되거나 직사각형으로 표시되어 있다. 특히 월송정(19세기 관동팔경도병)도에서는 남북 성문과 성내건물지 등이 묘사되어 있다. 그러나 최근 고고학적 조사결과 체성은 후대 교란으로 인하여 동쪽 일부 구간이 유실되었으나 지적도상 지번경계와 거의 일치한다. 그 평면형태는 주형이다.

남해안지역 영진보성에서 가장 많은 평면형태는 주형이다. 동해안지역 영진보성 평면형태에서도 주형이 확인되고 있어 조선시대 전기에 전국적으로 성곽축조에 적용한 평면형태였음을 알 수 있다. 이 주형은 흡사 우리나라 한선의 구조와 유사한 형태로 한쪽은 좁고 반대쪽은 넓은 형태로 이루어져 있다. 이 주형은 두 정점이 연결된 정직선을 기준으로 돌출한 정점의 너비가

8 이일갑, 2008, 「경남 남해안지역 영·진·보성에 대한 검토」, 『영남고고학』 45호, 영남고고학회, 12~17쪽.

대칭되는 정점의 너비의 1/2를 넘지 않은 것을 Ⅲ-A식으로 1/2를 넘는 것을 Ⅲ-B식으로 나눈다.[9]

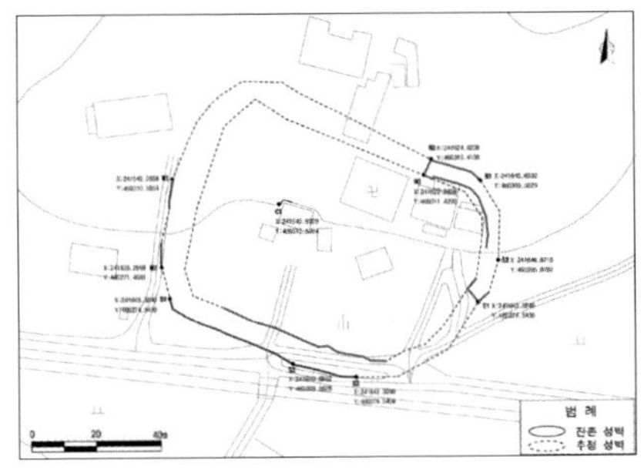

〈그림 6〉 월송포진성 추정 평면형태

〈그림 7〉 칠포진성 추정 평면형태

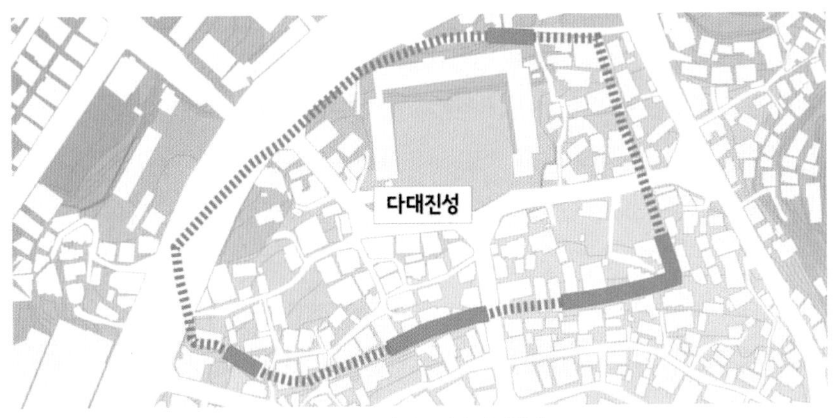

〈그림 8〉 다대포진성 평면형태

Ⅲ-A식은 체성부 한쪽 부분이 구릉정상이나 돌출된 지형에 축조되어 있는 형태인데 지형을 반영하여 축조한 것으로 파악된다. 이 유형에 속하는 영진보성은 가배량성, 개운포진성, 금단곶보성, 다대포진성, 소을비포진성, 삼

---

9 이일갑, 위의 논문, 2008, 14~15쪽.

척포진성, 칠포진성 등이 있다. 따라서 동해안지역 영진보성에서도 주형이 확인되고 있는 것 역시 남해안지역 영진보성 및 연해읍성과 동일한 양상임을 알 수 있다. 이러한 양상은 조선 전기 연해읍성 평면형태의 하나로 자리잡은 주형이 성종조에 집중적으로 축조되는 영진보성에서도 그 전통이 계속해서 이어지고 있는 것에 기인하는 것이다.

즉 영산읍성이나 칠원읍성처럼 성종조에 축조되는 남해안 내륙읍성에서도 주형이 확인되고 있어 이 당시 영진보성 평면형태를 파악하는데 많은 시사점을 준다고 할 수 있을 것이다.

더구나 남해안과 동해안지역에 축조된 영진보성의 경우 수군기지로서 배를 이용한 생활이 일상화되어 있는 군사집단으로서 어쩌면 주형의 평면형태를 사용하는 것은 당연한 일인지도 모른다. 이 주형은 조선 전기 후반을 지나 16세기 중반에도 성곽 평면형태로 채용되고 있는 것이라고 할 수 있겠다.[10] 월송포진성을 비롯하여 삼척포진성, 칠포진성 역시 수군진성으로 이러한 영향으로 평면형태를 주형으로 채용하여 축조된 것이라 할 수 있겠다. 더욱이 축조시점이 1555년 명종조로 축조년대가 분명하게 드러나는 것을 감안하면 이러한 평면형태는 16세기 전반 이후 중종조와 명종조에 추진된 영진보성 개수축사업에서도 계속적으로 사용된 것임을 알 수 있다.

2) 규모

월성포진성은 『여도비지』평해군 진보 월송포진조에 "治東北七里石築周六百二十八尺高六尺水軍萬戶一員軍摠四百名鎭倉"이라 하여 석성이며 성둘레 628척, 높이 6척으로 수군만호 1명과 군사 400명이 있고 진창이 있다. 고 하였다. 『대동지지』 평해군 진보 월송포진조에서도 성둘레는 628척이며,

10 이일갑, 위의 논문, 2008, 12~17쪽.

『관동읍지』 평해군 진보 월송포만호진조에는 "浦在郡東七里嘉靖乙卯築石城周回四百八十九尺高七尺有水軍四百名無戰船" 기록되어 있는데,. 가정을묘(1555년)에 석성을 쌓았다. 성둘레 489척, 높이 7척이라 하였다. 『울진군지』 평해 진보 월송포조에도 "在郡東七里嘉靖乙卯築石城周四百八十九尺高七尺置萬戶一人水軍四百名以備海賊."으로 가정을묘(1555년) 즉 명종10년에 석성이 축조되었고, 성둘레 489척, 높이 7척으로 표기하였다. 이때 성둘레가 여도비지, 대동지지와 차이가 나고 있는데 반해 주둔하는 수군 400명에는 차이가 없어 오기로 생각해 볼 수 있겠다.

월송포진성은 현재 지적도와 지표조사 및 시굴조사 결과를 참고하면 대략 체성 둘레가 322m 가량이다.

이 성둘레는 400m에 못미치는 것으로, 삼척포진성 성둘레가 436m이고 포항 흥해 칠포진성 524m에 비교하여 가장 소규모임을 알 수 있다.

〈표 1〉 동해안지역 영진보성 현황

명칭	둘레	높이	평면형태	문헌기록	축조년대
삼척포진성	436m	3.7m	주형	진동루(동문) 둘레 900척 높이 8척	1489~1520년
칠포진성	524m	4.2m	주형	둘레 1153척, 높이 9척	1510년
울진포진성	350m	2-2.5m	추정 주형	둘레 750척 높이 11척	1512년
월송포진성	322m	1m	주형	둘레 626척, 489척, 높이 6,7척	1555년

남해안지역과 동해안지역 일부를 아우르는 경상좌수영과 경상우수영 관할에 소속된, 좌수영성, 우수영성, 제포진성, 부산포진성, 합포성과 울산병영성 등 첨절제사와 절도사영이 설치된 영진보성 성둘레가 2000尺 이상을 상회 한다.

남해안지역에서 확인되는 영진보성 가운데 1000~1500척을 전후로 11개소, 1500~2000척이 6개소로 전체의 57%를 차지하며 절반을 넘고 있다.

〈표 2〉 남해안 영진보성 성둘레

영진보성명	500~1000尺	1001~1500尺	1501~2000尺	2000尺이상
좌수영성				●(9190)
부산포				●(2026)
두모포		●		
감포	●			
해운포		●		
칠포		●		
다대포			●	
염포		●		
삼천포		●		
남해성고개	●			
회령포			●	
제포				●(4316.3)
옥포		●		
당포		●		
조나포			●	
가배량				●(2620)
평산포			●	
적량포		●		
지세포			●	
사량포		●		
안골포			●	
영등포		●		
구율포	●			
합포성				●(4291)
장암진		●		
금단곶보				●(2568)
소을비포	●			
울산병영성				●(3732)

반면에 보의 경우에는 대략 1000척 이하가 대부분을 차지하고 있다.[11] 문헌기록에서 확인되는 16세기 강원도 지역 영진보성 성둘레를 살펴보면, 삼척포 둘레 900척, 높이 8척, 양양 대포 둘레 1,469척, 높이 12척, 울진포 둘레 750척, 높이 11척이다.

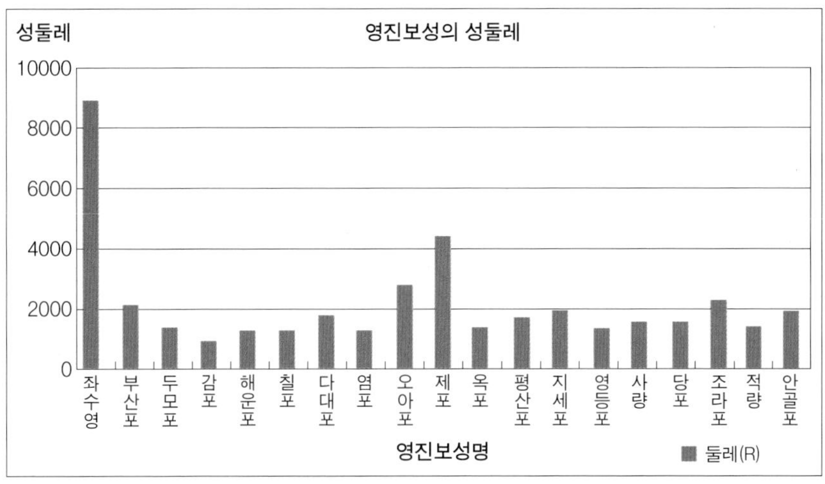

〈그림 9〉 영진보성의 성둘레(이일갑, 2010년, 영남고고학보 전제)

인접한 경상좌수영 산하 칠포는 둘레 1,153척, 높이 9척으로 삼척과 울진 일대 영진보성만 대체적으로 1000척 이하에 해당한다. 이러한 것은 삼척진 예하 영진보성 성둘레가 강릉 및 우수영 관할 울산지역 영진보성에 비해 더 작게 축조된 것으로 행정위계상에 기인하는 것인지 진관체제 당시 하긴(下緊)에 포함된 것을 참고하면 군사 전략적 중요도가 떨어지는데 기인할 수도 있다.

11 이일갑, 2008, 「경남 남해안지역 영·진·보성에 대한 검토」, 『영남고고학보』 제 45호, 영남고고학회.

〈그림10〉 월송정도

① 월송정도
(허필, 관동팔경도병, 1709~1768)

② 월송정
(작가미상, 19세기, 관동팔경도병)

③ 월송정(전 김홍도, 1788, 비단에 연한 채색, 금강사군첩)

④ 월송정(김응환, 1788~1789, 비단에 채색, 해악전도첩)

⑤ 월송정도
(정선 관동명승첩, 1738년, 간송장)

⑥ 월송정도(김홍도, 1788이후, 해동명산도초본첩)

⑦ 월송정도(정충엽, 18세기)

월송포진성과 관련한 고지도 및 그림첩을 살펴보면, 우선 체성과 성문, 여장, 건물지 등을 파악할 수 있다. 우선 체성은 기존 영진보성 고지도와 대동소이한 묘사를 보인다. 다만 각 지도별 평면형태 등은 원형, 장방형 등으로 차이가 보이고 여장 역시 그 숫자에 차이가 확인된다. 아울러 성문 역시 북문과 남문이 확인되며 홍예식과 개거식, 평거식 등으로 그려져 있다. 이 중 남문은 발굴조사 결과 최초 개거식으로 추정되나 개축 시 육축부를 덧대거나 하여 평거식 내지 홍예식으로 축조된 듯하다. 건물지군도 크게 2개소로 나눠서 묘사되고 있으며 시굴조사 결과 다수의 건물 관련 시설물이 확인되고 있어 고지도 내지 화첩 내용에 부합된다 하겠다.

2. 축조수법

월송포진성 남벽 체성에서 확인되는 규모는 길이 68.6m, 폭 5.8~6.2m, 높이 0.8~1.25m 정도이다. 월송포진성 체성 외벽축조수법을 살펴보면, 먼저 외벽 축조 후 점토를 덧대고, 모래로 덮은 다음 다시 점토로 바닥을 정지하여 내벽을 축조하였다. 외벽은 해발 1.4m 선상에 조성되었으며, 상부는 대부분 유실되고 1~2단 정도가 남아있다. 높이는 80cm 정도이다. 체성 외벽 지대석은 1단으로 50×30cm 가량의 평편한 할석을 바닥에 놓아 수평을 맞춘 다음, 150×60×40cm 가량의 장방형 할석을 횡평적한 후 20~30cm 정도의 할석과 흙으로 채워 넣었다. 지대석을 설치할 때 성기다짐층과 맞닿는 부분은 작은 돌을 채워 수평을 맞췄다. 체성외벽 면석은 각이 없는 자연석으로 허튼층쌓기를 하였으며, 면석 사이의 빈틈에 끼임돌을 끼웠다. 내벽은 해발 1.8m 선상에 조성되었으며, 상부는 대부분 유실되고 1~2단만이 잔존한다. 높이는 60cm 정도이다. 50×30cm 가량의 천석과 할석을 쌓았다. 내벽에서 외벽으로 완만한 경사를 이루는 지형을 그대로 이용하여 축성하였다.

월송포진성에서 확인된 체성 축조수법에 대하여 조사단은 토석혼축의 협축식(조사단 주)이며, 내벽부는 내벽에서 외벽으로 완만한 경사를 이루는 지형을 그대로 이용하여 축성하였으며 높이 차는 40cm 정도라고 하였다. 즉 일정한 너비만큼 석축을 쌓고 그 위를 흙으로 덮어 경사처리 한 내탁식으로 추정하고 있다. 체성 외벽 면석과 내벽석축 사이에는 대소 할석을 서로 엇물리도록 일부 쌓아 올려 적심부를 축조하고 그 뒤로 점토로 성토하여 마지막에 사질토 등으로 피복하였는데 체성 너비는 외벽면석과 내벽 석축 사이 너비가 5.8~6.2m, 정도 되는 것으로 보아 경사지게 흙을 덮었던 것을 가정하면 대략 10m 정도일 것으로 추정해 볼 수 있겠다.

남해안지역을 비롯한 영진보성 체성 외벽축조수법에 있어서 임진왜란을 기준으로 16세기 이후에는 체성 외벽 성석 크기와 형태가 통상 알려진 조선 전기 연해읍성 체성 외벽에 사용된 성석 크기 및 형태와는 일정한 차이가 나타나는 것이다. 따라서 남해안지역 영진보성 체성에서 파악된 표본 성석은 0.5의 값을 가진 성석이 높이에 비해 길이가 1.3-1.5배가량 길게 나타나고 있어 장방형 내지 방형 석재가 사용된 것을 확인할 수 있다.[12]

반면에 영진보성 체성 외벽 기단석은 외벽면석 크기가 100×300×250cm, 200×300×50cm, 100×70×70cm, 200×160×150cm 등으로 축조되어 있다. 수치를 비교해 본 결과 높이:길이를 나눈 값이 기준인 1을 초과하고 있어 영진보성의 체성부 기단석은 장방형 내지 방형의 치석한 할석과 길이에 비해 높이가 더 큰 장대석을 이용하여 축조되어 있는 것을 확인할 수 있다.

이렇게 영진보성 외벽 면석에서 확인할 수 있는 것은 성종 16년 초축으로 알려진 영진보성 수치를 비교해 본 결과 높이:길이를 나눈 값이 기준인 1을 초과하는 것으로 파악되고 있어 장대석을 이용하여 외벽면석을 축조하고

〈그림 11〉 월성포진성 남벽 체성

12 이일갑, 2012, 「조선시대 성곽의 축조수법을 통한 형식설정」, 『동아시아의 문물』, 387쪽.

있다. 반면에 울산좌병영성 초축 체성, 합포진성 초축 체성, 강진 전라병영성 등의 체성 외벽 면석은 부산 구랑동 유적의 석축성곽 축조수법과 진도 용장산성, 하동읍성, 기장읍성, 전라도 광주읍성 초축 성벽과 유사하거나 동일한 양상으로 축조되어 있다. 이 성곽들의 초축시기가 고려시대 및 고려시대 말 읍성 축조수법의 전통이 계속해서 사용된 성곽이라는 점에 있어 시사하는 바가 크다.[13]

따라서 울진 월송포진성, 삼척포진성 발굴조사에서 확인된 체성은 앞의 수치 검증에서 확인된 바와 같이 시기적으로 15세기 초에 축조된 영진보성 체성 외벽면석은 세종조 본격적인 읍성 축조시기에서 성종조 사이에 축조되는 장대석을 입수적한 외벽면석의 형태와 달리 외벽 면석 크기 및 형태가 방형 및 장방형, 부정형으로 축조되고 있는 것이다.

〈그림 12〉 월송포진성 체성 외벽

〈그림 13〉 삼척포진성 체성 외벽

월송포진성 내벽부 축조수법은 성기다짐층 위에 설치되는 지대석 길이가 대체로 0.3~0.5m로 체성부 성외벽 지대석보다 작은 성석을 사용하였다. 석축은 허튼층쌓기를 하였다. 내벽 기단석은 10cm 내외로 퇴물림은 거의 없다. 내벽에 사용된 성석의 크기는 길이 0.3~0.6m, 높이 0.15~0.3m 정도로 체

13 이일갑, 2018, 위의 논문, 122~123쪽.

성부 외벽보다 작은 성석을 사용하였다. 내벽 잔존 석축은 해발 1.8m 선상에 조성되었으며, 상부는 대부분 유실되고 1~2단만이 잔존한다. 높이는 60cm 정도이다. 50×30cm 가량의 천석과 할석을 쌓았다. 내벽에서 외벽으로 완만한 경사를 이루는 지형을 그대로 이용하여 축성하였으며 높이 차는 40cm 정도이다.

월성포진성 내벽부에 사용된 성석은 외벽면석에 비해서 크기가 작은 대체로 인두대 크기 할석이며 이것을 허튼층쌓기로 한 것이 특징이다. 이 월송포진성 내벽 축조수법은 초축 당시에는 외벽석축내탁식으로 외벽부를 조성한 후 이후 일정부분 채운 적심석과 그 위로 유사판축상의 흙을 경사지게 채우는 내탁식으로 축조한 것이라 할 수 있겠다. 즉 월송포진성 남벽 체성 구간에서 확인된 내벽 축조수법 유형은 자연대석 외벽과 적심부분에 잡석과 할석을 사용하고 적심부 상부를 비롯한 내부를 유사판축상의 흙으로 피복하는 형이다. 이 유형으로는 삼척포진성, 안흥진성, 장암진성 등이 여기에 속한다.

이러한 내벽부 축조수법 유형에서 확인할 수 있는 것은 수개축이 아닌 초축시점이 성종 16년(1485)을 기점으로 15세기 후반부터 16세기에 해당하는 시기로 남해안지역 영진보성 다수가 여기에 해당한다. 따라서 영진보성 체성 내벽 축조양상은 〈그림 14〉의 1유형에서 2유형으로 축조되고 있으며 성종 16년 이후 축조되는 대부분의 영진보성은 계단식 보다는 외벽석축내탁식으로 축조된다. 따라서 월송포진성 역시 초축시부터 자연대석 외벽과 적심부분 잡석과 할석을 일정 너비만큼 사용하고 그 위에 흙과 떼를 이용하여 내부로 경사가 지는 내탁식으로 축조한 것으로 체성 너비가 외벽면석과 내벽석 사이 너비 6m 정도 되는 것으로 보아 경사지게 흙을 덮었던 것을 가정하면 대략 10m 정도[14]라고 한 타 성곽의 조사결과가 참고점이 될 수 있겠다.

14 전라남도 강진군 명지대학교 부설 한국건축문화연구소, 2005, 『康津 全羅兵營城址 發

〈그림 14〉 영진보성 체성 내벽부 축조유형

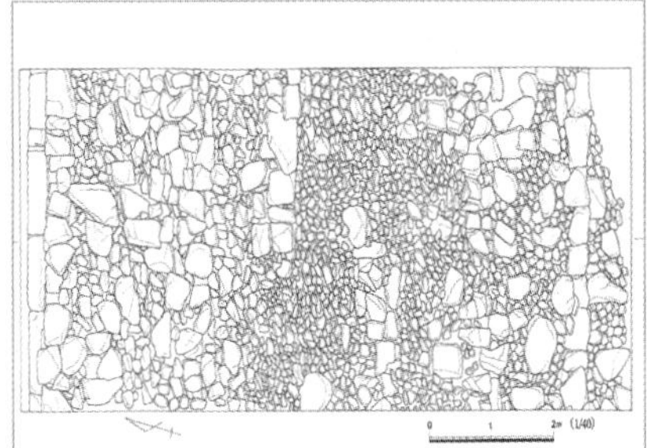

1유형

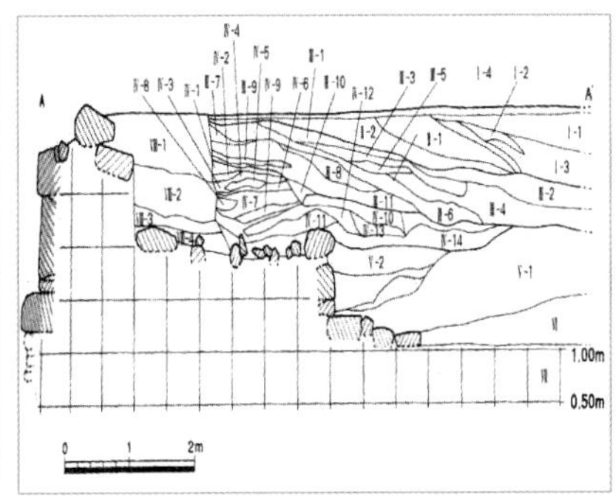

2유형

3유형

〈그림 15〉 삼척포진성 체성 기저부 축조수법

따라서 월송포진성 남벽 체성에서 확인된 체성 축조수법은 제2유형과는 분명한 차이점이 확인되며 오히려 체성 외벽 뒤에 일정부분을 막 채워 넣고 그 위에 흙을 경사지게 덮는 제3유형에 해당한다고 하겠다.

다음 월송포진성 체성 기저부 축조수법에 대해서 살펴보도록 한다. 이 월송포진성 발굴조사에서 체성부에 대한 조사는 일부에 한정해서 확인되다 보니 체성부 기저부 축조수법에 대한 자료가 부족하다. 따라서 동일한 사구지형에 축조된 삼척포진성 체성 조사에서 확인된 체성기저부 양상을 살펴 월송포진성 체성 기저부 축조수법을 유추해 본다.

우선 삼척포진성 체성 기저부 축조수법을 살펴보면, 삼척포진성 체성 기저부는 조성시 먼저 사구층을 전반적으로 정지하고, 체성부는 굴광하여 기초를 다진 것으로 추정하였다. 이때 굴광은 단면 'ㄴ'자형이거나 'U'자형일 것으로 추정한다. 이 체성 기단부는 납작한 할석을 전면에 깔은 것으로 확인된다, 모두 4단 이상인 것으로 추정되었다. 단(段)과 단(段) 사이에는 20~25cm의 두께로 모래층을 충진하여 다졌으며, 가장 위의 4단부는 너비 300cm로 비교적 정연하게 수평을 맞추었다. 기초 4단 위로 체성을 축조하였다. 이러한 기저부 축조수법은 수원 화성 장안문에서 서쪽으로 50m 지점에서 확인된 체성 기저부에서 확인된다. 수원 화성 축조 시 성기를 굴착한 후 바닥에는 잔자갈, 그 위에 할석(두께 15cm), 점토(두께 15cm), 할석(두께 15cm), 점토(두께 15cm), 할석(두께 15cm), 점토(두께 20cm), 할석(두께

掘調査報告書』.

18cm) 을 교대로 다져서 축조하였다.[15] 이처럼 기단부 조성시 바닥을 굴착하여 점토로 다진 후 할석과 흙을 섞어서 기초부를 조성하는 것은 수원화성 뿐만아니라 읍성보다 영진보성인 옥포진성, 안흥진성, 장암진성 등에서 확인할 수 있다. 이 축조수법은 『華城城役儀軌』권수 도설편에 교전교축(交塡交築)이라 하였으며 체성 기단부를 조성하는 축조수법임을 밝혔다[16]. 따라서 사구지형에 체성을 축조한 월송포진성 역시 이와 같은 교전교축에 의한 기저부 축조수법을 적용한 것으로 추정해 볼 수 있는 것이다.

따라서 월송포진성 체성 축조수법은 15세기 전반 세종조부터 단종조 사이에 완성된 조선 전기 성곽의 체성 축조수법을 답습한 후 성종조의 영진보성 축조에 적용된 체성 축조수법을 계승하고 있다. 다만 영진보성이 집중적으로 축조되는 시기에 나타나는 외벽석축내탁식과는 차별성을 보인다. 그것은 세종조에 완성된 계단식 내벽축조수법과 축성신도 반강 후 이보흠의 상소[17] 이후 한양도성 축조수법을 적용한 체성 축조수법으로 축조한 읍성 및 영진보성과도 다른 양상인 것에 기인하는 것이다. 즉 읍성 및 영진보성 축조시 체성을 구성한 외벽과 내벽 적심부에 일정한 너비와 높이만큼 석축이 축

---

15 최무장, 1975, 「수원성곽 축조의 문헌적 조사」, 『문화재』제9호.

16 경기문화재연구원, 2007, 『화성성역의궤 건축용어집』, 225~226쪽. 『華城城役儀軌』 권수 도설 화성전도 "…동북성에서 용연에 이르는 성벽 기초는 교전교축법으로 했다. 이곳의 토질은 황백색인데 스스로 부스러지기도 하여 돌 같기도 하고 돌이 아닌 것 같기도 했다. 궐지라고 하는 기초웅덩이를 팠는데 그 폭은 20자이고 깊이는 4.5자였다. 궐지는 먼저 돌달고(石杵)로 마른다짐(乾築)을 한 후 , 잡석과 모래를 넣고 물을 부어가며 달고로 두드려 두께가 5~6치 될 때까지 다졌다. 다시 그 위에 웅덩이에서 파낸 흙(本土)를 넣고 3치가 될 때까지 다졌다. 이렇게 잡석과 흙을 교대로 쌓고 다져 지면까지 이르는데 이를 교전교축이라고 한다."… .

17 즉 세종 25년 11월에 兼成均注簿 李甫欽이 상소한 내용을 보면 "近年에 쌓은 여러 성이 모두 퇴비 되었다고 하는데, 이는 무오년(세종 20년)에 「築城新圖」를 반포한 이래 관리가 입법한 뜻을 알지 못하고 법을 지키는 폐단이 그렇게 만든 것이라고 하여 알 수 있다.

조되지 않고 외벽과 그뒤 일부에 한정해서 적심 내지 침석 형태의 석축이 이루어지며 그 위와 뒤로는 흙과 모래 혹은 자갈과 할석을 이용하여 경사내탁을 실시하고 있는 것이다.

따라서 기단부 전체에 걸쳐 판석과 할석을 이용한 체성 기저부 축조는 이루어지지 않고 일부에 한정되어 나타나며 내벽석도 2-3단으로 마감하고 있는 것이다. 옥포진성, 장암진성, 안흥진성 등에서 확인되는 것과 동일한 양상이다.

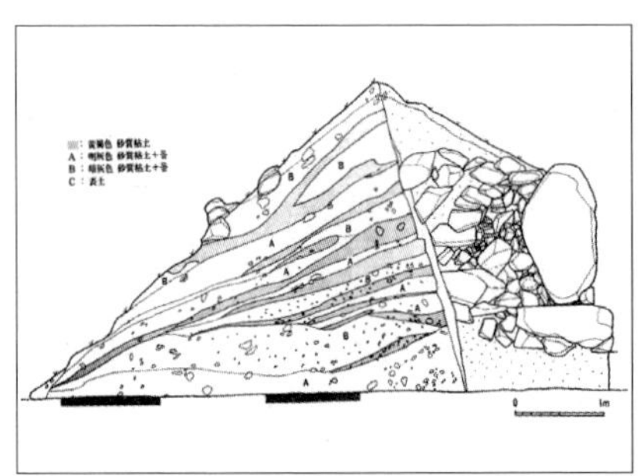

〈그림 16〉 장암진성 체성

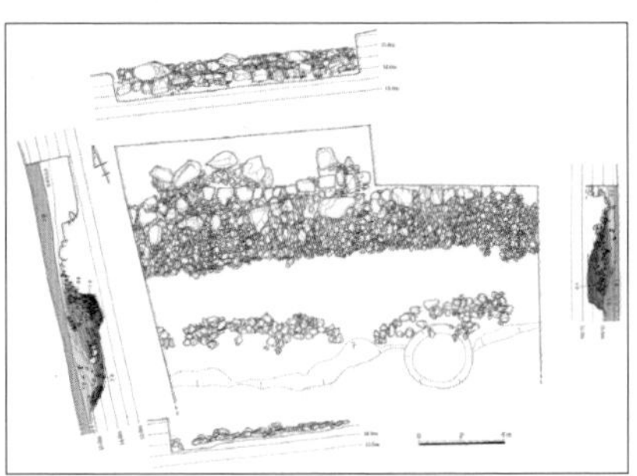

〈그림 17〉 옥포진성 체성

다만 이러한 양상이 16세기에 축조되는 동해안지역 칠포진성의 경우 외벽석축내탁식보다는 계단식 내지 협축식으로 체성이 축조되었고, 기단부 축조 시 일부분이 아닌 체성 전면에 걸쳐 축조되고 있는 것을 보면, 강원도 영동지역 혹은 삼척과 울진 지역의 연해 성곽만의 차별성으로 파악해 볼 수도 있는 것이다.

즉 강릉읍성 1차 읍성, 삼척포진성, 월송포진성, 평해읍성, 흥해 양성리보루성, 포항 오천 고현성, 등에서 확인되는 기단부 및 기저부, 내벽 축조수법이 교전교축 수법으로 축조되고 있는 것은 지질구조상 사구지형으로 이루어진 지역만의 축성에 적용된 것으로 생각해 볼 수 있고 전 시기에 계속적인

〈그림 18〉 동해안지역 영진보성 체성 평면도

포항 칠포진성 체성 잔존상태(평면)

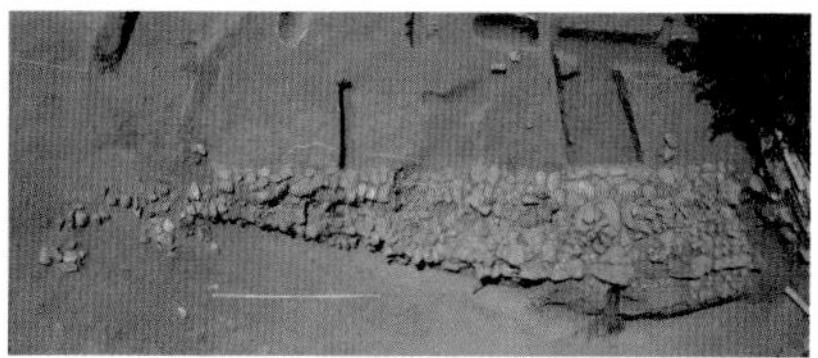

삼척포진성 체성 잔존상태(평면)

월송포진성 남벽 잔존상태

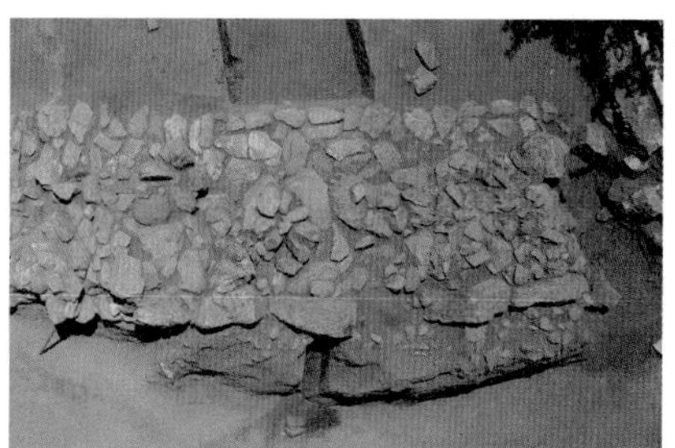

삼척포진성 체성 세부

〈그림 19〉 흥해 양성리 보루성

〈그림 20〉 포항 오천 고현성

〈그림 20〉 포항 오천 고현성

〈그림 22〉 삼척포진성

축성기법으로 사용한 것을 이후 조선시대에도 계속적으로 계승한 것으로 생각해 볼 수 있는 것이다.

3. 부대시설

월송포진성에서는 조선시대 읍성 및 영진보성 축조시 기본적으로 축조되는 치성, 옹성, 해자 등의 흔적은 아직 확인되지 않는다. 다만 남벽 체성에서 남문지로 추정되는 성문 1개소가 확인되었다. 체성 기저부가 체성 안쪽으로 직각에 가까운 형태로 축조되어 있고, 너비는 약 4m 정도로 파악하고 있다.

조선시대 남해안지역 읍성, 영진보성 성문 너비를 〈그림 24〉에서 비교해 보면, 하동읍성 성문 너비는 3.6m, 4.1m, 김해읍성 3.6m, 장기읍성 3.2m, 3.6m, 고현성 4.15m, 3.2m, 언양읍성 3.5m, 3.5m, 3.3m, 개운포영성 4m, 금단곶보성 3.6m, 충청도지역 면천읍성 8.8m 남포읍성 6m이다. 이 중 고현성 서문과 하동읍성 동문이 4.15m와 4.1m로 가장 크고 고현성 동문장기읍성 서문이 3.2m로 가장 작다. 따라서 대부분의 연해읍성 성문은 3.5m 내외로 축조되고 있다. 또한 남해안지역 영진보성 성문은 3.5m~4m 사이로 연해읍성과 거의 유사한 성문 너비을 가지고 있다. 다만 3.5m보다 좁은 성문 너비을 가진 연해읍성 성문이 다수인 점을 감안하면 다소 큰 편에 속한다고도 할 수 있다. 월송포진성 남문 역시 너비가 약 4m로 확인되고 있어 남해안지역 영진보성 성문 너비와 대동소이함을 알 수 있다.

따라서 성문 너비는 〈그림 25〉에 나타나는 것처럼 3.5m 내외를 중심으로 3~4m의 범위 내에서 변화의 추이가 나타나며 조선 전기 태종 17년에 축조되는 하동읍성으로부터 연산군 6년에 축조 완료되는 언양읍성에 이르기까지 전기 전반부터 전기 후반에 이르는 시기의 연해읍성을 비롯한 영진보성 성문에 일관되게 축조되고 있어 규격화가 이루어진 것으로 판단해 볼 수 있다.

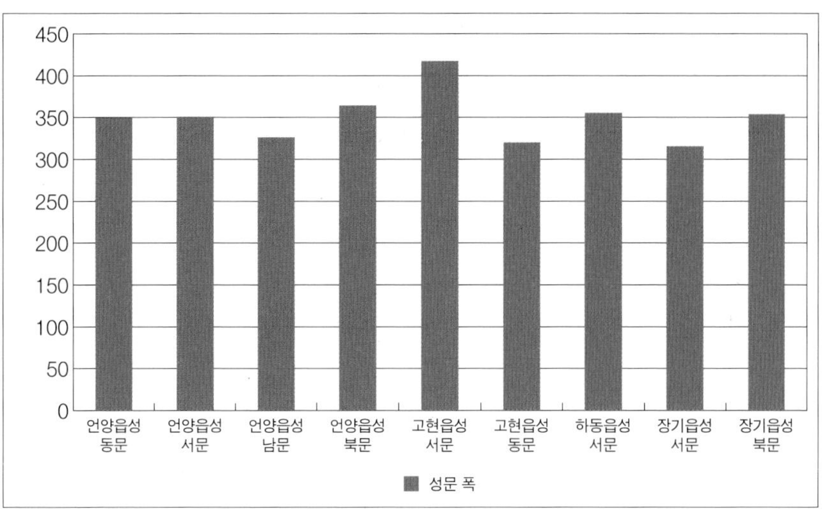

〈그림 23〉 연해읍성 성문 너비

그러나 세종 11년 이후 축조되는 김해읍성을 비롯한 장기읍성과 문종조에 축조되는 고현성의 경우에는 성문 너비과 일치하거나 그 변화 너비에 차이가 없는 것으로 파악되고 있으며, 개구부의 너비도 이때에는 조금 좁거나 같은 너비을 유지하고 있다고 할 수 있겠다.

이러한 성문 너비과 옹성 개구부 너비는 성의 규모나 성문의 중요도, 축성 시기, 군마와 운반용 수레 조건 등에 따라 달라진다고 할 수 있다. 따라서 3m 이상 4m내외로 일관되게 성문과 개구부의 너비가 유지되는 것은 축성 시설물에 대한 규식의 엄격한 적용에 따른 것으로 조선 전기부터 월송포진성이 축조되는 16세기 중반에 이르는 동안에도 일관되게 성문 축조규식은 지켜지고 있었다고 할 수 있다.

다음으로 월송포진성 남문지는 잔존 상태를 볼 때 최소 2차례 이상은 수개축이 이루어진 것으로 파악된다. 즉 동쪽에 내벽 안쪽으로 30~60cm 가량의 할석을 이용하여 'ㄷ'자의 형태로 덧댄 후 20cm 내외의 할석을 채워 넣은

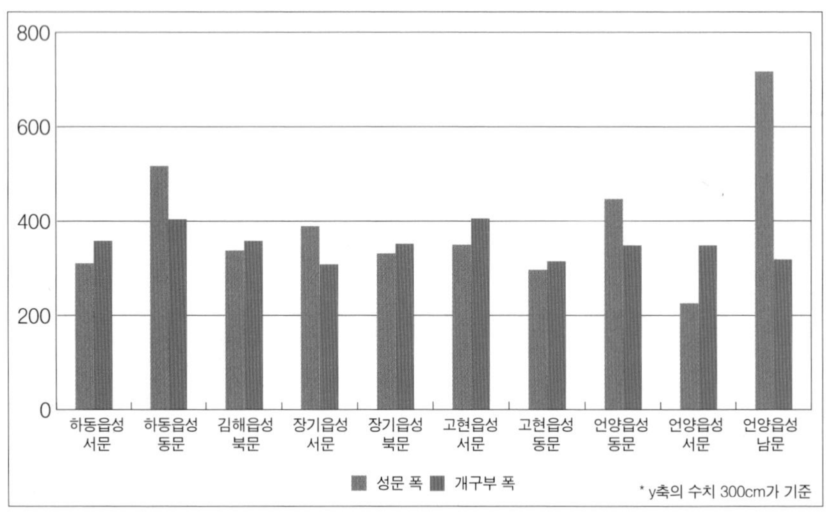

〈그림 24〉 연해읍성 성문 너비/옹성 개구부 너비

구조물이 확인되는데, 크기는 길이 730cm, 너비 80cm로 이 구조물은 발굴 조사단에서는 문루로 오르기 위한 시설물의 기초로 파악하고 있다.[18]

이 남문지에서 주목되는 것은 정면에서 볼 때 오른쪽 육축부에 붙어 있는 판석형 석재로 이 석재를 기준으로 북쪽으로 연결된 석재들은 체성부 및 육축부에 사용된 석재들과 크기 등 규모의 차이가 확인되고 있다. 그것은 왼쪽 육축부 역시 동일한 양상이다. 즉 초축 당시 이 문지는 체성 내에 문루가 설치되어 있었던 것으로 판단해 볼 수 있겠다. 이후 수개축 시 잔존 동쪽 육축부 중간에서 확인되는 판상형 석재와 같은 것이 대칭되게 설치하고 그 위에 기둥을 설치한 것으로 파악해 볼 수 있는 것이다. 조사단에서 등성시설의 일부로 파악하고 있는 것은 초축 체성 기저부 내지 개축시 덧댄 체성 일부로 추정해 볼 수 있겠다. 평면형태에 있어 월송포진성과 유사한 성문 및 내벽

18 삼한문화재연구원, 2014, 위의 책.

구조를 가진 성곽은 고현읍성 서문지, 개운포진성 동문지, 사등성 북문지, 웅천읍성 동문지 등에서 확인할 수 있다. 이러한 문지들은 개거식으로 파악되고 있는 성문이다. 월송정도(작자미상 19세기)에 표현된 남문지 역시 개거식으로 묘사되어 있어 참고점이 될 듯하다.

〈그림 25〉 조선시대 읍성 및 영진보성 문지 평면도

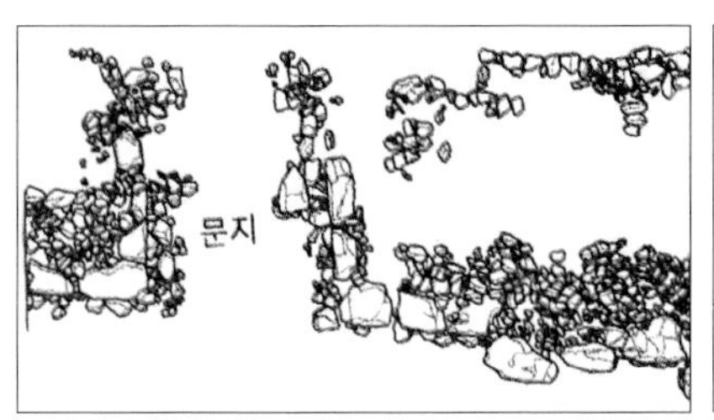

월송포진성 남문지

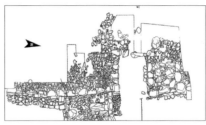

개운포진성 동문지

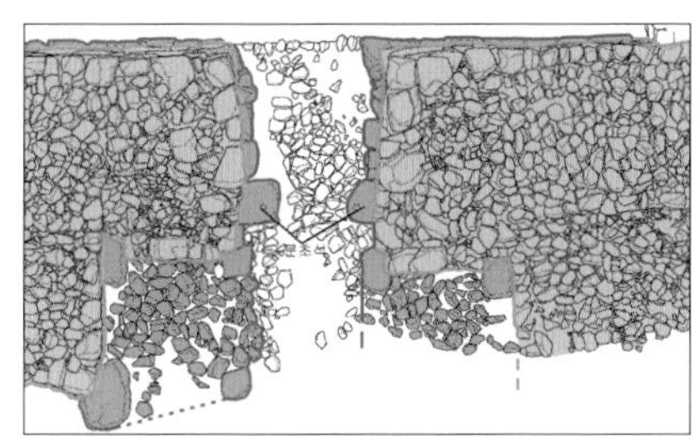

사등성 북문지

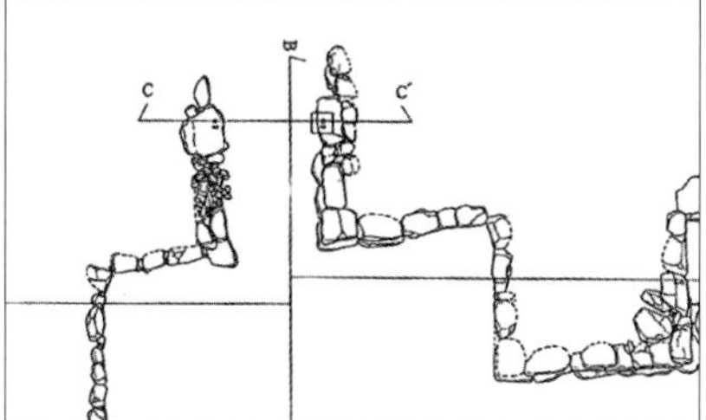

거제 고현읍성 서문지

Ⅳ. 맺음말

이상으로 월송포진성에 대한 고고학적 조사결과를 중심으로 살펴봤다. 이 장에서는 이를 바탕으로 하여 월송포진성의 고고학적 조사결과에 대한 검토에서 드러난 향후 연구과제를 정리하는 것으로 맺음말에 대신한다.

먼저 축조시기에 있어서 월송포진성은 명종10년(1555) 에 사량진왜변

직후 왜구에 대한 시급한 대비책의 일환으로 급히 축성이 이루어졌다. 물론 그 이전부터 축성논의가 있었으나 실제 축성이 이루어진 것은 이 시기에 해당하는 것이다. 이러한 축성이 결정되는 것은 이례적인 예로서 당시 왜구 침탈에 대한 조선 조정의 적극적인 방어책의 일환임을 알 수 있다.

그럼 우선적으로 월송포진성을 석축으로 결정될 당시 과연 월송포진성 이전 성곽은 축조되어 있었는가? 이러한 의문에 있어서는 조선 개국 초부터 월송포진을 설치하고 병영이 이설되기 전부터 이 지역 일대는 고려시대 평해현 치소가 있었던 곳으로 추정하고 있는 곳이라 왜구의 침략이 계속되는 상황에서 병영을 이설하였고, 병영이설 한참 후에 성곽이 축성되었다는 점에서 볼 때 기존의 평해지역 수 내지 혹은 보에 해당하는 구조물을 증축·보수하여 사용하였을 것으로 추정해 볼 수 있다. 그런 면에서 인접한 직산리토성과의 관계에 주목할 필요성이 있다.[19]

조선시대 영진보성은 연해읍성과 더불어 조선시대 전 기간에 걸쳐서 국방체계내에서 가장 중요한 역할을 수행한 관방유적이다. 그러나 기존 연구에서는 남해안과 서해안지역 영진보성 위주 연구가 대부분을 이루고 있었다. 그러다 최근 각종 조사와 연구를 통해서 강원도 즉 동해안지역 영진보성을 포함하여 성곽에 대한 자료의 축적이 이루어지고 이를 통해서 조선시대 영진보성의 구조와 축조수법을 다시 파악할 수 있게 되었다.

본고에서는 이러한 점에 기반하여 조선시대 울릉도 수토사로 그 역할을 수행한 울진 월송포진성에 대하여 살펴보았다. 월송포진성은 조선시대 명종 10년(1555)이라는 축조년대가 확인되는 성곽으로 이전 없이 단일지역에 위치하며 조선시대 전 기간을 통하여 파악할 수 있는 중요한 유적인 것이다.

---

19 유재춘, 2013,「조선시대 수군 배치와 월송포진성」,『울진 월송포진성 정밀지표조사 보고서』, 성림문화재연구원.

특히 본고에서 고고학적 조사결과를 바탕으로 살펴본 월송포진성은 16세기 성곽축조수법과 15세기 이전 시기 성곽축조수법도 파악할 수 있는 기단부, 외벽, 적심부, 내벽 등이 설치되어 있음을 확인할 수 있었다.

조선시대 후기에도 각 육군 수군 절도사영에 소속된 영진보성의 축조수법에는 큰 변화를 발견할 수 없다. 다만 산성 및 도성, 일부 읍성 축조에서는 포루의 설치와 성석 크기의 규격화 및 수평 맞추기, 각종 부대시설의 확충 등에서 조선 후기에 도입된 성곽축조체계에 영향을 받아 축조된 듯 하나 대부분의 영진보성은 조선전기에 축조된 체성부를 그대로 유지 보수하거나 퇴락한 상태로 방치한 것으로 파악되어 조선전기 이래 조선후기에 이르기까지 영진보성 체성부 축조수법은 일관되게 유지된 것이라고 할 수 있다. 이러한 점에서 월성포진성에서 확인된 고고학적 조사결과와 각종 시설물에 대한 검토는 조선시대 지방성곽의 새로운 성곽축조체계의 확산과 전파를 파악할 수 있는 중요한 자료인 것이며 울릉도 수토사 임무를 수행하는 성곽의 위상을 파악할 수 있는 것이다.

따라서 금번 월송포진성 연구에서는 이러한 점에 주목하여 고고학적 조사현황과 남해안지역 영진보성 현황과 특징을 비교하여 기술하였다. 이 논고를 통하여 앞으로 월송포진성을 포함하여 동해안지역 영진보성에 대하여 연구할 것이라는 점에서 필자도 노력할 것을 다짐하며 월송포진성에 대한 향후 연구 과제를 살펴본다.

첫 번째로 영진보성 체성 축조수법에 있어서 조선시대 영진보성 가운데 남해안지역을 기준으로 하면 거의 보에 해당하는 월송포진성 체성 초축수법과 16세기에 축조되는 인접한 삼척포진성과 칠포진성과의 축조수법상 차별성이 확인되고 있는 점에 대한 검토과정이 이루어졌야 할 것이다. 또 인접한 이전 시대 축조 성곽 즉 고려시대 판축토성 및 토석양축성 축조수법과의 비교검토를 통한 이 지역만의 성곽축성 흐름을 살펴볼 필요가 있는 것이다.

두 번째, 월송포진성에서는 치성, 해자, 옹성을 비롯한 품방 등 최근까지 조사 연구된 고고자료 등이 아직 확인 규명되지 않고 있는 바 이에 대한 체계적인 조사연구가 지속적으로 이루어져야 할 것이다.

세 번째, 울진 월송포진성 성문에 대한 조사자료 검토를 통하여 최근까지 조사 연구된 조선시대 성문의 변천 과정을 좀더 면밀하게 살필 필요가 있다. 즉 월송포진성 남문의 경우는 고지도 및 화첩에서는 평거식 구조로 파악되는데 이러한 점이 고고학적 조사결과를 바탕으로 좀더 심도있게 검토되어야 할 부분이다. 북문지 역시 성문 변천시 고고학적 특징과 그 연유를 파악해야 하고 특정 시기에 일괄적인 성문 축조가 이루어진 것인가에 대한 연구도 진행되어야 할 것이다.

네 번째, 기존 조사에서 자연 해자를 언급하고 있는데 최근까지 조사된 조선시대 영진보성에서는 해자를 기본적으로 설치하는 것으로 파악되고 있어 향후 해자 축조 유무 및 규모 및 축조수법 등을 파악할 필요가 있다. 이것은 강원도 혹은 동해안지역 영진보성만의 특징적 요소가 될 수 있으므로 심도있는 조사연구가 필요하다.

참고문헌

丁若鏞,『民堡議』附,「大屯山築城議」

華城城役儀軌

최무장, 1975,「수원성곽 축조의 문헌적 조사」,『문화재』제9호.

차용걸, 1988,「고려말·조선전기 대외관방사 연구」, 충남대학교대학원 박사학위논문.

심봉근, 1989,「조선전기 축조 병영성에 대하여」,『석당논총』제15집.

심봉근, 1991,「거제 고현성지」, 동아대학교박물관.

심봉근, 1995,「한국남해연안성지의 고고학적 연구」, 학연문화사.

심정보. 1995,「한국 읍성의 연구 -충남지방을 중심으로-」, 학연문화사.

나동욱, 1997,「금단곶보성지발굴조사개보」,『박물관연구논집』6, 부산광역시립박물관.

대구대학교 중앙박물관, 1998,『울진군 성지유적 지표조사』.

유재춘, 1999,「근세 한일성곽의 비교연구」, 국학자료원.

이일갑, 2000,「남해안지역 조선시대 진·보에 관한 연구」, 동아대학교대학원 석사학위 논문.

유병일·배은경, 2004,「울산 개운포성지」, 울산발전연구원 문화재센터.

나동욱, 2005,「慶南地域 邑城과 鎭城의 試·發掘調査 成果」,『東亞文化』創刊號

전라남도 강진군 명지대학교 부설 한국건축문화연구소, 2005,『康津 全羅兵營城址 發掘調 査報告書』.

이일갑, 2008,「경남지역 연해읍성에 대한 연구」, 동아대학교 대학원 박사학위논문.

이일갑, 2008,「조선시대 영진보성에 대한 검토」, 영남고고학회.

이일갑, 2012,「조선시대 성곽의 축조수법을 통한 형식설정」, 중헌심봉근선

생고희기념논선집.

성림문화재연구원, 2013, 『울진 월송포진성 정밀지표조사 보고서』.

삼한문화재연구원, 2014, 『蔚珍 月松浦鎭城』.

이일갑, 2018, 「남해안지역 조선시대 영진보성에 대한 일고찰」, 石堂論叢71집.

국강고고학연구소, 2021, 『삼척포진성』, 국강유적조사보고 제36책.

삼한문화재연구원, 2021, 『울진 월송포진성 정비복원사업부지내 유적 시굴조사결과서』.

한화문물연구원, 2021, 『울진 평해읍 평해리 899-4번지 유적 발굴조사결과서』.

이일갑, 2021, 「조선의 읍성」, 국학자료원.

이일갑, 2022, 「조선의 영진보성」, 국학자료원.